COLLECTION
DES MÉMOIRES

RELATIFS

A L'HISTOIRE DE FRANCE.

MÉMOIRES D'OMER TALON, TOME IV.
MÉMOIRES DE L'ABBÉ DE CHOISY.

DE L'IMPRIMERIE DE A. BELIN.

COLLECTION
DES MÉMOIRES

RELATIFS

A L'HISTOIRE DE FRANCE,

DEPUIS L'AVÉNEMENT DE HENRI IV JUSQU'A LA PAIX DE PARIS
CONCLUE EN 1763;

AVEC DES NOTICES SUR CHAQUE AUTEUR,
ET DES OBSERVATIONS SUR CHAQUE OUVRAGE,

PAR MESSIEURS

A. PETITOT ET MONMERQUÉ.

TOME LXIII.

PARIS,

FOUCAULT, LIBRAIRE, RUE DE SORBONNE, N° 9.

1828.

MÉMOIRES

DE

OMER TALON.

QUATRIÈME PARTIE.

PIÈCES JUSTIFICATIVES.

(Tome 60, p. 31.)

Du mercredi 14 mai 1631, du matin.

CE jour, les députés des chambres des enquêtes et requêtes du Palais ont dit, par Mᵉ Jean Le Clerc, conseiller en icelle, qu'ils ont été avertis qu'à messieurs Pierre Gayant et Jean-Jacques Barillon, conseillers en icelle, et présidens en la première chambre des enquêtes, et Jean Laisné, aussi conseiller en ladite cour, a été envoyé mémoires de la part du Roi pour eux retirer, savoir ledit Gayant à Bourges, ledit Barillon à Clermont en Auvergne, et Laisné à Limoges; ont prié M. le premier président, pour la conséquence de l'affaire, de présentement assembler les chambres pour délibérer ce qui est à faire : ce que mondit sieur le premier président auroit accordé, et à l'instant auroient été les commis des greffes de la cour envoyés auxdites chambres pour avertir messieurs de s'y rendre; et étant la cour toutes les chambres assemblées, mondit sieur le premier président a dit qu'il avoit assemblé la compagnie sur ce qui auroit été proposé par lesdits députés. A été mandé que les gens du Roi seroient mandés pour prendre conclusions : eux mandés, mondit sieur le premier président leur a fait entendre ce que dessus; et a le procureur général du Roi dit ne pouvoir prendre conclusions sur un dire, et auroit requis qu'il plût à la cour ordonner que lesdits Gayant, Barillon et Laisné fussent mandés pour venir faire leurs charges en ladite cour. La matière mise en délibération, a été arrêté que présentement le greffier des présentations, et Radigues, l'un des notaires secrétaires de ladite cour, se transporteront ès maisons desdits Gayant, Barillon et Laisné, pour les avertir de venir faire leurs charges. A l'instant seroient lesdits greffier des présentations et Radigues partis pour satisfaire à l'ordonnance de ladite cour; et, attendant réponse des commissions à eux données, mondit sieur le premier président auroit dit à ladite cour, les chambres assemblées, que le jour d'hier, les chambres assemblées, ladite cour en corps seroit allée au Louvre, suivant la lettre du Roi qui auroit été lue, et arrêté que ladite cour avec les bonnets carrés, les huissiers d'icelle marchant devant, et qu'étant entrés au Louvre ils montèrent par les grands degrés, où ils furent accueillis par le sieur de Souvray, qui les conduisit dans la grande galerie, et d'icelle dans la galerie des peintures, où étant le sieur de La Ville-aux-Clercs vint trouver ledit sieur premier président de la part du Roi, pour savoir quelles paroles de satisfaction il avoit pour porter audit seigneur Roi, pour lui donner contentement sur le sujet de sa déclaration du 30 mars dernier, contre ceux qui ont suivi et donné conseil à Monsieur, frère du Roi, pour sortir hors du royaume. Mondit sieur le premier président auroit fait réponse que ladite cour étoit venue saluer le Roi pour se conjouir de son heureux retour de Compiègne, comme il avoit été délibéré le 12 de ce mois: ce que ledit seigneur avoit eu agréable, même donné l'heure le jour précédent; mais que cela avoit été remis pour les affaires survenues audit seigneur, et que cejourd'hui le procureur général avoit été envoyé pour savoir l'heure de sa commodité, et qu'il auroit fait rapport à ladite cour que le Roi étoit fort indigné de ce qui s'étoit passé en icelle en la délibération sur ladite déclaration; au moyen de quoi il avoit été résolu de faire entendre audit seigneur

Roi que tout ce qui s'étoit passé en ladite délibération n'avoit été fait qu'en leurs consciences, et étoient venus pour témoigner audit seigneur leur fidélité, et qu'ils étoient ses très-humbles sujets et obéissans serviteurs; qu'en ladite délibération messieurs se seroient trouvés partis en opinions, l'un des avis étant qu'il seroit informé d'office, dans le mois, des faits contenus èsdites lettres de déclaration, pour ce fait et rapporté faire droit; l'autre avis, que le Roi seroit très-humblement supplié d'entendre les raisons pour lesquelles ladite cour n'avoit procédé à la vérification de ladite déclaration; qu'en l'un ni en l'autre des avis n'y avoit aucune chose qui fût préjudiciable au service du Roi. Ledit sieur de La Ville-aux-Clercs seroit entré vers ledit seigneur Roi, auquel il auroit fait entendre ce que dessus, et seroit retourné vers mondit sieur le premier président, auquel il auroit dit que puisqu'il n'étoit point chargé de la part de ladite cour de paroles pour donner contentement au Roi sur l'enregistrement de ladite déclaration, que le Roi ne le vouloit entendre; qu'il avoit mandé les officiers de ladite cour pour entendre les volontés et les résolutions par eux prises sur le sujet de ladite affaire : ce que ledit sieur président auroit fait entendre à aucuns, et à l'instant ladite cour, en ordre avec les huissiers, seroit avancée et approchée près du Roi; et étant à vingt pas du Roi, qui étoit assis dans une chaise sous son dais, les huissiers, notaires et secrétaires de la cour, et le greffier d'icelle, s'étant mis à quartier, seroient tous lesdits officiers approchés, et salué le Roi, à la main droite duquel étoient M. le comte de Soissons, M. le cardinal de Richelieu, M. de Schomberg et autres seigneurs, M. le garde des sceaux; d'autre côté, M. de Longueville, M. de Malines, M. le maréchal d'Effiat, et plusieurs autres. Le Roi leur auroit dit qu'il avoit mandé ladite cour sur le sujet de quelque délibération sur ladite déclaration, et que M. le garde des sceaux feroit entendre sa volonté et ses intentions. Mondit sieur le garde des sceaux leur dit que le Roi avoit trouvé étrange leur délibération sur ladite déclaration; que quand il partit de cette ville il les manda, et leur fit entendre comme il avoit résolu d'aller à Orléans, et qu'auparavant il auroit envoyé M. le cardinal de La Valette vers Monsieur, pour le persuader de retourner près sa personne : ce qu'il n'auroit voulu faire, au contraire se seroit éloigné par le mauvais conseil qui lui auroit été donné par ceux qui l'approchent, au moyen de quoi, et pour prévenir le mal, il auroit fait expédier ses lettres de déclaration à l'encontre d'eux ; que lesdites lettres n'étoient sans exemple, en ayant été expédié de semblables du temps et des règnes de Charles VI et Louis XII étant lors duc d'Orléans, qui déclarèrent ceux y dénommés criminels de lèse-majesté ; que c'étoit au Roi à donner le titre au crime, et à ses sujets d'exécuter sa volonté, et appliquer la peine au crime ; que le crime étoit notoire, que le Roi en étoit bien informé ; que le parlement n'étoit établi que pour rendre la justice aux particuliers, et des affaires d'Etat il n'en devoit connoître, sinon lorsque le Roi leur en donne et attribue la connoissance ; que l'établissement des parlemens n'étoit pour faire le procès aux grands du royaume, qui ne leur faisoient que par lettres attributives de juridiction auxdits parlemens ou à autres juges, comme il plaisoit au Roi ; et que puisque l'usage en telles affaires étoit de leur donner lettres, qu'ils n'avoient la connoissance de telles affaires par le droit de leurs charges, mais par lettres attributives ; que les autres parlemens avoient donné l'exemple d'obéissance, au moyen de quoi le Roi auroit assemblé son conseil, et fait donner un arrêt duquel leur seroit fait lecture. Ce qui auroit été fait par ledit sieur de La Ville-aux-Clercs ; et icelle faite, le Roi auroit demandé la minute de la délibération du 26 avril dernier, laquelle Me Jean Du Tillet, greffier de ladite cour, lui auroit mise ès mains, et laquelle à l'instant il auroit vue, et en fit ce qu'il voulut (1), et lui auroit fait bailler l'arrêt du conseil du 12 mai dernier pour mettre au registre de ladite cour, au lieu de ladite délibération du 26 avril.

(1) Le Roi déchira la feuille que Du Tillet, greffier, lui avoit baillée. (*Note d'Omer Talon.*)

Ce fait, messieurs, après avoir fait une humble révérence, se seroient retirés, et venus en même ordre qu'ils étoient allés jusque dans le cloître Saint-Germain-de-l'Auxerrois.

Ce rapport fait, lecture a été faite dudit arrêt du conseil, les chambres assemblées; à l'instant seroient retournés lesdits greffier des présentations, et Radigues, secrétaire de ladite cour, qui auroient fait rapport à ladite cour qu'ils avoient parlé auxdits sieurs Gayant et Barillon, et au clerc dudit Laisné, et leur auroient dit, de l'ordonnance de ladite cour, qu'ils eussent à venir faire leurs charges, leur auroient dit que le jour d'hier sur le soir il fut en leurs maisons un nommé le sieur de Boislong, enseigne des gardes du corps, qui leur avoit enjoint se retirer dans vingt-quatre heures de cette ville, et de n'aller cejourd'hui au Palais. Sur quoi les gens du Roi, par la bouche de Me Jacques Talon, avocat du Roi, auroient requis qu'il plût à la cour députer deux présidens et six conseillers d'icelle, pour supplier le Roi de permettre que lesdits Gayant, Barillon et Laisné vinssent au Palais faire leurs charges; et l'heure étant sonnée, la cour auroit remis la délibération à demain.

(Tome 60, p. 43.)

Du 5 décembre 1631.

Ce jour, messieurs les députés des chambres des enquêtes ont prié M. le premier président d'assembler les chambres, sur ce que, au préjudice de l'arrêt donné sur la requête du lieutenant général au bailliage du Palais, les commissaires de la chambre de l'Arsenal ne délaissent de passer outre. M. le premier président leur auroit dit que ledit lieutenant avoit baillé sa requête pour contraindre le greffier des commissaires d'apporter les charges.

(Tome 60, p. 49.)

Du jeudi douzième août 1632.

Le roi Louis, treizième du nom, séant en son lit de justice; à ses pieds sur le premier dégré étoit couché le duc de Chevreuse, grand chambellan.

Plus bas, assis sur le degré par lequel on descend dans le parquet, le prevôt de Paris, tenant un bâton blanc en sa main.

Devant le Roi, au dedans du parquet, étoient à genoux et nu-têtes deux huissiers de la chambre, portant chacun une masse d'argent doré.

En la chaise qui est aux pieds du Roi, où je suis lorsqu'on tient l'audience ouverte, au bord du tapis du siége royal, étoit M. de Châteauneuf, garde des sceaux dudit seigneur, vêtu de robe de velours noir, doublée de satin de même couleur.

Aux hauts siéges à dextre, le prince de Condé, le comte de Soissons, le duc de Chaulnes, le maréchal de Châtillon, le maréchal de Saint-Luc; à senestre, le cardinal duc de Richelieu, le cardinal de La Valette.

Aux bas siéges du parquet, sur les fleurs de lis, à dextre, les maîtres des requêtes et conseillers de la grand'chambre, messieurs de Senicourt, Le Fèvre, Le Prevost, A. Boucher, U. Durand, C. Le Clerc, G. de Thelis, J. Bouguier, Perraut, N. Chevalier, D. Hennequin, P. Scaron; à senestre, les conseillers de la grand'chambre.

Sur les siéges des barreaux des avocats, les présidens et conseillers des enquêtes et requêtes du Palais.

Sur le banc où sont les gens du Roi durant l'audience, messieurs N. Le Jay, chevalier, premier président; N. de Bellièvre, A. Potier, M....., P. Seguier, N. de Bailleul, M......, présidens.

Sur les selles ou formes qui étoient dans le parquet, les conseillers d'Etat, messieurs de Bullion, Bouthillier, J. Talon, et des maîtres des requêtes venus avec M. le garde des sceaux.

Sur une autre forme, messieurs de Loménie, Phelippeaux, Bouthillier, secrétaires d'Etat.

Sur le siége du premier barreau d'auprès de la lanterne, du côté de la cheminée, S. Bignon, avocat, M. Molé, procureur général, O. Talon, avocat.

Au bureau où se fait la lecture des édits et déclarations du Roi, devant un bureau semé de fleurs de lis, le greffier en chef de ladite cour, vêtu de son épitoge, avec son principal commis.

Ce jour, toutes les chambres assemblées en robes et chaperons d'écarlate, messieurs les présidens revêtus de leurs manteaux et mortiers, attendant la venue du Roi suivant son mandement du jour d'hier, les capitaines des gardes saisis des huis du parlement; sur les neuf heures la cour, avertie de l'arrivée du Roi à la Sainte-Chapelle, a député ainsi qu'il est accoutumé, pour y aller le saluer et conduire, messieurs les présidens de Bellièvre et Potier, messieurs Antoine Boucher, Ursin Durand, Claude Le Clerc et Guy de Thelis, conseillers. Quelque peu de temps après, les sieurs de Bullion et Bouthillier, conseillers d'Etat, se sont approchés du banc où étoient assis messieurs les présidens, et leur ont dit que le Roi les avoit envoyés vers eux pour leur représenter comme il avoit écrit le jour d'hier à son procureur général, et pour leur faire entendre de sa part le contenu de sa lettre, à savoir que ledit seigneur trouvoit fort étrange que lorsqu'il vient en son parlement on refuse de rendre à M. le garde des sceaux l'honneur qu'on rend au dernier des présidens même; qui est de se lever quand il entre, vu qu'il porte la parole pour lui; qu'il y avoit de l'indécence de le traiter de la sorte; qu'il ordonnoit à son procureur général de leur communiquer sa lettre; qu'il vouloit que dès le lendemain qu'il faisoit état de venir en son parlement, on reçût ledit sieur garde des sceaux avec cette déférence.

M. le premier président a répondu auxdits sieurs de Bullion et Bouthillier que le jour d'hier, à dix heures, à la levée de la cour, messieurs les présidens étant sur le point de sortir, le procureur général du Roi leur auroit communiqué le contenu de la lettre qu'il venoit de recevoir de la part dudit seigneur, mais qu'il lui fut dit que la lettre n'étoit point adressée au parlement; au surplus, qu'il s'agissoit d'un usage de cérémonie de tout temps pratiquée dans le parlement, qui ne dépendoit point des présidens seuls, et que si elle devoit être changée, ce ne pouvoit être que par la délibération et du consentement général de toute la compagnie; que c'étoit aussi la réponse qu'ils avoient à leur faire; ajoutant néanmoins ledit sieur premier président que ce qu'on leur demandoit étoit nouveau et inaccoutumé. A quoi lesdits sieurs de Bullion et Bouthillier ont reparti que le Roi désiroit cela d'eux, et qu'en cas qu'ils fissent difficulté d'y condescendre, ils avoient charge de leur dire, de la part dudit seigneur, qu'ils l'allassent trouver à la Sainte-Chapelle, afin d'entendre sa volonté de sa propre bouche. Alors M. le premier président et M. le président Seguier se sont levés de leurs places pour satisfaire au mandement du Roi ci-dessus, M. de Bailleul étant demeuré seul de président sur le banc pour présider la compagnie jusques à leur retour. Arrivés dans la Sainte-Chapelle, où étoient déjà auparavant messieurs les présidens de Bellièvre et Potier, lesquels avoient été envoyés au devant du Roi, ils se sont approchés tous quatre ensemble dudit seigneur Roi, auprès duquel étoient messieurs de Condé et de Soissons, princes du sang, et les sieurs de Loménie, de La Ville-aux-Clercs, secrétaire des commandemens; et M. le premier président s'est adressé à lui en ces termes: Que les sieurs de Bullion et Bouthillier venoient tout présentement de les avertir qu'il désiroit parler à eux. Ensuite le Roi expliquant lui-même son intention, leur a dit qu'il avoit écrit le jour d'hier à son procureur général pour leur faire savoir sa volonté, qui est qu'on rendît pareil honneur en son parlement à M. le garde des sceaux lorsqu'il iroit incontinent après y prendre place, que celui qu'on rend ordinairement aux présidens à leur arrivée, et même au dernier d'entre eux; et qu'il y avoit de l'indécence d'en user autrement, comme on prétendoit faire à l'endroit de celui qui avoit charge de porter cette journée-là sa parole. Là-dessus M. le premier président a remontré au Roi que ce que M. le garde des sceaux demandoit étoit une chose nouvelle et inusitée dans le parlement, laquelle n'étoit jamais auparavant entrée dans la pensée d'aucun de ceux qui ont été honorés de cette charge avant lui, ni dans la sienne même, bien qu'il y soit déjà venu autrefois en la même qualité; que ledit seigneur étoit si juste et si bon, qu'il ne voudroit pas attribuer une nouvelle prérogative à l'état de garde des sceaux, au préjudice de la dignité de son parlement; que pour le regard de la cérémonie qui s'observe entre les présidens, elle est fondée sur l'ordonnance qui enjoint aux conseillers de se lever quand les présidens arrivent, et la même chose aux présidens entre eux; mais que M. le garde des sceaux n'est point du corps de la cour de parlement, laquelle ne reconnoît dans l'ordre de la justice qu'un chancelier de France pour y tenir le haut et le premier lieu au-dessus des présidens; et bref que cette innovation étoit de telle importance, que les présidens n'y pouvoient adhérer que par la délibération de toutes les chambres assemblées. Sur ce le Roi leur ayant dit qu'il y avoit une heure qu'il étoit là en attendant la résolution de cette affaire, qu'il vouloit que ce qu'il leur avoit dit fût fait, et qu'il le commandoit comme roi, M. le premier président a seulement répliqué que cette parole leur fermoit la bouche; qu'ils obéiroient, puisqu'il lui plaisoit, à un commandement si absolu; mais qu'ils se promettoient lors que le Roi étant bien informé, reconnoîtra que ce que M. le garde des sceaux demandoit n'est pas raisonnable : c'est pourquoi ils le supplioient très-humblement de trouver bon qu'ils fissent registre dudit commandement absolu, afin que ce qui se passeroit en cette action ne pût être à l'avenir tiré en conséquence; ce que le Roi leur a accordé, leur disant : « Oui, faites-« en registre, si le trouvez bon. »

Alors M. le premier président, accompagné de M. le président Seguier, s'en est retourné dans la grand'chambre, où ayant repris leurs places sans s'asseoir, il a assemblé avec eux M. le président de Bailleul, lequel n'avoit bougé de la sienne, et aucuns de messieurs les conseillers de la cour qui étoient proches, auxquels il a fait entendre les propos qu'ils avoient eus avec le Roi, et le commandement absolu qu'il leur avoit fait; et comme ils étoient tous

debout en cette conférence, M. le garde des sceaux est survenu, suivi des conseillers d'Etat ci-dessus nommés, auquel avant qu'il eût pris place en la chaise où je suis lorsqu'on plaide, M. le premier président lui a dit que s'il les voyoit debout à son arrivée, il ne crût pas pour cela que cet honneur appartînt à sa charge, qu'ils ne lui rendoient que pour exécuter le commandement absolu du Roi, sans lequel ils ne le feroient pas; mais que ledit seigneur avoit trouvé bon que leurs registres en soient chargés, à ce que ni lui ni ses successeurs ne puissent ci-après se prévaloir de ce qui s'est passé aujourd'hui. M. le garde des sceaux n'a répondu autre chose, sinon qu'il croyoit que cela étoit dû à sa charge, et M. le premier président lui a reparti que le parlement croyoit le contraire; et à l'instant le Roi a paru, conduit en son lit de justice par mesdits sieurs les présidens de Bellièvre et Potier, les susdits princes marchant devant lui, et suivi des ducs et pairs et officiers, qui ont pris leurs places; puis les portes étant encore closes, le Roi a ôté son chapeau, et l'ayant aussitôt remis a dit: « Messieurs, je suis venu en ce lieu sur les occasions qui « se présentent; j'ai chargé M. le garde des sceaux de vous « dire ce qui est de mon intention. » Et ledit sieur garde des sceaux, après avoir fait la révérence au Roi, remis en sa place et couvert, a dit: « Messieurs, c'est avec un déplai-
« sir extrême que Sa Majesté se voit contrainte de venir
« pour la seconde fois en son parlement pour un même
« sujet: elle espéroit que ses premières déclarations, la
« bonté et la douceur dont elle a usé jusques ici envers
« Monsieur, son frère, toucheroit son cœur et le ramene-
« roit en son devoir; mais la malice de ceux qui possèdent
« son esprit a été plus puissante, et a tellement détourné
« les bonnes inclinations qu'il a toujours eues pour le Roi,
« qu'abusant de son nom et de sa personne ils l'ont porté
« à entreprendre ouvertement contre Sa Majesté et son
« Etat, et en troubler le repos et la tranquillité. Il est en-
« tré en armes dans ce royaume; il y a amené des troupes
« étrangères; il y a exercé tous actes d'hostilités, de
« feu, de rançonnement, de pilleries et d'entreprises sur

« les villes et places par où il a passé ; il s'est déclaré par
« des placards qu'il a publiés, comme un chacun sait,
« lieutenant général du Roi, contre le gouvernement de
« l'Etat; il en blâme l'administration, et accuse les prin-
« cipaux ministres, et particulièrement M. le cardinal de
« Richelieu. C'est le prétexte ordinaire de ceux qui sont
« si osés d'entreprendre contre les rois et la royauté d'ac-
« cuser les mauvais conseils de ceux dont ils se servent,
« de blâmer leur conduite, et de publier le soulagement
« du peuple, et professer une entière obéissance de bouche
« envers leurs souverains, en même temps qu'ils méditent
« de le spolier de sa couronne et de son Etat, et qu'ils
« exercent toutes sortes de violences et oppressions contre
« ses sujets. Grâces à Dieu, jamais le Roi ne fut plus glo-
« rieux, plus triomphant, ni le royaume en plus grande
« paix ni plus grand repos, plus grande réputation et res-
« pect envers tous ses voisins, qu'il a été jusques à présent.
« C'est la bonté de Sa Majesté, c'est sa piété, c'est sa jus-
« tice, c'est sa valeur qui ont attiré du Ciel toutes ces
« bénédictions sur nous : et si le conseil des rois est un
« des principaux organes de leur prospérité et de leur
« gloire, qui est celui qui ne dira que jamais il ne s'est
« trouvé plus de fidélité, plus d'affection, plus de pru-
« dence et plus de courage qu'en celui qu'ils blâment si
« injustement? Ce qui s'est passé au dedans et dehors le
« royaume depuis quelques années en çà fait assez voir
« combien est grande leur calomnie, et que de blâmer ou
« médire de lui c'est envier la gloire du Roi et la gran-
« deur de l'Etat. Sa Majesté pouvoit en cette occasion
« faire sentir à Monsieur, son frère, plus puissamment les
« effets de son mécontentement et de son indignation; la
« faute qu'il a commise est grande, l'Etat et les peuples
« le ressentent, et tout le royaume en est en trouble : il
« est nécessaire d'y apporter les remèdes; chacun, mes-
« sieurs, y doit contribuer. Sa Majesté fait état de s'ache-
« miner en personne au premier jour vers Monsieur, son
« frère; il a fait avancer ses troupes sous la conduite de
« messieurs les maréchaux de La Force et de Schomberg,

« et il fait revenir l'armée qu'il avoit envoyée en Alle-
« magne pour la défense de la religion et des princes ses
« alliés, où elle étoit très-nécessaire pour leur sûreté et
« leur consolation : auparavant il a voulu venir en cette
« compagnie, comme au lieu le plus célèbre de son royau-
« me, tenir son lit de justice, y déclarer ses intentions, et
« faire voir à un chacun la bonté et la douceur dont il a
« usé envers Monsieur, son frère, pour l'exhorter et ad-
« monester de se remettre en son devoir, de le venir trou-
« ver, et vivre avec lui comme un bon fils doit faire au-
« près de son père, pour le servir et aider à supporter le
« faix de cet Etat, et en affermir la paix et le repos. Vous
« les apprendrez par la lecture de sa déclaration, que vous
« ferez entretenir et observer par tous ses sujets, selon
« que vous y êtes obligés par le devoir de vos charges ; et
« le Roi se le promet de votre fidélité, obéissance et af-
« fection ordinaire à son service et au bien de son Etat. »

M. le garde des sceaux ayant ainsi fini, messieurs les présidens se sont levés, découverts et inclinés, comme ils ont
accoutumé. Aussitôt le Roi les a fait relever ; et M. le premier
président découvert lui a dit : « Sire...(1) » Après le Roi a commandé par la bouche de M. le garde des sceaux de faire lecture
des lettres de déclaration données à Paris le 11 août 1632,
signées Louis ; plus bas : Par le Roi, *de Loménie*, et scellées
du grand sceau de cire jaune ; par lesquelles, pour les causes
y contenues, ledit seigneur, en confirmant les précédentes
déclarations des dernier mars et 12 août 1631, a déclaré
et déclare tous et chacun ses sujets, de quelque qualité et
condition qu'ils soient, qui sont avec son frère unique le
duc d'Orléans, ou iront avec lui et l'assisteront directement ou indirectement, en quelque façon que ce soit, rebelles, criminels de lèse-majesté, et perturbateurs du repos public ; veut qu'il soit incessamment procédé contre
eux suivant la rigueur des ordonnances, déclarations et
défenses faites sur ce sujet : et pour le regard de sondit
frère, espérant que Dieu par sa bonté touchera son cœur,

---

(1) Ce discours manque au manuscrit.

le fera souvenir de ce qu'il est, du rang qu'il tient dans cet Etat, et de l'honneur qu'il a de lui appartenir, croyant en outre qu'il aura enfin horreur de tant de ruines et pilleries, ravages et infinis maux que les troupes qu'il avoue font contre ses propres sujets, ledit seigneur promet que si dans six semaines après la publication des présentes il a recours à sa bonté, et licencie toutes les troupes étrangères et autres qu'il a avec lui, et cesse tous actes d'hostilité, de guerre et d'entreprises sur ses places et villes, et vienne trouver, ou envoie vers lui, dedans ledit temps pour se remettre entièrement en son devoir, il oubliera ses fautes passées, et le recevra en sa grâce, le rétablira comme il fait dès à présent, audit cas, en tous ses biens et apanages, pensions et appointemens, et lui fera si bon et favorable traitement, qu'il aura tout sujet de se louer de sa bonté, et de détester les mauvais conseils de ceux qui l'ont éloigné de lui au préjudice de la France et du sien propre, se réservant, ledit temps passé, au cas qu'il persiste aux mauvais desseins qu'on lui a fait prendre, et ne satisfasse à la présente déclaration, d'ordonner contre sondit frère ce qu'il estimera devoir faire pour la conservation de cet Etat, sûreté et repos de ses peuples et sujets, suivant et conformément aux ordonnances de ce royaume, et à ce qui s'est pratiqué par ses prédécesseurs en semblables occasions, ainsi et comme plus au long le contiennent lesdites lettres de déclaration, lesquelles ayant été par moi lues, Bignon, pour le procureur général du Roi, assisté de ses collègues, ouïs en leurs conclusions, par lesquelles commandés, ainsi qu'il a dit, par ledit seigneur, et autorisés par sa présence, ils ont requis l'enregistrement desdites lettres, et que copies collationnées en soient envoyées aux bailliages et sénéchaussées de ce ressort, pour y être lues, publiées et registrées.

En cet endroit les huis ont été ouverts, et M. le garde des sceaux est monté vers le Roi, a reçu sa volonté, et aussitôt se sont approchés concurremment de son lit de justice, où il étoit assis sous son dais, messieurs de Condé et de Soissons, princes du sang, et messieurs les cardinaux de Richelieu et de La Valette, pour donner leur avis; et puis M. le garde des sceaux étant descendu pour prendre l'avis de messieurs les présidens, M. le premier président lui a représenté que la forme qu'il tenoit étoit extraordinaire, et que l'ancien ordre étoit d'aller premièrement recevoir la volonté du Roi seul, et de descendre ensuite vers les présidens, afin de prendre leur avis avant que de remonter pour prendre celui de messieurs les princes du sang et celui de messieurs les cardinaux. M. le garde des sceaux a répondu que le Roi fait ce qu'il lui plaît; et M. le premier président n'a répondu autre chose à cela, sinon qu'il ne leur restoit plus rien à dire. De là M. le garde des sceaux étant remonté a pris l'avis des ducs et pairs ci-dessus nommés, en après est descendu dans le parquet, où il a semblablement pris celui des conseillers d'Etat et maîtres des requêtes, et des conseillers du parlement, et puis il a fait la révérence au Roi, et s'étant remis en sa place a prononcé: « Le Roi séant en son lit de justice a ordonné et ordonne « que sur le repli de ses lettres de déclaration du mois « d'août sera mis: *Lues, publiées et registrées, ouï et ce* « *requérant son procureur général, et copies collationnées* « *aux originaux, envoyées aux bailliages et sénéchaussées* « *de ce ressort, pour y être pareillement lues, publiées et* « *registrées, gardées et observées selon leur forme et te-* « *neur.* » Ce fait, sur les onze heures et demie le Roi s'est retiré, a monté dans son carrosse qui l'attendoit au pied des degrés de la Sainte-Chapelle, et s'est mis en chemin pour commencer son voyage.

(Tome 60, p. 125 et 127.)

Louis, par la grâce de Dieu roi de France et de Navarre; à nos amés et féaux conseillers les gens tenant nos cours de parlement de Paris, Rouen, Dijon, et autres nos officiers et justiciers qu'il appartiendra, salut. Dieu nous ayant par son infinie bonté établi sur nos sujets, non-seulement pour leur commander comme leur roi et souverain seigneur, mais aussi pour prendre le soin de leurs familles comme leur père commun, et principalement des grandes et principales maisons de notre royaume, à la conservation desquelles nous et nos prédécesseurs avons toujours eu très-grand égard, nous croyons qu'il est de notre devoir d'empêcher les désordres et les injustices qui bien souvent se commettent dans lesdites familles par les passions déréglées des parens envers leurs enfans, dont quelquefois les plus affectionnés à notre service, et contre lesquels ils n'ont aucun juste sujet de mauvaise volonté, en éprouvent la rigueur et leur indignation, et qu'au contraire ceux qui se sont portés contre notre service en ressentent la douceur et les bienfaits, comme pour récompense de leurs crimes et de leurs rebellions : ce qui nous auroit depuis peu clairement apparu en la mauvaise volonté que la duchesse douairière d'Elbœuf nous a témoignée contre notre très-cher et bien amé cousin le comte d'Harcourt son fils; car l'ayant nous-même exhortée, et priée de vive voix et par écrit, et fait à diverses fois avertir par personnes que nous lui aurions envoyées, d'assurer à sondit fils la part de ses biens qui lui pourroit être acquise, elle prédécédant sans tester, afin qu'il pût s'établir par un mariage sortable à sa condition, comme aussi de lui accorder une pension modérée pour lui aider à subsister dans la dépense qu'il lui convient faire auprès de notre personne et aux occasions dont nous aurions besoin de son service, elle n'auroit néanmoins eu aucun égard à nosdites prières et exhortations; ce qui nous auroit fait juger une telle opiniâtreté ne pouvoir procéder que d'une mauvaise intention et volonté contre nous et notre service, et de l'amour aveugle qu'elle porte à son fils aîné le duc d'Elbœuf, qu'elle voudroit avantager de sesdits biens par voies indirectes, nonobstant les condamnations par lui encourues pour sa rebellion contre nous, au lieu de le priver de ses bonnes grâces et de sa succession pour en revêtir notredit cousin le comte d'Harcourt son second fils, qui nous a toujours très-fidèlement et constamment servi ; et ne s'est jamais départi envers elle des respects et de l'obéissance d'un bon fils, afin qu'elle fît voir par là que les fautes de l'un lui sont autant odieuses que les devoirs de l'autre lui sont agréables. Mais, bien loin de là, nous avons vu que, comme en haine de l'affection que nous lui avons témoignée pour sondit fils le comte d'Harcourt à cause de sa fidélité à notre service, elle l'a encore plus rigoureusement traité que devant que nous ne lui eussions recommandé. Or, prévoyant que son mauvais naturel s'irritera plutôt de notre clémence que de se réduire au devoir d'une bonne mère, et sachant d'ailleurs que notredit cousin n'a jamais voulu avoir recours aux remèdes ordinaires, ni se pourvoir par les voies de la justice contre elle pour l'empêcher de le frustrer de ce que les lois et le droit du sang lui donnent, nous avons estimé être obligé et nécessité, et comme roi et comme père, de veiller à la conservation de son bien, et empêcher que sadite mère ne le puisse exhéréder, et lui ôter ce qui lui doit appartenir, selon les lois et coutumes de notre royaume, *ab intestat*. Pour ces causes, et autres bonnes et importantes considérations à ce nous mouvant, nous, de notre pleine puissance et autorité royale, avons interdit, prohibé et défendu, prohibons, défendons et interdisons, à ladite duchesse douairière d'Elbœuf, la disposition et aliénation de sesdits biens par vente, obligation, donation entre-vifs, testamentaire ou autrement, directement ou indirectement, et en quelque sorte et manière que ce soit. Et d'autant qu'il y a déjà trop long-temps qu'elle entretient sa mauvaise volonté contre sondit fils le comte d'Harcourt, et qu'elle pourroit avoir fait quelques dispositions, ventes, aliénations, promesses ou obligations pour le frustrer, nous avons dès à présent cassé, révoqué et annulé, cassons, révoquons et annulons, toutes dispositions entre-vifs ou pour cause de mort qu'elle pourroit avoir faites jusques à présent au préjudice de notredit cousin le comte d'Harcourt, et par lesquelles il se trouveroit en quelque façon que ce fût désavantagé; voulons et entendons que sondit fils le comte d'Harcourt demeure dès maintenant assuré des parts et portions qui lui peuvent compter et appartenir en tous les biens meubles et immeubles, noms et actions, qui appartiennent à présent à ladite dame sa mère, nonobstant que par les coutumes des lieux sadite mère pût disposer autrement, et restreindre et retrancher quelque chose de ce que sondit fils pourroit avoir d'elle *ab intestat;* à laquelle liberté de pouvoir ainsi retrancher à sondit fils nous avons dérogé et dérogeons par cette notre déclaration, et pour cette fois seulement, en faveur de notredit cousin le comte d'Harcourt. Si vous mandons qu'ayez à faire publier et registrer ces présentes, et du contenu en icelles faire jouir notredit cousin le comte d'Harcourt sans aucun trouble ni empêchement, nonobstant tous édits, ordonnances, réglemens, arrêtés, us, coutumes, et autres choses et lettres à ce contraires, auxquels, et aux dérogatoires y contenus, nous avons dérogé et dérogeons par cesdites présentes; car tel est notre plaisir.

Donné à Saint-Germain le 22 janvier l'an de grâce 1635, et de notre règne le vingt-cinquième. *Signé* Louis; et plus bas : Par le Roi, *de Loménie;* et scellé sur simple queue du grand sceau de cire jaune.

Collationné sur son original étant en parchemin; ce fait, rendu par les notaires garde-notes du Roi notre sire en son Châtelet de Paris, soussignés, le 26 janvier 1635. Ainsi signé *Laisné* et *Jacques,* avec paraphe.

(Tome 60, p. 133 et 135.)

DE PAR LE ROI. — Nos amés et féaux, nous avons été grandement surpris de l'avis qui nous a été donné que le sieur Laisné et quelques autres députés des enquêtes ont été si hardis de demander l'assemblée des chambres pour délibérer sur les édits que nous avons fait publier en notre présence, et ont même passé plus avant. Jamais telle entreprise n'a été faite contre l'autorité royale; et au temps qu'en pareille occasion du siége d'Amiens le feu Roi notre très-honoré seigneur et père fut dans votre compagnie pour y faire publier en sa présence les édits de création nouvelle, l'obéissance lui fut rendue tout entière, et incontinent après les officiers de ladite nouvelle création furent reçus. Nous estimons que la même obéissance nous doit être rendue; et afin de conserver notre dignité tout entière, nous défendons expressément au premier président de notredit parlement (1) et à tous les autres présidens, sur peine d'encourir notre indignation, de souffrir aucune assemblée des chambres; ordonnons à notre procureur général de s'opposer ouvertement en cette occasion à ceux qui contreviendront à notre volonté, et de nous informer pareillement de leurs noms, étant résolu, s'il se trouve quelqu'un si téméraire, de le faire châtier sévèrement comme perturbateur du repos public, et ayant dessein d'empêcher nos justes intentions, fondées sur la nécessité assez connue d'un chacun pour les causes que nous vous avons fait entendre, n'ayant autre but que de maintenir notre royaume contre les Impériaux et Espagnols, lesquels font leurs efforts pour y entreprendre. Nous vous mandons et enjoignons aussi très-expressément, toutes affaires cessantes, de procéder à la réception des officiers de nouvelle création, et sommes bien avertis, comme il y a beaucoup de gens de bien en votre compagnie, qu'aussi il y en a quelques-uns qui s'éloignent de leur devoir, et que tout le mal vient de quelques-uns des enquêtes; à quoi nous sommes résolus de pourvoir en telle sorte que nous saurons bien empêcher semblables désordres à l'avenir, nous trouvant enfin obligé de lever et ôter la surséance verbale du feu Roi notredit seigneur et père sur l'exécution de la déclaration publiée en notredite cour en sa présence, par laquelle il est ordonné que les enquêtes ne doivent plus assister aux délibérations des édits et autres affaires publiques, et que la seule grand'chambre en auroit la connoissance, comme personnes expérimentées et capables de juger des affaires d'Etat plutôt qu'eux, lesquels étant sans expérience, ne peuvent donner leurs avis en telle rencontre; ce que vous réparerez par une prompte et entière obéissance à l'exécution de nos volontés. Si n'y faites faute, car tel est notre plaisir.

(1) *De notredit parlement :* Les présidens de la grand'chambre avoient seuls le titre de *présidens du parlement ;* ceux des enquêtes prenoient simplement celui de présidens des enquêtes, ou de *présidens au parlement.*

Donné à Saint-Germain-en-Laye, le vingt-sixième jour de décembre 1635. *Signé* Louis; et plus bas, *de Loménie* (1).

(Tome 60, p. 182.)

Du 31 mars 1638.

Louis, par la grâce de Dieu roi de France et de Navarre, à nos amés et féaux conseillers les gens tenant notre cour de parlement en la troisième chambre des enquêtes, salut. Combien que nous ayons employé tous les moyens raisonnables pour faciliter l'établissement des nouveaux conseillers par nous créés en notre cour; que, sur la supplication qui nous en a été faite par la compagnie, nous ayons réduit et modéré le nombre d'iceux, et que nous lui ayons par diverses fois, tant de vive voix que par nos lettres closes, fait entendre ce qui étoit de notre volonté, néanmoins toutes ces choses n'ayant pu produire l'effet que nous nous en étions promis, nous aurions été obligés, sur les diverses plaintes qui nous auroient été faites par aucuns particuliers, de ne pouvoir avoir expédition ni justice de leurs procès et affaires distribués à aucuns des conseillers de notredite cour, auxquels toute audience étoit déniée ès chambres des enquêtes, sous prétexte qu'ils

---

(1) *Nota*, que la lettre qui nous avoit été écrite au parquet, et adressée *A nos amés et féaux nos avocats et procureurs généraux*, étoit toute semblable à celle qui avoit été écrite au parlement, sinon qu'elle contenoit que le Roi étoit mal content de son procureur général, du *peu de fidélité* qu'il avoit témoigné dans cette occasion à son service, ne s'étant pas opposé à la réquisition de l'assemblée des chambres, et du peu d'affection qu'il a eu de n'avoir pas fait savoir ce qui s'étoit passé, ni donné avis de ceux qui avoient demandé l'assemblée à son défaut. Portoit la lettre du Roi, comme si elle eût été adressée à M. Bignon et à moi, « Ne manquez pas de prendre la feuille « de ce qui s'est passé ledit jour 22 décembre; et la nous apporter. »

M. Bignon et moi avions demandé à M. le procureur général copie de cette lettre, laquelle il nous promit; et depuis ne nous l'a pas envoyée, étant bien aise volontiers, à cause des termes contenus en icelle qui le taxoient en son particulier, qu'elle ne fût pas vue. (*Note d'Omer Talon.*)

sont pourvus desdits offices de nouvelle création; d'ordonner, par arrêt de notre conseil d'Etat du 19 mars dernier, aux présidens desdites chambres des enquêtes, de faire jouir pleinement lesdits officiers de nouvelle création de leurs offices, leur distribuer des procès comme aux autres conseillers, avec participation de tous droits et épices, et aux autres conseillers desdites chambres de leur prêter bénigne et favorable audience, avec rapports qu'ils feront desdits procès. Mais, au lieu de vous conformer dans votre chambre à ce qui étoit en cela de notre intention, et recevoir avec respect ledit arrêt, avec la commission y jointe et la lettre de cachet de laquelle il étoit accompagné, ainsi qu'ont fait ceux de toutes les autres chambres où il a été porté, vous auriez seuls, contre votre devoir, et avec trop de mépris de notre autorité, refusé d'y obéir et déférer : chose qui a été trouvée de si dangereuse conséquence, comme venant de la part de ceux qui sont les plus obligés de donner des exemples de soumission et d'obéissance, que nous sommes contraints, pour y remédier et nous faire obéir, d'user des moyens que Dieu nous a mis en main pour cet effet. A ces causes, et autres bonnes et grandes considérations à ce nous mouvant, et de notre propre mouvement, pleine puissance et autorité royale, nous vous avons interdit et défendu, comme nous vous interdisons et défendons par ces présentes, signées de notre main, tout exercice et fonction de vos charges, avec l'entrée et séance en votre chambre, excepté toutefois ceux qui sont pourvus desdits offices de nouvelle création. Voulons et nous plaît qu'aussitôt après la signification qui vous sera faite des présentes vous ayez à désemparer tous, et remettre aux greffes les procès et affaires desquels un chacun de vous se trouvera chargé, pour être rédistribués ainsi qu'il sera jugé à propos, à peine de faux et nullité de toutes procédures et arrêts qui se pourroient ensuivre, et de tous dépens, dommages et intérêts des parties en vos propres et privés noms. Mandons et ordonnons, au premier notre huissier ou sergent sur ce requis, de faire pour l'entière exécution des présentes tous commandemens, significations et autres actes nécessaires, sans pour ce demander congé ni *pareatis*, car tel est notre plaisir.

Donné à Saint-Germain-en-Laye, le dernier jour de mars l'an de grâce 1638, et de notre règne le vingt-huitième. *Signé* Louis; et plus bas : Par le Roi, *de Loménie*, Et scellé du grand sceau de cire jaune.

L'an 1638, le huitième jour d'avril, environ les huit heures du matin, nous Georges Le Cirier et Nicolas Tourte, huissiers ordinaires du Roi en ses conseils d'Etat et privé, suivant le commandement à nous fait de la part de Sa Majesté, nous sommes transportés vers nos seigneurs les gens tenant la cour de parlement en la troisième chambre des enquêtes, au Palais de cette ville de Paris, où étant entrés en ladite chambre, en laquelle avons trouvé plusieurs desdits seigneurs, leur avons de la part de Sa Majesté montré et signifié les lettres patentes dont copie est ci-dessus transcrite, desquelles lecture leur a été faite par nous Tourte, et laissé la présente copie, à ce qu'ils aient à y obéir présentement, excepté ceux desdits seigneurs qui sont pourvus de l'office de conseillers de Sadite Majesté de nouvelle création, ainsi qu'il est porté par lesdites lettres.

Fait par nous huissiers susdits. *Signés* Le Cirier et Tourte.

(Tome 60, p. 184.)

11 *décembre* 1638.

DE PAR LE ROI. — Nos amés et féaux, vous savez que c'est par la justice que les rois règnent, que leur autorité est reconnue, et que leurs Etats florissent ; et pour cela les rois nos prédécesseurs vous l'ont donnée en dépôt, comme nous avons fait aussi, nous déchargeant sur vos consciences et sur votre honneur de la rendre à nos sujets, qui doivent se promettre de la recevoir en toutes occasions de vous; mais il ne suffit pas à un juge d'être exact et droiturier, il doit l'exemple au public, et que la conduite de sa vie serve de règle aux autres : ce que nos prédécesseurs ayant reconnu faire partie de la fonction d'un bon juge, et aussi que l'indulgence qui se glisse aisément dans les esprits des hommes les fait relâcher de la discipline, ils ont prescrit par leurs ordonnances diverses choses qu'ils ont voulu être observées, soit à l'habit ou à la forme de vivre de leurs officiers, qu'ils ont aussi assujétis aux mercuriales, afin que la crainte d'y être blâmés et repris les retînt en leur devoir. Il est arrivé de cette loi comme des plus saintes, que le temps a diminué de force, et que peu à peu on s'est accoutumé à la négliger, dont il est arrivé tant de maux à notre justice, à la dignité d'icelle, et respect que nous voulons lui être rendu, que pour l'y rétablir nous n'avons point trouvé de voie plus sûre que de remettre en pratique une ordonnance si sainte que celle-là. A ces causes, nous voulons et vous mandons qu'aux jours destinés à la susdite mercuriale tous nos présidens et conseillers se trouvent en notre cour de parlement, et qu'en icelle il soit traité de l'heure des entrées, des habits, des autres choses qui regardent la dignité, discipline et fonctions de vos charges; que notre procureur général y puisse faire telles propositions qu'il avisera pour le bien de la justice et dignité de la compagnie; que les résolutions qui y seront prises soient exécutées selon leur forme et teneur; que de tout ce qui aura été proposé et déterminé en icelle assemblée l'on en informe notre très-cher et féal chancelier, qui nous en rendra compte; et qu'en toutes autres choses vous observiez ce qui vous est enjoint par mon ordonnance. Si n'y faites faute, car tel est notre plaisir.

Donné à Saint-Germain-en-Laye, le 11 décembre 1638. *Signé* Louis ; et plus bas, *de Loménie.*

Au bas est écrit : *A nos amés et féaux conseillers les gens tenant notre cour de parlement.*

(Tome 60, p. 201.)

Relation de ce qui s'est passé à la Trinité-du-Mont.

Le duc de Montalte étant venu au commencement de cette année à Rome, y amena quelques esclaves turcs, lesquels, pour se retirer de l'esclavage ou autrement, se firent chrétiens. L'ambassadeur d'Espagne fut leur parrain; et comme ils étoient aux Catéchumènes, ledit duc voulant les ravoir, l'ambassadeur envoya prier le supérieur de les lui amener en son palais, où y étant il fut prié de les y laisser pour quelque temps; et s'étant retiré, l'ambassadeur dit auxdits esclaves qu'il falloit qu'ils allassent servir le roi d'Espagne en ses galères de Sicile : de quoi ils eurent telle appréhension, qu'ils se jetèrent par les fenêtres du palais où étoit ledit ambassadeur dans le couvent de la Trinité-du-Mont, où ils furent poursuivis par quelques-uns des serviteurs dudit ambassadeur. Mais reconnoissant leur faute, et les religieux survenant, ils se retirèrent; et l'ambassadeur envoya faire des excuses au correcteur dudit couvent de l'insolence de ses gens, désavouant leur action, et en fit dire autant au maréchal d'Estrées, témoignant néanmoins désirer qu'on lui rendît lesdits esclaves : à quoi n'ayant pas vu ledit maréchal disposé, il s'adressa au cardinal Barberin pour cet effet, lequel fut bien aise de rencontrer cette occasion pour faire plaisir audit ambassadeur, et raccommoder quelques mécontentemens qui étoient entre eux. Ledit cardinal envoya ensuite audit maréchal pour savoir son intention là-dessus, et lui dire que cette affaire pourroit apporter quelque brouillerie entre les nations, si l'ambassadeur n'avoit satisfaction : à quoi le maréchal répondit que cela n'étoit point à appréhender, ledit ambassadeur ayant désapprouvé ce que ses gens avoient fait; que lesdits esclaves ayant acquis la liberté en se faisant chrétiens, et s'étant de plus sauvés en un couvent de fondation royale et sous la protection de Sa Majesté, il étoit raisonnable qu'ils eussent à en jouir, et des immunités de l'Eglise; que tout le monde le blâmeroit s'il souffroit qu'il en arrivât autrement; qu'il n'avoit point intention de retenir lesdits esclaves, et qu'il consentiroit volontiers que le cardinal Barberin ou M. le cardinal Antoine s'en chargeassent, pourvu qu'on lui donnât parole qu'ils jouiroient de la liberté qu'ils s'étoient acquise, et ne seroient point mis ès mains des Espagnols; ce que le cardinal Barberin ne voulut pas permettre, et étant d'ailleurs pressé de l'ambassadeur d'Espagne, il fit reparler plusieurs fois audit maréchal; et enfin le voyant ferme à vouloir avoir parole que lesdits esclaves jouiroient de la liberté, et prompt pour le reste à accepter toutes sortes d'expédiens, le cardinal Barberin, désireux de complaire aux Espagnols, envoya le vice-gérant de Rome, avec deux ou trois cents soldats, enlever lesdits esclaves de la Trinité-du-Mont, sans en faire rien dire audit maréchal, et au préjudice de la bonne foi et négociation qu'il tenoit avec lui; de quoi il ne put assez s'étonner, et que le cardinal Barberin ait si peu considéré et respecté la dignité du Roi, faisant une semblable violence en une église qui est en sa particulière protection, et pour satisfaire aux Espagnols en une chose injuste. De quoi ledit maréchal ayant fait de grandes plaintes à messieurs les cardinaux Bagni, Bichi et Antoine, il fut résolu avec les deux derniers que, pour réparer l'injure faite au Roi, ledit cardinal Antoine iroit enlever lesdits esclaves des Catéchumènes où ils étoient, pour les remettre en ladite Trinité-du-Mont: mais ayant depuis changé d'avis, ils se contentèrent de faire connoître audit cardinal Barberin sa faute; et comme tout le monde le blâmoit de l'offense qu'il avoit faite au Roi, il s'ensuivit qu'au lieu de rendre lesdits esclaves aux Espagnols comme c'étoit son dessein, il les fit déclarer libres, et envoya hors de l'Etat ecclésiastique: en quoi ayant fait ce qu'il devoit, et que ledit maréchal avoit toujours recherché, il est resté l'offense publique qu'il a faite au Roi par la violence dont il a usé dans le couvent de la Trinité-du-Mont, pour réparation de laquelle, pendant qu'il se faisoit quelque proposition, le sieur de Rouvray, écuyer dudit maréchal, ayant avis qu'on menoit son valet aux galères, qui avoit été arrêté prisonnier quelque temps auparavant, s'en alla lui quatrième le tirer des mains de trente ou quarante sbires qui le conduisoient, lesquels ne firent aucune résistance, et rendirent ledit valet sans qu'il y eût personne de frappé. De quoi ledit cardinal Barberin ayant témoigné du mécontentement, on verra, par la relation qui en a été faite, comme il a jeté de fausses négociations pour accommoder ses affaires, et manqué à la parole qu'il avoit donnée; le tout à dessein de venir à son intention de faire assassiner ledit Rouvray, et faire déplaisir audit maréchal, ayant donné six cents écus de récompense à ceux qui ont fait le coup, et fait exposer la tête en public plus de deux heures dans l'office du gouverneur de Rome, et mise ès mains du bourreau, qui disoit hautement : « Voilà la tête de .... l'ambassadeur de France; » et ensuite il la porta publiquement, accompagné de cinquante soldats corses, au pont de Saint-Ange, et la jeta dans un puits. Ceux qui savent la conduite dudit maréchal à Rome, les soins qu'il a pris pour avoir les bonnes grâces dudit cardinal Barberin, et les obligations qu'il a à la France, ne peuvent assez s'étonner qu'il ait recherché avec tant de soin de faire paroître son ingratitude, puisqu'il est certain, ainsi qu'il l'a reconnu par la lettre de remerciment qu'il en a écrite à monseigneur le cardinal, que du temps de la maladie que le Pape eut il y a deux ans, durant laquelle les Espagnols parloient de faire régir et gouverner les affaires par six cardinaux, il ne reçut autre assistance que dudit maréchal, qui empêcha cela, et que sa maison ne fût pillée, déclarant hautement qu'elle seroit assistée de la protection de Sa Majesté. Il n'en a pas plus témoigné de reconnoissance envers le Roi, n'ayant daigné venir se réjouir avec ledit maréchal à la naissance de monseigneur le Dauphin que plus de deux mois après en avoir eu avis, et après avoir été chez l'ambassadeur d'Espagne pour la naissance d'une fille. Quant à l'action que l'écuyer avoit faite, c'est chose si ordinaire à Rome, que récemment les gens du duc de Brachiano, de l'abbé Cesarin et plusieurs autres en ont fait de semblables, sans qu'on en ait jamais parlé. Bien davantage, ledit cardinal Barberin a souffert que les gens du cardinal de Savoie aient battu ceux du cardinal Antoine, et porté en sa présence des pistolets au milieu du Cours, contre les défenses expresses, sans en avoir rien dit; et la manière dont il s'est conduit durant tout ce pontificat ne fait que trop connoître qu'il a ménagé, et s'est porté d'une extraordinaire passion, et par animosité, à une si méchante et abominable action.

(Tome 60, p. 201.)

Relation de l'assassinat du feu sieur de Rouvray.

Par la dépêche de M. le maréchal d'Estrées du ... août, M. de Chavigny aura vu comme M. le cardinal Bagni étoit venu trouver ledit sieur maréchal, pour lui dire que le cardinal Barberin l'avoit prié de le voir, et lui faire des excuses de sa part de ce qui s'étoit passé à la Trinité-du-Mont, et que même ledit cardinal prendroit occasion de venir visiter madame la maréchale d'Estrées, et confirmeroit audit sieur maréchal tout ce qu'il lui faisoit dire à présent de sa part : sur quoi ledit maréchal pria ledit cardinal Bagni de trouver bon qu'il donnât part de cet avis à messieurs les cardinaux Antoine et Bichi, montrant toutefois de déférer, et de se porter déjà à l'expédient proposé; mais ayant vu lesdits cardinaux le jour suivant, soit que ledit cardinal Barberin eût changé d'avis ou autrement, l'un et l'autre dirent au maréchal que tandis que le Rouvray seroit en sa maison, ledit cardinal ne se porteroit pas aisément à y venir; à quoi le maréchal répondit que s'il n'y avoit que cette difficulté elle seroit bientôt levée, et qu'il étoit tout prêt de l'envoyer. Sur ces entrefaites, un mandataire du gouverneur étant venu porter une citation dans le logis dudit maréchal pour la même affaire dudit Rouvray, il fut arrêté; et après avoir été retenu vingt-quatre heures sans lui faire recevoir aucun déplaisir, il fut renvoyé, à la prière de M. le cardinal Antoine. Cette affaire s'étant ainsi passée, le cardinal Bagni envoya un matin savoir dudit maréchal s'il le pourroit voir ce jour-là, lequel répondit qu'il n'étoit point néces-

saire qu'il prît la peine de le venir trouver, et qu'il l'iroit
voir l'après-dînée, ainsi qu'il fit, où étant, et recevant les
propos de l'accommodement de l'affaire de la Trinité-du-
Mont, il trouva, ainsi que ces messieurs lui avoient dit,
qu'il y avoit quelque changement en la proposition que le
cardinal Barberin avoit faite de venir en sa maison, sur
la considération que le Rouvray y étoit encore : sur quoi
le maréchal dit qu'il étoit bien aisé de pourvoir à cela,
et que dès l'heure même il s'en alloit ajuster avec M. le
cardinal Antoine la sûreté de l'envoi dudit Rouvray jusque sur les confins de l'Etat ecclésiastique; ce qu'il fit, et
arrêta avec messieurs le cardinal Antoine et Mazarin que
le lendemain messieurs les cardinaux Antoine et Bichi
iroient à la chasse, et que M. l'ambassadeur prendroit ses
gens en son carrosse, et ayant rencontré ces messieurs, il
mettroit le Rouvray et ceux qui l'avoient assisté dans celui du cardinal Antoine, pour les mener à Roussillon.

Le matin suivant, M. Mazarin ayant pris la peine de venir voir M. le maréchal, celui-ci reçut un billet du cardinal Bagni, qui portoit qu'ayant promis audit ambassadeur
que désormais le cardinal Barberin vivroit bien avec lui,
et craignant qu'en étant garant ledit maréchal lui en pût
faire quelque plainte et reproche, il le prioit de lui rendre
sa parole, et trouver bon qu'il ne se mêlât plus de cette
affaire. Sur cela le maréchal ne pouvant comprendre d'où
procédoit ce changement, pria M. Mazarin d'aller voir ledit cardinal Bagni pour s'en éclaircir mieux, ainsi qu'il fit
à l'heure même; et revenant chez le maréchal, il lui dit
que c'étoit que ledit cardinal Barberin ne désiroit point
venir chez lui : sur quoi ledit maréchal dit qu'il n'en avoit
pas usé de même envers l'ambassadeur d'Espagne, parce
qu'aussitôt la brouillerie qui s'étoit passée entre eux il
étoit allé visiter ledit ambassadeur d'Espagne pour l'adoucir, lequel toutefois n'avoit tenu aucun compte de cette
visite; qu'il étoit bien rude que le maréchal se contentant
de cette satisfaction pour le Roi, et le cardinal Barberin
étant assuré qu'elle seroit acceptée, il ne voulût pas faire
la même chose qu'il avoit faite à l'ambassadeur d'Espagne

dans l'incertitude de l'événement, dont il n'a enfin remporté que du mépris. Un jour ou deux après, M. Mazarin dit au maréchal qu'il s'étoit enquis comme s'étoit passée la visite que le cardinal Barberin avoit faite à l'ambassadeur d'Espagne, et qu'il avoit appris que c'avoit été à l'occasion du mariage de son fils avec la fille du duc d'Alcala, qui étoit nouvellement arrivé de dehors. A cela le maréchal répondit que ledit cardinal n'ayant pas daigné visiter la maréchale d'Estrées, ni lui envoyer faire le moindre compliment sur la mort de son père (ce qui est une marque de la haine et mauvaise volonté qu'il a toujours eue sans aucun sujet contre ledit sieur maréchal), il pouvoit encore prendre ce prétexte et occasion, vu même que le préfet et la signora dona Constanza avoient bien usé de cette civilité envers ledit ambassadeur et ambassadrice. Et sur ce même sujet ayant fait quelques jours auparavant, en discourant, remarquer à M. le cardinal Bichi le procédé de M. le cardinal Barberin, il lui répondit que c'étoit faute de s'en être souvenu: à quoi M. le maréchal répliqua en souriant qu'il savoit bien qu'il n'étoit pas digne du souvenir de M. le cardinal Barberin, mais que cette excuse lui sembloit encore pire que la discourtoisie dont il avoit usé. Cependant, nonobstant qu'il ne vît rien disposé pour la satisfaction du Roi au fait de la Trinité-du-Mont, le cardinal Bagni et M. Mazarin ayant désiré qu'il vît M. le cardinal Barberin sur le sujet de la promotion, bien qu'il eût une grande répugnance à cette visite, toutefois en une affaire importante comme celle-là, et que Sa Majesté désire tant, il s'accommoda à leur avis et prières, ainsi qu'on aura vu par les dépêches; et après cette visite faite au cardinal Barberin, ledit maréchal s'en alla à Frascati, pour donner temps à ces messieurs de faire ce qu'ils avoient estimé pour le mieux; et pour ôter tout sujet de plainte, il fit sortir le Rouvray de Rome, et l'emmena avec soi à la campagne, où ledit maréchal étant visité de messieurs les cardinaux Antoine et Bichi, et voyant qu'il ne lui disoit rien de l'affaire de la Trinité-du-Mont, il renvoya son secrétaire à Rome pour leur en parler, et au cardinal Bagni aussi, auxquels il offrit de nouveau que s'il n'y avoit qu'à envoyer le Rouvray et les autres qui l'avoient assisté, il étoit tout prêt de le faire, pourvu qu'il fût assuré que le Roi recevroit contentement en une offense publique, et en laquelle les cardinaux Antoine et Bichi s'étoient portés du commencement avec tant de chaleur et démonstration de ressentiment. A cela M. le cardinal Antoine répondit qu'il en parleroit à son frère; et depuis la réponse fut qu'il falloit se donner patience, et résoudre premièrement l'affaire de la promotion qui étoit sur le tapis. Cependant M. le maréchal ayant reçu des dépêches du Roi et de M. de Chavigny, du 5 octobre, rechercha d'avoir audience du Pape, pour satisfaire aux ordres portés par lesdites dépêches; mais, quelque instance qu'il ait faite, il n'a pu l'avoir, l'excuse ayant été que le Pape se vouloit purger : sur quoi il prit occasion de venir à Rome le dimanche 23 d'octobre, pour voir M. le cardinal Antoine et ces autres messieurs, et se plaindre de ce qu'il ne pouvoit pas voir le Pape. Or il ne fut pas plus tôt arrivé à Rome, que beaucoup d'autres avis qui lui avoient été donnés lui furent confirmés qu'en toutes façons on avoit résolu de faire assassiner le Rouvray, qu'il y avoit des gens appostés pour cela, et qui avoient promis de le faire. Sur cet avis, et à l'heure même, il dépêcha à la maréchale d'Estrées, afin qu'elle empêchât que ledit Rouvray sortît du logis; et étant retourné le soir même à Frascati, il lui dit, comme ces avis étoient indubitables, qu'il ne devoit point sortir qu'accompagné, et que ceux qui avoient pris la commission de l'assassiner étoient canailles et gens lâches, qui n'oseroient l'entreprendre quand il y auroit du monde avec lui. Nonobstant cet avis, et cent autres que ses amis particuliers lui avoient donnés, ledit Rouvray ne pouvant croire que le cardinal Barberin, qui paroît si saint homme, dût appuyer un assassinat, le vendredi 28 dudit mois il sortit seul, et fut tout le matin dehors; et comme il retournoit au logis sur les sept heures, des gens cachés derrière des haies lui tirèrent par derrière une arquebusade qui lui bailla dans la tête, et le tua tout roide; et tout au même instant ils lui coupèrent la tête et l'emportèrent. Il semble qu'il y ait eu de la fatalité en ce malheur, lequel il n'a pu éviter nonobstant les avis qu'il en avoit, et le moyen qu'on lui avoit donné de s'en garantir en tenant toujours près de soi cinq ou six personnes qui étoient exprès ordonnées pour cela : mais avec tout cela il n'a pas laissé d'être malheureusement assassiné, et perdant la vie a laissé au maréchal un déplaisir très-sensible. Sur quoi Sa Majesté considérera que ledit ambassadeur a toujours offert d'envoyer et éloigner le Rouvray, pourvu que l'on donnât satisfaction au Roi pour l'affaire de la Trinité-du-Mont, ainsi qu'on lui avoit fait espérer dès le premier jour; que depuis trois mois ledit cardinal Barberin a toujours gauchi et manqué de promesse; et sur cela Sadite Majesté jugera si elle doit témoigner du ressentiment d'une telle violence, ou en la dissimulant permettre audit ambassadeur d'en tirer raison par les mêmes voies dont on s'est servi. Cette relation a été bien lue par le sieur Brachet, en présence de messieurs le cardinal Bichi et Mazarin, qui l'ont reconnue entièrement véritable, aussi bien que la première qui a été faite de l'affaire de la Trinité-du-Mont, laquelle ledit maréchal leur a lue lui-même auparavant que de l'envoyer en France; et le sieur Brachet peut faire foi comme ils ont plusieurs fois confessé que ces deux relations étoient vraies en toutes leurs parties.

(Tome 60, p. 201.)

Relation sur l'entrevue de M. de Chavigny avec M. le nonce Scotti.

Le vendredi 9 du présent mois de décembre 1639, j'allai trouver M. Scotti, nonce extraordinaire du Pape, pour lui faire entendre le juste sujet qu'avoit le Roi de se plaindre de ce qui s'étoit passé en l'affaire de la Trinité-du-Mont, et à la mort du sieur de Rouvray, écuyer de M. le maréchal d'Estrées. Je lui déduisis au long les particularités de l'un et l'autre point, et lui fis voir comme on ne pouvoit faire autre jugement de ce qui s'étoit passé à la Trinité-du-Mont, sinon que M. le cardinal Barberin avoit voulu offenser le Roi expressément pour donner quelque satisfaction aux Espagnols, puisque s'il eût voulu traiter la chose avec M. le maréchal d'Estrées, et promettre de donner la liberté aux esclaves comme il a fait, il les auroit retirés de son consentement et sans violence; que le droit des gens avoit été violé par l'assassinat commis en la personne d'un écuyer de l'ambassadeur de France, et que ce qui rendoit encore cette action odieuse c'étoit qu'elle avoit été mise en négociation, et qu'on étoit demeuré d'accord que M. le maréchal d'Estrées enverroit son écuyer hors de l'Etat ecclésiastique. M. le cardinal Barberin vint visiter madame la maréchale d'Estrées pour lui faire excuse de ce qui s'étoit passé à la Trinité-du-Mont; de quoi ledit sieur cardinal s'étant dédit, M. le maréchal d'Estrées avoit eu raison de ne pas faire partir son écuyer jusques à ce qu'il eût satisfait à sa promesse.

Ledit sieur nonce, après avoir dénié quelques particularités du fait qui n'étoient pas pour justifier les actions de M. le cardinal Barberin, la meilleure raison qu'il m'allégua fut que si l'église de la Trinité-du-Mont avoit eu des priviléges de franchise, que les papes les lui avoient accordés, et que celui-ci les lui pouvoit ôter; et que Sa Sainteté étoit maître absolu dans Rome, pour faire châtier qui il lui plairoit sans distinction.

Sur quoi je lui répondis qu'on ne doutoit pas de l'autorité du Pape, mais bien qu'on trouvoit à redire que M. le cardinal Barberin en eût fait user en ces deux occasions sans aucun légitime fondement contre la France, qui l'avoit toujours soutenue, pour obliger les Espagnols, qui avoient essayé par toutes sortes de moyens de la détruire; et que c'étoit donner un mauvais exemple aux princes qui étoient absolus dans leur Etat, que de chercher la raison dans la puissance suprême.

Après cela M. le nonce s'altéra, et sortit de la matière pour me dire qu'il avoit de bons avis de ce qui se passoit dans Paris, et qu'il avoit appris que quatre ou cinq évêques s'étoient assemblés, et qu'ils avoient proposé de faire entre eux un concile national; mais qu'il se moquoit de cela, qu'il avoit cœur et esprit pour représenter les intérêts du Pape; que quand on viendroit aux extrémités, *il Papa metterebbe il Re sotto* (ce sont ses propres termes); et qu'il savoit bien qu'en ce cas la plupart des évêques de France seroient pour Sa Sainteté contre le Roi.

Je lui dis que ce discours étoit hors de propos; que je ne croyois pas que personne lui en eût parlé de la part de Sa Majesté, que je ne le faisois pas non plus, et que je m'étonnois qu'il tînt un semblable langage, pour donner sujet de soupçonner qu'il faisoit des pratiques dans Paris contre le service de Sa Majesté; et que je n'avois jamais ouï parler de cette assemblée, ni qu'on y eût fait une telle proposition.

Jusque là je ne lui avois rien fait connoître de l'ordre que le Roi m'avoit donné; mais voyant qu'il continuoit dans le même train, je repris notre première matière, et commençai à lui faire entendre que le Roi ayant été offensé dans les deux affaires dont il est parlé ci-dessus, sur lesquelles M. le cardinal Barberin ne se disposoit point à lui faire les satisfactions que Sa Majesté pouvoit désirer avec tant de justice et de raison, elle avoit estimé être obligée de témoigner son ressentiment, afin que le monde ne crût pas qu'on le pouvoit offenser impunément; et que Sadite Majesté m'avoit commandé de lui donner un écrit de sa part.

Ledit sieur nonce le refusa, et me dit qu'il avoit ordre exprès de n'en plus accepter depuis celui qu'il avoit reçu dernièrement en Bourgogne. Là-dessus je lui fis entendre de vive voix que le Roi étant contraint, par l'injurieux procédé avec lequel son ambassadeur est traité à Rome, si excessif qu'on n'a point craint de violer le droit des gens, d'en témoigner le ressentiment qu'il en doit avoir, en lui ordonnant de n'aller plus à l'audience de Sa Sainteté et de M. le cardinal Barberin jusques à ce que Sa Majesté eût été satisfaite d'une telle injure; et de celle qui avoit été faite à la mémoire de feu M. le cardinal de La Valette, désiroit aussi que ledit sieur nonce Scotti s'abstînt de la sienne. Il m'interrompit, pour me dire que Sa Majesté ne l'ayant reçu nonce que pour traiter des affaires de la paix, à cette heure qu'elle lui défendoit l'audience, c'étoit une marque qu'elle n'y étoit pas disposée comme elle avoit voulu faire croire. Je me plaignis de ce qu'il ne m'avoit pas voulu donner le temps d'achever, et lui fis connoître comme Sa Majesté, ne voulant perdre occasion qui pût être utile à la paix, trouvoit bon toutes fois et quantes que ledit sieur nonce auroit à faire quelque proposition qui pût avancer effectivement le repos de la chrétienté, il me la fît faire par son auditeur. Il me répondit que c'étoit une chose inutile; qu'il y avoit trois ans que nous amusions M. le légat à Cologne, sans y avoir voulu envoyer nos plénipotentiaires, quoique les rois de Hongrie et d'Espagne y eussent fait aller les leurs : sur quoi lui ayant dit que si nous eussions eu tous les passe-ports pour nos alliés, que le Roi étoit tout prêt de faire partir les siens, il me répliqua qu'il n'y avoit plus que les Hollandais qui en eussent besoin, et qu'étant hérétique il ne se pouvoit point mêler de leurs affaires, et que l'on s'adressât à M. l'ambassadeur de Venise. Je lui fis de grandes plaintes de ce qu'il accusoit le Roi du retardement de la paix, et lui fis voir, quelque mauvaise volonté qu'il eût, la vérité avoir été la plus forte, en lui faisant avouer que messieurs des Etats n'avoient pas leurs passe-ports ; ce qui étoit assez suffisant pour justifier le Roi, qui a toujours déclaré qu'il ne pouvoit traiter sans ses alliés.

Etant prêt de m'en aller, ledit sieur nonce me dit qu'après avoir parlé beaucoup il désiroit en trois paroles me faire connoître qu'il savoit que des intérêts particuliers étoient cause de la mauvaise intelligence qui étoit aujourd'hui entre le Pape et le Roi, et que le refus des bulles du généralat de Cîteaux faisoit que le châtiment du crime de Rouvray passoit pour une affaire d'Etat, quoiqu'il ne touchât en aucune façon la réputation du Roi; et qu'encore qu'il ne fût plus admis à l'audience de Sa Majesté, il trouveroit bien moyen de lui faire entendre comme les choses se passoient.

Je lui répondis premièrement que le grand mérite et la vertu de M. le cardinal lui avoient acquis beaucoup d'ennemis fort considérables, qui avoient plutôt servi à augmenter sa réputation qu'à la diminuer, et qu'il n'y avoit pas d'apparence qu'une personne comme lui fût capable d'y donner la moindre atteinte; que Son Eminence ne s'étoit laissée porter à accepter le généralat de Cîteaux que pour le bien de l'Eglise et l'avantage particulier de cet ordre; et que M. Bologuetti pourroit témoigner qu'elle ne lui en avoit jamais parlé, et qu'il ne s'étoit fait aucune instance sur ce sujet qu'au nom de Sa Majesté, et que je croyois M. le cardinal Barberin trop sage pour lui avoir ordonné de parler de la sorte; que c'étoit au Roi à juger si la mort de Rouvray le touchoit ou non; qu'il n'y avoit pas apparence que Sa Majesté voulût affecter d'avoir reçu une injure, si cela n'étoit en effet; et que s'il étoit bien informé de la façon qu'on vit avec le Roi, il sauroit qu'on lui rend un compte exact de toutes ses affaires, et qu'il ne seroit pas besoin qu'il prît le soin de l'en avertir, et que je lui promettois de lui faire savoir mot pour mot ce qu'il m'avoit dit.

Il se plaignit ensuite de ce que monseigneur le cardinal lui avoit dit que si le Roi n'avoit M. Mazarin pour cardinal il en témoigneroit son ressentiment, et que Sa Majesté empêcheroit qu'on ne reconnût le Pape en France que *quoàd spirituale,* réitérant ses mêmes menaces qui sont au commencement de cette relation, disant que Sa Sainteté ne pressoit point le Roi de faire des chevaliers du Saint-Esprit, et que Sa Majesté ne le devoit presser non plus de faire des cardinaux contre son gré; qu'on verroit ce qu'un tel procédé produiroit; et se laissa entendre que le Pape ne feroit point M. Mazarin cardinal.

Après avoir remontré audit sieur nonce la différence qu'il y a entre le cardinalat et l'ordre du Saint-Esprit, je lui dis que Son Eminence savoit si bien le respect qu'il devoit au Pape, et ce à quoi le service du Roi l'obligeoit, qu'il ne feroit ni ne diroit jamais rien à l'égard de l'un et de l'autre qui ne fût approuvé de tous les gens d'honneur, et qui ne seroient point préoccupés; et que pour ce qui regardoit les intérêts de M. Mazarin, Sa Majesté les soutiendroit, suivant en cela l'exemple du roi d'Espagne, qui porte ceux de l'abbé Beretti avec la vigueur et fermeté que tout le monde sait. Et là-dessus nous nous séparâmes.

Ecrit signifié à M. le nonce Scotti.

Le Roi étant contraint, par l'injurieux procédé avec lequel son ambassadeur est traité à Rome, si excessif qu'on n'a point craint de violer le droit des gens, d'en témoigner le ressentiment qu'il en doit avoir, en lui ordonnant de n'aller plus à l'audience de Sa Sainteté et de M. le cardinal Barberin jusques à ce que Sa Majesté ait été satisfaite d'une telle injure, et de celle qui a été faite à la mémoire de feu M. le cardinal de La Valette, désire aussi que M. le nonce Scotti s'abstienne de la sienne; et cependant parce que la paix est le prétexte du voyage et de la demeure dudit sieur nonce en ce royaume, Sa Majesté ne voulant perdre aucune occasion qui puisse être utile à une si bonne fin, trouve bon que toutes fois et quantes que ledit sieur nonce aura à faire quelque proposition qui puisse avancer effectivement le repos de la chrétienté, il la fasse faire par son auditeur au sieur de Chavigny, secrétaire de ses commandemens et des affaires étrangères, afin que Sadite Majesté y puisse faire telle réflexion que la raison le requerra.

Fait à Saint-Germain-en-Laye, le 8 décembre 1639. *Signé* Louis; et plus bas, *Bouthillier.*

(Tome 60, p. 235.)

Du mardi 21 avril 1643.

Talon, pour le procureur général du Roi, a dit que les termes de la déclaration dont lecture a été présente-

3.

ment faite, concernant le plus haut point de l'administration de l'État, dans laquelle le Roi prévoyant les extrémités les plus malheureuses que leurs pensées ne peuvent souffrir, et que Dieu détournera s'il lui plaît par sa toute-puissance, il établit les ordres qu'il estime nécessaires pour le gouvernement des affaires publiques, et la conduite de son royaume à l'avenir; tant est véritable la pensée de l'Écriture, que la sagesse et la conduite qui se rencontrent dans les conseils ordinaires des hommes en la personne des souverains est une espèce de divination, la prévoyance dont ils usent dans le gouvernement de leurs États participant du privilége des prophéties et de la certitude des oracles. Dieu, qui tient en sa main le cœur des rois, et les conduit comme bon lui semble, ne leur donne que des inclinations judicieuses et des mouvemens de générosité pour le salut de leurs peuples; ce que nous éprouvons dans cette occasion, en laquelle le Roi, faisant réflexion sur l'état des affaires présentes, qui partage les esprits et les intérêts de toute la chrétienté, établit la Reine régente dans son royaume, et lui donne par autorité ce que les larmes de tous les gens de bien et les suffrages de tous les ordres du royaume lui eussent déféré dans une journée de désolation, que l'exemple de choses semblables arrivées neuf fois dans ce royaume fait ordinaire et légitime, et que la déclaration du roi Charles VI, registrée en cette cour en l'année 1407, rend nécessaire. Cette princesse, qui est toute pleine de vertu et de piété, dont la modération est exemplaire et sans exemple; la sagesse de sa conduite, son humilité envers Dieu, l'inclination qu'elle a de bien faire à tout le monde, et la réputation publique, et partant véritable, de n'avoir jamais mal fait à personne, lui ont concilié l'affection de tous les peuples, et lui feront mériter la bienveillance du Ciel, le secours et la protection de Dieu, lequel ayant assisté ce royaume dans les occasions les plus difficiles et qui sembloient désespérées, aura soin de la piété du Roi et de l'innocence de nos jeunes princes, qui sont les petits-enfans et les héritiers de saint Louis, donnant à la Reine les conseils nécessaires, et lui communiquant un esprit principal, comme il fit autrefois à la reine Blanche, mère de ce grand saint et de ce grand roi tout ensemble, laquelle ayant été nommée tutrice à ses enfans et régente dans le royaume par les dernières paroles du roi Louis VIII, qui mourut à Montpensier, quoiqu'elle fût fille d'un roi de Castille et d'une princesse d'Angleterre, elle conduisit si généreusement les affaires du royaume pour l'honneur de son fils mineur et l'avantage de l'Etat, que sa mémoire est honorable dans l'histoire, et son nom précieux à la postérité. L'histoire la plus cachée de son siècle nous enseigne que ses ennemis, c'est-à-dire les ennemis de l'Etat, lui demandèrent caution de son gouvernement, parce qu'elle étoit étrangère; les docteurs furent consultés sur cette question, et nous en reste quelque vestige dans nos livres : mais tous les gens de bien s'offensèrent de cette proposition, soutenant que l'on ne devoit désirer autre assurance, ni lui demander autre gage de son administration, que les suffrages de la nature et les témoignages de sa piété, qualités qui se rencontrent par éminence en la personne de la Reine, avec telle plénitude et abondance que la seule appréhension de la flatterie leur ferme la bouche. Dans cette occasion nous ne doutons point que Monsieur ne contribue ses soins, et que dans la qualité que cette déclaration lui donne, que sa naissance, son courage et sa bonté lui ont acquise ; qu'il ne s'emploie avec générosité pour le bien de l'Etat; que M. le prince et messieurs ses enfans, qui composent l'une des branches du sang royal, qui sont les colonnes de l'Etat, ne travaillent comme leur conscience et leur réputation les obligent, et que, sans jalousie ni considération d'intérêt particulier, ils ne souhaitent la gloire du royaume, dans laquelle se rencontre leur grandeur, qui ne souffre point d'égalité ni de compétence avec personne : dont nous les supplions, au nom du Roi et de l'Etat, de vouloir écouter et déférer aux conseils de ces personnes illustres nommées par le Roi, dont la suffisance est notoire et la fidélité éprouvée, desquelles les intentions ne peuvent être que légitimes, et les pensées avantageuses pour le bien de l'Etat; et de faire cette réflexion que, dans la conjoncture présente des affaires, les ennemis de la couronne, qui sont malins et industrieux, s'efforceront de diviser leurs affections; qu'il se trouvera peut-être de mauvais Français qui voudront s'en prévaloir pour satisfaire à leur ambition et flatter leur mécontentement. Malheur à ceux qui auront ces pensées criminelles, qui feront des partis et des factions dans l'Etat! Nous sommes assurés que la justice et la piété du Roi, et la protection du Ciel, conserveront la couronne; et puisque Dieu nous a donné M. le Dauphin après tant de vœux et tant de souhaits, comme un Philippe-Auguste, qu'il le comblera de bénédictions et de faveurs, avancera ses jours, augmentera ses années de lumières, d'intelligence et de grâces; et que l'union étant établie dans ce royaume par cette bonne intelligence, les efforts de nos ennemis seront inutiles, et les puissances étrangères impuissantes, et incapables de lui mal faire. Dans cette espérance ils requièrent pour le Roi que sur le repli des lettres il soit mis qu'elles ont été *lues, publiées et registrées, pour être exécutées selon leur forme et teneur;* que le *duplicata* d'icelles sera envoyé dans les autres parlemens de ce royaume, pour y être pareillement lues, publiées et registrées, d'autant qu'une affaire de cette qualité ne se délibère que dans le parlement de Paris; et que copies collationnées aux originaux seront envoyées aux bailliages et sénéchaussées de ce ressort, pour y être pareillement publiées et registrées.

La cour a ordonné et ordonne que sur le repli desdites lettres de déclaration il sera mis qu'elles ont été *lues, publiées et registrées, ouï ce requérant et consentant le procureur général du Roi*, pour être exécutées selon leur forme et teneur.

(Tome 60, p. 239.)

Du 14 mai 1643.

De par le Roi. — Nos amés et féaux, écrivant à notre cour de parlement pour lui faire savoir l'affliction qui nous est arrivée par le décès du feu Roi notre très-cher et très-honoré seigneur et père, nous permettons à ladite compagnie et l'exhortons de continuer les services de notredit parlement nonobstant ladite mutation, en attendant que le serment qui nous est dû en cas pareil nous ait été fait et prêté, afin que l'administration de la justice (de laquelle nous voulons faire durant notre règne un très-particulier état) ne soit ni retardée ni altérée; et sur ce nous avons voulu vous faire la présente, afin que notre intention soit encore par vous déclarée plus particulièrement à notredite cour, dont nous remettant sur les soins que nous savons nous pouvoir promettre de votre affection au bien de notre service, selon les témoignages que vous en avez rendus par le passé, nous ne vous ferons la présente plus longue ni plus expresse.

Donné à Saint-Germain-en-Laye le 14 mai 1643. *Signé* Louis; et plus bas, *de Guénégaud*. Et au dos : *A nos amés et féaux conseillers en notre conseil d'Etat, nos avocats et procureur généraux en notre cour de parlement de Paris.*

(Tome 60, p. 242.)
Du samedi 16 mai 1643.

Les gens du Roi sont entrés, et par la bouche de ...... ont dit qu'ils avoient exécuté la commission que la cour leur avoit donnée, et vu la Reine; et qu'ils avoient quelque chose à dire à la compagnie.

Eux retirés, toutes les chambres assemblées, les gens du Roi, mandés par la bouche dudit ......, ont dit qu'hier ils reçurent de M. le premier président l'ordre de la compagnie pour saluer la Reine, et savoir l'heure de sa commodité en laquelle le parlement pourroit avoir l'honneur de saluer le Roi et ladite dame Reine pareillement; que, pour satisfaire à ce qui leur étoit ordonné, ils s'étoient acheminés chez M. le chancelier, et lui ayant fait entendre la délibération de la cour, et prié qu'ils pussent par son moyen saluer la Reine et lui parler, mondit sieur le chancelier leur dit que cette visite étoit inutile; qu'il avoit reçu les ordres du Roi et de la Reine pour dire au parlement que messieurs seroient les bien venus cejourd'hui à trois heures de relevée. Sur quoi ils insistèrent pour satisfaire à la commission qui leur avoit été donnée, prièrent mondit sieur le chancelier de trouver bon qu'ils se trouvassent au Louvre à l'arrivée du Roi et la Reine, pour avoir le bien de la saluer : à quoi mondit sieur le chancelier résista, et après quelques contestations trouva bien qu'ils attendissent au parquet les ordres qu'il leur enverroit.

Ensuite mondit sieur le chancelier leur parla des termes insérés dans la lettre de cachet, sur lesquels le parlement avoit fait difficulté, concernant un nouveau serment de fidélité désiré par la compagnie, et nous dit que cette lettre étoit conforme à celle qui avoit été écrite en même rencontre en l'année 1547, lors du décès du roi François I, depuis lequel temps il ne se trouvoit point d'exemple de semblable lettre qui eût été écrite; nous ajoutant que M. le premier président Lizet demanda au Roi la confirmation des charges de tous les officiers du parlement, et que nous ne devions point trouver étranges les termes auxquels celle qui avoit été envoyée le matin se trouvoit écrite. Nous lui répliquâmes que depuis ce temps, qui étoit de près de cent années, la face des affaires publiques avoit bien changé; que nos rois avoient autorisé la disposition des offices, même de judicature, et que l'établissement du droit annuel étoit une espèce d'hérédité publique qui rendoit la condition des officiers assurée, non pas pour se dispenser du respect, de l'obéissance et de la soumission qu'ils doivent au Roi, et contre laquelle ils ne voudroient ni ne sauroient prescrire, mais pour les dispenser de ces anciennes formalités, lesquelles s'observoient lorsque les offices étoient de simples commissions. Après quelques contestations semblables, dans lesquelles nous insistâmes que les choses devoient demeurer dans le dernier usage, nous nous retirâmes; et l'après-dînée nous étant trouvés au parquet, nous attendîmes jusques à six heures et plus, et fûmes avertis, par un gentilhomme envoyé par la Reine, qu'elle nous demandoit. Aussitôt nous nous acheminâmes au Louvre; et ayant été conduits dans la chambre du Roi, lequel étoit au lit, et auprès de lui plusieurs personnes de condition qui le divertissoient, aussitôt M. le chancelier nous appela, et nous introduisit dans le cabinet de la Reine, dans lequel étoit M. le duc d'Orléans, assis à cause de son incommodité, M. le prince de Condé, M. le cardinal Mazarin, M. le chancelier, M. de Chavigny, secrétaire d'Etat, et nul autre; et après nous être inclinés devant la Reine avec le plus grand respect que nous avons pu, nous lui dîmes :

« Madame, nous saluons Votre Majesté les larmes aux
« yeux et l'amertume dans le cœur. L'inclination que
« nous avons pour le salut de nos princes est toute pleine
« de chaleur, et dans ces occasions malheureuses n'est pas
« susceptible de consolation. Ce qui nous reste dans une
« désolation de cette qualité est l'espérance de saluer
« notre jeune prince, lui rendre l'hommage que nous lui
« devons comme à notre maître et souverain seigneur, et
« par même moyen protester à Votre Majesté les vœux de
« notre très-humble obéissance, bien marris de n'avoir
« point de pensées ni de paroles qui puissent suffisam-
« ment exprimer les sentimens de notre cœur. Le parle-
« ment, qui est en impatience de saluer Vos Majestés, et
« qui ne sait pas l'heure commode pour satisfaire à ce de-
« voir, nous envoie par devers Votre Majesté pour ap-
« prendre le moment dans lequel il pourra s'acquitter de
« ce devoir, la suppliant de recevoir par avance de notre
« bouche les assurances de sa fidélité et de son obéissance
« tout entière. »

La Reine nous ayant accueillis avec une contenance gracieuse, nous dit qu'elle feroit entendre sa volonté à M. le chancelier, et qu'il nous en avertiroit aussitôt. Etant sortis du cabinet de la Reine, et passant par la chambre du Roi, M. le chancelier qui nous suivoit nous ayant tiré dans l'embrasure d'une fenêtre, nous témoigna qu'il étoit bien aise que la Reine nous eût donné audience, quoique lasse et fatiguée; qu'il avoit charge de nous dire que le parlement pouvoit venir cejourd'hui à trois heures après midi, non-seulement par députés, mais même en corps s'il vouloit, voire même en robes rouges : mais que la Reine ne désiroit rien en cela de particulier que ce qui seroit avisé par la compagnie, et conforme aux registres et à l'usage ancien ; ajoutant que la Reine se contenteroit que le parlement usât de termes d'obéissance, de respect, de soumission, avec lesquels les compagnies ont coutume de saluer leur prince en semblables occasions.

« Pardonnez-nous, messieurs, si, faisant réflexion sur
« ces dernières paroles, nous vous supplions d'y remar-
« quer la bonté de la Reine, qui ne désire de la compa-
« gnie ni serment de fidélité, ni que l'on lui demande la
« confirmation de nos offices, ainsi que l'on obligea M. le
« premier président Lizet de la requérir en l'année 1547,
« duquel exemple l'on s'étoit voulu prévaloir pour dimi-
« nuer l'autorité de la compagnie, laquelle, à notre sens,
« est obligée de reconnoître et se souvenir de la gratitude
« et bienveillance de la Reine. »

(Tome 60, p. 245.)

L'indult octroyé à messieurs du parlement ès siècles passés a été renouvelé par le pape Paul III par sa bulle du 19 juin 1538, enregistrée dans le troisième volume des ordonnances du roi François I, fol. 225, lequel, par ses lettres patentes insérées audit volume, fol. 180, a établi l'ordre pour les nominations exécutées par le rôle fait de son ordonnance des noms de messieurs les chancelier, premier président, présidens, maîtres des requêtes, conseillers, avocats généraux, procureurs généraux, et autres officiers de ladite cour, qui se sont nommés chacun sur un bénéfice; ledit rôle transcrit audit registre fol. 175, son enregistrement répété dans un registre particulier desdites nominations, à l'effet de conserver l'ordre d'icelles qui se trouve continué jusques au 18 novembre 1583, et un autre second commencé le 23 du même mois, continué jusques au 20 d'août 1617, pendant lequel temps le parlement ayant été divisé lors des guerres, fut fait à Tours un registre particulier desdites nominations, qui se trouve commencer le 20 septembre 1588 et finir le 23 juillet 1594, avec cette remarque que le registre qui étoit au greffe de la cour avant les troubles avoit été repris depuis la réduction de Paris.

Par ces quatre registres il paroît clairement que la forme de se nommer, pratiquée même par messieurs les chanceliers et gardes des sceaux chacun en leur temps, a toujours été, par l'inscription faite sur le registre, déposée au greffe de la cour de parlement, du nom de celui qui se nommoit, soit en personne, ou par procureur du nommé en son lieu, et du bénéfice sur lequel il faisoit ladite nomination, et entre autres de messieurs Guillaume Poyet, René de Birague, Philippe Hurault et Jean Bertrand, chanceliers et gardes des sceaux de France ès années 1539, 1554, 1575, 1579, 1583, 1585 et 1587, sur les évêchés de Saint-Pons, abbayes de Cluny, Cormery, Saint-Marc de Soissons et prevôté de Vaux en Combrailles, dont l'acte écrit sur le registre étoit signé, et le plus souvent entièrement écrit, de la main de celui qui la faisoit, ou de son procureur; sur l'expédition duquel acte de nomination, signé du greffier, toutes lettres en ont toujours été expédiées, et scellées sans aucune difficulté ou refus. Aussi par lesdites bulles et lettres patentes il est expressément accordé auxdits officiers de ladite cour le pouvoir de se nommer eux-mêmes ou autre personne ecclésiastique en leur lieu, séculière ou régulière à leur choix, sans que leur nomination puisse dépendre de la volonté d'aucun autre : que si en ladite nomination s'est présenté quelque difficulté de préférence, concurrence ou refus du greffier de communiquer ledit registre, même pour faire ladite nomination, elle a été réglée par arrêt de ladite cour sur les requêtes qui lui en ont été présentées, dont les minutes se trouvent encore au greffe d'icelle, duquel le dépôt est si nécessaire, que le roi Henri IV, par son ordonnance du 9 décembre 1606, article dernier, veut expressément que les lettres de nomination soient enregistrées au greffe de ladite cour de parlement, pour y avoir recours quand besoin sera.

(Tome 60, p. 381.)

Du 28 avril 1644.

Sur ce qui a été représenté au Roi étant en son conseil, la Reine régente sa mère présente, que le père Ayreau, religieux de la Société de Jésus, préposé par ses supérieurs pour faire la lecture des cas de conscience dans leur collége de Clermont, avoit traité en public diverses propositions et maximes dont la connoissance étoit très-dangereuse, et pouvoit faire de très-mauvais effets, les pères provincial et les supérieurs des trois maisons auroient été mandés, et ensuite entendus audit conseil, après que Sa Majesté, la Reine régente sa mère présente, leur a fait entendre le mécontentement qu'elle avoit des propositions faites par ledit père Ayreau en faisant ses leçons; qu'il y avoit beaucoup de faute de la part des supérieurs d'avoir permis ou toléré que telles maximes fussent mises en avant, qui ne pouvoient être d'aucune utilité au public, et au contraire que la connoissance en étoit très-dangereuse, donnant des ouvertures d'exercer plutôt les passions que de les régler; que Sa Majesté désire que les supérieurs de leur ordre soient à l'avenir plus soigneux de s'informer de la doctrine qui sera écrite ou enseignée en leurs maisons dans ce royaume; qu'elle ne recevra pas pour excuse qu'ils aient ignoré les mauvaises maximes qui se traiteront par leurs pères, et qu'elle se prendra à eux des fautes qui se feront à l'avenir. Sur quoi lesdits pères jésuites ont témoigné avoir un extrême déplaisir que Sa Majesté ait eu sujet de se plaindre de la conduite de l'un de leurs pères; qu'ils reconnoissoient qu'il avoit failli de traiter publiquement telles questions dont l'on se plaint, lesquelles ils désavouent, et déclarent qu'en général et en particulier ils les désapprouvent, jugeant qu'il étoit très-dangereux de les enseigner et de les écrire; qu'à l'avenir, sachant les intentions de Sa Majesté, ils tiendront la main à ce qu'en tous leurs colléges il ne se propose aucune matière qui puisse être préjudiciable au public. Vu lesdites propositions, Sa Majesté étant en son conseil, de l'avis de la Reine régente sa mère, a fait et fait très-expresses inhibitions et défenses auxdits pères de la Société de Jésus, et tous autres, de plus à l'avenir traiter dans les leçons publiques ou autrement pareilles propositions; enjoint Sadite Majesté aux supérieurs de ladite Société de veiller exactement à ce qu'en toutes leurs maisons l'on ne traite telles matières, soit dans les leçons ou dans les livres; ordonne que ledit père Ayreau demeurera en arrêt en la maison de leur collége de Clermont, jusques à ce qu'autrement par Sa Majesté en ait été ordonné.

(Tome 60, p. 381.)

Du samedi 21 janvier 1645.

Ce jour, la cour, toutes les chambres assemblées, ayant délibéré sur le sujet des évocations fréquentes et extraordinaires contre les ordonnances, a arrêté et ordonné de faire très-humbles remontrances au Roi et à la Reine régente sa mère, concernant les évocations générales et particulières, commissions, exécutoires, attributions aux requêtes de l'hôtel et autres, pour juger souverainement. A cette fin seront députés aucuns conseillers de ladite cour de toutes les chambres, pour en dresser les mémoires incessamment; et cependant que présentement les gens du Roi seront mandés et chargés de voir M. le chancelier, et le prier de la part de ladite cour d'obtenir la révocation des évocations générales des chevaliers de Malte, pères de l'Oratoire, de Saint-Germain-des-Prés, et de celles obtenues par les jésuites et autres; et que la réponse en sera faite à la cour toutes les chambres assemblées. Et à l'instant lesdits gens du Roi mandés, M. le premier président leur a fait entendre le susdit arrêté.

(Tome 60, p. 469.)

Ce que M. le Chancelier dit à M. le Nonce.

« Le Roi, de l'avis de la Reine régente sa mère, m'a donné ordre de vous dire que Leurs Majestés ont peine à comprendre par quel motif le Pape s'adresse avec tant de confiance à elles et à tous leurs ministres, pour les obliger, contre l'honneur et l'intérêt de cette couronne, de donner les mains à l'oppression d'une maison qu'elles ont honorée de leur protection royale, et à qui on ne peut imputer raisonnablement aucune faute envers le Saint-Siége, pendant que d'ailleurs Sa Sainteté fait en toutes occasions paroître son aversion pour la France, et que l'affection que Leurs Majestés avoient témoignée pour sa maison, pour sa personne et pour sa gloire, n'a trouvé pour toute correspondance qu'une entière partialité pour leurs ennemis, et tant de mauvais traitemens, qu'aucun autre prince bien inférieur à elles n'auroit jamais eu la patience de les supporter, notamment ayant en main tant de voies pour s'en ressentir, sans manquer au respect et à la dévotion qui est héréditaire en elles envers le Saint-Siége apostolique.

« Le monde a vu avec quelle cordialité, nonobstant toutes les choses qui s'étoient passées, Leurs Majestés, dès le commencement de ce pontificat-ci, allèrent au devant de tout ce qui pouvoit plaire à Sa Sainteté pour établir entre elles une affection réciproque; et cela d'autant plus généreusement que l'état florissant des affaires de ce royaume, et d'autres considérations, rendoient moins nécessaires les recherches qu'elles en firent. Cependant, dans le temps même où les papes les plus austères ont accoutumé de prodiguer les grâces aux princes, la France a été la seule qui, sans en avoir reçu aucunes, a éprouvé une suite continuelle d'actions désobligeantes, et qui marquoient le peu d'affection qu'elle a pour les intérêts de cette couronne. Il seroit superflu que je m'étendisse sur le détail de cette matière avec vous, monsieur, qui vous êtes si souvent appliqué inutilement à chercher des prétextes pour faire approuver la conduite de votre maître : chacun a pu voir si la France a demandé aucune grâce qui ne lui ait été refusée, et si les ennemis n'en ont pas obtenu au-delà même de leurs instances et de leur espoir.

« On a vu dans ce pontificat-ci les Espagnols agir dans Rome comme dans leur trône, et avec la même hauteur qu'ils auroient pu faire dans Madrid ; tous leurs partisans environner Sa Sainteté, et être élevés aux dignités et aux charges lorsque les serviteurs de la France ont été tous reculés et déprimés, et que le nom seul en étoit odieux.

« On a vu combien la justice a été peu considérée quand elle a été appuyée de Leurs Majestés, et l'égard que l'on a eu à cette couronne dans les affaires de Catalogne et de Portugal, dans les mariages et dans les promotions : quand je dis promotions, j'entends de les avoir vues composées de sujets évidemment reconnus pour Espagnols, et non pas de parler du refus que Sa Sainteté a fait, aux recommandations de la Reine, d'y comprendre M. l'archevêque d'Aix. Il est vrai que Sa Majesté avoit crû flatter le Pape en lui fournissant un moyen si facile de l'obliger, et toute la France ; mais comme elle en a cent autres en main de témoigner à M. le cardinal Mazarin, en la personne de ses proches, la gratitude qu'elle conserve des recommandables services qu'il rend à cet Etat, par des biens et des honneurs plus durables dans une maison que n'est le cardinalat, elle s'en est peu mise en peine : et à la vérité il est aisé à juger, de la bonté et de la grandeur de Leurs Majestés, que si ledit sieur cardinal, même par une modération non commune, ne s'y opposoit vivement, ses parens, que chacun voit vivre à Rome comme ils faisoient auparavant, n'ayant que le seul bruit, sans effet, du grand rang qu'il tient en ce royaume, seroient en état il y a long-temps de ne pas porter envie à aucunes des principales et plus élevées familles de ce pays-là, ni pour les dignités ni pour les richesses qu'elles lui auroient abondamment départies, avec l'applaudissement universel de tous leurs peuples ; et le cardinalat nommément de M. l'archevêque d'Aix, si monsieur son frère y eût voulu donner les mains, auroit été dès-lors assuré par la nomination que Sa Majesté en a souvent voulu faire au Pape, non moins pour contenter sa propre inclination, que pour complaire à M. le duc d'Orléans et à M. le prince, qui l'en ont à diverses fois très-instamment suppliée.

« La chrétienté voit avec étonnement que dans Rome,

où réside le sacré collége des cardinaux, le Pape, qui est leur protecteur naturel, éloigne le châtiment d'un des principaux complices de la noire entreprise formée pour assassiner un cardinal, principal ministre de Sa Majesté, et qui sert si utilement l'Etat; que Sa Sainteté, qui seroit elle-même obligée à en poursuivre la punition par toutes voies, refuse aux pressantes instances de Sa Majesté de lui remettre son sujet, son domestique, personne qui lui est inconnue et sans aveu, coupable d'un des plus lâches attentats qui puisse tomber dans l'esprit des hommes; et que cela se passe dans un temps où divers princes remettent tous les jours au Pape même, si dur en cette matière, des personnes accusées de crimes ordinaires, quoique non sujettes de Sa Sainteté. Véritablement si tout le monde s'en étonne aujourd'hui, la postérité ne le pourra croire; et c'est un exemple qui ne donnera pas grand sujet aux princes et aux particuliers de respecter la dignité de cardinal, puisque le Pape lui-même la traite de la sorte.

« Le voyage du prêtre Harsent, que l'on obligea de sortir de Rome à la canicule, pour venir dans ce royaume avec les commissions dont il a reconnu avoir été chargé par Sa Sainteté, est une chose si étrange et si surprenante, la voyant partir d'un père commun, que la discrétion m'oblige d'en taire les circonstances.

« La prodigalité que Sa Sainteté a voulu faire des grâces que les papes tiennent si chères, les précautions que l'on avoit prises pour empêcher que diverses personnes, et la Reine même, ne pussent avoir connoissance de cette négociation que par le contre-coup qu'elle devoit produire, ont fait assez connoître quelles fins étoient cachées sous le beau manteau de la paix, et combien Sa Sainteté aime l'union de la maison royale. Et à la vérité ce n'étoit pas sans fondement que les Espagnols publièrent en ce temps-là qu'il devoit éclater un grand coup en France, et que l'on y verroit bientôt la cour en désunion, et toute partialisée; mais il semble que Dieu, qui prend une protection visible de cette couronne et lui continue en tout ses saintes bénédictions, n'ait permis cette négociation que pour faire éclater davantage, par le succès qu'elle a eu, l'union de la maison royale, et détromper pour l'avenir tous ceux qui croiroient de pouvoir, par aucuns moyens, en rompre ou pouvoir diminuer la bonne intelligence.

« Le Roi est assuré que le Pape connoît bien en soi-même que toutes nos plaintes sont justes; et Sa Majesté est très-certaine que les princes d'Italie, qui ont plus de passion pour le bien public et plus d'intérêt à la bonne correspondance entre le Saint-Siége et cette couronne; voire même ceux qui sont les plus confidens de Sa Sainteté et plus attachés à elle d'affection, lui ont conseillé de tenir une autre conduite; et que si Sa Sainteté prend la peine de leur en demander encore aujourd'hui leurs sentimens, ils lui diront assurément que ce n'est pas de cette sorte que la France doit être traitée. Elle n'a pas laissé avec tout cela de continuer à dissimuler, afin que sa dévotion envers le Saint-Siége, soutenant de si rudes épreuves, en éclatât davantage, Sa Majesté ne jugeant pas que personne pût attribuer cette patience au peu de moyens qu'elle a de se ressentir, ni à foiblesse, dans un temps où tout le monde voit combien sa puissance est considérée de ses ennemis. Mais que, parmi tant de mauvais traitemens, le Pape ait encore recours à Sa Majesté, et attende d'elle qu'il abandonne et sacrifie une maison laquelle a recherché passionnément ses bonnes grâces, et à qui Sa Majesté les a accordées avec sa protection, c'est une chose si extraordinaire, et si opposée à l'honneur et aux sentimens de Sadite Majesté, qu'elle tient injurieuse la pensée seule que l'on en a eue à Rome.

« M. le cardinal Antoine ayant reçu diverses marques bien visibles de l'aversion et indignation de Sa Sainteté en sa personne et en celle de ses serviteurs, sort de Rome après avoir été assuré par les ministres du Roi que Sa Majesté trouvoit bon qu'il vînt par deçà, pour essayer de mériter par ses soumissions de rentrer dans le premier état de bienveillance dont Sa Majesté l'avoit honoré.

« Il laisse charge à M. le cardinal Barberin son frère

d'informer Sa Sainteté des causes d'un départ si subit, et de la juste crainte qu'il a eue que venant à découvrir son dessein, non-seulement on n'en eût pas favorisé l'exécution, mais on eût continué à le maltraiter lui-même davantage.

« Aussitôt qu'il est en lieu de quelque sûreté, il écrit à Sa Sainteté pour lui en demander la permission, et sa bénédiction paternelle. On refuse de voir sa lettre, et, sans vouloir ouïr ses raisons, on veut punir son action comme un crime bien atroce; et pour cet effet Sa Sainteté commet d'abord à l'exercice de ses charges, et en assigne les émolumens, contre les facultés que les brefs du feu Pape donnent audit cardinal d'y députer en son absence, comme il a pratiqué diverses fois, et nonobstant que la bulle de Léon, touchant la sortie des cardinaux de l'Etat ecclésiastique, excepte formellement ceux qui auront cause légitime de le faire, ou qui s'y seront obligés par une juste crainte.

« Comme personne ne peut révoquer en doute que le désir que M. le cardinal Antoine a eu de venir rendre compte de ses actions à Sa Majesté, qui le lui avoit permis, n'ait été une cause très-légitime de son voyage, aussi, sans parler des autres craintes qu'il a pu avoir; dont le fondement est assez connu de tout le monde, n'a-t-il pas dû raisonnablement appréhender que, demandant cette permission à Sa Sainteté avant qu'être arrivé à Gênes, d'où il y a satisfait, et le dessein de son voyage devenant ainsi public, il n'eût pu se mettre en chemin avec sûreté, pour les empêchemens que les ennemis de cette couronne ou les siens particuliers y eussent mis infailliblement avec grande facilité. Les courriers qu'on a dépêchés depuis son départ confirment assez cette vérité. Ce n'est pas que le Roi lui eût fait dire de sortir de Rome secrètement, et prendre congé de Sa Sainteté, parce que Sa Majesté n'auroit jamais jugé qu'il y eût eu occasion de lui donner ce conseil; mais ledit sieur cardinal l'ayant informé depuis des motifs de sa juste crainte, Sadite Majesté non-seulement n'a pas désapprouvé ses raisons, mais trouvé qu'il lui étoit comme impossible d'en user avec sûreté autrement qu'il n'a fait.

« Il seroit facile de trouver beaucoup d'exemples de ceux qui sont sortis de la cour de Rome et sans permission des papes, et sans que leur sortie leur ait été imputée à rien; et depuis peu nous en avons un sans réplique. Quelle démonstration a faite le Pape même contre M. le cardinal de Valencey, quand il est venu en France sans permission et en cachette, sinon de toutes sortes de caresses et après son départ et à son retour? Vous-même, monsieur, n'avez-vous pas parlé en sa faveur? Ce n'est pas que Leurs Majestés n'aient été bien aises du bon accueil que Sa Sainteté lui fit : aussi ne le dis-je que pour faire voir qu'on ne sauroit mettre de différence entre son action et celle de M. le cardinal Antoine, tous deux étant également sortis de Rome sans le su et sans le congé du Pape; mais celle que l'on y trouve, et qu'il semble qu'on voudroit châtier, c'est que M. le cardinal de Valencey étoit parti contre la volonté du Roi, et M. le cardinal Antoine de l'agrément de Sa Majesté.

« Quant à ce que porte votre mémoire, que M. le cardinal Barberin a trouvé étrange que le sieur Gueffier eût dit à Sa Sainteté qu'il avoit sollicité la protection de Sa Majesté, il peut avoir eu raison en un certain sens s'il a fait cette plainte, la vérité étant que ledit cardinal et sa maison ont recherché avec tous les soins, soumissions et respects possibles, les bonnes grâces de Sa Majesté, dont ils supportoient avec grande mortification de se voir privés, et que Sa Majesté, se laissant vaincre à leurs prières, ne les a pas seulement assurés de sa bienveillance, mais donné sa protection royale à toute la famille. A la vérité c'est une chose bien extraordinaire que cette maison, qui a si bien servi la personne de Sa Sainteté en tout temps, et le cardinal Antoine notamment, qui sacrifia tout pour contribuer ce qui dépendoit de lui dans le conclave à son exaltation, se voie sitôt privée des effets de son amour, et que la France, qui en avoit été offensée, prie aujourd'hui en leur faveur Sa Sainteté, laquelle a retiré un fruit

4.

si avantageux de cette offense. Cela passera quelque jour pour un paradoxe; mais comme des effets qui tombent si peu dans le sens ne peuvent avoir d'autres causes que la résolution que messieurs les Barberin ont prise de se déclarer serviteurs de cette couronne, puisque, à dire le vrai, on ne voit pas ici en eux aucun manquement envers Sa Sainteté qui mérite son indignation au point où elle paroît en leur endroit, Leurs Majestés se tiennent d'autant plus engagées d'honneur à empêcher qu'ils ne reçoivent nul préjudice de ladite résolution, et obligées à les protéger hautement; et certes quand elles n'auroient en cela autre motif que la gratitude qu'elles conservent à l'amour paternel que le feu pape Urbain leur oncle, d'immortelle mémoire, a toujours témoigné envers cette couronne, il seroit seul capable de les convier bien puissamment à mettre à couvert les intérêts de ses neveux, et ne pas souffrir qu'on leur fasse tort. Personne ne dispute aux rois de France la possession où ils sont de donner exemple à tous les autres princes du respect et de la révérence que l'on doit rendre aux légitimes successeurs de saint Pierre; personne aussi ne révoquera en doute que Leurs Majestés ne soient bien éloignées de vouloir protéger ceux qui, étant encore obligés à ce respect, auroient eu la moindre pensée d'y manquer: mais il se voit clairement que tout le décriement qu'on a voulu faire dudit sieur cardinal, et les grands crimes dont on le veut châtier, se réduisent tous à être sorti de Rome sans congé, crainte de ne pouvoir l'obtenir, et pour profiter de la permission qu'il avoit eue de Sa Majesté de venir faire ce qui dépendoit de lui pour mériter la continuation de ses bonnes grâces. Leurs Majestés donc se promettent que Sa Sainteté rappellera en sa mémoire les pressantes instances qu'elle-même leur a faites diverses fois en faveur de cette maison; qu'elle se souviendra en combien de façons elle a été bien servie, et qu'elle satisfera à la parole qu'elle a donnée audit sieur Gueffier de le considérer dorénavant comme serviteur de cette couronne. Si cette nouvelle qualité n'est assez puissante envers Sa Sainteté pour la porter à leur départir ses grâces, elle l'obligera du moins à leur faire ressentir les effets de sa justice, et remettra M. le cardinal Antoine dans la jouissance des facultés que lui donnent ses brefs de substituer d'autres cardinaux en son absence, et généralement toutes les choses en l'état qu'elles étoient le jour de sa sortie de Rome, puisque, comme il a été dit ci-dessus, le sujet qui l'a obligé d'en partir a été l'agrément qu'il a eu de Sa Majesté de venir lui rendre compte de ses actions, et la supplier de lui départir ses grâces avec le même amour qu'elle faisoit auparavant qu'il les eût perdues pour avoir servi Sa Sainteté.

« Pour conclusions, Leurs Majestés prient Sa Sainteté d'en user de la sorte, et en même temps le lui conseillent, afin que sa prudence ne permette pas que d'une affaire ordinaire on en fasse une grande, et que Leurs Majestés, qui sont engagées d'honneur au point que chacun voit, ne soient pas obligées à chercher des moyens pour mettre leur réputation à couvert. Elles s'assurent donc que Sa Sainteté, et d'elle-même et par le conseil de ceux qui ont l'honneur de l'approcher, considérera le Saint-Siége et la France en ce rencontre, puisque c'est le service d'un chacun, et que la chrétienté ne peut recevoir que du préjudice de semblables contrastes et altercations. C'est ce que Leurs Majestés vous prient de représenter à Sa Sainteté, afin qu'il lui plaise de pourvoir à toutes choses, en sorte que l'ambassadeur qu'elles ont résolu d'envoyer à Rome ait sujet de lui faire plutôt des remercîmens que de nouvelles plaintes. »

(Tome 60, p. 472.)

Du vendredi 20 *avril* 1646.

Les gens du Roi sont entrés dans la grand'chambre, et par M⁰ Omer Talon, avocat dudit seigneur, ont dit :

« Messieurs, nous avons été avertis que depuis quelques jours on a distribué en cette ville de Paris une bulle datée du 20 février dernier passé, publiée le lendemain dans les places publiques de la ville de Rome, par laquelle Notre

Saint-Père le Pape, sous prétexte d'établir un réglement pour la résidence des cardinaux, et les obliger de ne point s'absenter hors l'Etat ecclésiastique sans son congé, s'est laissé surprendre aux artifices des ennemis de la France, lesquels, sous couleur d'autoriser la puissance du Saint-Siége, l'ont persuadé de faire un acte dont les conséquences sont périlleuses, préjudiciables à l'unité de l'Eglise, et capables de produire un schisme à l'avenir.

« L'honneur de nos charges, le souvenir de notre serment, et le sentiment de nos consciences, contre lequel nous ne pouvons prescrire, nous obligent de vous en faire la plainte, et vous supplier d'avoir agréables les précautions que nous estimons raisonnables, vu l'importance de l'affaire, et la qualité du temps auquel nous sommes.

« Nous savons bien que Notre Saint-Père le Pape est souverain dans ses Etats, et père commun dans la chrétienté. En la première qualité, nous faisons profession de l'honorer avec estime et considération particulière; en la seconde, nous lui portons respect comme au vicaire de Jésus-Christ en terre, au chef visible de l'Eglise, au successeur légitime de saint Pierre, qui possède la puissance spirituelle tout entière pour en user en édification, en vérité et en justice : mais lorsque l'intérêt des affections particulières, les mouvemens de prédilection, les partialités et divisions des esprits, ont fait éclore quelques actes en cour de Rome contraires aux principes de cette charité commune de laquelle ils doivent être animés; lorsque la disposition des anciens canons est blessée, et que l'autorité souveraine de nos rois souffre quelque préjudice, nous avons toujours réclamé; et, faisant différence entre la puissance des clefs, l'autorité de lier et de délier, et le pouvoir qui concerne les choses temporelles, nous résistons avec vigueur à l'exécution des actes émanés de la chancellerie romaine, pour conserver les droits du Roi et les libertés de l'Eglise gallicane : ce que nous sommes obligés de faire en ce rencontre, vous expliquant en peu de paroles les clauses de cette bulle, dans lesquelles la subtilité de la daterie s'est épuisée, pour couvrir le prétexte et satisfaire au dessein des ennemis de cet État. La couleur de cette nouveauté a été que les cardinaux de l'Église romaine étant les membres du chef de l'Église, les conseillers et assesseurs nécessaires du Saint-Siége, ils ne peuvent ni ne doivent sortir de l'État ecclésiastique sans la permission du Pape : pour cela il ordonne que ceux qui s'absenteront à l'avenir, leurs revenus seront saisis ; et s'ils ne retournent dans six mois, ces mêmes revenus seront confisqués, et même qu'ils seront interdits de l'entrée des églises : et en cas qu'après ces six mois expirés leur absence continue, ils seront privés des bénéfices, pensions, offices et charges desquels ils sont pourvus ; et si après ce temps ils n'obéissent, ils sont menacés de l'extrémité des peines, savoir est de la privation du chapeau, et ne pourront être rétablis en la dignité de cardinal que par le Pape ou par ses successeurs, et non par le collége des cardinaux lorsque le pontificat sera vacant ; veut que son ordonnance soit exécutée, nonobstant toutes sortes d'emploi et de commission que les cardinaux pourroient avoir des princes temporels, même quelque excuse ou empèchement tel qu'il puisse être, qu'ils seront tenus d'articuler devant le Pape, lequel s'en réserve la connoissance à lui-même ou à ses successeurs ; veut et entend que ceux qui sont sortis hors l'État ecclésiastique sans son congé soient dès à présent soumis et obligés aux mêmes peines.

« Toutes ces clauses, lesquelles considérées à l'écorce semblent avoir été faites par un souverain dans son État, et concerner seulement l'intérêt de ses sujets, étant examinées dans la vérité, et dans les conséquences qui en résultent, sont extraordinaires, infiniment préjudiciables à l'autorité du Roi et à la tranquillité de l'Église : car la manière en laquelle cette pièce est conçue, et les termes dans lesquels elle est digérée, sont abusifs selon nos mœurs, étant faits du propre mouvement de Sa Sainteté, parce qu'une affaire de cette qualité concernant le sacré collége des cardinaux, le sénat de l'Église universelle, ne peut être résolue que dans une assemblée légitime de l'Église, et tout au moins *de concilio fratrum*. Et de fait le pape Léon x, en l'année 1514, ayant voulu faire un réglement touchant la même matière, pour le rendre valable et légitime il le publia dans le concile de Latran, qui se tenoit lors en la ville de Rome, et le voulut autoriser de la présence et du consentement des pères qui y étoient assemblés. Aussi ceux qui ont rédigé par écrit la bulle dont est question prévoyant que ce défaut de formalité étoit une nullité essentielle, et qu'il y avoit quelque sorte de contradiction entre la préface de la bulle et la manière en laquelle elle a été faite, ils y ont apposé cette clause qu'*elle seroit aussi valable, procédant du seul mouvement du Pape, comme si elle avoit été concertée et approuvée dans le sacré collège des cardinaux*: de sorte que, par la voie de puissance et de souveraineté, ils ont cru qu'ils pouvoient suppléer l'essence et la formalité d'un acte important.

« L'autre abus qui se rencontre en cette pièce procède des clauses dérogatoires qui y sont contenues; car la bulle non-seulement déroge à tous les canons qui sont écrits dans le corps de droit, à toutes les constitutions apostoliques, mais même à tous les décrets et conciles généraux et provinciaux de l'Eglise faits ou à faire; lesquels termes étant extraordinaires selon nos mœurs, témoignent la chaleur et l'affection de ceux qui ont travaillé dans cette affaire, lesquels ont méprisé ce qu'il y a de plus saint en notre religion, ont offensé l'esprit de Dieu qui préside dans les conciles, et qui pis est mettent en incertitude les principes et fondemens de notre créance, si tant est qu'ils puissent être si facilement détruits et ébranlés, et que pour une petite affection, et pour faire réussir un réglement politique, l'on veuille déroger à toutes les dispositions écrites *in corpore juris*, aux constitutions apostoliques, et aux conciles généraux. Cette manière d'agir donnera sans difficulté peine à l'esprit de tous les hommes bien sensés, et sera estimée abusive dans le royaume, parce qu'elle est contraire aux droits et libertés de l'Eglise gallicane, lesquels il ne faut pas considérer comme des passe-droits et des priviléges, mais plutôt comme des franchises naturelles, un usage et une possession ancienne dans laquelle s'est maintenue la couronne des fleurs de lis de conserver l'observation de la discipline véritable de l'Eglise, aimer la pureté des canons anciens, et préférer la simplicité du droit ecclésiastique à toutes sortes de nouveautés et inventions humaines. Mais, outre ces abus qui se rencontrent dans les termes de cette bulle, lesquels sont sensibles et manifestes, il faut faire connoître l'intérêt du Roi et le préjudice de l'Eglise, qui consistent dans l'examen des clauses particulières, l'une desquelles défend à tous les cardinaux de l'Eglise romaine de sortir hors l'Etat ecclésiastique sans la permission du Pape; lesquels termes n'ont fait aucune distinction entre les cardinaux romains qui sont nés sujets des papes, d'avec les cardinaux français et nationaux : qui plus est la bulle ordonne qu'ils ne pourront s'excuser sous quelque prétexte que ce soit, non pas même de l'emploi et du service des princes souverains; en telle sorte qu'un cardinal français étant à Rome comme il y en a un à présent, s'il étoit révoqué par le Roi et mandé de retourner en France, si le Pape lui refusoit son congé il se trouveroit réduit à une extrême nécessité de n'oser obéir à son prince, ou d'appréhender que dans quinze mois le chapeau de cardinal lui fût ôté.

« Nous savons bien que la dignité de cardinal est grande, éminente et superillustre dans l'Eglise et dans l'Etat; que ceux qui la possèdent font une portion du Souverain Pontife, auquel ils doivent respect et fidélité particulière : mais cette obligation, qui est de droit positif et humain, ne peut venir en compétence avec les droits de la naissance et de la nature, qui nous attachent de droit divin à nos souverains; et auquel il n'est pas loisible de résister. Ainsi cette bulle faisant combattre les deux puissances, et préférant à l'autorité naturelle et légitime du souverain celle du Pape, laquelle en ce regard n'est que de droit civil et politique, la diminution de l'autorité royale blessée par cette pièce produit un abus nécessaire et un intérêt raisonnable, qui nous oblige de conserver au Roi la puissance sur ses sujets, de laquelle ils ne peuvent être déliés par qui que ce soit sur la terre, ni quelques dignités qu'ils possèdent, non pas même par celle de cardinal, laquelle ne leur est donnée qu'à la nomination du Roi, qui sait mieux que personne quels de ses sujets méritent cette dignité : pour cela ils sont appelés dans la cour de Rome cardinaux nationaux, attachés aux intérêts de leur prince, obligés de le défendre, et de prendre son parti en toutes sortes de rencontres. Et de fait le pape Léon x, duquel nous avons parlé, ayant été obligé de faire une bulle sur ce même sujet, mais en effet pour prévenir les semences d'un schisme que l'on avoit préparé dans le concile qui s'étoit tenu à Pise deux ans auparavant, et pour réunir les cardinaux auprès de lui, il apporta des modifications à son décret, et permit aux cardinaux qui seroient absens de proposer les excuses de leur légitime empêchement, même les justes craintes et autres occasions qui les auroient empêchés de satisfaire à la bulle ; par le moyen desquelles clauses il a conservé l'autorité du Souverain Pontife, et n'a point offensé la puissance des princes temporels, lesquels ayant ce pouvoir d'empêcher que les évêques leurs sujets sortent de leurs Etats sans leur congé, non pas même pour assister aux conciles généraux, et lorsqu'ils y sont appelés les pouvant révoquer quand bon leur semble, ils doivent conserver le même droit à l'égard des cardinaux qui sont leurs sujets.

« Outre cette considération, le nom, l'autorité et la protection du Roi est blessée par cette bulle en la personne de messieurs les cardinaux Barberin, lesquels depuis l'élection du Pape au pontificat ayant recherché les bonnes grâces du Roi, et les ayant obtenues, se sont mis en sa protection, et ont arboré les armes de France sur leurs palais à Rome ; dont le Pape ayant été informé par ceux qui ont soin des affaires du Roi, il n'a pas témoigné que l'action lui fût agréable : aussi ce qu'ils ont fait se pratique tous les jours par les familles illustres romaines, lesquelles s'attachent d'intérêt et d'affection à quelque souverain, pour être plus considérées dans l'Etat ecclésiastique ; et bien que cette protection publique, innocente de soi, conforme à ce qui est observé de tout temps en cour de Rome, ne pût pas déplaire au Pape, qui dans le commencement ne l'avoit pas désapprouvée, et lequel fait profession d'être père commun de toutes les couronnes, néanmoins messieurs les Barberin étant par ce moyen venus en aversion aux ennemis de la France, on les a voulu faire passer pour criminels dans l'esprit du Pape; et quoique la manière en laquelle ils se sont comportés dans le dernier conclave, les services qu'ils ont rendus à ceux qui s'en prévalent à présent, leur dût procurer quelque sorte de gratitude, ils ont été néanmoins exposés à la persécution des ennemis de la France, et les revenus de leurs bénéfices assis dans les Etats du roi d'Espagne ont été saisis, desquels pourtant ils n'avoient obligation qu'au défunt pape leur oncle, qui les en avoit gratifiés : et depuis que, pour la conservation de leur liberté et la sûreté de leurs personnes, voire même pour avoir de quoi vivre, ils ont été obligés de sortir de Rome et se retirer en France, où ils sont arrivés l'un au mois d'octobre, et l'autre au mois de janvier dernier, la bienveillance du Roi, l'accueil qu'ils ont reçu, et la protection qui leur a été donnée, leur est imputé à crime, et donne lieu à l'outrage et à l'injure qui leur est faite; car pour les rendre coupables l'on a composé depuis qu'ils sont en France la bulle dont est question; et quoique les lois nouvelles n'aient jamais deux visages, qu'elles n'ordonnent que pour l'avenir et non pas pour le passé, parce que, comme dit l'Apôtre, il n'y auroit point eu de péché s'il n'y avoit point eu de loi, néanmoins cette pièce de laquelle nous nous plaignons déclare les cardinaux qui sont sortis de Rome sans le congé du Pape être sujets à la disposition de cette loi, laquelle n'étoit pas encore faite, et obligés aux mêmes peines que ceux qui en sortiront à l'avenir. Ainsi, contre l'ordre de la nature et de la raison, dans une matière politique et indifférente d'elle-même, on fait que le péché précède la loi, et qu'un homme soit coupable d'une faute avant que la prohibition ait été faite : de sorte que messieurs les Barberin voyant que leur absence, qui est la meilleure défense des plus foibles et de ceux qui craignent l'oppression, leur est imputée comme un crime public, et que l'on a fait une bulle à dessein de rendre leur retraite criminelle, laquelle est innocente de soi, étant fondée dans les principes de la nature, qui conseille aux coupables de s'enfuir, et à plus forte raison le permet à ceux qui se croient innocens et persécutés, ils ont estimé que cette juste crainte leur pouvoit servir d'excuse, comme elle peut servir au Roi d'occasion de se plaindre, puisqu'ils reçoivent ce traitement en haine de la protection qu'il leur a donnée ; car nous ne voulons pas imputer ces procédures à l'esprit de Notre Saint-Père le Pape, mais aux factions des ennemis de la France, qui abusent de son nom et de son autorité, et lesquels ne pouvant résister aux forces de ses armes, que Dieu bénit tous les jours, ils travaillent par des voies obliques et malicieuses pour mettre en mauvaise intelligence l'Etat et la religion, le Saint-Siége et le Roi.

« Outre plus, plusieurs sont bien aises de trouver cette occasion pour s'enrichir des dépouilles de la maison Barberine, laquelle ils ont si rudement traitée qu'ils la réduisent à l'extrémité, ayant refusé à leur belle-sœur l'assinat et le paiement de sa dot sur les biens de son mari qui sont saisis, quoiqu'une dette de cette qualité soit pleine de faveur et de privilége, et que ce soit une espèce de cruauté de refuser à une femme qui est de naissance illustre le moyen de vivre et de subsister par la jouissance de son bien.

« Nous ajoutons pour dernière considération, et plus importante que toutes les autres, l'appréhension du schisme que l'on prépare par cette bulle, par laquelle le Pape se donnant la liberté d'excommunier les cardinaux et les dégrader quand bon lui semblera, il ne veut pas qu'ils puissent être dégradés par le sacré collége quand le Saint-Siége sera vacant ; de sorte qu'il leur ôte après sa mort la voix active et passive dans le conclave : laquelle nouveauté est dangereuse et de grande conséquence, que nous estimons n'avoir pu être établie du propre mouvement et de la seule autorité du Pape, lequel ne peut pas ôter au sacré collége ce qu'il ne lui a pas donné, et qui lui appartient de droit commun.

« Tous les ordres anciens, selon lesquels l'Eglise se doit conduire dans l'élection des papes, sont écrits dans le corps de droit, et ont été faits dans les conciles par le pape Alexandre III, Grégoire X et Clément III ; et dans le décret de ce dernier pape, qui a été résolu du consentement et en la présence des cardinaux, il a été défini que quelque jugement d'excommunication, de suspension ou d'interdiction qu'un cardinal ait encouru, qu'il ne peut être pour cela privé de son suffrage dans l'élection du Souverain Pontife : c'est au chapitre second, au § pénultième du titre *de Electione*. Ce qui fut ordonné de la sorte, ensuite de la querelle qui avoit été entre le pape Boniface VIII et le roi Philippe-le-Bel, laquelle produisit une espèce de schisme, et un désordre fâcheux dans l'Eglise. Le Pape avoit excommunié les cardinaux Colonne, qui étoient d'affection Français, et les avoit déclarés incapables d'être élus au pontificat, même tous ceux qui seroient à l'avenir de leur famille. Après la mort de Boniface, Benoît II fut élu pape, auquel succéda Clément III, lequel ayant fait réflexion sur le désordre public de l'Eglise et les inconvéniens qui en étoient arrivés, fit le décret duquel nous avons parlé, lequel est inséré dans le corps de droit, et lequel fut fait par le conseil et le consentement du sacré collége ; et l'Eglise, laquelle l'a exécuté, n'a pas estimé qu'il fût raisonnable qu'une action de cette qualité, importante au repos de la chrétienté, pût être traversée et rendue douteuse par un pape moribond, qui peut être possédé par des sentimens étrangers et injustes, par des personnes qui abuseroient de son autorité, et lesquelles lui faisant maltraiter des cardinaux qu'ils croiroient ne leur être pas bien affectionnés, les voudroient exclure d'entrer dans le conclave après la mort du Pape, et ce faisant étendre son autorité dans un temps auquel elle est expirée, et auquel elle est dévolue au sacré collége des cardinaux, lesquels pendant la vacance du Saint-Siége représentent le presbytère, le sénat et le clergé de l'Eglise romaine, et lesquels dans l'élection des papes doivent avoir toute sorte de puissance légitime, sans réserve ni limitation quelconque, non-seulement parce que dans une assemblée de cette qualité nous sommes obligés de croire que l'esprit de Dieu y préside, mais qui plus est parce que cette même assemblée ne peut avoir de supérieur en terre que l'Eglise universelle, mais laquelle lors n'est pas assemblée. Et de fait les cardinaux dans le conclave élisent un pape; en l'élisant, ils l'établissent; le procès-verbal de leur élection ne peut être censuré ni confirmé de personne, au contraire tous les actes qui y ont été faits sont brûlés, pour ôter toute sorte d'occasion de mémoire et de plainte de tout ce qui s'y est passé : de sorte que les élisans doivent avoir toute sorte de puissance pour juger de la capacité de ceux qui y doivent avoir voix active et passive; et si ce pouvoir leur étoit révoqué en doute, ce seroit une occasion de schisme et de division dans l'Eglise, n'y ayant point de juges pour prononcer sur un différend de cette qualité. Quant aux établissemens et aux constitutions qui ont été faites pour régler l'ordre et la cérémonie des conclaves depuis ceux desquels nous avons parlé, ils sont d'Eugène IV, en l'année 1431; de Pie IV, en l'année 1562; de Grégoire XV, en l'année 1621; et d'Urbain VIII, en l'année 1625; et tous ont été faits en la présence et par le conseil du collége des cardinaux, lesquels y ont souscrit, et après qu'aucuns d'eux y avoient été nommés commissaires pour examiner et rédiger par écrit les articles. Nonobstant toutes lesquelles bulles le sacré collége s'est conservé l'autorité et la liberté qui lui appartient en telle rencontre; et de fait bien que, par la bulle de Pie IV et de Grégoire XV, les cardinaux ne doivent point avoir de suffrages dans le conclave s'ils ne sont au moins diacres, il est notoire pourtant que cet article n'a point été observé, et que le sacré collége a reçu à l'élection des papes tous les cardinaux qui se sont présentés, quoiqu'ils ne fussent promus à aucun ordre, soit qu'ils eussent des brefs et dispenses particulières, soit qu'ils n'en eussent point.

« Pareillement, quoique par la bulle d'Eugène IV les cardinaux qui n'ont pas la bouche ouverte, qui est une cérémonie romaine, soient exclus de l'élection, néanmoins l'on y déroge tous les jours : et de fait, par les Mémoires imprimés de ce qui se passa en l'élection du pape Léon XI, nous apprenons que le pape Clément VIII, quelques jours avant sa mort, ayant fermé la bouche au cardinal Conti, et ayant ajouté qu'il n'auroit point de voix au prochain conclave si lui-même ne lui ouvroit la bouche avant son décès, cette condition ne fut pas jugée raisonnable dans le conclave; et le cardinal Conti s'en étant plaint, et même ayant protesté de nullité de l'élection future s'il n'y étoit appelé, le conclave jugea sa protestation raisonnable, et le reçut à l'élection : ce qui justifie qu'il ne doit pas être en la liberté et en la puissance des papes seuls de disposer d'une affaire de cette qualité qui n'arrive qu'après leur mort, et dans laquelle ils peuvent être surpris et prévenus.

« C'est, à notre sens, ce que les ennemis de la France ont tenté par cette bulle; et, sous prétexte de flatter la puissance et l'autorité du Saint-Siége, ils ont voulu faire un essai de leurs mauvaises intentions, qui aboutissent à rendre odieuse la protection que le Roi a donnée à messieurs les cardinaux Barberin, les exclure de pouvoir assister au prochain conclave, et ensuite pouvoir faire la même injure à tous les cardinaux qui ne seroient pas de leur faction.

« A quoi nous estimons que le Roi est obligé de pourvoir par toutes sortes de voies légitimes et raisonnables, parce que les souverains, outre le devoir de leur conscience qui leur est commun avec tous les chrétiens, outre plus comme rois ils sont débiteurs envers Dieu d'une certaine prévoyance qui les oblige de travailler non-seulement pour l'entretien de la société civile, mais même pour l'exercice et la sûreté de la religion. Ce service qu'ils rendent à l'Eglise est la propre fonction de leur dignité, l'effet de leur onction et de leur caractère; les peuples sont obligés de prier Dieu pour eux incessamment, afin qu'ils les gouvernent en paix et tranquillité publique, voire même qu'ils leur procurent la tranquillité de leurs consciences, s'opposant aux nouveautés qui peuvent en troubler le repos, et lesquelles, faisant naître des épines, des difficultés et des scrupules dans les esprits des hommes, empêchent les exercices publics et particuliers de la piété.

« Pour cela nous avons cru être obligés de nous intéresser dans une affaire de cette qualité ; et en attendant qu'il plaise au Roi y pourvoir par toutes les manières convenables, nous n'avons pu manquer à la nécessité de nos charges, et, à l'exemple de ce qui a été fait autrefois par nos prédécesseurs, vous demander comme nous faisons acte de l'appel comme d'abus que nous interjetons, et des protestations publiques que nous faisons de nous pourvoir par toutes sortes de voies justes et légitimes, approuvées de l'Eglise, pour faire cesser le préjudice que la religion et l'Etat peuvent recevoir de cette bulle, laquelle nous requérons défenses être faites à tous les sujets du Roi de la publier et distribuer, soit en original ou la copie, et que ceux qui en auront en leur possession seront obligés de les porter au greffe de la justice royale de leur domicile, à peine d'être procédé contre eux extraordinairement ; et que l'arrêt qui interviendra sera publié et affiché en tous lieux, à ce qu'aucun n'en puisse prétendre cause d'ignorance. »

(Tome 61, p. 79.)

Du mercredi 9 janvier 1647, du matin.

Ce jour, la cour, les grand'chambre, tournelle et de l'édit assemblées, les gens du Roi mandés ont dit (M° Omer Talon, avocat dudit seigneur Roi, portant la parole en ces termes) :

« Messieurs, le lundi 17 du mois passé, nous fûmes mandés dans cette grand'chambre en laquelle vous étiez assemblés, et vous plut, messieurs, vous enquérir si nous savions quel étoit le droit d'imposition nouvelle qui se levoit aux portes sur toutes les denrées qui entrent dans cette ville de Paris, quelle étoit la qualité de l'édit que l'on disoit avoir été vérifié. Nous vous expliquâmes, M. le procureur général et moi, ce que nous en avions appris vingt-quatre heures auparavant, parce que l'édit avoit été porté et vérifié le samedi précédent aux généraux des aides, et que cet édit ni la vérification d'icelui n'étoient pas encore publics : vous désirâtes, messieurs, que nous eussions à nous en informer, chercher les pièces justificatives, et vous en donner compte au premier jour; et de fait M. le procureur général en a fait la diligence. Nous avons eu copie de l'édit, et avons appris que, dans la nécessité publique de l'Etat et dans la continuation de la guerre, le Roi désirant trouver quelque somme de deniers comptans, a fait une imposition nouvelle sur toutes sortes de denrées qui entrent dans cette ville de Paris, ou qui passent debout, qui aboutit à huit sous, dix sous, quinze sous pour charrette, selon la qualité et la valeur des marchandises; que le droit est composé de quatre pièces, savoir du droit de barrage qui se levoit aux portes, et qui avoit été augmenté par les déclarations des années 1638 et 1640; outre plus des taxes des aisés, auxquelles les six corps des marchands étoient imposés; en troisième lieu, d'un droit établi nouvellement, et vérifié en la cour des aides, pour le bâtiment et la construction d'un pont de pierre aux Tuileries; et enfin pour et au lieu d'un droit de bûche attribué aux conservateurs et contrôleurs des fermes, qui sont offices de nouvelle création : tous lesquels quatre droits sont éteints et supprimés par cet édit, vérifié en la cour des aides le 15 décembre dernier, moyennant cette nouvelle imposition établie pour avoir lieu pendant la guerre seulement, et à la charge que les marchandises en seront exemptes. Voilà, messieurs, ce que nous avons appris par le texte de l'édit, et par les pièces que M. le procureur général a recouvertes depuis ce temps : savoir le lundi, dernier jour de l'année, nous fûmes mandés au Palais-Royal messieurs mes collègues et moi, pour entendre la volonté de la Reine, dans le cabinet de laquelle ayant été introduits par M. de Guénégaud, secrétaire des commandemens, nous la trouvâmes debout, auprès d'elle M. le duc d'Orléans, M. le cardinal Mazarin, M. le chancelier, messieurs les secrétaires d'Etat, deux ou trois évêques qui s'y étoient glissés. La Reine nous fit l'honneur de nous dire qu'elle nous avoit mandés sur l'occurrence d'une affaire qui se traitoit dans le parlement, de laquelle M. le chancelier nous parleroit, et nous feroit entendre sa volonté : et de fait M. le chancelier prenant la parole, nous dit que la Reine étoit avertie que mercredi prochain les trois chambres devoient être assemblées pour délibérer sur les propositions de messieurs les députés des enquêtes, et résoudre si toutes les chambres seroient assemblées touchant une imposition qui se lève nouvellement aux portes et avenues de cette ville de Paris tant par eau que par terre, dont l'édit a été vérifié en la cour des aides depuis quinze jours ou environ ; qu'encore que la Reine ne soit point obligée de rendre compte de ses actions ni du gouvernement de l'Etat, qu'elle vouloit bien pourtant que le parlement fût informé de la manière en laquelle cette affaire étoit passée, savoir est qu'en l'année 1638 et 1640 le droit de barrage, qui est un droit domanial et fort petit dans son origine, ayant été augmenté du vingtième par divers arrêts du conseil, se percevoit aux portes et sur les ponts de cette ville de Paris ; outre plus, il a été établi un nouveau droit pour fournir au bâtiment du pont des Tuileries, que le Roi désiroit être fait pour la commodité du Louvre et faubourg Saint-Germain, et de toute la ville de Paris, laquelle imposition a été vérifiée depuis deux ans ou environ par un édit vérifié en la cour des aides ; davantage, certains offices nouvellement créés, qui s'appellent les conservateurs et contrôleurs des fermes, jouissent d'un droit de bûche qui se lève encore séparément ; et qui plus est la plupart des marchands des six corps de cette ville ont été taxés aux aisés, et leur taxe se peut monter à une somme de sept cent trente mille livres. Le Roi a supprimé tous ces édits, et au lieu d'iceux a établi, par forme d'aides, une nouvelle imposition sur toutes sortes de denrées et marchandises, dont le tarif a été dressé par l'avis et le consentement des marchands qui ont été assemblés, et suivant la valeur et appréciation des marchandises par eux connues; que le Roi a estimé cette sorte d'imposition être la plus douce et la plus innocente de toutes celles qui peuvent être établies, d'autant qu'elle se répand insensiblement sur toutes sortes de personnes, et se paie par les plus riches et les plus aisés, qui consomment plus de marchandises que les autres; que cette manière a été autorisée dans toutes les villes du royaume lorsqu'ils ont été obligés de fournir au Roi quelques deniers, et a été trouvée plus supportable que la capitation personnelle, ou l'imposition réelle sur les biens; que cette imposition est un pur aide établi pour un temps pendant la guerre seulement, et duquel l'on pouvoit espérer dans peu de temps la révocation, parce que la Reine avoit toutes sortes d'occasions de croire que la foiblesse des ennemis et le succès des armes du Roi les obligeroit de consentir à la paix générale, pour l'acquisition de laquelle la guerre jusques à présent avoit été nécessaire; qu'il ne falloit pas s'imaginer que le droit de barrage, qui étoit domanial, fût compris dans cet édit, mais seulement l'augmentation d'icelui faite par les arrêts du conseil de l'année 1638 et 1640, laquelle augmentation n'a jamais été vérifiée en parlement; et de fait que dix jours auparavant la vérification de cet édit en la cour des aides le Roi auroit fait connoître son intention par un arrêt du conseil du 5 décembre, par lequel le Roi a déclaré n'avoir supprimé par cet édit l'ancien droit de barrage, lequel il entend être levé ainsi qu'il se faisoit anciennement; que ceux qui ne sont pas domaniables parce qu'ils n'ont point été vérifiés au parlement, il a entendu les supprimer; que la Reine estime que le parlement étant informé de ces vérités, ne voudra pas entrer en connoissance d'une chose qui n'est point de sa juridiction, mais purement de la juridiction de la cour des aides, qui est établie pour connoître des matières de cette qualité.

« Après ces discours, j'adressai ma parole à la Reine, et lui dis que je ne manquerois pas, messieurs, de vous faire entendre ce que j'avois appris par la bouche de M. le chancelier; mais que je suppliois très-humblement Sa Majesté me permettre de lui dire que les termes de l'édit résistoient, à mon sens, à l'interprétation que l'on vouloit lui donner, d'autant que, par l'édit vérifié en la cour des aides le 15 du mois passé, et dans le narré et dans le dispositif d'icelui il est fait mention du droit de barrage tel qu'il s'est levé en l'année 1638 et 1640, lequel droit est absolument supprimé, et converti en un droit d'aides : de sorte que, sans la participation du parlement et sans lettres patentes vérifiées, il se trouve que non-seulement l'augmentation mais même le droit ancien est supprimé par les généraux des aides, auxquels la connoissance de telles matières n'a jamais appartenu, mais au parlement seul, qui connoît et qui juge du domaine. En second lieu, que l'édit en vertu duquel les marchands et autres personnes aisées pouvoient être légitimement taxés étoit un édit vérifié en cette cour, duquel la suppression ne pouvoit être faite qu'au lieu où la vérification avoit été faite ; de sorte que si le Roi vouloit révoquer la taxe des aisés, et la changer en un autre droit, l'adresse et la connoissance en appartenoient à cette cour ; qu'au surplus je suppliois Sa Majesté de faire cette réflexion que, pour décharger les particuliers marchands des six corps, il étoit bien dur de mettre une si rude imposition sur toutes sortes de marchandises pour être payée par toutes sortes de personnes, et, au lieu d'une somme de sept cent mille livres une fois payée, établir peut-être à perpétuité une imposition dure et pesante sur toutes sortes de marchandises, et la faire payer aux officiers qui souffrent le retranchement de leurs gages, aux rentiers qui ne sont point payés des arrérages de leurs rentes sur l'hôtel de cette ville de Paris, à une infinité d'autres personnes qui ont jà payé, et outre plus au menu peuple, qui compose le plus grand nombre des habitans ; qu'en cela le parlement travaille pour conserver le domaine du Roi, pour maintenir sa juridiction, la plus ancienne du royaume, et pour le soulagement des plus pauvres et misérables, desquels les plaintes ne sont pas connues par Sa Majesté. »

Lesdits gens du Roi retirés, a été arrêté que l'édit et

autres pièces seroient vus et examinés par M. Pierre Broussel, conseiller du Roi, pour à son rapport, vendredi prochain, délibérer.

(Tome 61, p. 130.)

Réponse de la Reine sur l'arrêté du parlement qui modifie l'édit des francs-fiefs registré en la présence du Roi.

La Reine a vu l'arrêté de samedi dernier, que vous lui avez représenté, et a considéré ce que vous lui avez dit de la part de la compagnie : elle n'en peut être satisfaite, ni prendre aucune résolution, que le parlement ne se soit expliqué nettement s'il prétend modifier un édit vérifié le Roi séant en son lit de justice, M. le duc d'Orléans présent, messieurs les princes du sang présens, et les grands du royaume aussi ; et si le parlement seul veut apporter changement à un édit vérifié de cette sorte, en ce cas, comme il n'y a point d'exemple d'une semblable entreprise contre l'autorité du Roi, Sa Majesté avisera aux moyens de la réprimer; que si la compagnie a entendu y procéder par remontrances, elle les considérera bien volontiers, et y fera apporter les remèdes convenables (1).

(Tome 61, p. 130.)

Du mardi 18 février 1648.

Ce jour, la cour, toutes les chambres assemblées, les gens du Roi mandés (M⁰ Omer Talon, avocat dudit seigneur, portant la parole) ont dit à la cour que, suivant l'ordre qu'ils avoient reçu le jour précédent, ils avoient été chez la Reine, et ayant attendu quelque temps dans sa chambre, avoient été introduits dans son cabinet par M. de Guénégaud, secrétaire d'Etat, où ils trouvèrent la

(1) C'est le papier qui me fut baillé par M. le chancelier, qui est écrit de la main de M. de La Vrillière, secrétaire d'Etat. (*Note d'Omer Talon.*)

Reine assise; auprès d'elle M. le duc d'Orléans, M. le prince, M. le cardinal Mazarin, M. le chancelier, M. le surintendant, M. de Chavigny, et messieurs les secrétaires d'Etat; que s'étant approchés de ladite dame Reine, et l'ayant saluée, ils lui ont parlé en ces termes :

« Madame, nous avons fait entendre à messieurs du parlement l'ordre que nous reçûmes hier de votre bouche, et leur avons demandé la délibération qui fut résolue samedi dernier sur l'édit des francs-fiefs. Ces messieurs, pour satisfaire aux ordres de Votre Majesté, s'étant fait lire leur arrêté, et craignant que les termes auxquels il est conçu ne fussent mal interprétés, ils ont désiré s'expliquer à Votre Majesté, et lui faire entendre par notre bouche leur intention, nous ayant donné ordre précis de lui dire que la résolution qu'ils ont prise n'a pas été de contrevenir à la volonté de Votre Majesté, laquelle ils ont estimé avoir assez de bonté pour croire que tout ce qu'ils ont délibéré et arrêté a été sous son bon plaisir; que leur pensée ne fut jamais d'opposer leur autorité à la puissance du Roi, qu'ils respectent; qu'ils savent bien qu'après la vérification qui a été faite le Roi séant en son lit de justice, ils ne peuvent détruire ni combattre ce qu'il a fait, mais que la voie des remontrances ne leur peut être interdite; supplient Votre Majesté, madame, de croire que la royauté est honorée dans le parlement au souverain degré par une obéissance véritable, respectueuse, clairvoyante, qui non-seulement travaille par elle-même, mais qui donne aux autres l'exemple, et leur prescrit les ordres de bien faire. A Dieu ne plaise, madame, que la coignée, comme parle le Prophète, s'élève contre le bras qui lui donne le mouvement, et que nous soyons tellement méconnoissans de la condition de nos charges et de nos personnes, que nous ne sachions pas que si le soleil retiroit sa lumière, les moindres astres souffriroient éclipse, et se trouveroient en ténèbres.

« Pour cela, madame, nous avons charge de vous protester de la part du parlement toutes sortes de respects, d'obéissance et de fidélité tout entière, de vouloir interpréter en bonne part toutes leurs actions et leurs pensées ; que si leurs paroles ne sont pas quelquefois agréables, de vouloir examiner le fond de leurs consciences, leurs desseins et leurs intentions, et de considérer qu'ils suivent les traces de ceux qui les ont précédés, et qu'ils parlent le langage de leurs registres : et pour témoigner à Votre Majesté que leurs actions sont sincères, ils supplient bien humblement Votre Majesté de leur envoyer une déclaration, afin que l'exécution s'en fasse au nom et sous le titre de Votre Majesté, et non pas en vertu de leur délibération ; et de vouloir faire cette réflexion que la délibération prise samedi, et celle qui a été faite cette matinée, procèdent [l'une et l'autre d'un même esprit, qu'elles ne doivent point être divisément considérées, mais regardées comme une seule et unique délibération, qui procède] de la première compagnie du royaume, la première en affection, en fidélité et en courage pour le service du Roi, et pour enseigner à toutes sortes de personnes l'exemple d'une obéissance véritable. »

Après ce discours, la Reine nous a commandé de nous retirer dans sa chambre, et qu'elle nous feroit entendre ce qu'elle auroit résolu ; et de fait, après trois quarts-d'heure ou environ, M. de Guénégaud, secrétaire d'Etat, nous ayant avertis, nous sommes rentrés dans le cabinet de la Reine, laquelle ayant dit à M. le chancelier qu'il nous fît entendre sa volonté, il nous a dit : « Messieurs, la Reine
« a vu l'arrêté de samedi dernier que vous lui avez repré-
« senté, et a considéré ce que vous lui avez dit de la part de
« la compagnie. Elle n'en peut être satisfaite ; ni prendre
« aucune résolution, que le parlement ne se soit expli-
« qué nettement s'il prétend modifier un édit vérifié le Roi
« séant en son lit de justice, M. le duc d'Orléans présent,
« messieurs les princes du sang présens, et les grands du
« royaume aussi ; et si le parlement veut apporter change-
« ment à un édit vérifié de cette sorte, en ce cas, comme
« il n'y a point d'exemple d'une semblable entreprise con-
« tre l'autorité du Roi, Sa Majesté avisera aux moyens de la
« réprimer : que si la compagnie a entendu y procéder par

« remontrances, elle les considérera bien volontiers, et y
« apportera les remèdes convenables. »

Ensuite M. le duc d'Orléans a pris la parole, et nous a dit qu'il a été surpris lorsqu'il a été averti de la résolution qui avoit été prise samedi dernier dans la compagnie d'apporter quelque modification à un édit vérifié le Roi séant en son lit de justice; que s'étant informé de la vérité des choses passées, il avoit appris que cela étoit inouï, extraordinaire et sans exemple; qu'il ne s'étoit jamais rien pratiqué de semblable dans le parlement, et qu'il ne pouvoit s'imaginer qu'il y eût raison de le faire; que, dans l'état des affaires présentes, chacun contribuoit pour la conservation de l'Etat; qu'il n'avoit point épargné sa personne dans les occasions; que la noblesse y employoit tout son bien, y hasardoit et son sang et sa vie, pour conserver l'autorité du Roi, qui consistoit principalement dans la tranquillité intérieure de l'Etat, et qu'il ne pouvoit concevoir que messieurs du parlement voulussent résister seuls à ces bons sentimens; qu'il étoit bien aise de nous faire entendre son intention, et que le parlement fût averti qu'il n'omettroit jamais rien pour conserver le point de l'autorité royale.

Après cela M. le prince a pris la parole, et nous a dit que la Reine donnoit au parlement le moyen de ne point tomber en sa disgrâce, leur donnant le loisir et le temps de s'expliquer dans une affaire si raisonnable, et par ce moyen se garantir du précipice; que la Reine n'a jamais cru qu'il y eût aucune mauvaise disposition dans la compagnie pour le service du Roi; qu'elle entendra volontiers les remontrances, écoutera les propositions, et donnera les mains aux choses qui seront raisonnables; mais qu'elle ne se laissera point vaincre par autorité, laquelle elle est obligée de conserver tout entière; et quant à lui, qu'il penseroit manquer à son devoir s'il n'étoit de même sentiment, et qu'il sera bien aise que le parlement en soit informé. Après quoi M. le cardinal Mazarin a pris la parole, et nous a dit que cette démarche étoit de conséquence; qu'il s'agissoit de savoir si le parlement seul peut s'opposer aux volontés du Roi, et si lorsque des édits ont été concertés dans son conseil, approuvés par M. le duc d'Orléans son oncle, par messieurs les princes du sang, publiés dans le parlement en la présence de tous les grands du royaume, après que M. le chancelier a prononcé l'arrêt portant que les édits seroient exécutés, si le parlement seul peut opposer son autorité à cette puissance, et s'il peut ordonner qu'un édit ne sera exécuté que pour partie; que la Reine ne peut souffrir cette nouveauté pendant la minorité du Roi son fils; qu'elle seroit responsable à l'Etat de cette diminution, et qu'il croit que si messieurs du parlement veulent faire réflexion sérieuse sur ce combat d'autorité contre autorité, de puissance contre puissance, qu'ils témoigneront à la Reine leurs respects et leur obéissance, comme elle les a toujours espérés.

Après ce discours je pris la parole, et dis à la Reine que j'étois bien malheureux de ne lui avoir pu expliquer les pensées de cette compagnie, de laquelle je lui assurois que toutes les intentions étoient sincères, disposées à l'obéissance, dont j'estimois lui en avoir apporté les assurances; que si dans les arrêts qui avoient été faits au parlement ces choses n'étoient assez au long expliquées, cela ne procédoit d'autre chose, sinon que les termes d'un arrêt n'étoient pas susceptibles de discours; mais que si nous étions assez heureux que Sa Majesté pût apporter quelque créance à nos paroles, nous la pouvions assurer qu'elle trouveroit toujours dans le parlement toutes sortes de soumissions, d'obéissances et de services.

M. le chancelier prit la parole pour nous dire que si dans l'arrêté de samedi dernier la cour eût ajouté que sa délibération auroit lieu sous le bon plaisir du Roi, cela pourroit avoir donné quelque sorte de satisfaction; mais au contraire, par l'arrêté fait cejourd'hui, la Reine est suppliée d'envoyer une déclaration conforme à l'arrêté, en telle sorte qu'il semble que l'on veuille faire subsister l'arrêté de la compagnie, et en vertu d'icelui apporter une modification à l'édit; que la déclaration doit être demandée à la Reine par soumissions et par remontrances,

qu'elle peut être accordée avec connoissance de cause;
mais l'édit ne peut point souffrir de modification par l'autorité seule du parlement; que messieurs du parlement
doivent en cette occasion se faire justice à eux-mêmes, et
considérer que la puissance royale, qui est assez forte
d'elle-même, étant assistée de la déclaration de M. le duc
d'Orléans et de M. le prince, qui sont résolus de la maintenir, ne doit souffrir aucune diminution, et qu'il leur
est aisé dans ce rencontre, par la déclaration qui leur est
demandée, de satisfaire à ce qu'ils doivent au Roi.

(Tome 61, p. 182.)

Lettre circulaire des trésoriers de France.

« C'est à ce coup que nos charges sont perdues sans ressource, si Dieu ne nous inspire de meilleurs conseils, et
ne nous donne plus de cœur que nous n'en avons fait paroître jusques ici. On expédie les états de cette année sans
nous y laisser aucuns gages, et l'on prétend que nous le
souffrirons avec la même docilité qu'on a éprouvée en nous
au sujet des retranchemens de quartiers; nos fonctions ne
nous sont point rendues, et il ne nous reste plus qu'une
qualité dénuée de tout son emploi, et de ce qui la rendoit
considérable avant le déplorable temps où nous sommes;
et ce qui augmente notre malheur, messieurs, et notre
confusion, est que nous sommes regardés de tout le monde
pour des gens incapables de la moindre résistance, et sur
qui l'on peut impunément tout oser et entreprendre : ce
qui paroît maintenant d'autant plus, que les autres corps
qu'on a voulu attaquer depuis quelques jours par une déclaration qui leur ôtoit quatre années de leurs gages comme
à nous, sous prétexte du rétablissement de l'annuel, s'étant courageusement unis et assemblés par députés pour
concerter les moyens de se défendre, ont donné sujet à la
révocation de cette déclaration. Il est vrai que l'aigreur
qu'ils ont fait concevoir est cause qu'on a révoqué l'annuel;
mais comme cela s'est passé dans la chaleur, le temps

pourra donner quelque changement au soulagement des officiers. Notre assemblée prendra ses mesures pour faire en temps et lieu les choses convenables aux intérêts communs, et cependant elle vous demande vos avis et vos ordres, et, quoi qu'il arrive, elle estime qu'il seroit bon que de votre part vous concertassiez les moyens de nous aider, et de nous faire considérer davantage, soit en prenant nos gages et traversant puissamment ceux qui en font avec tant d'effronterie le recouvrement à vos yeux, soit en vous unissant de bonne heure avec les autres officiers où vous êtes de la part du conseil. Après les continuelles sollicitations que nous avons faites, il y a peu à espérer, et néanmoins nous sommes résolus de les continuer, et d'avoir soigneusement les yeux ouverts à toutes les conjonctures qui se pourront présenter d'agir en quelque manière que ce soit. Vous êtes conjurés aussi de nous envoyer des députés exprès pour nous accompagner partout, et rendre nos plaintes plus considérées par leurs présences; et nous vous demandons par eux des mémoires les mieux prouvés qu'il se pourra de la mauvaise conduite des intendans en l'administration des finances, de leurs exactions et de celles des traitans, par leurs connivences ou autrement. Voilà, messieurs, les avis que nous croyons être obligés de vous donner, étant, messieurs, etc. »

(Tome 61, p. 191.)

Extrait des registres du conseil d'Etat.

Sur ce qui a été représenté au Roi étant en son conseil, la Reine régente sa mère présente, que bien que, par arrêt donné en commandement, l'arrêté fait par la cour de parlement de Paris le 13 mai dernier eût été cassé, avec défense à ladite cour de l'exécuter, ni se joindre avec les autres compagnies souveraines de la ville de Paris; néanmoins ladite cour, après que ledit arrêt lui auroit été présenté par son procureur général, qui en auroit requis l'exécution et l'enregistrement, auroit, par une entreprise qui n'a point d'exemple sur l'autorité de Sa Majesté, fait un arrêté le 15 du présent mois, portant qu'ayant délibéré sur ce qui lui avoit été dit par les gens du Roi de la part dudit seigneur, et sur l'arrêt du conseil du 10 juin dernier, et vu ledit arrêt, avec les conclusions du procureur général, que l'un des secrétaires de ladite cour iroit vers les trois compagnies souveraines de cette ville les avertir d'envoyer les députés le lendemain, deux heures de relevée, en la salle Saint-Louis, pour conférer avec les députés de ladite cour de chacune chambre; et cependant toutes les chambres demeureroient assemblées : et comme ledit arrêté est une désobéissance pleine de mépris, et injurieuse à l'autorité royale, et qui ne se peut souffrir sans sa diminution, que des officiers qui n'ont point d'autre puissance que celle qui leur est commise par les rois, pour l'exercer dans les règles qui leur sont prescrites, s'en servent, par une usurpation violente, pour s'opposer aux volontés de leur Roi et de leur maître (et ce qui donne encore plus d'étonnement est que les grâces qu'ils ont reçues de Sa Majesté ayant produit tant de méconnoissance et d'ingratitude, il est difficile de juger quelle peut être leur intention, ce qu'ils peuvent espérer de leurs violences, s'ils pensent abattre l'autorité royale, et la soumettre à leurs injustes desseins), ainsi il est nécessaire d'arrêter le cours de l'exécution de cet arrêté, si contraire aux ordonnances et aux lois de l'Etat, qui ne souffrent aucune assemblée extraordinaire sans l'autorité et la puissance du Roi; autrement ce seroit établir une puissance nouvelle, dont les conséquences seroient dangereuses et préjudiciables à l'ordre et gouvernement public, et dont les inconvéniens pourroient avec le temps dégénérer en une espèce de révolte et de faction : aussi les ennemis de cette couronne se prévalent de ce procédé comme d'une sédition qui seroit, par leurs vœux, prête d'éclore dans le royaume. Ce qu'ayant été bien considéré, et vu ledit arrêté du 15 du présent mois, Sa Majesté étant en son conseil, la Reine régente sa mère présente, a cassé et annulé, casse et annule ledit arrêté, comme fait par attentat et entreprise sur son autorité; a ordonné et ordonne que l'arrêt du conseil du 10 juin dernier sera exécuté, et que la minute dudit arrêté de ladite cour du 15 de juin sera représenté par le greffier d'icelle, et qu'en son lieu et place le présent arrêt, avec celui du 10 juin dernier, seront enregistrés. Fait Sadite Majesté très-expresses inhibitions et défenses à ladite cour de faire à l'avenir aucune jonction avec les autres compagnies souveraines de cette ville de Paris, ni de plus s'assembler, tant par députés qu'autrement, à peine de désobéissance; lui enjoignant de vaquer incessamment à l'expédition des affaires, et de rendre la justice à ses sujets.

Fait au conseil d'Etat du Roi Sa Majesté y séant, la Reine régente sa mère présente, tenu à Paris le 15 juin 1648. Signé *de Guénégaud*.

Louis, par la grâce de Dieu roi de France et de Navarre, à notre amé et féal greffier de notre cour de parlement de Paris le sieur Du Tillet, salut. Nous vous ordonnons et enjoignons, de l'avis de la Reine régente notre très-honorée dame et mère, que vous ayez à registrer dans les registres de ladite cour le présent arrêt, attaché sous le contrescel de notre chancellerie, et de remettre dans trois jours entre les mains de notre très-cher et féal chancelier de France l'acte dudit enregistrement, à peine de désobéissance; car tel est notre plaisir.

Donné à Paris le 15 juin, l'an de grâce 1648, et de notre règne le sixième. *Signé* Louis; et plus bas: Par le Roi, la Reine régente sa mère présente, *de Guénégaud;* et scellées et contrescellées.

(Tome 61, p. 204.)

Articles des propositions faites par les députés des compagnies assemblés en la salle Saint-Louis, suivant l'arrêt du 13 mai 1648.

Que les intendans de justice, et toutes autres commissions extraordinaires non vérifiées ès cours souveraines, seront révoqués dès à présent.

Les traités des tailles, taillons, subsistances et autres, seront dès à présent révoqués, et lesdites tailles imposées assises, levées en la forme ancienne et comme auparavant, lesdits traités à la diminution du quart au profit du peuple, attendu que la diminution du quart est beaucoup moindre que ce qu'en profitent les traitans, avec remise de ce qui est dû jusques et compris l'année 1646; pour raison de quoi tous les prisonniers détenus ès prisons seront élargis, et ce faisant les deniers portés en la manière accoutumée ès recettes particulières, et d'icelles ès recettes générales, et de là à l'épargne.

Les charges ordinaires préalablement acquittées et payées, et iceux deniers employés à l'entretenement des maisons royales et affaires de la guerre, sans pouvoir être divertis pour quelque prétexte que ce soit, nonobstant toutes assignations, traités, prêts et autres empêchemens quelconques, à peine de restitution contre les ordonnateurs, veuves, héritiers, biens-tenans et parties prenantes; défenses aux traitans desdits deniers de faire aucune contrainte pour l'exécution de leurs traités pour les années précédentes 1647 et suivantes, lesquelles, ensemble toutes assignations sur lesdits deniers, demeureront nulles.

Qu'il sera établi une chambre de justice, composée des officiers des quatre cours souveraines, et par icelles nommés pour connoître et juger des abus et malversations commis en l'administration et maniement des affaires du Roi, et exactions sur ses sujets, même des prêts usuraires et simulés, sans que ladite chambre puisse être révoquée par aucune composition, ni que dons puissent être faits des confiscations, condamnations qui y seront ordonnées, et les deniers en provenant portés à l'épargne, pour être employés sans aucun divertissement aux affaires du Roi.

Du deuxième jour de juillet.

Qu'attendu la notoriété du refus des enchères sur les fermes du Roi, qu'il sera de nouveau procédé à la publication desdites fermes en la manière accoutumée, et suivant les ordonnances; et seront les adjudicataires et fermiers des gabelles, aides, cinq grosses fermes, et toutes autres fermes du Roi sans exception, contraints de porter à l'épargne, toutes charges préalablement payées et acquittées, les deniers du prix de leurs fermes du quartier d'avril dernier 1648 et de ceux qui écherront après, suivant leurs baux, nonobstant toutes prétendues avances, prêts et assignations sur iceux. Seront aussi tous prêts et avances faites par les trésoriers de l'épargne, parties casuelles ordinaires et extraordinaires des guerres, ensemble tous les traités et avances faites sur les gages et droits retranchés à tous les officiers de France, et sur les rentes; de quelque nature que ce soit et prétexte, faits sur les ventes faites des bois tant ordinaires qu'extraordinaires, déclarées nulles, et sans qu'aucunes quittances, mandemens, rescriptions ou récépissés de l'épargne ci-devant expédiés sur les deniers desdits quartiers d'avril et suivans puissent valider en quelque sorte et manière que ce soit, sauf à leur être pourvu pour leur remboursement à intérêts légitimes en temps et lieu, et avec connoissance de cause.

Du vendredi troisième juillet.

Ne seront faites aucunes impositions et taxes qu'en vertu d'édits et déclarations bien et dûment vérifiés ès cours souveraines, auxquelles la connoissance en appartient, et l'exécution desdits édits et déclarations sera réservée auxdites cours : défenses à toutes personnes de faire ni continuer aucune levée de deniers, impositions et taxes, qu'en vertu d'édits bien et dûment vérifiés, à peine de la vie, et sans qu'aucuns des particuliers habitans des villes et communautés puissent être contraints solidairement pour le paiement des droits et taxes imposés sur lesdites villes et communautés.

Ne sera fait aucun retranchement des gages d'officiers, rentes, droits, greffes, revenus du domaine, et autres droits aliénés et attribués par édits vérifiés, ni aucune hérédité et survivance révoquées, sinon qu'en vertu d'édits et déclarations en même forme, bien et dûment vérifiés par lesdites cours, avec liberté des suffrages.

Du lundi sixième dudit mois.

Attendant que par le rétablissement de la paix générale les affaires du Roi puissent permettre que les rentes soient payées des quatre quartiers de l'année suivante, seront laissés fonds par chacun an dans les Etats du Roi de deux quartiers et demi de leur constitution pour les rentes sur le sel, et des huit-vingtièmes des rentes de l'hôtel-de-ville de Paris et clergé, deux quartiers sur les huit millions de livres des rentes sur les tailles, recette générale et provinciale, et petites tailles, rentes des aides, gabelles de Lyonnais, et cinq grosses fermes, dont le paiement sera fait par préférence à toutes charges, même à la partie de l'épargne. Et pour remédier aux abus que commettent journellement et ordinairement les payeurs desdites rentes au préjudice des particuliers rentiers, que dorénavant les deniers destinés au paiement desdites rentes seront par chacune semaine, des bureaux des fermiers et comptables sur lesquels elles ont été assignées, portés par les receveurs et payeurs desdites rentes, en présence d'un notable bourgeois qui sera nommé pour veiller au recouvrement et paiement desdites rentes suivant la nature d'icelles, par deux conseillers de chacune des quatre cours souveraines de cette ville de Paris, avec les prevôt des marchands et échevins en l'hôtel-de-ville, et mis dans les coffres d'icelle, avec les bordereaux des espèces paraphés des commis des fermiers et comptables, lesquels coffres fermeront à deux clefs, dont l'une sera gardée par le receveur, et l'autre par le notable bourgeois nommé, pour être lesdits deniers distribués à chacun jour de bureau par lesdits payeurs, en présence de leurs contrôleurs, l'un des échevins et dudit notable bourgeois, aux particuliers rentiers, aux mêmes espèces qui auront été reçues; et assistera ledit notable bourgeois lorsque les payeurs feront leurs feuilles, pour empêcher que lesdits payeurs ne mettent sur la feuille du quartier courant les vieux arrérages du quartier passé, sans que lesdits payeurs desdites rentes puissent recevoir leursdits gages et droits, sinon par proportion et concurrence, autant de temps que les rentiers, et non plus; et pourra ledit notable bourgeois être changé tous les trois mois par les commissaires députés par les quatre cours souveraines, lesquels s'assembleront à cet effet au premier jour de chacun quartier en la salle Saint-Louis pour y travailler, et faire que lesdites rentes soient entièrement payées auxdits rentiers; et compteront lesdits receveurs et payeurs par chacune année, suivant les fonds qui seront laissés, comme il est ci-devant dit par l'état du Roi de ladite année, conformément à l'arrêt de la chambre des comptes du premier août 1646, et soumissions desdits receveurs portées par leur requête présentée à ladite chambre le 28 septembre 1647, nonobstant la déclaration du Roi du 28 février dernier, qui sera évoquée; et seront tous dons, débets de quittances, déclarés nuls, et toutes commissions pour ce expédiées, même celle de Buisson, révoquées, pour les deniers provenant desdits débets être portés esdits coffres de la ville, distribués aux rentiers, selon qu'il leur sera ordonné par lesdits commissaires.

Du mardi septième dudit mois de juillet.

Qu'aucuns rachats de rentes sur le Roi, remboursement de finance d'offices et de droits, ne seront faits qu'après la paix publiée. Et d'autant que ci-devant plusieurs remboursemens ont été faits au préjudice des finances du Roi, destinées pour l'entretien des armées (ce qui a donné lieu à plusieurs prêts et avances qui ont consommé lesdites finances jusques en l'année 1651), que tous ceux, de quelque qualité et condition qu'ils soient, qui ont été propriétaires des rentes, offices, nouveaux droits sur le Roi, auxquels la finance desdites rentes, offices et droits a été rachetée et remboursée par le Roi depuis le commencement de la guerre, qui monte à plus de trente millions, seront contraints de remettre aux coffres du Roi les deniers par eux reçus pour lesdits rachats et remboursemens, desquels leur sera passé par les prevôt des marchands et échevins de cette ville nouveaux contrats de constitution de rente, à raison du denier quatorze, sur le même fonds qu'étoient assignées lesdites rentes, offices et droits, pour être les deniers provenant desdites restitutions employés au fait de la guerre; et d'autant que par une mauvaise foi aucuns se sont fait rembourser au denier dix-huit au lieu du denier quatorze, qui étoit leur première finance, ils seront tenus à la restitution du quadruple de ce qu'ils auront trop reçu, et aux intérêts du simple, suivant les ordonnances; que toutes rentes constituées par le prevôt des marchands et échevins sans édit seront vérifiées, déclarées nulles, avec défenses auxdits prevôt des marchands et échevins d'en ordonner le paiement, et aux receveurs et payeurs desdites rentes de les payer, à peine d'en répondre, et de radiations en leurs propres et privés noms, et des parties prenantes.

Du jeudi 9 dudit mois.

Que l'édit du mois de septembre 1645, et la déclaration sur icelui du 2 mars 1646, pour l'abonnement du domaine du Roi, ensemble les arrêts du conseil concernant le toisé des maisons, seront révoqués, et en conséquence mainlevée de toutes les saisies faites, avec défenses de faire aucunes poursuites pour raison d'icelles.

Encore que le domaine de la couronne ne puisse être aliéné que pour l'apanage des Enfans de France, pour la dot et douaire des reines, et pour les urgentes affaires de la guerre, néanmoins, par un abus insupportable, on a depuis quelques années employé toutes sortes de moyens pour en faire perdre au Roi la possession à perpétuité, soit par des échanges abusifs et frauduleux, par ventes nouvelles de certaines terres et seigneuries, par dons excessifs, soit par augmentation des anciennes finances au domaine déjà engagées, sous prétexte de renchères, tiercement et doublement; ce qui est arrivé à tels excès, que la recette faite dans les comptes depuis l'an 1630 pour vente et revente du domaine en fonds de terres monte à plus de quinze millions de livres, dont il se peut vérifier que la sixième partie n'est point entrée actuellement aux coffres du Roi, le surplus ayant été payé en mauvaises et fausses dettes et arrérages de pensions et gratifications, en dons, récompenses, et autres choses feintes et supposées : et d'autant que la preuve de ces abus ne peut être du menu des comptans, la Reine est très-humblement suppliée de les faire représenter par devant tels commissaires qu'elle lui plaira choisir, et ladite vérification faite, ordonner, ou que les engagistes paieront en deniers comptans à l'épargne lesdites sommes qui se trouveront employées sous leurs noms ou pour eux, ou que pour la fraude commise lesdits domaines seront réunis à la couronne ; ce qui sera pareillement exécuté pour les domaines vendus sans édits vérifiés.

Du vendredi 10 juillet.

L'usage des comptans par certifications ayant été reconnu, par les Etats généraux du royaume et par toutes les assemblées des notables, comme un moyen assuré pour couvrir tous les abus qui se peuvent commettre dans les finances, la Reine est très-humblement suppliée de considérer que les comptans du règne de Henri-le-Grand en la plus grande et en la plus haute année, même en 1609, qu'il entretenoit, comme chacun sait, de grandes et secrètes intelligences hors le royaume, n'ont monté qu'à deux millions deux cent mille livres, et depuis jusqu'en 1625 qu'à six ou sept millions de livres, au lieu qu'en l'année 1643 ils montent à quarante-huit millions deux cent soixante-et-onze mille livres, en 1644 à cinquante-neuf millions deux cent soixante et tant de mille livres, lesquels sont encore, selon l'opinion commune, augmentés de beaucoup l'année suivante, dont il n'a encore été compté : et d'autant que dans des sommes si excessives il se peut facilement commettre des désordres infinis, et que l'administration des finances sera toujours suspecte au public jusqu'à ce que l'on ait remédié à l'excès desdits comptans, il plaira à Sa Majesté, ou les supprimer du tout, ou du moins en user pour les seules dépenses qu'il importe nécessairement de tenir très-secrètes, qui est le seul sujet pour lequel ils ont été introduits, rejetant desdits comptans tous dons, voyages, gratifications, récompenses, remboursemens, emplois, de quatrième quartier de gages, appointemens extraordinaires, achats, supplémens d'ambassadeurs, dépenses de bâtimens, ponts et chaussées, qui par un extrême abus ont été compris èsdits états et comptans, contre toutes les ordonnances et réglemens des finances; toutes lesquelles dépenses, même les remises et intérêts des prêts et avances, seront dorénavant employées en ligne de compte, suivant l'ordre ancien ; et sera de chacun, même desdits comptans, fait quatre états originaux, contenant les noms et surnoms de ceux auxquels chacune partie aura été payée, l'un pour M. le chancelier, et les autres pour les surintendans, contrôleur général des finances et trésorier de l'épargne, lesquels seront tenus de les garder pour les représenter au Roi et à la Reine régente toutes fois et quantes il leur sera commandé et ordonné, à peine d'en répondre par eux à leurs héritiers en leurs propres et privés noms.

Seront les officiers du bureau des finances, secrétaires du Roi, présidiaux, commissaires et contrôleurs des guerres, trésoriers provinciaux, officiers des maréchaux, bailliages, prevôtés, eaux et forêts, élections et greniers à sel, traites foraines, et autres officiers tant de judicature que de finances, rétablis en la fonction et exercice de leurs charges, et en la jouissance de leurs gages et droits, nonobstant tous traités, prêts et assignations et avances faites sur iceux, qui demeureront nuls dès à présent.

Du mardi 14 dudit mois.

Qu'il ne sera à l'avenir fait aucune création d'office, tant de judicature que de finances, que par édits vérifiés ès cours souveraines, avec liberté entière de suffrages, et pour quelques causes et occasions et sous quelque prétexte que ce puisse être, et que l'établissement de ces compagnies souveraines ne pourra être changé ni altéré, soit par augmentation d'offices de chambre, établissement de semestre, ou par démembrement du ressort des compagnies, pour en créer et établir de nouvelles; que le même sera gardé pour les trésoriers de France, présidiaux, et autres juges subalternes; défenses à toutes personnes de faire et avancer telles propositions pernicieuses tendantes à la ruine desdites compagnies, et à l'anéantissement de la justice et subversion des lois du royaume, à peine d'être punis exemplairement comme perturbateurs du repos public; et sera le Roi très-humblement supplié de révoquer les édits de création des douze maîtres des requêtes du semestre du parlement d'Aix, et de la cour des aides de Saintes; et les bureaux établis ès villes d'Angers, La Rochelle et Chartres, et les officiers qui composent les bureaux, ensemble l'édit des greffes alternatifs, triennaux et quatriennaux, ensemble tous autres officiers créés, auxquels n'a été pourvu et qui n'ont été reçus, demeureront supprimés.

Afin que la justice soit administrée avec l'honneur et l'intégrité requise, qu'à l'avenir il ne pourra plus être reçu dans les cours souveraines aucuns traitans, partisans, cautions, associés et intéressés avec eux, ni leurs enfans et gendres; et que ceux qui sont à présent reçus en aucunes desdites cours ne pourront être admis en d'autres, quelques dispenses qui pourront être par eux obtenues.

Que les officiers des quatre cours souveraines de Paris, payeurs, greffiers, et autres officiers du corps d'icelles, seront payés par chacun an des gages à eux attribués et augmentation d'iceux, sans aucun retranchement; et que dorénavant le fonds n'en sera plus employé dans les Etats du Roi, ains reçu dans les greniers qui leur ont été ou seront assignés par les commis qui seront par eux proposés à chaque ouverture de grenier, suivant les édits et déclarations des années 1594, 1599 et 1637, afin que Sa Majesté et les créanciers des comptables et fermiers, traitans et partisans, leurs cautions, associés et intéressés, ne puissent être frustrés de leur dû, comme il est arrivé plusieurs fois; tous biens de quelque nature que ce soit, même de ceux donnés en mariage à leurs enfans ou autrement, et les offices qui se trouveront leur appartenir sous noms empruntés, ensemble ceux donnés à leurs enfans depuis qu'ils sont entrés dans les fermes ès partis, demeureront affectés et hypothéqués à Sadite Majesté et leurs créanciers; et toutes séparations de biens entre eux et leurs femmes depuis ledit temps demeureront nulles, et que les acquisitions qui seront faites sous les noms de leurs femmes ou d'autres seront affectées à Sadite Majesté et à leurs créanciers, dérogeant pour cet effet à toutes coutumes à ce contraires.

Que toutes créations d'offices, augmentations, taxes et droits qui se lèvent tant sur les sceaux des grandes et petites chancelleries de France que pour le contrôle général de toutes expéditions de finances et gardes-nobles non vérifiés ès cours souveraines avec liberté de suffrages, seront dès à présent révoquées; et défenses aux grands audienciers, conseillers, et tous autres officiers du sceau et leurs commis, d'en faire aucune levée, à peine de concussion et d'en répondre en leur propre et privé nom, et que des arrêts et commissions donnés pour des collecteurs et communautés pour le fait des tailles n'en sera payé qu'un sceau.

Seront les articles 91, 92, 97, 98, 99 de l'ordonnance de Blois exécutés selon leur forme et teneur; et ce faisant, que toutes matières qui gisent en juridiction contentieuse seront renvoyées au parlement, grand conseil, cour des aides et autres juges ordinaires, auxquels la connoissance en appartient par les ordonnances, sans que par commissions particulières elle leur puisse être ôtée; toutes commissions contraires et extraordinaires, évocations générales ou particulières accordées aux fermiers ou traitans par leurs baux ou contrats, dès à présent révoquées, et les procès pendant ès conseils du Roi, de la connoissance desdites cours, dès à présent renvoyés en icelles, avec défense aux parties de se pourvoir au conseil pour raison de ce, à peine de nullité, d'amende arbitraire, et de tous dépens, dommages, intérêts; toutes parties dès à présent assignées déchargées des assignations qui leur seront données, et qu'aucun officier ne pourra être troublé en la fonction et exercice de sa charge par lettre de cachet, portant défenses d'entrer dans leurs compagnies, relégations en leurs maisons ou ès villes et châteaux du royaume, arrêt et détention de leurs personnes et autrement; mais seulement en informant contre lesdits officiers, et faisant leurs procès suivant les ordonnances.

Du vendredi 17 juillet audit an.

Que les arrêts donnés aux cours souveraines ne pourront être cassés, révoqués ni sursis, sinon par les voies de droit permises par les ordonnances; et que les maîtres des requêtes ne pourront juger en dernier ressort, à peine de nullité, quelques attributions qui leur en soient faites par lettres, arrêts ou autrement; et où les parties voudroient faire plainte de lettres d'Etat obtenues sur faux donné à entendre, elles se pourvoiront par devant les juges ordinaires en première instance, et par appel èsdites cours; et pour le regard des procès criminels ci-devant jugés par commissaires extraordinaires, les lettres de rescision qui pourroient être expédiées ne seront adressées qu'aux cours souveraines.

Qu'aucuns des sujets du Roi, de quelque qualité et condition qu'ils soient, ne pourront être détenus prisonniers passé vingt-quatre heures sans être interrogés, suivant les ordonnances, et rendus à leurs juges naturels, à peine d'en répondre par les geoliers, capitaines, et tous autres qui les tiendront en leurs propres et privés noms; et que ceux qui sont de présent détenus sans forme ni figure de procès seront mis en liberté, remis en l'exercice de leurs charges et possessions de leurs biens; et ne seront tenus les officiers de déférer à aucunes lettres de cachet portant défenses de faire la fonction de leurs charges ou ordre de s'absenter, ains que leurs procès leur seront faits par les voies ordinaires.

Que le surintendant général des postes et relais de France, messagers et maîtres des coches, apporteront aux greffiers de la cour les réglemens concernant les ports des lettres et paquets; et cependant défenses aux fermiers, commis, dis tributeurs, de rayer ni augmenter la taxe desdits ports, à peine de dix mille livres d'amende et de punition corporelle, et que les messageries non supprimées par édit de 1610 demeureront en leur entière liberté, sans qu'ils puissent rehausser leurs taxes; et en cas de contravention, permis d'informer.

Pour rétablir et faciliter le commerce, que tous dons et concessions accordés à quelques personnes de quelque qualité qu'elles soient, à titre onéreux ou autrement, pour acheter ou vendre seuls, à l'exclusion des autres sujets du Roi, quelques sortes de marchandises que ce puisse être, seront dès à présent révoqués, et déclarés nuls; défenses à toutes personnes de troubler ceux qui voudront s'entremettre au commerce des marchandises.

Pour remédier aux abus qui se commettent à la vente et distribution du bois, vin, charbon, et autres denrées et marchandises qui se débitent sur l'eau et sur les étapes de la ville de Paris, même de régler les nouveaux droits qui se prennent sur lesdites denrées et marchandises, les uns par édits non vérifiés où il appartient, les autres sans édits, il se tiendra, trois ou quatre jours après chacune promotion d'un prevôt des marchands, une assemblée générale de police en la chambre Saint-Louis, en laquelle assisteront des officiers des cours souveraines, les prevôt des marchands et échevins, le lieutenant civil, et aucuns des principaux bourgeois marchands de ladite ville, pour connoître des abus et régler le prix desdites denrées et marchandises, ainsi qu'il est accoutumé et s'est pratiqué, sinon depuis quinze ans, d'autant que la draperie de laine et de soie de toutes sortes de fabriques ne se façonne plus dans ce royaume comme elle soûloit, à cause de celles que des marchands hollandais et anglais y apportent: ce qui a réduit un nombre infini de menu peuple qui étoit employé ès manufactures desdites draperies à la mendicité; on les a obligés de transporter leurs domiciles èsdits pays étrangers, outre le transport de sommes immenses. La Reine sera très-humblement suppliée d'ordonner que défenses seront faites à tous négocians d'apporter ou faire apporter en ce royaume desdites draperies de laine ou de soie manufacturées èsdits pays d'Angleterre et Hollande, à peine de confiscation et d'amende arbitraire; comme aussi que défenses soient réitérées à tous négocians d'apporter ou faire apporter en France des passemens de Flandre et points d'Espagne, Rome et Venise, et à tous les sujets du Roi d'en acheter et porter, à peine de confiscation et de quinze cents livres d'amende contre les contrevenans.

Seront les officiers créés, et taxes faites pour les maisons de Paris pour le nettoiement des boues, révoqués et supprimés; et pour cet effet que le fonds ancien sera établi, et la police du nettoiement de la ville de Paris remis entre les mains des bourgeois, pour raison de quoi assurance sera faite à l'hôtel-de-ville de Paris.

Du mercredi 29 dudit mois de juillet.

Attendu la vexation notoire qu'ont causée et causent journellement les édits des petits sceaux notificatifs, commissaires aux saisies réelles, contrôleurs des dépens, et que les acquéreurs desdits droits sont plus que dix fois remboursés, la Reine sera très-humblement suppliée de révoquer lesdits édits et de les supprimer, et de faire faire réglement pour les recettes des consignations, et remettre lesdits droits desdites recettes en l'état qu'ils étoient en 1610; et, pour obvier aux abus et malversations qui se commettent ès décrets et ordres, ordonner que dorénavant les ordres des biens des débiteurs saisis seront faits avant les adjudications d'iceux biens par décrets.

Que le Roi sera très-humblement supplié de faire observer les ordonnances contre les gens de guerre qui quittent leurs routes : ce faisant, rendre les chefs, capitaines et officiers responsables civilement des dommages et intérêts des parties, et enjoindre au prevôt des maréchaux de suivre lesdits gens de guerre, et d'informer des dégâts et malversations qui auront été par eux commis, à peine d'en répondre en leur propre et privé nom.

(Tome 61, p. 394.)

Très-humbles remontrances du parlement au Roi et à la Reine régente, contre le cardinal Mazarin.

« Sire, votre parlement, outré de douleur, investi et pressé par des armées commandées sous votre nom dans la ville capitale du royaume, exclu de tout accès à Votre Majesté et à la Reine votre mère, vous adresse cette remontrance et supplication très-humble, accompagnée des sentimens de tous vos fidèles sujets.

« Sire, lorsque la Providence divine mit la couronne sur la tête de Votre Majesté en un âge auquel votre personne ne pouvoit contribuer au bien de votre royaume que la qualité de roi, qui porte l'image vivante de Dieu et les bénédictions qu'il avoit abondamment versées en votre naissance, votre parlement estima ne vous pouvoir rendre un service plus important que de joindre ses suffrages à ceux de la nature et de toute la France, pour commettre à la Reine votre mère le gouvernement de votre personne et de votre Etat. Il ne douta point qu'elle n'eût toujours pour vous et pour vos sujets des entrailles de mère, et en toute sa conduite un esprit royal, suivant son extraction.

« Il estima surtout que pour maintenir la liberté légitime, qui fait régner les rois dans le cœur des peuples, elle ne permettroit jamais qu'aucun particulier s'élevât en trop grande puissance au préjudice de la souveraineté, pour ce qu'elle savoit, par les lumières que Dieu donne aux ames qu'il destine pour régir les Etats, combien ces établissemens sont contraires aux vraies règles de police en toutes sortes de gouvernemens, et spécialement aux monarchiques, qui ont pour loi fondamentale qu'il n'y ait qu'un maître en titre et en fonction; de sorte qu'il est honteux au prince et dommageable à ses sujets qu'un particulier prenne trop de part ou à son affection ou à son autorité, celle-là devant être communiquée à tous, et celle-ci n'appartenant qu'à lui seul.

« D'ailleurs votre parlement avoit sujet de croire que la propre expérience de la Reine votre mère lui seroit une garde fidèle pour la garantir de ces accidens, ayant vu pendant le temps de son mariage, en deux notables exemples, du maréchal d'Ancre et du cardinal de Richelieu, combien l'élévation d'un sujet en trop grande faveur et autorité avoit été difforme, jusqu'à quel point elle avoit été redoutable au Roi et intolérable à ses peuples.

« Elle avoit vu sous le gouvernement de ces puissances les plus saintes lois violées, les compagnies les plus célèbres avilies, les personnes de toutes conditions opprimées, sans respecter les royales, non pas même la sienne, et celle de la feue Reine votre aïeule : bref, il n'y a rien eu de si sacré qu'elle n'ait vu profaner par leur violence et leur ambition, ni rien de si cher à l'Etat qu'elle n'ait vu consacrer à leur intérêt.

« Toutes ces considérations, madame, nous étoient des gages assurés que pendant votre régence nous ne pourrions tomber en de semblables malheurs. Mais comme c'est le défaut ordinaire des bons, quelque illuminés qu'ils soient, de n'avoir assez de méfiance des méchans, parce que leur intérieur est toujours couvert de bonne apparence; que plus leur poison est dangereux, plus ils le rendent agréable au goût; et que d'ailleurs les princes entre tous les hommes sont les plus exposés à leurs surprises, ayant plus de bien entre les mains, il est arrivé que le cardinal Mazarin, élevé par le cardinal de Richelieu, nourri dans ses maximes ambitieuses et formé dans ses artifices, succédant à son ministère, a succédé pareillement à ses desseins. Il n'a pas plutôt eu l'honneur de votre choix au maniement des affaires qu'il n'en ait abusé, et qu'oubliant son devoir et les obligations qu'il avoit à sa bienfaitrice, suivant l'exemple de celui qui l'avoit instruit, il n'ait dressé toute sa conduite à usurper la suprême autorité dont vous êtes tutrice; de manière que dès-lors jusqu'à présent nous l'avons vu maître de la personne du Roi, sous le nouveau titre d'*intendant* de son éducation, et disposer sans réserve des charges, des dignités, des places, des gouvernemens, des armes et des finances, conférer toutes les grâces sans en donner part à la gratitude, ordonner toutes les peines, vous en laissant toute l'envie ; et qu'en effet tous les sujets du Roi et leur fortune particulière, aussi bien que la fortune publique, en sont dépendans.

« De là il est arrivé, madame, que comme les intérêts de ceux qui entreprennent sur l'autorité souveraine sont toujours contraires à l'intérêt du souverain, nous avons vu sous son ministère un visage de politique étrange, et tout opposé à nos mœurs, les vrais intérêts de l'Etat abandonnés ou trahis, la continuation de la guerre, l'éloignement de la paix, les peuples épuisés, les finances dissipées ou détournées, tout ce qu'il y a de considérable dans le royaume ou corrompu ou opprimé, pour assujétir les bons Français sous la puissance d'un seul étranger, et finalement l'Etat au point où il est à la veille de sa ruine, si Dieu n'y met puissamment la main.

« Qui ne voit que le cardinal Mazarin a toujours voulu continuer la guerre et éloigner la paix afin de se rendre plus nécessaire, et avoir le prétexte de lever de plus grandes sommes de deniers pour s'enrichir? qui n'a découvert qu'en plusieurs occasions il a empêché nos succès pour faire balancer nos affaires, témoins nos armées perdues devant Lérida, les foibles secours de Naples envoyés à contretemps, le siége de Crémone, la perte de Courtray, et autres actions de cette qualité?

« Et quant à la négociation de la paix, qui est si grossière, qui ne juge qu'il n'a jamais voulu donner part au secret de l'affaire qu'à son confident, quoique le duc de Longueville et les autres députés de probité reconnue ne peuvent être suspects, et qu'il a mieux aimé perdre nos alliés que de faire la paix conjointement avec eux, ce qui seroit une faute criminelle, quand il n'y auroit point d'infidélité? Et si les déclarations des nonces font quelque foi, si la propre confession du cardinal peut servir à le convaincre, après avoir dit tant de fois qu'il tenoit la paix entre ses mains, outre la voix publique qui le déclare partout et la chose qui parle d'elle-même, il n'est que trop évident qu'il a trahi nos propres intérêts en cette affaire si importante; et cette seule prévarication en un sujet de cette qualité ne mériteroit-elle pas un supplice qui égalât en quelque sorte les misères et les désolations qu'elle a causées? Mais on peut encore raisonnablement tirer cette induction de son procédé, qu'il avoit la pensée de partager un jour la France avec l'Espagnol; et nous sommes peut-être à la veille de l'éprouver.

« Quant à l'abus et la déprédation des finances, le cardinal Mazarin oseroit-il dire qu'il y ait eu quelque limite à sa convoitise? Sire, les souverains, légitimes tuteurs du peuple, regardent leurs biens comme le bien d'autrui, pour en user et pour le conserver; ils le considèrent comme leur bien propre, de manière qu'ils n'y mettent jamais la main sans nécessité ni sans mesure : mais les usurpateurs de l'autorité souveraine regardent le bien du peuple comme leur proie, sont avides de la substance et la dernière goutte de son sang en la dernière borne de leur cupidité.

« Telle a été celle du cardinal Mazarin, qui a si fort épuisé le royaume pour s'enrichir, qu'il y a peu de personnes à la campagne auxquels il reste un lit pour se coucher, moins à qui il a laissé avoir du pain suffisamment pour se nourrir avec son travail, et il n'y en a point du tout qui puisse vivre sans incommodité : de sorte que si votre parlement, touché des motifs de votre service et sentimens de la charité, n'eût arrêté le cours de ses insupportables exactions, le moindre mal eût été que vos peuples eussent tombé dans l'impuissance et dans le désespoir avant la fin de la dernière année, et il seroit inutile de marquer toutes les voies qu'il a tenues pour faire une telle déprédation; les seuls fonds immenses qu'il a consommés dans la marine, dont il a disposé sans en rendre compte, seroient capables d'épuiser vos finances. Il suffit de dire qu'il est le maître, qu'il prend tout ce qu'il peut toucher, comme s'il étoit sien; qu'il a conservé et augmenté le nombre des partisans et gens d'affaires, qui sont les sangsues qui lui facilitent les moyens pour avoir de l'argent comptant; qu'il a levé plus de quatre-vingts millions de livres par an, qu'il nous a engagés de cent cinquante, et que l'on ne trouve plus presque d'or ni de bonne monnoie en France. Jugez de là, sire, où il est.

« Mais le plus notable intérêt, le plus criminel et le plus contraire qu'il y ait eu à Votre Majesté, c'a été de vouloir tirer vos sujets de votre dépendance, pour les mettre dans la sienne ou de leur consentement ou par force. Dieu sait ceux qu'il a corrompus; il est assez aisé d'en découvrir quelques-uns dans le nombre de ses partisans, et l'occasion présente sera une pierre de touche pour marquer ceux qui sont à vous ou à lui.

« Ce qui n'est que trop public sont les violences qu'il a faites pour détruire les uns et pour intimider les autres. La détention du duc de Beaufort trouvé innocent fut son coup d'essai, suivi de celle du maréchal de La Mothe-Houdancourt, et en ces derniers temps les officiers de votre grand conseil et cour des aides, et d'un grand nombre de proscriptions, d'emprisonnemens, et autres mauvais traitemens plus ou moins inhumains, selon que la résistance à sa tyrannie lui étoit plus ou moins nuisible ou odieuse; et les exemples de cette qualité sont en tel nombre et si notoires, qu'il seroit superflu de les déduire.

« Seulement vous supplions-nous, sire, que comme votre parlement est le plus fort rempart pour défendre votre autorité, et le plus redoutable adversaire de ceux qui la veulent usurper, d'ailleurs il est incapable de reconnoître un autre maître que son roi légitime; et quand il s'est trouvé des conseils assez pernicieux pour entreprendre de changer l'ordre de la succession à la couronne, ce parlement s'y est opposé avec tant de vigueur, qu'il a plutôt souffert qu'on le déclarât criminel de lèse-majesté, que de relâcher quelque chose de sa résistance, comme il est encore prêt de le souffrir pour le même sujet. Le cardinal n'a rien omis d'artifices et de violences pour abattre cette grande compagnie; ses artifices n'ont pas été des tentations pour la corrompre, sachant qu'il n'y eût pas réussi, mais les sinistres impressions qu'il a données à Votre Majesté; madame, d'une compagnie si exempte de soupçon, afin de vous induire à condamner, de rudes exécutions contre les particuliers et des traitemens injurieux contre le corps : et en cela sa malice et sa calomnie ont paru grandes, et ses artifices bien surprenans, puisqu'ils ont persuadé Votre Majesté, madame, contre ses naturelles inclinations à bien faire et à sauver les hommes, de traiter si étrangement le particulier et le général d'une compagnie qui vous a servi avec tant de zèle, et à qui vous avez donné tant de part en l'honneur de votre bienveillance. A peine le cardinal Mazarin a-t-il été dans les affaires, qu'il a commencé par la proscription, l'emprisonnement d'un nombre de sénateurs, pour frapper une partie du corps, et imprimer la terreur dans l'autre ; et certes l'emprisonnement du président de Barillon, conduit dans une citadelle hors du royaume, mort peu de mois après sa détention, laissant le soupçon funeste d'une cause violente de sa fin, qui a été une des plus cruelles actions que nous ayons vues depuis que nous éprouvons la tyrannie des puissans favoris, étoit bien capable de faire craindre des courages médiocres : mais comme il est malaisé de soumettre par cette passion un si grand corps, qui ne craint que de manquer à son devoir, ces exemples de violences ne l'ont pas empêché qu'avec l'avis des compagnies souveraines, voyant le peuple oppressé par des impositions, des levées, des taxes, et autres telles vexations qui se commettent par voies de fait ou par l'autorité des arrêts du conseil, il n'ait, pour satisfaire aux obligations de sa charge, pris connoissance des causes de ce désordre, et n'en ait aucunement arrêté le cours ; et nous pouvons dire à Votre Majesté, sans exagérer, que si votre cour de parlement n'eût interposé votre autorité pour empêcher ces oppressions, le peuple eût été bientôt ou dans l'impuissance ou dans le murmure. Ce premier mal est dans la foiblesse des Etats, et le dernier est la disposition aux révoltes, que les sages philosophes doivent toujours prévenir, sachant bien que la patience des hommes est limitée, et que Dieu ne met pas même la constance des justes à toutes épreuves.

« Les services que nous avons rendus à Votre Majesté,

sire, ont soulagé vos sujets, et, vous remettant en possession de vos revenus, ont empêché ces accidens; mais ils ont allumé la haine du cardinal Mazarin contre votre parlement, le voyant un obstacle à sa tyrannie, et c'est le sujet qui l'a fait recourir à de nouveaux moyens pour le perdre.

« De là est venu le traitement outrageux qu'il reçut publiquement, à la face de Vos Majestés, de leur cour et de toute la France, où cette compagnie fut traitée de rebelle et de factieuse par la bouche du chancelier, en un lieu où la moindre action de dureté blesse la dignité royale : de là vint ensuite la proscription de plusieurs sénateurs, et l'emprisonnement de deux des principaux en un jour dédié à la joie publique, et à louer Dieu du succès qu'il lui avoit plu donner à nos armes : déformité étrange, pour ne pas dire impiété sacrilége, d'avoir mêlé un tel deuil dans une si sainte réjouissance; conseil noir et cruel, mais d'ailleurs plein d'aveuglement, qui excita aussitôt les imprécations publiques contre le cardinal Mazarin, l'ire de Dieu sur lui, mais sa bonté sur nous, pour les délivrer par un jugement secret de sa providence, quoique par un moyen contraire à notre intention.

« Mais ce premier effort, bien que sans succès, et condamné par des marques si visibles de la protection du Ciel en notre faveur, ne changea ni son dessein ni sa haine : celle-ci se ralluma plus fort dans son cœur, et y demeura plus active qu'auparavant, et son dessein fut seulement couvert de dissimulation, afin de prendre mieux son temps et ses mesures pour le faire réussir. A cet effet il nous entretint par des conférences, qui aboutirent à une déclaration contenant la réforme des désordres publics, qui pourtant fut aussitôt enfreinte que publiée; mais cette conduite n'alloit qu'à nous éblouir par une apparence de bonne foi, pour faire ensuite passer une autre déclaration adressée à la chambre des comptes, qui rétablissoit l'usage des prêts et le crédit des gens d'affaires, afin de tirer une grande somme d'argent pour sa dernière main avant que partir, et exécuter plus puissamment sa résolution.

« Cette résolution n'étoit autre que de nous faire périr par un coup de foudre et nous envelopper avec Paris dans une commune ruine, abattre d'un contre-coup tous les parlemens et toutes les autres villes, dont Paris est comme le chef; ce faisant, être en état de se rendre maître d'un royaume désolé, ou de le partager avec ceux qui lui sont nécessaires pour exécuter ses entreprises, ou en faire tomber la meilleure partie entre les mains des étrangers, pour y prendre sa retraite et y trouver son établissement. Il y a grande apparence qu'il est déjà d'accord avec eux, puisqu'il retire les garnisons de nos frontières au même temps qu'ils sont puissamment armés, et qu'il met le trouble dans le royaume, qui est tout ce que les Espagnols ont toujours désiré. Pour peu qu'on ait de sens, ne voit-on pas sa trahison à découvert par sa dernière action, ses circonstances et ses suites? Votre Majesté enlevée par surprise, votre personne en son pouvoir, vous ayant ôté les capitaines de vos gardes, gens de condition et de probité; sa lettre envoyée à l'hôtel-de-ville, qui déclare que le parlement a conjuré contre son prince; une seconde lettre qui lui commande de nous traiter comme criminels de lèse-majesté, ce qui n'alloit pas à moins que de nous faire déchirer par le peuple, et causer un massacre général dans Paris, la ville étant au même temps bloquée, les passages saisis, et les défenses faites à tous les lieux circonvoisins d'y apporter des vivres. Peut-on regarder ce procédé, qu'on ne voie quant et quant la conjuration être telle que nous la représentons à Votre Majesté, conjuration détestable, mais conseil funeste et barbare, qui ne peut avoir été pris sans que le démon, qui marche dans les ténèbres, y ait présidé, et que les anges tutélaires de la France en aient été bannis?

« Sire, nous appelons ce qu'il y a d'amis vraiment français pour se joindre à nos sentimens et à notre conduite, à l'exemple de ces personnes illustres qui ont déjà signalé leur zèle en cette occasion, afin de confondre promptement l'auteur de tous ces maux, de délivrer votre personne de ses mains, et retirer votre Etat de sa ruine : c'est là l'unique voie de salut; et si son parti subsiste quelque temps, la France est perdue sans ressource.

« Si nous étions si malheureux de succomber, le cardinal demeureroit maître d'un Etat affoibli, qu'il partageroit avec ceux qui l'ont assisté. Si notre résistance ne fait que balancer les affaires, nous verrons naître, à notre grand regret, une guerre civile qui donnera loisir aux étrangers d'entrer en France et de se joindre au cardinal, les Espagnols étant bien assurés que nous ne pouvons avoir avec eux aucune intelligence, parce qu'il est impossible que les intérêts que nous avons à la conservation de la monarchie, à cause de nos charges qui en dépendent, puissent compatir à leur dessein; d'où Votre Majesté peut juger à quelle extrémité le cardinal Mazarin vous réduit, vous ayant réduit à la nécessité ou de le perdre bientôt pour vous sauver et la fortune publique, ou de perdre vos plus fidèles serviteurs, et votre Etat conjointement.

« Sire, dans le mouvement périlleux où nous voyons la fortune penchante de votre royaume, nous nous trouvons obligés de justifier notre conduite à Votre Majesté et à toute la France : nous serions inconsolables si nous ne croyions avoir satisfait à tout ce que la justice et la prudence désireroient de nous, pour éviter ou éloigner l'accident où nous sommes tombés; l'un et l'autre nous ont obligés de mettre la main au soulagement de vos peuples qui succomboient sous le faix, afin d'empêcher leur ruine et leur révolte : mais à l'égard du cardinal Mazarin, qui étoit cause de leur souffrance, si la justice demandoit la punition de sa tyrannie, la prudence nous portoit à la dissimuler, comme nous avons fait.

« Nous savons bien que le crime d'usurpation est la qualité des passions violentes, qui se rendent maîtresses des ames qui les reçoivent, et qui, pour peu qu'il soit consommé, les lois sont trop foibles pour le châtier; ceux qui entreprennent sur les puissances souveraines, la puissance du souverain ne manque pas d'imiter ce fameux sculpteur qui grava si artistement son image dans la statue qu'il destinoit au public, qu'il étoit impossible de l'en ôter sans mettre l'ouvrage en pièces. Les usurpateurs de l'autorité du prince s'attachent si fort à sa personne, et se rendent si nécessaires dans les affaires par leur adresse, qu'il est presque impossible de les en séparer sans causer une convulsion très-périlleuse à l'Etat; et comme ces maux sont presque incurables quand ils ont pris racine pour peu que ce soit, les sages en attendent la guérison plutôt de la seule providence de Dieu que de leur conduite. Ainsi nous nous sommes vus délivrés deux fois, par sa main propice, de ces maladies mortelles, et nous eussions attendu un pareil secours sans agir contre le cardinal Mazarin, non pas même dans cette occasion, si nous n'y eussions été contraints pour notre justification et pour votre service.

« Sire, aussitôt que votre parlement eut la nouvelle de votre sortie, qui sembloit plutôt un enlèvement que le départ d'un roi de sa ville capitale, et que nous eûmes vu la lettre écrite aux prevôt des marchands et échevins, où nous lisions manifestement le nom et le dessein du cardinal Mazarin, nous ne voulûmes pas omettre, bien que vainement, de prendre toutes les voies qui pouvoient empêcher l'éclat qui est survenu. Pour cela, nous députâmes vers Votre Majesté les avocats et procureur généraux, personnages d'âge, de probité et suffisance, qui pouvoient, s'il y eût eu lieu, porter les choses à quelque modération, ayant charge de faire et d'offrir toutes sortes de soumissions à Votre Majesté de la part de la compagnie; mais leur retour nous fit bien voir que le cardinal Mazarin sait bien pratiquer cette maxime de politique vicieuse : *Qui offense ne pardonne point;* et d'ailleurs que la cruauté est le propre des ames foibles et des animaux timides, qui ne démordent point quand ils sont en état de mal faire. Après que les députés nous eurent rapporté le traitement qu'ils avoient reçu, refusés durement, renvoyés au milieu de la nuit, qu'ils nous eurent déclaré que la ville étoit bloquée, votre parlement n'avoit plus que l'un de deux conseils à prendre, ou celui de souffrir patiemment la violence préparée, ou celui d'armer pour notre commune conserva-

7.

tion. En l'un et l'autre cas, il est nécessaire, pour votre justification ou pour la nôtre, de déclarer le cardinal Mazarin ennemi de Votre Majesté, et de publier ce que la prudence nous avoit fait différer jusques alors. Si nous avions à nous défendre, il devoit être pareillement notoire que c'étoit contre un tyran, et non point contre notre maître, sous le nom duquel nous nous prosternons, et pour lequel nous n'avons que des sentimens d'obéissance. Sans cette déclaration, ou notre perte déshonoroit la réputation de Votre Majesté, ou notre défense nous couvroit à jamais d'une criminelle infamie : mais si nous n'eussions été touchés que de l'intérêt de nos fortunes et de nos vies, nos inclinations nous eussent aisément résolus à prendre le parti de la souffrance; nous les eussions volontiers immolées, et celles de nos concitoyens, au respect que nous portons à votre nom et à votre bras, qui frappoit le coup sans considérer celui qui faisoit l'injure. La mort, quelque terrible qu'elle soit, avec ses pompes et ses appareils les plus affreux, ne nous pouvoit faire tant de peur que le moindre manquement d'observation et de soumission à tout ce qui porte votre caractère; et bien que la loi naturelle, plus ancienne et plus absolue que toutes les autres, nous rende tous les moyens légitimes pour conserver ce qu'elle nous a libéralement donné, si nous eussions pourtant jugé que ce martyre eût été innocent, et qu'il n'eût point tiré à votre ruine, et à celle de votre Etat inévitablement à sa suite, nous eussions mieux aimé mourir que de nous servir du privilége de la nature pour nous défendre contre des armées commandées sous le nom de notre souverain. Votre conservation, sire, et celle du royaume, est la seule cause de notre défense et le motif de notre arrêt, qui ordonne que Paris prendra les armes : notre salut particulier n'est pas notre principal objet en cette occasion, nous ne le regardons que comme un moyen nécessaire au vôtre.

« C'est là, sire, où nous référons nos meilleurs souhaits, c'est là où tendent nos armes : hors de là, nous n'en voulons jamais d'autres pour vous résister que les prières, qui sont les seules armes légitimes, mais bien puissantes, que

Dieu a données aux sujets pour fléchir les rois sur la terre, et pour le forcer lui-même dans le ciel. Et il importe de faire savoir à vos peuples que nous n'avons point de mains pour opposer à Votre Majesté, et qu'elle n'étend jamais les siennes sur nous que pour répandre ses bienfaits; de sorte qu'on ne doit non plus donner de part au dessein cruel que l'on veut exécuter contre nous, que l'on n'en peut prendre sans crime à ses actions de grâces et de clémence.

« Recevez donc, s'il vous plaît, notre résolution de prendre les armes, non pas comme un acte de rebellion, mais comme un effet de notre devoir. Nous ne nous défendrions pas en cette extrémité si nous le pouvions omettre sans crime, et sans encourir le reproche de Dieu et des hommes d'avoir laissé périr lâchement notre roi, parce que celui qui nous opprime pour le perdre ensuite est revêtu de son nom et de son autorité.

« Sire, après avoir rendu compte à Votre Majesté des motifs de la résolution que nous avons prise et de l'arrêt que nous avons donné, qui n'a point d'autre fin que votre salut, il ne nous reste qu'à supplier très-humblement Vos Majestés qu'il leur plaise de les fortifier par leur approbation, et ce faisant condamner le sinistre conseil du cardinal Mazarin; et puisqu'il ne s'est retiré de votre cour, le mettre entre les mains de la justice afin d'en faire un exemple notable, qui demeure à la postérité pour garantir à jamais nos rois d'une usurpation pareille à celle dont il est coupable.

« Vos Majestés mettront le calme dans l'Etat, leurs personnes et la fortune publique en sûreté, la France hors du péril éminent d'être envahie et partagée entre cet ennemi domestique et les étrangers; et tous les Français d'un esprit unanime se rallieront pour forcer l'Espagne de consentir à la paix tant désirée de toute la chrétienté, et si nécessaire au bonheur de vos peuples.

« Madame, après cette remontrance et supplication très-humble, assistée des suffrages de tous les bons Français, si vous reteniez davantage le cardinal Mazarin, permettez-nous de dire à Votre Majesté que vous seriez responsable devant Dieu et devant les hommes du dépôt sacré de la personne du Roi et de l'Etat, que la France a mis entre vos mains; et nous ne pouvons douter, sans faire tort à M. le duc d'Orléans et à M. le prince de Condé, qu'ils ne nous portent à cette résolution, ni juger qu'ils aient eu un autre esprit, en l'occasion présente, que de prêter une obéissance aveugle à vos commandemens, sans s'informer de l'auteur, ni des raisons du conseil qui a été donné, non plus que des avis supposés pour fabriquer l'atroce calomnie contre les officiers du parlement : même nous ne jugerions pas sainement d'eux si nous ne jugions pas qu'ils ont suivi Votre Majesté plutôt pour la garantir des entreprises du cardinal Mazarin que pour aider ou consentir à ses desseins pernicieux; ce qui seroit une action aussi indigne de leur naissance que nous la croyons contraire à leurs inclinations.

« Mais comme nous ne doutons point que Vos Majestés ne donnent à la justice, à vos vrais intérêts, à ceux de l'Etat, et à tant de larmes, qui sont les voies des misérables, ce que nous leur demandons instamment par nos très-humbles supplications, nous les assurons, au nom de tous les gens de bien, que cette action sera suivie d'applaudissemens, d'acclamations publiques, et des bénédictions de Dieu; et nous protestons, sire, qu'aussitôt votre parlement, toutes les compagnies, et votre bonne ville de Paris, se prosterneront à vos pieds pour vous renouveler les vœux de leur parfaite obéissance.

« Ainsi puissiez-vous, madame, couronner dignement le grand ouvrage de la conservation de ce puissant empire que Dieu a déposé entre vos mains; ainsi puissiez-vous donner à la France le repos et tous les effets de la paix bienheureuse; et que la postérité, regardant votre administration, loue à jamais la régence des bonnes et vertueuses mères! Ce sont là, sire, les vœux de tout ce qui vous est fidèle en France, et les supplications des officiers de votre parlement, qui ne sauroient être que vos très-humbles, très-obéissans et très-fidèles sujets et serviteurs. »

(Tome 61, p. 412.)

Du vendredi dix-neuvième jour de février 1649, *du matin.*

Ce jour, la cour, toutes les chambres assemblées, le sieur prince de Conti a dit qu'il y avoit un gentilhomme au parquet des huissiers envoyé de la part de l'archiduc Léopold avec lettre de créance, pour dire à la cour que l'archiduc avoit été recherché de la part du cardinal Mazarin de faire paix entre les deux couronnes, aux conditions de remettre au roi d'Espagne toutes les conquêtes sur lui faites, et d'opprimer le parlement de Paris comme rebelle; que ledit archiduc n'y avoit voulu entendre, ne trouvant sûreté de traiter avec un ministre condamné par le parlement où le traité devoit être homologué; que l'archiduc proposoit de rendre le parlement arbitre de la paix. Et sur ce les gens du Roi sont entrés (M⁰ Omer Talon, avocat dudit seigneur, portant la parole), ont dit qu'il y a huit jours qu'ils reçurent l'ordre de la compagnie pour aller devers le héraut qui étoit devers la porte Saint-Honoré, lui faire entendre la délibération de la cour; ce qu'ils exécutèrent à l'instant; et ayant trouvé un particulier nommé Petit, qui tenoit compagnie audit héraut, ils le prièrent de se vouloir charger des lettres qu'ils étoient obligés d'écrire à la cour, pour donner avis à la Reine de leur députation, et obtenir les sûretés nécessaires pour leur voyage. Ce que ledit Petit leur ayant promis, à l'instant et en sa présence ils écrivirent à M. le chancelier et à M. Le Tellier, secrétaire d'Etat, pour avoir leurs passe-ports nécessaires pour aller et venir à Saint-Germain, l'escorte pour les conduire et reconduire, et la route qu'ils devoient tenir; desquelles lettres n'ayant point eu de réponse ni le samedi ni le dimanche jusques à midi, ils crurent être obligés d'écrire pour une seconde fois, et d'envoyer un courrier exprès pour avoir réponse, laquelle ne leur fut rendue que mardi à quatre heures après-midi : de sorte qu'ils partirent mercredi matin sur les huit heures, assistés d'une vingtaine de gardes de la ville, qui les conduisirent jusque hors la porte, où ils trouvèrent un trom-

pette du Roi qui les attendoit, sous la foi duquel ils allèrent seuls jusques au haut de la montagne de Chaillot, auquel lieu ils rencontrèrent deux brigades de la compagnie des chevau-légers de la Reine, commandées par le maréchal des logis, qui les escorta dans le bois de Boulogne, et jusques à la dernière porte, à laquelle ils rencontrèrent la compagnie des gardes de M. le maréchal de Gramont qui les attendoit, et ledit sieur maréchal de Gramont en personne, lequel mit pied à terre, et entra dans leur carrosse avec beaucoup de civilité, puis les conduisit à Saint-Cloud dans son logement, leur donna pour quelque temps le couvert à cause de l'injure du froid et de la neige, et puis fit monter à cheval sa compagnie des gardes, qui les conduisit jusques à Ruel, auquel lieu ils trouvèrent une nouvelle escorte de chevau-légers du Roi qui les conduisirent à Saint-Germain, auquel lieu ils descendirent chez M. Le Tellier, secrétaire d'État, lequel leur bailla son carrosse pour aller chez M. le chancelier, auquel ils firent entendre le sujet de leur députation, et le prièrent de demander leur audience à la Reine, laquelle ils attendirent jusques à sept heures du soir, auquel temps ils furent avertis par le sieur Sainctot, qui les conduisit au château, et trouvèrent la Reine dans son cabinet, assise, et proche d'elle tout le conseil assemblé; et après l'avoir saluée ils lui dirent : « Madame, vendredi dernier, lorsque
« le parlement étoit assemblé à la manière accoutumée,
« il fut averti qu'un héraut revêtu de sa cotte d'armes, et
« de ses autres habits de cérémonie, demandoit à entrer
« dans la ville pour parler à la cour de la part de Votre
« Majesté. Cette nouvelle imprévue surprit toute l'assem-
« blée, jusques à ce qu'ayant fait quelques réflexions sé-
« rieuses, ils estimèrent que cette action étoit une tenta-
« tive; que Votre Majesté vouloit éprouver la fidélité de
« ses sujets, savoir quelles étoient leurs pensées et leurs
« inclinations en ce rencontre, s'ils ne s'étoient point mé-
« connus, et s'ils voudroient bien traiter avec le Roi leur
« maître autrement que des sujets ont coutume de rece-
« voir les ordres de leur souverain: de sorte que lorsqu'ils

« ont différé, ou plutôt qu'ils n'ont osé recevoir le héraut
« qui leur étoit envoyé, c'a été par respect, pour témoi-
« gner l'obéissance et la soumission qu'ils reconnoissent
« devoir à Votre Majesté, sachant bien que des personnes
« de cette condition ne s'envoient qu'à des souverains ou
« à ceux qui le pensent être, lorsque, ne pouvant faire
« connoître leurs volontés par les voies communes et or-
« dinaires, ils sont obligés de se servir de ces truchemens
« publics, lesquels étant porteurs de marques extraordi-
« naires, le droit des gens et le consentement de tous les
« peuples les autorisent : mais jà à Dieu ne plaise, ma-
« dame, que nous soyons en cet état, et que la pensée de
« vanité ou l'esprit de domination nous soit monté dedans
« la tête, et que nous ayons d'autres inclinations que
« celles que doivent avoir de très-humbles sujets et offi-
« ciers de Votre Majesté, lesquels par cette considération
« se sont abstraints d'écouter le héraut qui leur étoit en-
« voyé, de crainte qu'il ne fût imputé à la postérité d'a-
« voir entrepris quelque chose au-delà de l'exercice et de
« la fonction légitime de leurs charges ; au contraire, ils
« nous ont donné charge d'avoir l'honneur de voir Votre
« Majesté sans autre équipage que celui de nos robes, les
« caractères extérieurs de la magistrature que Votre Ma-
« jesté nous a communiqués, avec lesquels nous espérons
« fléchir son courroux et son indignation; appeler de sa
« puissance à sa bonté, et lui demander la justice qu'elle
« ne refuse à personne. Ainsi l'Ecriture nous enseigne que
« la majesté divine étant offensée contre son peuple, et le
« voulant châtier, le premier des pontifes, se faisant mé-
« diateur entre Dieu et les hommes, ne se servit d'autres
« armes que de la prière qu'il avoit sur les lèvres, et de
« l'encensoir qu'il tenoit à sa main ; il avoit pour toutes
« sortes de défenses des habits de sa profession, avec les-
« quels il s'opposa à la colère du Ciel, et résista à la vio-
« lence et à la nécessité qu'il devoit appréhender ; ce qui
« rendit son intercession efficace et glorieuse. Quant à
« nous, madame, nous abordons Votre Majesté l'amer-
« tume dedans l'âme et l'humilité dans le cœur, pour la

« supplier d'avoir agréable les excuses de son parlement,
« qui a différé d'entendre son héraut, de crainte d'offen-
« ser la royauté, et de faire préjudice au point de la sou-
« veraineté, de la conservation duquel ils sont jaloux plus
« que tous les hommes du monde : et au surplus ils nous
« ont chargés de protester à Votre Majesté l'obéissance, les
« respects et la soumission tout entière du parlement. »

Après quoi la Reine ayant commandé à M. le chancelier qu'il nous fît entendre sa volonté, il nous dit que Sa Majesté avoit satisfaction entière des paroles et des assurances que nous lui avions données ; mais qu'elle ne pouvoit en être absolument contente si elles n'étoient suivies et accompagnées d'effets véritables, après lesquels nous pourrions espérer le témoignage de sa bienveillance tout entière, et dans la conservation de l'autorité royale l'assurance de tous les particuliers ; qu'encore qu'elle ne pût connoître les arrêts du parlement pour des délibérations d'une compagnie souveraine, attendu l'état présent des affaires, qu'elle ne changeoit pas néanmoins de volonté, et que nous éprouverions toujours les effets de sa bienveillance quand nous nous mettrions en notre devoir ; et qu'elle donnoit ses premières assurances par la sûreté qu'elle promettoit des personnes et des fortunes de tous les particuliers, sans en excepter un seul. Après quoi M. le duc d'Orléans prenant la parole, nous dit qu'il s'étonnoit fort que le parlement ne rendît pas promptement ses obéissances à la Reine, vu qu'il y étoit obligé en toutes sortes de façons, et qu'il en avoit toujours donné les exemples, pouvant au surplus se promettre de la bienveillance de la Reine toutes sortes de bons traitemens, et pour le général de la compagnie et pour tous les particuliers. Ensuite M. le prince nous dit qu'il n'avoit rien à ajouter à ce qui nous avoit été représenté de la part de la Reine et de M. le duc d'Orléans ; que nous pouvions assurer le parlement que la Reine n'avoit autre intention que le bien de l'Etat et la conservation de l'autorité royale, dans laquelle est contenu le salut du peuple et la fortune de tous les particuliers. Ainsi nous étant retirés, nous avons été obligés de coucher à Saint-Germain, et d'en partir le lendemain, après avoir été visités de plusieurs personnes de grande condition, qui témoignèrent avoir grande satisfaction de ce commencement de négociation. Nous prîmes aussi congé de M. le chancelier, et sommes retournés par la même voie et avec la même escorte; et croyons être obligés de témoigner à la cour la satisfaction publique du peuple, qui témoignoit mille bénédictions sur le succès de notre voyage, et lequel nous invitâmes de continuer les prières pour la prospérité du Roi et la tranquillité publique du royaume. M. le premier président leur a dit que la cour savoit gré de la peine qu'ils avoient voulu prendre, s'en souviendroit aux occasions; leur a fait entendre la proposition du sieur prince de Conti. Ils ont demandé temps d'en conférer, et s'étant retirés, tôt après rentrés, ont dit qu'ils n'ont rien à ajouter à la relation par eux faite, sinon qu'ils ont reçu dans leur voyage grands témoignages de bonté, et lesquels ils croient devoir être recueillis avec respect; que la Reine non-seulement n'a pas eu désagréables les excuses de la compagnie en ce qui regarde l'affaire du héraut; mais qui plus est, pour les soumissions générales qu'ils avoient portées, non-seulement la Reine leur a rendu des témoignages généraux de satisfaction, mais elle y a ajouté des assurances particulières pour la fortune et les personnes de tous, sans nul excepter; de sorte que si les bonnes volontés sont reçues avec honneur, et qu'il plaise à la cour de faire une députation considérable, ils espèrent que cela pourra produire un grand effet; et pour témoigner à la Reine les bonnes intentions de la compagnie, estimoient que la cour lui devoit faire entendre l'envoi de ce gentilhomme, duquel la cour leur avoit fait l'honneur de leur parler, et lequel l'on doit différer d'entendre jusques à ce que la cour ait reçu la réponse du Roi. Et lesdits gens du Roi retirés, la matière mise en délibération, ladite cour a arrêté et ordonné que ledit envoyé sera ouï en sa créance; et après l'avoir entendu, qu'il en sera donné avis au Roi et à la Reine régente par députés, lesquels leur feront entendre que par respect la cour n'a rien délibéré sur le dire dudit envoyé, qu'elle ne sache leur volonté; qu'à cette fin ladite lettre leur seroit portée, avec ce qui seroit dit par ledit envoyé, qu'il bailleroit par écrit signé de lui; supplieroient ledit seigneur Roi et ladite dame Reine de faire retirer les troupes des environs de Paris, et de laisser les passages libres pour la commodité des vivres; et que de ce sera donné avis au sieur duc de Longueville, aux députés du parlement de Rouen et d'Aix, et aux compagnies souveraines de Paris. A l'instant le commis au greffe à la charge du conseil a été chargé de savoir dudit envoyé quelle charge et créance il avoit; et ayant été rapporté qu'il avoit lettre de créance adressante à la cour de la part dudit archiduc, a été fait entrer ledit envoyé, qui a pris place au banc du bureau, et proche de messieurs, assis et couvert, présens les gens du Roi mandés, s'est levé et découvert, a présenté à la cour une petite lettre cachetée, dont la teneur ensuit :

« Messieurs, je vous envoie le porteur de cette, qui
« vous dira de ma part ce que je lui ai enchargé; et ainsi
« je vous prie de lui donner entière foi et créance, et sur
« ce je prie Dieu de vous avoir, messieurs, en sa sainte
« garde.

« De Bruxelles, le 17 février 1649.

« Votre affectionné LÉOPOLD-GUILLAUME. »

Et au-dessus est écrit : *A messieurs messieurs les présidens et gens tenant la cour de parlement de Paris.*

Ladite lettre ouverte, ledit envoyé assis et couvert, a été lue : après ladite lecture, M. le premier président lui a demandé ce qu'il avoit à dire, et aussitôt a fait son récit, duquel la teneur ensuit.

Proposition faite par moi soussigné à messieurs de parlement, de la part de monseigneur l'archiduc Léopold, le 19 février 1649.

« Après avoir présenté ma lettre de créance, j'ai dit que je ne pouvois douter que ma venue ne fût agréable à la compagnie, puisque j'apportois les offres de la paix tant désirée par toute la chrétienté, et si nécessaire au bonheur et à la tranquillité des deux couronnes; qu'il étoit vrai que depuis deux ans le cardinal Mazarin ne l'avoit point voulu conclure, quoiqu'il eût pu le faire avec des conditions avantageuses à la France; mais que depuis la sortie du Roi hors de Paris ledit cardinal avoit recherché et proposé un accommodement, avec des conditions qui étoient fort avantageuses à l'Espagne, ayant témoigné que son principal motif étoit de châtier, ainsi qu'il disoit, les rebelles du parlement, et mettre Paris à la raison, après qu'il auroit joint les forces de France et d'Espagne par le moyen de cette paix; que néanmoins le roi Catholique mon maître n'a pas estimé qu'il fût ni sûr ni honnête d'accepter ses offres en cette saison, ayant jugé qu'il ne lui seroit pas honorable de prendre cette occasion de contribuer à l'oppression d'une si auguste compagnie, et de la ville capitale du royaume; que le Roi mon maître n'avoit pas cru non plus qu'il y eût sûreté de traiter avec un homme condamné et déclaré ennemi du Roi et de l'Etat par arrêt d'un parlement qui doit registrer et vérifier les traités de paix, pour les rendre sûrs et authentiques : mais comme le Roi mon maître ne veut tirer autres avantages des occasions présentes qu'une paix équitable et ferme, il m'a envoyé vers messieurs du parlement, qu'il sait être attachés aux vrais intérêts du roi Très-Chrétien et de son Etat, et où réside principalement son autorité légitime, pour leur offrir d'être les arbitres de la paix, et que volontiers le Roi mon maître se soumettoit à leur jugement; que s'ils n'en veulent être les juges, il laisse à leur choix de députer de leur corps en tel lieu qu'ils voudront élire, même à Paris si bon leur semble, où le Roi mon maître enverra ses députés pour traiter et conclure une bonne paix et raisonnable, qui donne le repos et la tranquillité perdurable aux deux couronnes; auquel traité sera aussi compris le duc de Lorraine, qui n'a pas voulu s'accommoder avec le cardinal pour contribuer à l'oppression dudit parlement et de la ville de Paris, mais est demeuré joint au parti d'Espagne. Cependant je déclare qu'il y a déjà dix-huit à vingt mille hommes qui s'assemblent sur la frontière, donnant parole qu'ils n'entreprendront rien sur les terres du roi Très-Chrétien, ni sur les places qui sont sur lesdites frontières; ce qu'on auroit pu faire dans le mauvais état auquel elles se trouvent, ne restant que deux cents hommes dans Peronne, autant dans Saint-Quentin, et beaucoup moins dans le Catelet, et les autres à proportion. J'offre aussi de la part du Roi mon maître toutes lesdites troupes au parlement pour sa conservation, s'il en a besoin; auquel cas le parlement en usera en la manière qu'il jugera le plus à propos, soit en les faisant conduire par des officiers français qui seront de sa dépendance, soit en prenant toutes les autres précautions qui pourroient ôter toute crainte que lesdites troupes pussent agir autrement que pour le service et selon les bonnes intentions du parlement : et au cas que ledit parlement n'eût pas besoin desdites troupes pour se défendre, je donne parole, au nom du Roi mon maître, qu'elles demeureront sur les frontières sans rien entreprendre pendant que ladite paix se traitera. J'ai prié la compagnie de délibérer sur ma proposition et mes offres, et me rendre réponse pour la faire à mon maître. *Signé* don JOSEPH DE ILLESIO ARNOLFINI. »

Après lequel récit M. le premier président lui a répondu que la cour avoit entendu sa créance, et qu'il baillât son dire par écrit signé, pour lui être fait réponse ainsi que la cour pouvoit et devoit.

(Tome 61, p. 423.)

Réponse donnée aux députés du parlement à Saint-Germain-en-Laye, le 26 février 1649.

Le Roi étant en son conseil, par l'avis de la Reine régente sa mère présente, où étoient aussi monseigneur le duc d'Orléans, M. le prince, et autres notables personnages dudit conseil, délibérant sur ce qui lui a été représenté par les députés de la compagnie se disant tenir le parlement de

Paris, a commandé la présente réponse leur être baillée.

Sa Majesté auroit eu très-grande raison de n'admettre pas en sa présence lesdits députés, ayant chaque jour de nouveaux sujets d'être plus indignée contre leurdite compagnie, et en celui-ci notamment dont ils viennent de lui rendre compte, et dont elle avoit déjà eu l'avis, d'avoir reçu un envoyé de la part des ennemis de l'Etat.

Sa Majesté est d'ailleurs très-bien informée des allées et venues qui se sont faites de Paris à Bruxelles, du sujet de la venue de Saint-Ibar et de Sauverat, dont le premier est avec le duc de Longueville, et l'autre est ici prisonnier, après s'être abouchés avec la duchesse de Chevreuse et avec des ministres d'Espagne; elle sait que Laigues, envoyé à Bruxelles par quelques particuliers qui ont conjuré la ruine de l'Etat, en tant qu'elle pourroit dépendre de leur malice, a été celui qui a recherché et fait résoudre l'archiduc et le comte de Pigneranda, qui le conseille, d'envoyer une personne expresse à ladite compagnie, avec une simple lettre dont la créance seroit faite à Paris même par ceux qui l'avoient envoyé, selon l'état où se trouveroient pour lors les affaires, ledit Laigues ne se contentant pas d'assurer lesdits ministres qu'ils en tireroient de très-grands avantages pour les intérêts du Roi leur maître, mais (ce qui fait horreur à dire) qu'ils causeroient un bouleversement général dans la France, s'ils savoient bien profiter de cette occasion par les moyens qu'il leur en suggéreroit.

Comme ceux qui, contre l'intention et au déçu de ladite compagnie, ont formé les Mémoires dont Laigues a été chargé sont les mêmes qui, avant que le Roi partît de Paris, entretenoient des intelligences avec les ennemis de l'Etat pour se saisir de la personne de Sa Majesté;

Comme ce sont les mêmes qui travailloient alors à exciter des séditions dans Paris, les mêmes qui se partageoient dedans et dehors la ville pour traiter avec des princes qui sont depuis entrés dans le parti, les mêmes qui depuis l'accommodement fait en ce lieu au mois d'octobre dernier (par la déclaration que Sa Majesté fit expédier, qui sembloit avoir ôté pour jamais la racine de toute division, reconnoissant que les ennemis se résoudroient peut-être à faire la paix, sur ce qu'ils auroient perdu l'espérance de voir naître des troubles dans ce royaume) leur firent savoir aussitôt qu'ils ne devoient point se mettre en peine de cet accommodement, et qu'ils feroient en sorte qu'avant qu'il se passât six semaines le parlement remueroit tout de nouveau, et mettroit plus d'affaires que jamais sur les bras de la Reine, les assurant même qu'il seroit alors fortifié par l'attachement de divers princes et autres personnes de qualité;

Comme ce sont les mêmes qui ont eu le crédit dans ladite compagnie, au grand regret des bons, de la porter à faire tant de choses extraordinaires qui se sont passées depuis la sortie du Roi de Paris, on n'a pas sujet d'être surpris qu'ils aient encore eu le pouvoir de lui faire exercer cet acte de souveraineté de recevoir les envoyés des princes, et qui plus est d'un prince ennemi de l'Etat, en même temps qu'elle venoit de refuser d'écouter ceux qui lui avoient été envoyés par le Roi son maître et son souverain.

Le sieur de L'Isle, lieutenant des gardes du corps de Sa Majesté, qui alloit de sa part vers ladite compagnie, n'y fut pas reçu à cause des formes; cependant elle en trouve pour recevoir l'envoyé de l'archiduc, qui a les armes à la main contre le Roi, mais non pas dans ses registres, ni même dans ceux du parlement de la Ligue. Elle refuse l'entrée de Paris à un héraut envoyé de la part du Roi, prenant prétexte sur ce que ceux qui la composent n'étant pas souverains, ils auroient manqué au respect qu'ils devoient à Sa Majesté en l'admettant; mais ils oublient qu'ils sont sujets, et agissent en souverains quand il est question de recevoir un ambassadeur de la part des ennemis de l'Etat, qui est un moine, aumônier du comte de Garcie, gouverneur de Cambray, lequel avoit de longue main des intelligences dans Paris, et y donnoit des avis toutes les semaines, et en recevoit, y ayant même demeuré long-temps depuis la mort du feu Roi, et fait diverses menées très-préjudiciables au service de Sa Majesté avec des prisonniers de guerre espagnols, qui obligèrent à prendre la résolution de l'arrêter, dont son évasion empêcha l'effet.

Il est aisé à voir que sa créance a été composée à Paris par ceux-là mêmes qui l'y ont attiré; autrement l'artifice des ministres d'Espagne auroit été trop grossier, et même ridicule, de faire dire à ladite compagnie qu'on leur a tout offert pour conclure promptement la paix, à condition qu'ils assisteroient le Roi des forces d'Espagne pour opprimer ladite compagnie et ruiner Paris, en même temps que le comte de Pigneranda écrivant ici le 12 février, se plaint qu'on ne lui ait rien fait savoir par le retour du sieur Friquet qui soit précis et individuel sur les intérêts du Roi [son maître et de M. de Lorraine, et que par la même lettre ledit comte prie encore qu'on lui dépêche une personne expresse, avec quelque plus grand éclaircissement des intentions du Roi]: ce qui fait voir bien évidemment qu'il n'a pas reçu des offres si avantageuses pour la paix, et qu'il ne refuse pas de la traiter ici, pour ne le juger ni honnête ni sûr, comme on l'a fait dire à ladite compagnie par ce moine. Et en effet ensuite de cette lettre Sa Majesté a choisi le sieur de Vautorte, conseiller d'Etat, pour aller à Bruxelles, où il négocie présentement, ayant trouvé un sauf-conduit de l'archiduc à Cambray pour y passer en toute sûreté.

Sa Majesté, qui veut bien donner à ladite compagnie toutes les lumières qui dépendent d'elle pour l'empêcher d'être surprise par ces artifices, a eu la bonté d'ordonner qu'on fasse voir auxdits députés les originaux desdites lettres du comte de Pigneranda, dans lesquelles ils verront aussi comme il se préparoit à s'avancer de deçà pour conférer avec les ministres du Roi, et donner la dernière main au traité de paix; et il seroit déjà en France, si les espérances qu'il a conçues de tirer de plus grands avantages de ces divisions, et les instances qui lui ont été faites à Bruxelles par ceux qui ont sollicité l'archiduc d'envoyer vers ladite compagnie, ne lui avoient fait chercher des prétextes de différer son voyage: ils pourront aussi remarquer dans lesdites lettres que ce que l'envoyé a dit de la part du roi Catholique est une manifeste supposition, puisqu'il lui étoit impossible de donner des ordres sur des affaires dont il ne pouvoit avoir encore aucune connoissance.

Tout cela, et beaucoup d'autres circonstances que l'on omet, sembloit obliger Sa Majesté à ne pas recevoir lesdits députés; mais considérant qu'il y a dans ladite compagnie nombre de bons Français bien intentionnés pour l'Etat, et à qui le cœur saigne de voir pratiquer à tous momens ce que la plus grande malice auroit eu peine à concevoir, Sadite Majesté a voulu en user comme un bon père de famille qui, quelque grandes que puissent être les fautes de ses enfans, ne se lasse jamais de leur tendre la main pour tâcher à les remettre dans le bon chemin, et a résolu de lui donner encore cette marque de sa bonne volonté lorsqu'elle a plus de sujet d'être offensée. Ainsi toute la France verra qu'elle n'a oublié aucune voie imaginable pour la ramener à son devoir, et pour l'obliger à faire cesser les misères de Paris, et à prévenir celles dont le royaume est menacé par les ennemis domestiques et étrangers; et, à tout événement, si les cœurs étoient encore après cela si endurcis que de ne pas vouloir rendre au Roi l'obéissance qui lui est due, elle seroit seule responsable devant Dieu, devant le Roi, la maison royale et tous les ordres du royaume, des maux qui en arriveront.

Pour ce qui est de la paix, qui est un prétexte qui ne manque jamais à ceux mêmes qui l'appréhendent le plus et qui ont plus de passion de brouiller, il n'y a personne tant soit peu informé des affaires qui ne sache que comme les Impériaux ont été obligés de consentir à celle d'Allemagne, qui a été conclue avec tant de gloire et d'avantage pour cette couronne, et où elle a eu même lieu de faire paroître sa modération en rendant grand nombre de places importantes et des Etats entiers, les Espagnols auroient aussi été contraints de donner les mains à un accommodement, si la conduite de quelques factieux ne leur eût fait concevoir de si fortes espérances de ces divisions et de ces remuemens dans le royaume, qu'ils ont cru en devoir attendre l'événement pour en profiter; car pour ce qui est de l'offre qu'on a fait faire par le moine, comme de la part de l'archiduc, de rendre ladite compagnie arbitre de cette grande affaire, quand la proposition seroit aussi sincère que toute apparence et raison veut qu'elle ne le soit pas, ce n'est pas un honneur que les Espagnols lui rendent, c'est une injure et un affront qu'ils font à tout le corps.

La France a souvent offert aux Espagnols de se soumettre en tous les points indécis, et qui sont demeurés en différend, à l'arbitrage et à la décision, ou des Provinces-Unies avec M. le prince d'Orange, ou dudit sieur prince appelant avec lui quelqu'un des ministres des Etats, ou de la reine de Suède, ou des princes et Etats de l'Empire conjointement ou séparément, ainsi qu'ils aimeroient le mieux; ce qu'ils ont toujours constamment refusé : et ils s'adressent aujourd'hui à ladite compagnie pour lui déférer ce jugement, c'est-à-dire la disposition des plus grands intérêts que leur couronne ait à démêler avec celle-ci. Ne lui seroit-ce pas une tache qu'étant toute composée de Français, le roi d'Espagne la jugeât plus portée en sa faveur, et s'en promît un meilleur traitement que de la Reine même qui est sa sœur, ou que de tant de princes et potentats étrangers, avec qui il est en paix et même en liaison ?

Les Espagnols ont fait voir, par leur conduite en tout temps, qu'ils ne souhaitent rien tant que la diminution de la puissance, de la grandeur et de l'autorité du Roi; et cependant ils ont recours à ladite compagnie par préférence à tous autres, et déclarent qu'ils la choisissent pour arbitre de tous les différends. Peuvent-ils offenser plus sensiblement de bons Français et des officiers que de les croire capables d'être, sous un prétexte spécieux, des instrumens propres à l'abaissement de leur roi et à l'affoiblissement de cette monarchie, qui est toujours la principale visée qu'ils ont en toutes leurs actions ?

Ceux qui ont formé l'instruction du moine ont bien mal raisonné de ne s'être pas aperçus qu'ils lui ont fait détruire d'un côté ce qu'ils lui faisoient établir de l'autre. Les Espagnols souhaitent, dit-il, la paix avec passion; et, pour preuve de cela, ils sont disposés d'en passer par le jugement de ladite compagnie. Mais si cette passion étoit véritable et sincère, refuseroient-ils tant de places et de provinces entières qu'ils disent que le Roi leur a offertes, pour s'adresser à d'autres, dont tout ce qu'ils pourroient attendre de plus favorable et de plus avantageux ne sauroit être que la promesse de la même chose, sans espérance d'aucune exécution, puisqu'elle ne peut jamais dépendre que des ordres du Roi? Y auroit-il quelqu'un assez simple pour se persuader qu'ils veuillent épargner la France? Ils y entreront avec toutes leurs forces, et profiteront de ces émotions dès qu'ils en auront le moyen, et qu'ils verront jour à nous faire du mal; mais l'intérêt particulier de ladite compagnie ne les poussera ni ne les arrêtera un seul moment. Cette résolution dépendra purement de l'état de leur armée; et s'ils ne le font pas, on n'en devra avoir l'obligation qu'à la saison, à leur foiblesse, et à leur crainte d'exposer leurs troupes mal à propos.

Pouvoient-ils faire une offense plus sanglante à ladite compagnie que de la croire une matière facile et toute disposée à leur mettre la France en proie, que de s'adresser à elle sous le spécieux prétexte de la paix, et de l'assister quand ils n'ont autre dessein que de bien allumer la guerre civile dans le royaume, et de l'ensevelir dans ses ruines? Leurs affaires de tous côtés sont en pire état encore qu'elles ne paroissent l'être; et il est comme indubitable que si ces désordres intestins peuvent cesser bientôt, comme Sa Majesté y contribue tant de sa part, ils seront forcés à donner les mains sans délai à une paix, avec des conditions avantageuses pour cette couronne.

C'est à quoi Sa Majesté s'applique, et continuera de le faire avec tous les soins possibles, sans oublier aucuns des moyens qui peuvent le plus tôt produire ce grand bien.

Que si, contre les apparences, les ennemis refusent un accommodement honnête et équitable, et s'opiniâtrent à prétendre des conditions injustes et extraordinaires, telles que l'envoyé a supposé qu'on leur a offert, en ce cas, comme la plus forte passion de la Reine et sa principale visée est le bien de l'État, la grandeur du Roi son fils, et de lui pouvoir un jour rendre compte de son administration sans qu'il ait occasion de lui en faire le moindre reproche, Sa Majesté ne sera pas à la vérité assez hardie de disposer, quoiqu'à l'avantage d'un frère, de ce dont un roi pupille et son fils se trouve en possession par une juste guerre, et principalement voyant que l'Espagne tient encore aujourd'hui divers royaumes que la France a autrefois possédés à juste titre; elle ne voudra pas répondre si mal aux bénédictions que Dieu a versées si abondamment sur cet Etat, que d'abandonner en un seul jour aux Espagnols le fruit des travaux de tant d'années, toutes pleines de bons succès, et ce qui a coûté tant de peines au feu Roi, et tant de soins à monseigneur le duc d'Orléans et à M. le prince, qui ont exposé si gaiement leur vie à mille périls pour conserver les conquêtes du feu Roi, et pour les augmenter comme ils ont fait de quantité de places importantes, et d'une très-grande étendue de pays: et mondit seigneur le duc d'Orléans et M. le prince ont déclaré qu'ils ne se porteroient jamais à oser le conseiller à Sa Majesté. C'est pourquoi en ce cas elle se croiroit obligée de consulter l'avis des Etats généraux du royaume, qui sont déjà arrivés, et qui seront bientôt assemblés, sur la résolution qu'elle auroit à prendre, ne pouvant douter qu'elle ne fût la meilleure, puisqu'elle auroit été prise par le consentement général de tous les ordres du royaume.

Pour ce qui est des instances que lesdits députés ont faites à Sa Majesté quand, après sa sortie de Paris, elle a transféré la séance de ladite compagnie, ce n'a point été à dessein ni de punir les excès passés, ni de toucher aux personnes ou aux biens d'aucuns de ceux qui la composent: son but n'a été que de remédier aux désordres qui ont travaillé l'Etat par la continuation de leurs assemblées, rétablir parmi eux la liberté des suffrages, qui étoit étouffée par des menaces continuelles, et par des billets qu'on jetoit pour rendre odieux au peuple ceux qui vouloient demeurer dans la modération, éteindre la faction qui se formoit dans Paris, et qu'on a depuis vue éclore si puissante, raffermir la tranquillité de la ville, et la mettre en état que le Roi y pût demeurer en sûreté.

Sa Majesté depuis avoit envoyé un héraut à ladite compagnie, pour lui faire savoir qu'elle donnoit assurance des personnes, des charges et des biens à tous ceux qui se rendroient près d'elle, sans exception d'aucun : elle lui confirme encore la même grâce pour tous ceux qui se rendront dans le sixième du mois prochain.

Et à l'égard de l'envoyé de l'archiduc, comme il eût été à souhaiter, pour l'honneur de la compagnie, que l'avis des soixante-et-douze, qui vouloient qu'on ne l'introduisît pas et qu'on l'envoyât au Roi, eût prévalu, aussi la meilleure réponse est celle que Sa Majesté entend qu'on lui fasse : c'est de ne lui en donner aucune, pour faire connoître à son maître que si la compagnie a été facile à l'écouter, elle est incapable d'entrer en aucune intelligence et négociation avec les ennemis de la couronne.

Pour ce qui est de l'instance que lesdits députés font à Sa Majesté, à ce qu'il lui plaise retirer ses troupes des environs de Paris, et laisser le passage ouvert pour l'entrée des vivres, l'exécution en dépend purement de ladite compagnie, et de la résolution qu'elle prendra de se rendre près de Sa Majesté avec les sûretés qu'elle lui donne.

C'est ce que Sa Majesté attend de la fidélité que lesdits députés lui sont venus protester; et que ladite compagnie, par une prompte obéissance, fera cesser les souffrances de la ville de Paris et les misères du pauvre peuple, afin que le calme une fois rétabli dans le royaume puisse produire bientôt la conclusion de la paix générale, et le repos de la chrétienté.

Fait au conseil d'Etat du Roi, tenu à Saint-Germain-en-Laye le 25 février 1649. Signé *de Guénégaud.*

(Tome 61, page 487.)

Sur l'avis à nous demandé de la part du Roi notre souverain seigneur touchant la publication de certaine bulle du Pape donnée à Rome le 24 mars 1649, portant excommunication contre les auteurs de l'homicide commis en la personne de l'évêque de Castres en la province romaine, et contre leurs complices et adhérans qui les retirent, leur donnent aide et conseil, ou autrement les favorisent, sans qu'ils puissent être absous que par la personne du Pape même, de quelque qualité qu'ils puissent être; et que ladite excommunication sera publiée sans exception d'aucunes personnes, de quelque état et condition que ce soit, même constituées en dignité royale, ducale ou autre, ecclésiastique ou séculière, avec dérogation à tous conciles généraux et particuliers; et vu la copie imprimée de ladite bulle, contenant ce que dessus, et autres clauses plus amplement déclarées en icelle : notre avis est, sous le bon plaisir du Roi, que ladite bulle ne peut ni doit être publiée en ce royaume, sinon en ôtant ces mots, *regali et ducali præcellentiâ fulgentibus;* ensemble la clause portant dérogation aux conciles généraux. Et après avoir ôté ces deux clauses de la teneur de ladite bulle, elle pourra être publiée par la permission dudit seigneur Roi, à la charge toutefois que, pour les cas mentionnés en icelle, aucuns sujets du Roi ne pourront être recherchés ni poursuivis, sinon par devant les juges ordinaires, et par les formes prescrites par les lois et ordonnances de ce royaume.

FIN DES MÉMOIRES D'OMER TALON.

MÉMOIRES

POUR SERVIR

A L'HISTOIRE DE LOUIS XIV,

PAR L'ABBÉ DE CHOISY.

NOTICE
SUR L'ABBÉ DE CHOISY

ET

SUR SES MÉMOIRES.

François-Timoléon de Choisy, quatrième fils de M. de Choisy, intendant de Languedoc, et depuis chancelier de Gaston, duc d'Orléans, naquit à Paris le 16 août 1644. Sa mère a été du petit nombre des femmes qui, par les grâces de leur esprit, ont fait au dix-septième siècle l'ornement de la société. Une longue habitude de la cour lui avoit acquis la réputation de posséder l'usage du grand monde, et cette politesse exquise qui étoit alors le partage de quelques familles. Mademoiselle de Montpensier et la comtesse de Brégy ont tracé le portrait de madame de Choisy : il ne sera peut-être pas inutile d'en insérer ici quelques passages. « Vous avez, disoit la princesse, l'esprit vif,
« brillant et agréable, plus que personne que je con-
« noisse : vous parlez bien, délicatement et juste ;
« personne ne fait plus galamment ni plus plaisam-
« ment un récit que vous : vous avez un grand charme
« pour la conversation, quoique vous ne soyez ni
« railleuse ni médisante. Jamais personne n'a décidé
« avec tant d'autorité sur toutes choses et sur toutes
« sortes de gens que vous..... (1) » / « Son esprit, dit

(1) Portrait de madame de Choisy, sous le nom de *la charmante*

« la comtesse de Brégy, est si charmant, qu'il n'est
« point de conversation qui ne languisse sans elle.
« Phylis parle bien de toutes choses, et parlant beau-
« coup ne parle jamais assez pour ceux qui l'écou-
« tent. Dans tout ce qu'elle dit se trouve certaine
« grâce naturelle, et inimitable à l'art; ce qui rend
« Phylis un ornement dont la perte dans les lieux qui
« ne l'ont pas ne peut être réparée par nulle autre
« chose.... Elle met au rang de ses plaisirs l'occasion
« d'obliger ses amis; elle a bonne opinion d'elle-
« même, mais elle l'a moindre que les personnes qui
« lui rendront justice (1). »

Il est vrai que madame de Choisy ne doutoit pas de son mérite : elle ne craignit pas de dire un jour à Louis XIV que s'il vouloit devenir honnête homme (2), il falloit qu'il eût souvent des entretiens avec elle. Cette hardiesse lui réussit : chaque semaine, le Roi donnoit deux audiences particulières à madame de Choisy. Il reconnut ce service par une pension de huit mille livres.

Madame de Choisy n'étoit pas étrangère aux affaires de l'Etat; elle fut même quelquefois initiée dans les secrets de ceux qui cherchèrent à le troubler. Amie de Marie de Gonzague, qui étoit dans les intérêts de Cinq-Mars, elle entra dans les intrigues du grand écuyer. Il

---

Exilée, par Mademoiselle. (Mémoires de mademoiselle de Montpensier, t. 7, p. 327, édition de 1746.)

(1) Portrait de madame de Choisy, sous le nom de *Phylis*, par la comtesse de Brégy (*Ibid.*, p. 186). On voit aussi un Portrait de madame de Choisy, sous le nom de *Célie*, dans le Grand Dictionnaire des Pretieuses, par le sieur de Somaize; Paris, 1661, in-8°, page 81. — (2) On entendoit alors par *honnête homme* l'homme poli, et qui sait vivre. (*Voyez* la lettre de Bussy-Rabutin à Corbinelli, du 6 mars 1679.)

paroît que la princesse lui avoit promis de faire donner les sceaux à son mari. Il arriva précisément que M. de Choisy, alors intendant de Languedoc, fut chargé d'arrêter Cinq-Mars, et de saisir ses papiers. En arrivant chez lui, il le trouva occupé à en brûler une grande quantité; et, par un sentiment de bienveillance dont il ne put se défendre, il lui permit de brûler tout ce qu'il voulut. Quand Cinq-Mars eut fini, il dit à M. de Choisy : « Vous avez raison, monsieur, « d'avoir pour moi cette complaisance; vous seriez « bien fâché de trouver ce que je viens de brûler. » C'étoit, à ce qu'on assure, des lettres de la princesse Marie et de madame de Choisy (1).

Quand cette princesse fut montée sur le trône de Pologne, madame de Choisy continua d'entretenir une correspondance avec elle; Christine de Suède, et Chrétienne de France, duchesse de Savoie, écrivoient aussi des lettres à madame de Choisy, qui dictoit à son jeune fils les réponses qu'elle leur adressoit, et l'initioit ainsi dans les mystères de la plus secrète politique.

Peu de personnes ont réuni au même degré toutes les qualités éminentes. Mais si madame de Choisy a possédé celles qui font jouer dans le monde un rôle brillant, il faut convenir que le goût qu'elle avoit pour l'intrigue ne pouvoit se concilier avec le genre de mérite indispensable à une mère qui veut diriger l'éducation de son fils.

A la mort de son père, l'abbé de Choisy étoit encore dans la première enfance : madame de Choisy

(1) Mémoires de Choisy, liv. 10; et Mémoires du marquis d'Argenson, 1825, p. 234.

l'ayant eu dans un âge assez avancé, l'aimoit avec une sorte d'idolâtrie. Le cardinal Mazarin, qui ne cherchoit qu'à inspirer au duc d'Anjou, depuis duc d'Orléans, les goûts les plus frivoles, souffroit que, dans les divertissemens de sa petite cour, ce jeune prince se revêtît d'habits de femme; et madame de Choisy, pour plaire au ministre, et croyant peut-être ajouter de nouveaux agrémens à un fils qu'elle chérissoit, aimoit à le parer des vêtemens d'un autre sexe. « On m'ha-
« billoit en fille, dit l'abbé de Choisy, toutes les fois
« que le petit Monsieur venoit au logis...... J'avois
« les oreilles percées, des diamans, des mouches,
« et toutes les autres petites afféteries (1). » Cette ridicule manie ne fit que s'accroître; et quand à l'âge de vingt-deux ans l'abbé de Choisy perdit sa mère [1666], il continua de se travestir en femme.
« Je n'avois point de barbe, dit-il; on avoit eu
« soin, dès l'âge de cinq ou six ans, de me frotter
« tous les jours avec une certaine eau;.... mes che-
« veux noirs faisóient paroître mon teint passable,
« quoique je ne l'eusse pas fort blanc (2). » L'abbé étoit si infatué de cette misérable coquetterie, qu'il crut être bien partagé dans la succession de sa mère en recevant dans son lot des pierreries, des meubles et de la vaisselle d'argent pour une somme assez considérable. Il abandonna ensuite à ses frères le surplus de ses droits. Il possédoit, à la vérité, douze mille livres de rente de patrimoine; et le revenu de ses bénéfices s'élevoit à quatorze mille francs. Le jeune abbé ne pouvoit contenir sa joie en se voyant

---

(1) Mémoires de Choisy, liv. 10. — (2) Histoire de la comtesse des Barres, p. 10; Bruxelles, 1736.

en possession de pendans d'oreilles de la valeur de dix mille francs, d'une croix de cinq mille francs, de bagues très-riches, et enfin de tout ce qu'il falloit pour *se parer et faire la belle* (1).

Cependant l'abbé de Choisy fut obligé de faire trêve à ces goûts, et de fréquenter les écoles pour prendre des degrés en théologie; mais à peine eut-il terminé ses études ecclésiastiques, qu'il ne pensa plus qu'à satisfaire ses bizarres penchans. Il se présenta un jour avec des pendans d'oreilles et des mouches chez madame de La Fayette, qui lui dit que ces objets n'étant pas à l'usage des hommes, il auroit mieux fait de s'habiller entièrement en femme : Choisy, prenant cette critique pour une approbation, se para de ses plus belles robes, et dans ce costume il fit des visites, alla à l'église, au spectacle, et dans tous les lieux publics. Il ne manqua pas de se présenter sous ce déguisement chez le duc d'Orléans.

« J'allois, dit-il, au Palais-Royal toutes les fois que
« Monsieur étoit à Paris; il me faisoit mille amitiés,
« parce que nos inclinations étoient pareilles. Il eût
« bien souhaité pouvoir s'habiller aussi en femme,
« mais il n'osoit à cause de sa dignité : les princes
« sont emprisonnés dans leur grandeur. Il mettoit
« les soirs des cornettes, des pendans d'oreilles et des
« mouches, et se contemploit dans des miroirs, en-
« censé par des amans. Il donnoit tous les ans un
« grand bal le lundi gras. Il m'ordonna d'y venir en
« robe détroussée, à visage découvert, et chargea le
« chevalier de Pradine de me mener à la courante.
« L'assemblée fut fort belle; il y avoit trente-quatre

(1) Manuscrits de Choisy, t. 3, f° 13, v°.

« femmes, parées de perles et de diamans. On me
« trouva assez bien; je dansois dans la dernière per-
« fection, et le bal étoit fait pour moi. Monsieur le
« commença avec mademoiselle de Brancas, qui
« étoit fort jolie;...... et un moment après il alla s'ha-
« biller en femme, et revint au bal en masque. Tout
« le monde le reconnut d'abord : il ne cherchoit pas
« le mystère; et le chevalier de Lorraine lui donnoit
« la main. Il dansa le menuet, et s'alla asseoir au
« milieu de toutes les dames. Il se fit un peu prier
« avant que d'ôter son masque; il ne demandoit pas
« mieux, et vouloit être vu. On ne sauroit dire à
« quel point il poussa la coquetterie en se mirant, en
« mettant des mouches, en les changeant de place;
« et peut-être que je fis encore pis. Les hommes,
« quand ils croient être beaux, sont cent fois plus
« entêtés de leur beauté que les femmes. Quoi qu'il
« en soit, ce bal me donna une grande réputation, et
« il me vint force amans, la plupart pour se divertir,
« et quelques-uns de bonne foi (1). »

Ces scènes extravagantes se passoient vers 1668. Choisy se rendit à Bordeaux, où il joua pendant plusieurs mois la comédie en habits de femme sur le théâtre public (2); puis il revint à Paris, et il acheta une maison dans le faubourg Saint-Marceau, espérant que dans ce quartier reculé il pourroit se vêtir à sa fantaisie, sans que personne y trouvât à redire. Il s'y faisoit appeler *madame de Sancy*. Il avoit une bonne maison, deux carrosses, quatre chevaux, un cocher,

---

(1) Manuscrits de Choisy, t. 3, f° 15, r°; et Histoire de la comtesse des Barres, p. 16. — (2) Mémoires de Choisy, liv. 1; et Manuscrits de Choisy, t. 3, f° 1, v°.

un postillon, un valet de chambre dont la sœur étoit chargée d'habiller *madame*, trois laquais, etc. Il avoit même un aumônier, qui lui disoit la messe dans une église voisine (1).

Madame de Sancy, en grande parure, alla faire une visite au curé de Saint-Médard ; et Choisy assure que, loin de blâmer son déguisement, cet ecclésiastique trouva que ce costume avoit bien meilleure grâce que celui des petits abbés avec leurs justaucorps et leurs petits manteaux, qui n'imprimoient point de respect (2). De ce moment, Choisy assista avec ses habits de femme aux offices de sa paroisse. Nous ne croyons pas pouvoir mieux faire que de le laisser peindre lui-même la situation singulière dans laquelle il s'étoit placé.

« J'avois, dit-il, un banc vis-à-vis la chaire du
« prédicateur : les marguilliers m'envoyoient tou-
« jours un cierge allumé pour aller à la procession,
« et je les suivois immédiatement. Un laquais me
« portoit la queue ; et le jour du Saint-Sacrement,
« comme la procession faisoit un grand tour (elle
« alloit jusques aux Gobelins), M. de La Neuville
« me donnoit la main, et me servoit d'écuyer. Au
« bout de cinq à six mois, on m'apporta le chanteau
« pour rendre le pain bénit. Je fis la chose fort ma-
« gnifiquement, mais je ne voulus point de trom-
« pettes. Les marguilliers me dirent qu'il falloit qu'une
« femme présentât le pain bénit et quêtât ; et qu'ils
« se flattoient que je voudrois bien leur faire cet hon-
« neur-là. Je ne savois ce que je devois faire. Ma-
« dame la marquise d'Usson me détermina, et me dit

(1) Manuscrits de Choisy, t. 3, f° 9, v°. — (2) *Ibid.*, f° 2, v°.

« qu'elle avoit quêté elle-même, et que cela feroit
« plaisir à toute la paroisse. Je ne me fis pas prier
« davantage; mais je m'y préparai comme à une fête
« qui devoit me montrer en spectacle à tout un grand
« peuple. Je fis faire une robe de chambre de damas
« blanc de la Chine, doublée de taffetas noir; j'avois
« une échelle de ruban noir, des rubans sur les man-
« ches, et derrière une grande touffe de ruban noir
« pour marquer la taille. Je crus qu'en cette occasion
« il falloit une jupe de velours noir : nous étions au
« mois d'octobre, et le velours étoit de saison. J'ai
« toujours depuis porté de ces jupes, et j'ai fait re-
« trousser mes manteaux avec de gros nœuds de ru-
« bans. Ma coiffure étoit fort galante : un petit bon-
« net de taffetas noir chargé de rubans étoit attaché
« sur ma perruque, qui étoit fort poudrée. Madame
« de Noailles m'avoit prêté ses grands pendans d'o-
« reilles de diamans brillans, et dans le côté gauche
« de mes cheveux j'avois cinq ou six poinçons de
« diamans et de rubis; j'avois trois ou quatre grandes
« mouches, et plus d'une douzaine de petites (j'ai
« toujours fort aimé les mouches, et je trouve qu'il
« n'y a rien qui sied si bien); j'avois une steinkerque
« de Malines, qui faisoit semblant de cacher une
« gorge : enfin j'étois bien parée. Je présentai le pain
« bénit, et j'allai à l'offrande d'assez bonne grâce, à
« ce qu'on m'a dit; et puis je quêtai, le matin à la
« grand'messe, et l'après-dînée à vêpres et au salut.
« J'avois un écuyer qui étoit M. de La Neuville, une
« femme de chambre qui me suivoit, et trois laquais;
« dont un me portoit la queue. On me fit la guerre
« (disant) que j'avois été un peu coquette, sur ce qu'en

« passant sur les chaises je m'arrêtois quelquefois
« pendant que le bedeau me faisoit faire place, et
« m'amusois à me mirer, pour rajuster quelque chose
« à mes pendans d'oreilles et à ma steinkerque; mais
« je ne le fis que le soir au salut, et peu de gens s'en
« aperçurent. Je fatiguai beaucoup pendant toute la
« journée; mais j'avois eu tant de plaisir de me voir
« applaudie de tout le monde, que je ne me sentis
« lasse que quand je fus couchée. J'oubliois à dire
« que je fis deux cent soixante-et-douze livres. Il y
« eut trois jeunes hommes fort bien faits, que je ne
« connois point, qui me donnèrent chacun un louis
« d'or; je crus que c'étoit des étrangers : il est cer-
« tain qu'il y vint beaucoup de gens d'autres pa-
« roisses, sachant que je devois quêter. J'avoue que
« le soir au salut j'eus un grand plaisir. Il étoit nuit;
« on parle plus librement. J'entendis à deux ou trois
« reprises, en différens endroits de l'église, des gens
« qui disoient : *Mais est-il bien vrai que ce soit là*
« *un homme ? il a bien raison de vouloir passer*
« *pour une femme.* Je me retournai de leur côté, et
« fis semblant de demander à quelqu'un, afin de leur
« donner le plaisir de me voir. On peut juger que
« cela me confirma étrangement dans le goût d'être
« traitée comme une femme. Ces louanges me parois-
« soient des vérités qui n'étoient point mendiées :
« ces gens-là ne m'avoient jamais vue, et ils ne son-
« geoient point à me faire plaisir (1). »

Il paroît qu'on appela enfin l'attention de l'autorité
ecclésiastique sur la conduite de l'abbé de Choisy. La

(1) Manuscrits de Choisy, tome 3, f° 7, r°. On fit dans le temps une
chanson que Choisy a pris le soin de nous conserver; on la trouve au

fausse dame de Sancy menoit souvent avec elle à Saint-Médard une jolie ouvrière, qu'elle faisoit appeler *mademoiselle de Dany*. Elle l'avoit comblée de présens, et se plaisoit à la revêtir des habillemens les plus riches. Le supérieur du séminaire de Saint-Marcel se plaignit au cardinal grand aumônier (1) du luxe indécent que madame de Sancy déployoit dans le lieu saint. L'ab-

f° 57, r°, du même volume. En voici quelques couplets qui sont relatifs au pain bénit de Saint-Médard :

Sancy, au faubourg Saint-Marceau,
Est habillé comme une fille :
Il ne paroîtroit pas si beau
S'il étoit encor dans la ville.
Il est aimable, il est galant :
Il aura bientôt des amans.

Tout le peuple de Saint-Médard
Admire comme une merveille
Ses robes d'or et de brocard,
Ses mouches, ses pendans d'oreille,
Son teint vif et ses yeux brillans :
Il aura bientôt des amans.

Qu'on a de plaisir à le voir
Dans un ajustement extrême ;
A la main son petit miroir,
Dont il s'idolâtre lui-même ;
Sa douceur, ses airs complaisans !
Il aura bientôt des amans.

Il est étalé dans son banc,
Ainsi qu'une jeune épousée
Qui cherche à voir en se mirant

Si ses mouches sont bien placées ;
Il voudroit plaire à tous venans.
Il aura bientôt des amans.

Quand il rendit le pain bénit
Il n'épargna pas la dépense ;
Sans faire les choses à demi,
Il montra sa magnificence :
Curé, bedeaux, furent contens.
Il aura bientôt des amans.

Les quêteuses ne manquoient pas
De lui présenter leur requête ;
Elles disoient à demi bas :
Madame est l'honneur de la fête.
Il avaloit tout leur encens.
Il aura bientôt des amans.

Il ne sauroit rien refuser
Pourvu qu'on l'appelle madame ;
Pourvu qu'on daigne l'encenser,
Il donneroit jusqu'à son ame.
Il aime à faire des présens :
Il aura bientôt des amans.

(1) Antoine, cardinal Barberin, grand aumônier de France, mort en 1671. Choisy dit que la plainte fut portée à M. le cardinal ; cela ne peut s'entendre de M. de Péréfixe, archevêque de Paris. Ce ne peut donc être que le grand aumônier.

bé de Choisy se rendit à l'audience du cardinal avec une simple robe noire ; il étoit accompagné de mademoiselle de Dany, vêtue fort élégamment. « Monseigneur, dit au cardinal la fausse dame de Sancy, « je viens me justifier. Ayez la bonté de regarder « mon habillement : je ne vais pas autrement à Saint- « Médard. Si vous ne me trouvez pas bien, je chan- « gerai ce qu'il plaira à Votre Eminence (1). » Le cardinal, qui apparemment ne reconnoissoit pas l'abbé sous ce déguisement, répondit à madame de Sancy qu'il la trouvoit très-bien, et qu'on avoit sans doute pris mademoiselle de Dany pour elle. L'orage fut ainsi conjuré.

L'abbé de Choisy trouvoit cette vie délicieuse ; il auroit continué de la mener au milieu de Paris, s'il n'avoit pas reçu du duc de Montausier une sévère réprimande. Voici comment il raconte ce fait :

« M. de Montausier avoit amené M. le Dauphin à
« Paris à l'Opéra, et l'avoit laissé dans une loge avec
« la duchesse d'Uzès sa fille, pour aller faire des
« visites dans la ville....... Madame d'Uzès m'aperçut
« dans une loge de l'autre côté du parterre : mes pen-
« dans d'oreilles brilloient d'un bout de la salle à l'au-
« tre. Madame d'Uzès m'aimoit fort ; elle eut envie de
« me voir de plus près, et m'envoya dire de la venir
« trouver. J'y allai aussitôt ; et l'on ne sauroit dire
« toutes les amitiés que le petit prince me fit. Il pouvoit
« avoir douze ans (2). J'avois une robe blanche à fleurs
« d'or dont les paremens étoient de satin noir, des
« rubans couleur de rose, des diamans, des mouches.
« On me trouva assez jolie. Monseigneur voulut que

(1) Manuscrits de Choisy, t. 3, f° 67, r°. — (2) Ceci se passoit en 1673.

« je demeurasse dans sa loge, et me fit part de la col-
« lation qu'on lui servit. J'étois à la joie de mon cœur :
« Rabat-Joie arriva. M. de Montausier venoit de ses
« visites. D'abord madame d'Uzès lui dit mon nom,
« et lui demanda s'il ne me trouvoit pas bien à son
« gré. Il me considéra quelque temps, et puis me dit :
« *J'avoue, madame ou mademoiselle (je ne sais*
« *comment il faut vous appeler), j'avoue que vous*
« *êtes belle; mais en vérité n'avez-vous point de*
« *honte de porter un pareil habillement, et de faire*
« *la femme, puisque vous êtes assez heureux pour*
« *ne l'être pas? Allez, allez vous cacher: M. le Dau-*
« *phin vous trouve fort mal comme cela. — Vous*
« *me pardonnerez, monsieur*, reprit le petit prince ;
« *je la trouve belle comme un ange*. J'étois très-fâ-
« chée, et je sortis de l'Opéra sans retourner à ma
« loge, résolue de quitter tous ces ajustemens qui
« m'avoient attiré une si fâcheuse réprimande; mais
« il n'y eut pas moyen de m'y résoudre. Je pris le
« parti d'aller demeurer trois ou quatre ans dans une
« province où je ne serois pas connue, et où je pour-
« rois faire la belle tant qu'il me plairoit [1]. »

L'abbé de Choisy se détermina pour le Berri. Il
acheta le château du Crépon, auprès de Bourges; en
allant l'habiter, il se fit passer pour une jeune veuve,
et prit le nom de comtesse des Barres. Il continua
pendant quelques années de mener dans cette province une vie conforme à son goût pour la mollesse,
et aux inclinations vicieuses qu'il n'avoit déjà que trop
manifestées. Au Crépon comme au faubourg Saint-

---

[1] Manuscrits de Choisy, t. 3, f° 16, r°; et Histoire de la comtesse
des Barres, p. 20.

Marceau, il abusa de son déguisement pour tromper des mères peu vigilantes, et ne craignit pas de se livrer à des actions qui pouvoient appeler sur sa tête toutes les rigueurs de la justice. Nous n'imiterons pas l'auteur de la Vie de Choisy (1), qui a mis sous les yeux de ses lecteurs une partie des détails scandaleux dont se compose l'*Histoire* trop véritable *de la comtesse des Barres*.

Nous avons rapporté quelques-uns des faits singuliers qui se rencontrent dans la portion des Mémoires inédits de Choisy, que l'on pourroit appeler ses *Confessions*. C'est un chapitre ajouté à l'histoire anecdotique du dix-septième siècle. La bizarrerie des amusemens de Monsieur, la facilité avec laquelle étoient tolérés les déguisemens de sexe, la scène du pain bénit rendu solennellement dans une paroisse de Paris par un homme vêtu d'habits de femme, tout cela nous a paru devoir être tiré de l'oubli.

On ne peut comprendre comment un homme doué de quelque bon sens a pu se laisser entraîner par la manie extravagante qui a si long-temps possédé l'abbé de Choisy. L'explication qu'il en a lui-même donnée passe encore en ridicule les récits de ces actes de folie.

« J'ai cherché, dit-il, d'où me vient un plaisir si
« bizarre. Le voici : le propre de Dieu est d'être aimé,
« d'être adoré ; l'homme, autant que sa foiblesse le
« permet, ambitionne la même chose : or, comme
« c'est la beauté qui fait naître l'amour, et qu'elle est
« ordinairement le partage des femmes, quand il ar-

---

(1) Vie de l'abbé de Choisy; Lausanne, in-8°, 1748. On l'attribue à l'abbé d'Olivet.

« rive que des hommes ont ou croient avoir quelques
« traits de beauté qui peuvent les faire aimer, ils tâ-
« chent de les augmenter par les ajustemens des fem-
« mes, qui sont fort avantageux ; ils sentent alors le
« plaisir inexprimable d'être aimés. J'ai senti plus
« d'une fois ce que je dis par une douce expérience ;
« et quand je me suis trouvé à des bals et à des comé-
« dies avec de belles robes de chambre, des diamans
« et des mouches, et que j'ai entendu dire tout bas
« auprès de moi : *Voilà une belle personne !* j'ai
« goûté en moi-même un plaisir qui ne peut être
« comparé à rien, tant il est grand. L'ambition, les
« richesses, l'amour même, ne l'égalent pas, parce
« que nous nous aimons toujours mieux que nous
« n'aimons les autres (1). »

Le scandale causé par la conduite de l'abbé de
Choisy avoit été si grand, qu'il fut obligé de sortir
de France. Il voyagea en Italie, et passa un temps
assez considérable à Venise. La passion du jeu l'avoit
déjà dominé : il s'y livra de nouveau avec fureur ;
il gagna d'abord, et perdit ensuite plus qu'il n'avoit
gagné. « La rage du jeu m'a possédé, s'écrie-t-il dans
« l'histoire de ses désordres, et a troublé ma vie.
« Heureux si j'avois toujours fait la belle, quand
« même j'eusse été laide ! Le ridicule est préférable
« à la pauvreté (2). »

Il revint en France ruiné, mais il n'étoit pas changé :
il avoit seulement le soin de ne point aller dans les assemblées publiques avec les vêtemens auxquels il avoit
tant de peine à renoncer. Il se retira dans son abbaye de

---

(1) Manuscrits de Choisy, t. 3, f° 4, v°. — (2) *Ibid.*, f° 48, v°; et
Histoire de la comtesse des Barres, p. 180.

Saint-Seine, d'où il se rendoit souvent à Dijon. C'est là qu'il fit la connoissance du comte de Bussy-Rabutin, avec lequel il entretint depuis une correspondance qui a été publiée avec les lettres de ce dernier.

Clément x mourut en 1676; le cardinal de Bouillon engagea M. de Choisy à l'accompagner à Rome pour lui servir de conclaviste. L'abbé espéroit qu'il auroit connoissance des secrètes menées du conclave; mais il se trouva bien déçu, car il assure que les valets en savoient plus que lui. Le cardinal de Retz, auquel seul, comme doyen des cardinaux français, il appartenoit de s'ouvrir sur les négociations, attacha aussi l'abbé à sa personne. Devenu ainsi conclaviste général des cardinaux français, Choisy entra dans tous les secrets de la faction de France.

Déjà, en 1670, Louis xiv avoit donné l'exclusion à Odescalchi. Les cardinaux français étoient divisés entre eux: ils chargèrent l'abbé de Choisy de rédiger une dépêche au Roi, dans laquelle ils exposoient les motifs qui pouvoient déterminer à lever l'exclusion qui s'opposoit à l'élection d'Odescalchi. Louis xiv crut devoir faire céder les intérêts de sa politique à ceux de l'Eglise, et il ordonna aux cardinaux français de concourir à l'exaltation d'Innocent xi, qui ne tarda pas à se montrer le plus ardent ennemi de la France.

La mort de la reine Marie-Thérèse, arrivée en 1683, fit faire à l'abbé de Choisy des réflexions sur la conduite qu'il avoit jusque là menée. Il fut bientôt atteint lui-même d'une maladie grave, qui le conduisit jusqu'aux portes du tombeau. Les vérités chrétiennes le frappèrent alors avec force; il se jeta dans les bras de

la religion, et il chercha à réparer ses désordres. Il a peint la situation de son ame, dans un ouvrage qu'il a publié de concert avec son ami l'abbé de Dangeau. « La mort précipitée de la Reine, dit-il,
« m'avoit fait faire quelques réflexions, quand tout
« d'un coup je me sentis accablé par une fièvre vio-
« lente. Mes forces au bout de trois jours furent per-
« dues, mon cœur abattu. J'envisageois la mort que
« j'avois crue si éloignée, et bientôt après j'en vis
« tout l'appareil effroyable. Je me vis dans un lit,
« entouré de prêtres, au milieu de cierges funèbres;
« mes parens tristes, les médecins étonnés, tous les
« visages m'annonçant l'instant fatal de mon éter-
« nité. Oh! qui pourroit dire ce que je pensai dans ce
« moment terrible? car si mon corps étoit abattu, si
« je n'avois presque plus de sang dans les veines,
« mon esprit en étoit plus libre, et ma tête plus dé-
« gagée (1). »

Ce fut principalement à l'abbé de Dangeau que Choisy fut redevable de persister dans les sages réflexions qui le ramenèrent à la vertu, et aux principes de la religion. Ils publièrent en 1684 les conférences qu'ils avoient eues à ce sujet : elles composent quatre dialogues, dont l'abbé de Dangeau, sous le nom de *Théophile*, et Choisy sous celui de *Timoléon*, sont les interlocuteurs. C'est un fort bon livre, qui, étant devenu rare, a été réimprimé en 1768.

L'abbé de Choisy, naturellement léger, conserva ce caractère pendant toute sa vie; mais il ne paroît pas moins être sincèrement rentré dans le chemin de la

---

(1) Quatre dialogues de messieurs de Choisy et de Dangeau; Paris, Cramoisy, 1684, 4ᵉ dialogue, p. 215.

vertu. Il écrivoit à l'abbé de Dangeau, le 7 octobre 1685 :
« Oh! M. l'abbé de Dangeau, la belle chose que la
« religion chrétienne ! qu'elle est d'un grand secours
« dans tous les événemens de la vie ! Un chrétien est
« prêt à tout, et toujours gai. Que Timoléon a d'o-
« bligation à Théophile de lui avoir ouvert l'esprit !
« Aussi vous puis-je assurer qu'il en aura une recon-
« noissance éternelle, oui, éternelle, car j'espère
« qu'elle passera dans l'autre vie, et que dans la Jé-
« rusalem céleste Timoléon s'écriera : *Seigneur, si je*
« *chante vos louanges, si je vous vois, si je vous*
« *aime, c'est à Théophile, après vous, Dieu de mi-*
« *séricorde, à qui j'en ai la première obligation* (1). »
Ce langage n'est-il pas celui du cœur? L'hypocrisie le
tiendroit-elle ?

Des ambassadeurs du roi de Siam étant venus à la
cour de France en 1684, le père Tachard, jésuite,
qui les accompagnoit, fit entendre qu'il ne seroit pas
impossible d'amener le monarque asiatique à embrasser la religion chrétienne. Louis XIV consentit à envoyer une ambassade auprès de ce souverain, et il
chargea le chevalier de Chaumont de le représenter.
L'abbé de Choisy, soit qu'il crût y voir le moyen de réparer ses fautes en devenant l'apôtre d'un grand peuple, soit qu'il ne se proposât d'autre but que d'échapper aux demandes de ses nombreux créanciers, fit
prier le Roi, par l'organe du cardinal de Bouillon,
de l'adjoindre à l'ambassade de Siam. Cette grâce lui
fut accordée, et il partit malgré toute sa famille.

M. de Choisy s'étant embarqué sur l'Oiseau, vaisseau

(1) Journal du voyage de Siam, par l'abbé de Choisy; Paris, 1687,
in-12, p. 296.

de quarante-six pièces de canon, que montoit l'ambassadeur, on mit à la voile le 7 mars 1685. Ses fonctions se bornèrent à l'assistance qu'il donna à M. de Chaumont dans les diverses cérémonies qui eurent lieu à Siam. N'étant encore que simple tonsuré, il reçut dans cette ville les ordres sacrés au mois de décembre 1685, des mains de l'évêque de Métellopolis, qui dirigeoit les missions. Au reste, ce voyage n'eut pas le résultat qu'on s'en étoit promis; le roi de Siam témoignoit du respect pour la religion chrétienne, mais il n'étoit pas disposé à embrasser sa croyance. A la prière de l'ambassadeur, il accorda seulement de grands priviléges à nos missionnaires. L'abbé de Choisy parle avec trop d'enthousiasme de la magnificence de la cour de Siam, et des richesses entassées dans les pagodes; il ne voit partout que pierreries et or massif. Mais il ne faut pas le prendre au mot : Choisy a cru sans difficulté tout ce que lui a dit M. Constance, premier ministre de Siam, homme habile, qui n'avoit fait solliciter cette ambassade auprès de Louis XIV qu'afin de mieux persuader à son maître qu'il étoit lui-même un homme fort important, puisqu'un grand roi l'honoroit de son estime (1). Le chevalier de Forbin, qui est resté longtemps à Siam, et dont les yeux ne tardèrent pas à se dessiller, dit que ce pays est très-pauvre, et que ses riches idoles ne sont que du plâtre doré. Il donne sur le royaume de Siam des détails curieux, pour les-

---

(1) M. Constance fut massacré en 1688, et le roi de Siam jeté dans une prison. Le mandarin Pitracha dirigeoit cette conspiration, ourdie par les talapoins, qui sont les prêtres de ce pays. (*Voyez* l'Histoire de M. Constance, par Deslandes; Amsterdam, 1756, in-12 de cinquante-cinq pages; et les Mémoires du chevalier de Forbin.)

quels nous renverrons les lecteurs à ses Mémoires, qui font partie de cette série.

L'abbé de Choisy n'avoit pas manqué d'entretenir le roi de Siam du mérite du cardinal de Bouillon, son ami; et il avoit été chargé de lui apporter de beaux présens. Pouvoit-il prévoir qu'à son retour M. de Bouillon auroit encouru la disgrâce du Roi? Louis XIV ne put cependant s'empêcher de témoigner son mécontentement à l'abbé de Choisy. Cette prévention s'effaça peu à peu; et, quelques mois après, Choisy ayant présenté au Roi la *Vie de David* et la traduction des *Psaumes*, en fut accueilli avec bonté.

La réputation que l'abbé de Choisy s'étoit acquise par son esprit et par ses ouvrages lui ouvrit en 1687 les portes de l'Académie française. Il s'y rendit utile par ses travaux; on assure qu'il a eu beaucoup de part aux observations sur les Remarques de Vaugelas.

Il forma chez lui, au Luxembourg, une réunion d'hommes de lettres qui s'assembloient tous les mardis. La première séance eut lieu le 8 janvier 1692; mais le zèle pour l'étude ne tarda pas à se ralentir, et au mois d'août suivant on cessa de se réunir. Cette société étoit composée de l'abbé de Choisy, et des douze personnes dont les noms suivent : M. Bon, l'abbé de Mailly, l'abbé de Dangeau, l'abbé Têtu, l'abbé Renaudot, l'abbé de Caumartin, messieurs d'Herbelot, de Guénégaud, Perrault, Fontenelle, Guillard, et le président Cousin (1).

Nous ne suivrons pas l'abbé de Choisy dans la sé-

(1) Journal de l'assemblée du Luxembourg, t. 1 des Mss. de Choisy, f° 175-212; et les Loisirs d'un ministre, Amsterd., 1787, t. 2, p. 110.

rie de ses travaux littéraires. Il publia quelques ouvrages ascétiques, tels que la *Vie de David* et la traduction des *Psaumes*, la *Vie de Salomon*, une traduction du livre de *l'Imitation*. Il semble n'avoir écrit les Vies de David et de Salomon que pour louer adroitement Louis xiv sous la figure de ces deux rois.

Il renonça bientôt à ce genre d'ouvrages, et il ne s'occupa plus que de travaux historiques. Il a publié successivement l'*Histoire de Philippe de Valois et du roi Jean*, celle de *Charles* v et de *Charles* vi, et la *Vie de saint Louis*. Ses vingt dernières années furent consacrées à son *Histoire de l'Eglise*, qu'il conduisit jusqu'à l'année 1715 (1).

L'abbé de Choisy écrivit ses Mémoires à différentes époques de sa vie. Il n'attachoit aucune importance à leur conservation : à sa mort ils étoient confondus avec des papiers inutiles; on croit même qu'il en avoit détruit une partie. Ils contiennent cependant beaucoup de faits particuliers, que l'auteur a recueillis dans la conversation des hommes qui avoient le mieux connu le secret des affaires. « J'écris d'abord, dit-il,
« tout ce que je sais par moi-même, et tout ce que ma
« mère m'a dit; ensuite je fais des questions aux gens
« par les mains de qui les affaires ont passé..... Je
« fais parler M. Roze sur le temps du cardinal Ma-
« zarin; j'entretiens M. de Brienne, qui a été cinq
« ou six ans secrétaire d'Etat, et qui, malgré dix-
« huit ans de Saint-Lazare, a encore beaucoup d'es-
« prit et de mémoire. Je fais conter à M. de Pont-

---

(1) D'Alembert, dans son Eloge de l'abbé de Choisy, a bien jugé ce dernier ouvrage, en l'appelant *une production tout à la fois volumineuse et légère*.

« chartrain; j'en ai usé ainsi avec feu Pellisson. Je
« laisse jaser la bonne femme Du Plessis-Bellière,
« qui ne radote point. J'ai eu une conversation avec
« le vieux maréchal de Villars, et avec feu M. le
« premier. Je tire quelquefois une parole du bon
« homme Bontemps; j'en tire douze de Joyeuse, et
« vingt de Chamarante, etc. (1). »

Les Mémoires de Choisy sont écrits agréablement, d'un style simple, qui convient à cette sorte d'ouvrages. Ils ont été publiés pour la première fois en 1727, par l'abbé d'Olivet. Ils inspirèrent alors peu de confiance : l'éditeur les ayant fait imprimer sans y avoir été autorisé par le propriétaire du manuscrit, ne pouvoit indiquer les sources où il avoit puisé; aussi a-t-on révoqué en doute leur authenticité.

L'abbé de Choisy mourut le 2 octobre 1724, âgé de quatre-vingts ans. M. d'Argenson en a laissé un portrait qui paroît plein de vérité.

« Il faut que je convienne, dit-il, que ce n'étoit
« pas un homme fort estimable : son ame étoit foi-
« ble, et il avoit bien plus l'esprit de société que
« celui de conduite. Mais il parvint à être de l'Aca-
« démie, et à se faire une sorte de réputation dans
« cette compagnie, parce qu'il parloit et écrivoit
« bien. D'ailleurs il n'a paru ni digne d'être évêque,
« ni d'être employé dans aucune affaire importante.
« Il se sentoit toujours de l'éducation efféminée qu'il
« avoit reçue; et n'étant plus d'âge à s'habiller en
« femme, il ne s'est jamais trouvé capable de penser
« en homme [2]. »

(1) Mémoires de Choisy, livre 1. — (2) Mémoires du marquis d'Argenson, p. 232; Paris, 1825.

Choisy avoit chargé ses héritiers de remettre tous ses papiers à son parent, le marquis d'Argenson. Ce dernier recueillit en trois volumes in-4° ce qui lui parut mériter d'être conservé (1) : ce recueil fait aujourd'hui partie de la bibliothèque de l'Arsenal.

M. d'Argenson communiqua ce manuscrit à une dame, qui en laissa prendre une copie ; et l'abbé d'Olivet publia l'édition qui porte la date d'Utrecht, 1727.

Les éditeurs du recueil alphabétique dit *de Fontenoy*, 1745, firent connoître deux autres morceaux qu'ils attribuèrent à *M. le M. de T.* (*le maréchal de Tessé*), quoiqu'ils fussent de l'abbé de Choisy.

Le premier est l'*Histoire secrète des motifs qui ont donné lieu à Kara-Mustapha d'entreprendre le siége de Vienne en* 1683 (2); le second est un *Mémoire sur ce qui donna lieu en 1683 à Jean Sobieski, roi de Pologne, de secourir Vienne assiégée par les Turcs;...... avec quelques circonstances de l'entrevue de S. M. Impériale et de S. M. Polonaise* (3).

Ces deux morceaux, fort curieux, ne se trouvent pas dans les manuscrits de Choisy qui sont à la bibliothèque de l'Arsenal; mais il n'est pas difficile d'y reconnoître son style et sa manière d'écrire. M. le général Grimoard, éditeur des Mémoires de Tessé, en a déjà fait la restitution à notre auteur, ainsi que de deux autres pièces imprimées dans les Mémoires de Choisy, et qui n'en sont pas moins attribuées au

---

(1) Mémoires du marquis d'Argenson, p. 233. On peut aussi voir la note de la main de M. d'Argenson, qui est à la tête du manuscrit de Choisy. — (2) Vol. *A*, p. 152 — (3) *Ibid.*, p. 166.

maréchal dans le volume *A* (1) du recueil qui vient d'être cité.

Munis de ces divers matériaux, nous donnons une édition des Mémoires de Choisy qui sera plus correcte et plus complète que celle de 1727.

Cette dernière avoit été publiée d'après des copies faites rapidement, dans lesquelles il s'étoit glissé beaucoup de fautes qu'une comparaison attentive avec le manuscrit a fait disparoître.

On a conservé la division par livres, quoiqu'elle n'ait pas été établie par l'abbé de Choisy : le cinquième livre seulement en formera deux dans notre édition, l'ordre des matières ayant paru l'exiger.

Les anciens Mémoires de Choisy étoient partagés en neuf livres; ils en formeront dix. Le onzième sera composé des deux morceaux que nous venons d'indiquer, et qui se trouvent dans le volume *A*.

Le douzième et dernier livre comprendra le récit de la belle conduite de la marquise de Guercheville; des détails peu connus sur la rupture du mariage de mademoiselle de Montpensier, et quelques autres fragmens.

Ces pièces, tirées des manuscrits de Choisy, paroissent ici pour la première fois.

Le troisième volume de ces manuscrits contient cinq fragmens relatifs à ses aventures tandis qu'il étoit déguisé en femme. Il en a été publié une partie en 1736, sous le titre d'*Histoire de la comtesse des Barres*. Nous avons fait connoître dans cette Notice quelques autres anecdotes qui sont tirées du

(1) *Voyez* l'Introduction qui précède les Mémoires du maréchal de Tessé; Paris, 1806, deux vol. in-8°.

même manuscrit. Cette partie des Mémoires de l'abbé de Choisy n'est pas de nature à être jamais publiée dans son entier.

On trouve, dans le premier volume des manuscrits de Choisy, l'*Histoire de l'abbé de Saze*. M. d'Argenson dit, dans les *Loisirs d'un ministre*, t. 2, p. 107, que cette pièce est de l'abbé de Choisy : c'est un opuscule de Pauline de Grignan, depuis marquise de Simiane, qui l'écrivit à l'âge d'environ treize ans. Le manuscrit, qui semble être original, aura été réuni à ceux de Choisy, avec lesquels il étoit sans doute confondu. On peut consulter sur ce point la Bibliothèque historique de France, par le père Lelong, t. 4, p. 336, n° 11464.

On a aussi attribué à l'abbé de Choisy une *Apologie du cardinal de Bouillon*, qui parut en 1706, sous la rubrique de Cologne. Cette pièce n'est ni de l'abbé ni du cardinal. Choisy la désavoue dans le dixième livre de ses Mémoires ; et le cardinal, dans des notes écrites sur un exemplaire manuscrit de cette pièce, déclare qu'elle ne peut être de l'abbé de Choisy, parce qu'elle contient, sur des faits bien connus de ce dernier, des erreurs qu'il n'auroit pas commises. Je possède un manuscrit de cette Apologie, dont les marges sont couvertes d'annotations et de réfutations de la main du cardinal.

L. J. N. Monmerqué.

MÉMOIRES
DE
L'ABBÉ DE CHOISY.

LIVRE PREMIER.

Ce n'est point un vain désir de gloire historique qui me met la plume à la main. Je n'attends de mon ouvrage ni honneur ni profit; j'écris pour ma propre satisfaction; ou, si vous voulez des idées plus hautes et des motifs plus nobles, je regarde uniquement l'instruction du prochain, et crois que l'histoire est la meilleure et la plus sûre manière d'apprendre aux princes de la terre des vérités quelquefois dures, qu'on n'oseroit leur dire autrement. Ils voient, dans ce miroir des choses passées, que la vérité s'y développe tout entière, que les plus puissans rois n'y sont pas plus épargnés que les moindres de leurs sujets; et que si on y célèbre leurs vertus, leurs vices et même leurs moindres défauts n'y sont pas oubliés. Ces exemples peuvent les toucher; et lorsqu'ils remarquent la manière libre et hardie dont les historiens traitent les plus grands princes quand ils sont morts, ils doivent s'attendre que quand on ne les craindra plus ils ne seront pas traités plus favorablement, s'ils y donnent lieu par des actions indignes d'eux. Cela me fait souvenir que, pendant que je travaillois à l'*Histoire de Charles* vi, le duc de Bourgogne, à peine sorti de l'enfance, me dit un jour ces paroles : « Comment « vous y prendrez-vous pour dire que ce roi étoit « fou? — Monseigneur, lui répondis-je sans hésiter, « je dirai qu'il étoit fou. La seule vertu distingue les « hommes dès qu'ils sont morts. » M. le duc de Beauvilliers, qui passe dans le monde pour homme de bien, et pour avoir l'esprit droit, m'a dit plusieurs fois qu'en insinuant, comme je fais dans mes histoires, des maximes de religion, de piété, de tendresse pour le peuple, et les écrivant d'une manière qui force à lire les moins adonnés à la lecture (prenez garde au moins que c'est M. de Beauvilliers qui parle), je faisois un plus grand bien, et rendois à Dieu un service plus agréable, qu'en faisant douze missions. « Il y a, « me disoit-il, beaucoup de gens propres à faire le « catéchisme, et fort peu ou presque point de capa- « bles de faire des livres qui se fassent lire. » Il me dit aussi que M. le duc de Bourgogne avoit lu quatre fois l'*Histoire de Charles* v. Quel bonheur pour la France, et quelle consolation intérieure pour un pauvre auteur, de penser qu'un si grand prince pourra peut-être, dans la suite de sa vie, mettre à profit l'exemple d'un roi si sage !

Après ce préambule, dont je me serois peut-être bien passé, il faut annoncer mon dessein, que je crois assez grand, assez étendu pour y employer le reste de mes jours. J'entreprends d'écrire des Mémoires sur la plus belle de toutes les vies, la plus remplie d'événemens extraordinaires, la plus digne de passer à la postérité : on n'y verra que villes prises, batailles gagnées, Etats conquis, et toutes les horreurs de la guerre suivies plus d'une fois de la paix, mère de l'abondance et des plaisirs; et, pour tout dire en peu de paroles, j'entreprends d'écrire la *Vie de Louis* xiv, roi de France, à qui ses peuples ont donné le surnom de *Grand*, nom glorieux que ses vertus, que ses actions lui ont acquis avec justice, et que l'équitable avenir lui confirmera, si ses grandes destinées se soutiennent jusqu'à la fin, et qu'après avoir fait la gloire de ses sujets il en puisse faire le bonheur.

Au reste, mon dessein n'est pas d'écrire la grande histoire de son règne; je ne sais point aller sur le marché des autres : et puisque deux beaux-esprits (1) connus et admirés dans le monde, l'un par ses tragédies et l'autre par ses satires, sont chargés d'un si grand travail, je me fais justice, et suis persuadé qu'ils nous donneront une histoire meilleure que celle que je pourrois faire, d'autant plus qu'ils ont en main tous les Mémoires les plus secrets, et qu'ils y travaillent depuis quinze ans. Je ne m'attache donc qu'aux particularités de la vie du Roi : je tâcherai de le suivre dans ses conseils avec ses ministres, dans ses cabinets avec ses amis, où, dépouillant le faste de la royauté, il est plus aimable et n'est peut-être pas moins grand qu'à la tête de ses armées. Je ne le perdrai point de vue dans ses jeux, dans ses plaisirs, dans ses exercices les plus communs, et ne laisserai rien perdre de tout ce qui échappera de son esprit et de son cœur, sans pourtant négliger ses actions de héros; mais je n'en ferai point une gazette, et ne marquerai exactement que ce qu'il a fait en personne. On le verra, dans la

(1) M. Racine et M. Despréaux. (*Note de Choisy.*)

tranchée de Lille, attirer par son courage cette belle parole d'un soldat qui, le voyant exposé aux coups de mousquet, et un page de la grande écuyerie tué derrière lui, le prit rudement par le bras, en lui disant : « Otez-vous ; est-ce là votre place ? » Il est vrai que son courage pensa se laisser aller aux continuelles instances des courtisans empressés et flatteurs. Le vieux Charost, qui étoit alors capitaine des gardes du corps en quartier, lui ôta de dessus la tête son chapeau et son bouquet de plumes, et lui donna le sien ; mais le voyant un moment après un peu incertain de ce qu'il avoit à faire, il lui dit à l'oreille : « Il est « tiré, sire ; il le faut boire. » Le Roi le crut, demeura dans la tranchée, et lui en sut si bon gré, que dès le soir même il rappela à la cour le marquis de Charost, qui étoit exilé je ne sais où. Mais à propos du siége de Lille, le comte de Brouay en étoit gouverneur pour le roi d'Espagne ; et tous les matins il envoyoit de la glace au Roi, parce qu'il avoit appris qu'il n'y en avoit point dans le camp. Un jour le Roi dit au gentilhomme qui venoit de sa part : « Je vous « prie, dites à M. le comte de Brouay que je lui suis « bien obligé de sa glace ; mais qu'il m'en devroit « envoyer un peu davantage. — Sire, repartit l'Es« pagnol sans hésiter, il craint que le siége ne soit « trop long, et qu'elle ne vienne à lui manquer. » Il fit aussitôt une grande révérence, et s'en alla. Mais le vieux Charost, qui étoit derrière le Roi, lui cria tout haut : « Dites à M. de Brouay qu'il n'aille pas faire « comme le gouverneur de Douay, qui s'est rendu « comme un coquin. » Le Roi se retourna, et lui dit en riant : « Charost, êtes-vous fou ? — Comment, sire,

« répliqua-t-il? le comte de Brouay est mon cousin. »
Enfin on verra le Roi céder à peine aux instances de
M. de Turenne, qui le menaça bien sérieusement de
quitter l'armée s'il continuoit de venir à la tranchée
sur un grand cheval blanc, avec un plumet blanc,
comme pour se faire mieux remarquer, dans le même
temps qu'il avoit répondu aux assiégés que son quartier étoit partout, de peur que le respect ne les empêchât d'y tirer. Je le suivrai à la campagne de Hollande, à Maëstricht, à Valenciennes, à Cambray, à
Mons, à Namur, et partout où sa présence s'est bien
fait sentir à ses ennemis. Je n'oublierai, s'il m'est possible, aucune de ses vertus; mais aussi je n'oublierai
pas ses défauts. Pétri de la même boue que César et
Alexandre, il aura ses foiblesses aussi bien qu'eux, et
quelquefois le héros laissera paroître l'homme.

Et qu'on ne s'aille pas imaginer que ce ne sont ici
que des paroles, et que je n'oserois faire ce que je
promets avec tant de hardiesse, pour ne pas dire d'insolence. Je déclare d'abord que ce que je vais écrire
demeurera pendant ma vie dans l'obscurité de mon
cabinet : comment oserois-je parler librement du
prince et de ses ministres? Le pas seroit glissant; et
si je me fais des affaires avec eux ou avec leurs enfans, ce ne sera du moins qu'après avoir pris mes mesures par une séparation éternelle. Ainsi, malgré la
flatterie, vice dominant de tous les siècles, je mettrai
sur le papier tout ce que je saurai de plus secret et de
plus vrai; et je me vante d'en savoir beaucoup.

J'avois près de dix-sept ans à la mort du cardinal
Mazarin; et, par l'éducation qu'on m'avoit donnée,
j'étois mieux instruit des affaires qu'on ne l'est ordi-

nairement à cet âge-là. Ma mère, qui étoit de la maison de Hurault de L'Hôpital, me disoit souvent : « Ecoutez, mon fils ; ne soyez point glorieux, et « songez que vous n'êtes qu'un bourgeois. Je sais « bien que vos pères, que vos grands-pères ont été « maîtres des requêtes, conseillers d'Etat; mais ap- « prenez de moi qu'en France on ne reconnoît de no- « blesse que celle d'épée. La nation, toute guerrière, « a mis la gloire dans les armes : or, mon fils, pour « n'être point glorieux, ne voyez jamais que des gens « de qualité. Allez passer l'après-dînée avec les petits « de Lesdiguières, le marquis de Villeroy, le comte « de Guiche, Louvigny ; vous vous accoutumerez de « bonne heure à la complaisance, et il vous en res- « tera toute votre vie un air de civilité qui vous fera « aimer de tout le monde. » Elle me faisoit pratiquer ces leçons; et il est arrivé qu'à la réserve de mes parens, qu'il faut bien voir malgré qu'on en ait, je ne vois pas un homme de robe : il faut que je passe ma vie à la cour avec mes amis, ou dans mon cabinet avec mes livres.

J'avois donc assez d'âge et de connoissance à la mort du cardinal Mazarin pour remarquer toutes choses. Ma mère, par son esprit plus que par l'état de sa fortune, étoit fort avant dans les secrets de la cour : la reine Anne d'Autriche l'avoit fort aimée, et le Roi lui-même la distinguoit de toutes les femmes de son âge par ses bienfaits et par des marques de son amitié, jusqu'à lui donner des audiences réglées toutes les semaines. J'étois le dernier de ses enfans, et par conséquent le plus aimé. A l'âge de dix ans, elle me faisoit écrire tous les matins deux ou trois heures au chevet de son lit, et toutes ses lettres parloient d'affaires ou de nouvelles : elle avoit un commerce réglé avec la reine de Pologne, Marie de Gonzague; avec madame Royale de Savoie, Christine de France; avec la fameuse reine de Suède, et avec plusieurs princesses d'Allemagne, qui toutes l'honoroient d'une amitié particulière; et par là j'ai été initié de bonne heure aux mystères de la politique.

Au reste, j'avertis le lecteur qu'en écrivant la vie du Roi j'écrirai aussi la mienne, à mesure que je me souviendrai de ce qui m'est arrivé. Ce sera un beau contraste, mais cela me réjouira; et je veux bien courre le risque qu'on dise : *Il joint à tous propos les louanges d'un fat à celles d'un héros* (1). Ce n'est pas que j'aie envie de me louer; mais, en parlant de soi, on y tombe sans y penser. Nos vertus nous paroissent plus grandes, et nos fautes plus légères; et s'il m'arrive d'y mettre toutes les badineries de mon enfance, on ne les excusera peut-être pas. On rira de me voir habillé en fille jusqu'à l'âge de dix-huit ans; on n'excusera pas ma mère de l'avoir voulu. Le voyage de Bordeaux ne laissera pas de divertir (2).

(1) *A celles d'un héros* : Allusion à ces vers de Despréaux dans le *Discours au Roi* :

L'un, en style pompeux habillant une églogue,
De ses rares vertus te fait un long prologue,
Et mêle, en se vantant soi-même à tout propos,
Les louanges d'un fat à celles d'un héros.

(2) *Ne laissera pas de divertir* : Cette partie des Mémoires de Choisy est perdue. Il dit, dans des fragmens non publiés, qu'il a joué la comédie sur le théâtre d'une grande ville pendant cinq mois, sous des habits de fille : on voit, par ce passage de ses Mémoires, que c'est de la ville de Bordeaux qu'il a parlé.

Enfin je suis résolu de laisser courir ma plume tant qu'elle voudra; et, pour dire des choses assez nouvelles et assez plaisantes, je n'aurai qu'à dire simplement tout ce qui m'est arrivé. Une dame qui a tout l'esprit du monde a dit que j'avois vécu trois ou quatre vies différentes, homme, femme, toujours dans les extrémités; abymé ou dans l'étude ou dans les bagatelles; estimable par un courage qui mène au bout du monde, méprisable par une coquetterie de petite fille; et, dans tous ces états différens, toujours gouverné par le plaisir.

Quand le Roi, en 1661, prit la conduite de ses affaires, j'avois des yeux, et j'eus de l'attention comme toute l'Europe; mais je fus moins surpris qu'un autre. Ma mère, qui le connoissoit à fond, m'avoit dit cent fois que c'étoit un génie extraordinaire, et que son cœur faisoit tort à son esprit dans la reconnoissance sans mesure qu'il témoignoit au cardinal Mazarin. Il croyoit lui avoir les dernières obligations; et le voyant prêt de mourir, il ne pouvoit se résoudre à lui donner du chagrin et peut-être la mort, en lui ôtant le pouvoir absolu. La suite a bien fait connoître que ma mère ne se trompoit pas, et que ce prince, si doux et si endurant jusqu'à l'âge de vingt-deux ans, étoit le plus habile et le plus fier de tous les hommes. Je l'ai suivi à plusieurs de ses campagnes : ma profession me dispensoit de faire la guerre, mon inclination me portoit au moins à la voir. J'ai vu par moi-même la plupart des merveilles de notre siècle : j'étois au passage du Rhin, et à la conquête des quatre provinces hollandaises. Le cardinal de Bouillon, mon ami particulier depuis l'enfance, m'avoit donné une place dans son carrosse. J'aurai bien des choses à dire de lui dans la suite de ces Mémoires, et je ne l'épargnerai pas plus qu'un autre : je l'aime, mais j'aime encore mieux la vérité. Il a fait un grand personnage, et il est bon de le faire connoître tel qu'il est. Jamais jeune homme n'entra dans le monde si agréablement : il étoit beau comme un ange, et avoit beaucoup d'esprit, de finesse et de vivacité, qui le menoient quelquefois au-delà du but. Dès l'enfance, il passoit tous les autres écoliers dans les études, et se distinguoit par une vie exemplaire. Il commença à faire parler de lui par une querelle qu'il eut à un collége avec l'abbé d'Harcourt, et qu'il soutint vigoureusement. On le nommoit alors duc d'Albret. Le lendemain, ma mère me demanda si je l'avois été voir : je lui dis que non, et que l'abbé d'Harcourt étoit de mes amis. Elle me pensa manger : « Comment, dit-elle, le neveu de « M. de Turenne ! Courez vite chez lui, ou sortez de « chez moi. » C'étoit une maîtresse femme, qui vouloit être obéie, et qui faisoit ma fortune. J'y allai; et depuis ce jour-là j'ai toujours été attaché à lui. J'ai su la manière dont il se fit cardinal.

Ce fut en 1668. Il venoit de recevoir le bonnet de la maison et société de Sorbonne; il logeoit dans le cloître Notre-Dame, et avoit si bien gagné l'estime et l'amitié du bon homme Péréfixe, archevêque de Paris, qu'il le vouloit faire son coadjuteur. Lorsque l'abbé Le Tellier, fils du ministre, fut déclaré coadjuteur de Langres, le duc d'Albret apprit par une voie secrète que, non content de Langres, l'abbé Le Tellier alloit être coadjuteur de Reims. Cette nouvelle éveilla son ambition; il l'alla dire à M. de Turenne, qui vouloit

en aller parler au Roi pour l'empêcher : « Gardez-
« vous-en bien, monsieur, lui dit le duc d'Albret;
« vous perdriez ma fortune. Si le Roi met l'abbé Le
« Tellier dans un des grands postes de l'Eglise de
« France, il ne pourra jamais me refuser la coadju-
« torerie de Paris, ou la nomination au cardinalat. »
M. de Turenne avoua qu'il avoit raison, et ne dit mot;
mais dès que l'abbé Le Tellier eut été nommé coadjuteur de Reims, il alla voir M. l'archevêque de Paris,
qui l'assura qu'il auroit la plus grande joie du monde
si le Roi vouloit bien lui donner M. le duc d'Albret
pour son coadjuteur. Il ne perdit point de temps, et
dès le soir il demanda au Roi la coadjutorerie de Paris
pour son neveu. Le Roi, qui se souvenoit des guerres
civiles, et de la peine qu'un archevêque de Paris (1)
lui avoit faite, ne voulut point mettre dans une place
si importante un homme si jeune et d'une si grande
naissance : il le refusa, avec des promesses magnifiques pour toute autre chose. M. de Turenne lui demanda aussitôt la nomination au cardinalat, que Sa
Majesté lui accorda, à condition que la chose demeureroit secrète. M. de Turenne, si fier dans un
combat, étoit fort timide dans le cabinet; il avoit eu
besoin de toute la vivacité du duc d'Albret pour se
résoudre à demander au Roi ce qu'il obtint à la première parole. Il avoit fait la pluie et le beau temps
à la campagne de Lille; mais depuis la paix sa faveur
étoit fort baissée, et les courtisans, qui s'en étoient
aperçus, n'étoient plus dans son antichambre. Il arriva quelques jours après que le nouveau coadjuteur
de Reims, revenant de Saint-Germain avec le duc

(1) Le cardinal de Retz. (*Note de Choisy.*)

d'Albret, lui dit, en voyant les tours de Notre-Dame :
« Voilà deux tours qui vous siéroient bien. » Il avoit
su par son père que le Roi avoit refusé la coadjutorerie de Paris à M. de Turenne, mais il ne savoit pas
qu'il lui avoit accordé la nomination au cardinalat. Le
duc d'Albret, qui se sentoit dans son cœur amplement
dédommagé, le remercia avec la tendresse d'un vieux
courtisan.

Cinq mois après, l'abbé Le Tellier fut sacré coadjuteur de Reims avec une magnificence extraordinaire, et une si grande foule que ce jour-là le Roi se
trouva presque seul à Saint-Germain. Il en témoigna
quelque chagrin. Le duc d'Albret s'étoit trouvé à la
cérémonie en habit de simple docteur, et les nouvelles à la main en firent mention. Cela fâcha M. de
Turenne, qui, pour se dépiquer, alla prier le Roi de
rendre publique la nomination de son neveu au cardinalat. Le Roi, qui se souvenoit des grandes obligations qu'il lui avoit, et qui l'aimoit dans le fond,
n'osa le refuser. Il fut fait véritablement cardinal
l'année suivante.

Le Roi, à la prière du Pape, avoit envoyé un grand
secours à Candie sous la conduite de M. de Beaufort :
ce prince fut tué dans une sortie, et il en revint peu
de Français. Le Pape, pour consoler le Roi en quelque façon, fit le duc d'Albret cardinal, quoiqu'il n'eût
encore fait aucune promotion, ni pour ses créatures,
ni pour les têtes couronnées ; et, de peur de fâcher
les Espagnols, il déclara qu'il donneroit aussi un chapeau hors de rang à celui que la reine régente d'Espagne lui nommeroit. Ce fut le cardinal Porto-Carrero. Je raconterai dans la suite les manières adroites

dont le cardinal de Bouillon se servit pour être grand aumônier de France et abbé de Cluny; je n'oublierai pas ses malheurs, ses deux exils, ce qui lui a fait manquer l'évêché de Liége et celui de Strasbourg; et, sans l'épargner, je dirai ses fautes et ses défauts, aussi bien que ses vertus. En un mot, sa vie est si fort mêlée avec celle du Roi, qu'il me faudra souvent parler de lui; et j'en dirai la vérité, parce que je la sais. Je l'ai accompagné dans plusieurs de ses voyages; j'ai été conclaviste à l'exaltation du pape Innocent XI; et, sans vanité, il a eu peu de choses cachées pour moi.

Mais je reviens à mes Mémoires, où je me flatte de fourrer bien des choses importantes et secrètes. J'ai passé plusieurs années de ma vie auprès de M. le prince et de M. de Turenne, héros qui tous deux savoient s'humaniser, et ne dédaignoient la conversation de personne, persuadés que, tout habiles qu'ils étoient, ils pouvoient encore apprendre. Je me suis trouvé par hasard ami intime de plusieurs ministres. Il est vrai que ces messieurs ne m'ont jamais révélé les secrets de l'Etat; mais il est difficile, et presque impossible, que dans une familiarité continuelle, dans la chaleur de la conversation, il ne leur échappe une infinité de choses : ils n'ont point dessein de nous en instruire, mais nous les révèlent souvent sans y penser. Leur cœur est fait comme les autres cœurs, et il faut bien qu'il s'ouvre de temps en temps. Celui de tous qui parle le plus aisément, c'est M. de Croissy, sans pourtant qu'il lui échappe rien qui puisse nuire au service du Roi. On peut aussi arracher quelque chose de M. de Pomponne; mais pour M. de Pontchartrain, on tireroit aussitôt de l'huile d'un mur : il fait mystère de tout, c'est un vrai Bontemps. Enfin je crois être assez bien instruit de la matière que j'ai à traiter, et je la traiterai sans aucune attention ni à la naissance ni aux dignités : je me flatte même que l'amitié ne pourra rien sur moi, et qu'ayant toujours devant les yeux mon devoir et l'utilité du prochain, nulle considération humaine ne sera capable de me faire prendre à gauche. Louis lui-même, tout grand qu'il est, ne me tentera pas : quelque foible que j'aie à son égard, la vérité me soutiendra, l'amour du vrai triomphera en moi de tous les autres amours. J'avoue que ce prince m'a fait du bien ; mais je ne l'avois pas mérité par mes services ; tout va sur le compte de mes parens : car pour moi (je le dis à ma confusion), jamais il ne m'a écouté favorablement ; et lorsque je lui ai demandé quelques grâces assez légères, il me les a toutes refusées. Je veux pourtant lui rendre justice : il n'a pas eu grand tort ; je m'étois donné l'exclusion à moi-même, et ma conduite cachée et irrégulière ne le justifie que trop à mon égard. Mais aussi s'il m'a fait justice, je suis en droit de la lui faire à mon tour, et de peser son mérite dans la balance de la vérité. Oui, je proteste que je l'y peserai, et que j'écrirai sans rien craindre tout ce qui est venu à ma connoissance ; car je suis persuadé qu'en parlant d'un aussi grand prince il faut descendre scrupuleusement jusqu'aux moindres circonstances. C'est dans ces occasions que les plus petites choses deviennent grandes, et qu'on ne sauroit jamais trop entrer dans le détail. Les jeux et les amusemens des héros doivent faire l'instruction et l'entretien perpétuel des hommes.

Je rapporterai par exemple jusqu'à ses moindres paroles, parce qu'elles ont toujours un certain sel qui leur donne la force et l'agrément. Il est véritablement roi de la langue, et peut servir de modèle à l'éloquence française. Les réponses qu'il fait sur-le-champ effacent les harangues étudiées.

Il dit au marquis d'Huxelles, qui étoit tout honteux d'avoir rendu Mayence après plus de cinquante jours de tranchée ouverte : « Marquis, vous avez défendu « la place en homme de cœur, et vous avez capitulé « en homme d'esprit. »

Il écrivit à M.^r de La Rochefoucauld, après l'avoir fait grand-maître de la garde-robe : « Je me réjouis « comme votre ami du présent que je vous ai fait « comme votre maître. » Et le même se plaignant, selon sa bonne coutume, de la dureté de ses créanciers : « Est-ce ma faute ? lui dit le Roi ; que n'en par-« lez-vous à vos amis. » Et deux heures après lui envoya cinquante mille écus.

Le bon homme Bontemps, toujours obligeant et désintéressé, lui demandoit une charge de gentilhomme ordinaire pour la famille du mort : « Hé! « Bontemps, lui dit le Roi, demanderez-vous tou-« jours pour les autres ? Je donne la charge à votre « fils. »

Je ne finirois pas si je mettois ici tout ce qui me revient à la mémoire sur un si beau sujet. Le Roi aime tendrement ceux qui servent auprès de sa personne ; et s'il leur promet quelque grâce, il s'en souvient pour la faire, et l'oublie après l'avoir faite. Il les accable de bienfaits, comme s'ils étoient toujours dans le besoin. S'ils font des fautes, il les regarde **comme** des hommes ; et lorsqu'il en est bien servi, il les traite comme ses amis.

Un jour qu'il s'habilloit, après avoir mis lui-même ses bas il ne se trouva point de souliers. Celui qui en étoit chargé courut les chercher, et fut une demi-heure à revenir. Les courtisans s'impatientoient ; le Roi seul paroissoit tranquille. M. de Montausier en colère voulut gronder le valet de garde-robe : « Hé ! laissez-le en paix, dit le Roi, il est as-
« sez fâché. »

Une autre fois, un de ses valets de chambre lui renversa sur la jambe toute nue la cire brûlante d'une grosse bougie : « Au moins, lui dit-il, donnez-moi de
« l'eau de la reine de Hongrie. »

Peguillain, depuis Lauzun, emporté par une folle passion, lui manque de respect, et lui dit insolemment, en lui montrant le poing fermé, qu'il ne le serviroit jamais. Le Roi, qui sent venir la colère, jette brusquement par la fenêtre une canne qu'il avoit à la main : « Je serois au désespoir, dit-il à M. Le
« Tellier qui étoit présent, si j'avois frappé un gen-
« tilhomme. »

Une autre fois, le même Lauzun lui répondit fort insolemment. « Ah ! s'écria-t-il, si je n'étois pas roi,
« je me mettrois en colère. »

Le musicien Gaye, dans une débauche, avoit dit des sottises de l'archevêque de Reims, maître de la chapelle : il se crut perdu, et en alla demander pardon au Roi. Quelques jours après, l'archevêque, à qui on avoit rapporté fidèlement le mauvais discours du musicien, dit à demi haut, en l'entendant chanter à la messe : « C'est dommage, le pauvre Gaye perd sa

« voix.—Vous vous trompez, reprit le Roi; il chante
« bien, mais il parle mal. »

Un de ses valets de chambre le prioit un soir de
faire recommander à M. le premier président un procès qu'il avoit contre son beau-père, et lui disoit en le
pressant : « Hélas! sire, vous n'avez qu'à dire une pa-
« role. — Hé, lui dit le Roi, ce n'est pas de quoi je
« suis en peine : mais, dis-moi, si tu étois à la place
« de ton beau-père, serois-tu bien aise que je la disse
« cette parole? »

Le Roi est si grand, qu'on peut dire, sans le flatter,
qu'il est grand jusque dans les plus petites choses.

Il se vit au comble de la gloire humaine lorsqu'il
vint dîner à l'hôtel-de-ville après sa maladie (1) : il se
vit aimé de son peuple; jamais on ne témoigna tant de
joie, les acclamations ne finissoient point. Il étoit dans
son carrosse avec Monseigneur et la famille royale.
Cent mille voix crioient : *vive le Roi!* « J'ai grand'
« peur, dit-il en riant, que quelque mauvais plaisant
« ne crie aussi : *Et Béchamel son favori* (2). » Il faut
se souvenir que le peuple étoit alors acharné à faire
des couplets sur Béchamel, qu'on qualifioit toujours
de favori du Roi.

Le Roi est peut-être l'homme de son royaume qui
pense le plus juste, et qui s'explique le plus agréablement. Il avoit remarqué que Cavoye et Racine se promenoient toujours ensemble. Il les voyoit un jour
passer sur la terrasse : « Cavoye, dit-il à ceux qui
« étoient alors auprès de lui, croit devenir bel es-

---

(1) *Après sa maladie* : Le 30 janvier 1687. — (2) *Et Béchamel son
favori* : Refrain d'une chanson du temps, faite à l'occasion de l'entrée de
M. de Béchamel dans sa terre de Nointel.

« prit, et Racine se croira bientôt un fin courtisan. »

Mais je m'arrête tout court, et je trouverai dans la suite de ces Mémoires assez d'occasions de rapporter les dits mémorables de mon héros, que j'estime tel, malgré les fautes qu'il a faites, et qu'il s'est reprochées à lui-même. Ce sont des ombres, des taches dans le soleil, qui ne l'empêchent pas d'être le grand astre de l'univers. Par exemple, il a fait deux fautes irréparables : la première, de n'avoir pas passé le Rhin à la nage après le comte de Guiche, à la tête de ses gardes du corps. Il y avoit peu de danger à courre, et une gloire infinie à acquérir : Alexandre et son Granique n'auroient eu qu'à se cacher. Il est vrai qu'il faut lui rendre justice : il le vouloit, mais M. le prince, qui n'osoit mettre le pied dans l'eau à cause de sa goutte, s'y opposa. Comment eût-il osé passer en bateau, le Roi passant à la nage ? J'en suis témoin, j'y étois présent, et même j'eus le plaisir de faire ce jour-là une chose fort agréable au Roi : je lui fis entendre la messe. Il étoit parti la veille à onze heures du soir : son armée étoit campée à six lieues de là ; il avoit marché toute la nuit, et n'avoit pris que le détachement nécessaire pour son entreprise. J'étois le soir par hasard dans la tente de mon frère de Balleroy, lorsqu'il eut ordre de marcher avec son régiment. Je le suivis sans balancer, et sans savoir où nous allions ; mais on voyoit bien que partir à onze heures du soir n'étoit pas pour aller faire une revue. Nous nous trouvâmes à trois heures du matin sur le bord du Rhin, vis-à-vis de Tolhuys. Je vis le courage du comte de Guiche. J'étois à trois pas de Sa Majesté quand elle apprit la blessure de M. le prince et la mort de M. de Longueville. Elle parut plus touchée de l'un que de l'autre. Je vis aussi le petit triomphe de Cavoye : on l'avoit nommé parmi les morts, et le Roi lui avoit donné une louange bien solide en s'écriant : « Ah ! que M. de Turenne « sera fâché ! » Mais une demi-heure après on vit un homme à cheval de l'autre côté du Rhin, qui se mettoit à la nage. L'attention fut grande ; on attendoit à tous momens des nouvelles de ce qui se faisoit de l'autre côté. Cet homme passa heureusement ; et il se trouva que c'étoit Cavoye, que M. le prince envoyoit au Roi. Sa Majesté fut fort aise de sa résurrection : les courtisans eussent bien voulu retenir les louanges qu'ils lui avoient données. Enfin l'affaire étant finie vers les dix heures du matin, le Roi, qui par parenthèse n'a jamais manqué qu'une fois en sa vie à entendre la messe, la demanda. Il n'y avoit ni aumônier ni chapelain ; ils étoient en défaut. L'abbé de Dangeau et moi nous nous trouvâmes les seuls ecclésiastiques de la cour. Nous allâmes chercher un aumônier de régiment. Il nous manquoit un missel ; on en trouva un dans un porte-manteau du comte d'Ayen : on dressa un autel, et nous eûmes l'honneur de servir le Roi à sa messe. Ainsi je peux parler en cette occasion comme témoin oculaire.

Mais passerai-je si légèrement sur la chose de ma vie qui m'a le plus touché ? J'étois serviteur, que dis-je serviteur ? j'étois ami très-particulier de M. de Longueville : je me garderai bien de faire ici son portrait, cela ne serviroit qu'à renouveler ma douleur. Enfin je le connoissois, comme tout le monde, pour le prince le mieux fait, le plus aimable et le plus magnifique ; mais je savois de plus une partie de son secret. Nous

attendions à tous momens des nouvelles de Pologne,
et, selon les apparences, il en devoit être bientôt roi.
J'étois tous les jours avec lui; je lui avois donné au
siége d'Orsoy une canne garnie d'or, qu'il avoit trouvée à son gré; car il ne faisoit pas de façon de prendre
de petits présens de ses amis, bien sûr de leur en faire
bientôt de grands. Il y avoit trente heures qu'il étoit
allé en parti du côté de l'Yssel, lorsqu'il arriva au
camp fort fatigué. Il apprit que le Roi étoit parti la
nuit avec six mille chevaux : son courage lui redonna
de la vigueur; il pique à toute bride, et arrive sur le
bord du Rhin dans l'instant que M. le prince montoit
dans un bateau pour passer de l'autre côté. J'étois sur
le bord, et sur son chemin; il couroit, et ne laissa
pas de me dire en passant : « Adieu l'abbé; je n'ai pas
« votre canne aujourd'hui. » Il vit que le bateau de
M. le prince démarroit, et cria qu'on l'attendît, ou
qu'il s'alloit mettre à la nage. M. le prince, qui connoissoit son neveu, eut peur qu'il ne fît ce qu'il disoit,
et que son cheval presque rendu ne le fît noyer. Il fit
retourner à terre, et le prit dans son bateau. On sait
trop la suite. L'émulation et la jalousie de gloire entre
M. le duc et M. de Longueville excitèrent leur témérité; et deux heures après je vis, oui je vis de mes
propres yeux, le corps mort de M. de Longueville
qu'on rapporta sur un cheval, la tête d'un côté, et
les pieds de l'autre. Des soldats lui avoient coupé le
petit doigt gauche, pour avoir un diamant. Non, je
ne crois pas avoir jamais été ni pouvoir jamais être
aussi touché que je le fus. Mais ce qui est fort singulier, j'étois encore jeune, grand joueur, assez peu attaché à mes devoirs ecclésiastiques (à peine étois-je

tonsuré); et cependant j'allai m'enfermer dans une hutte de feuilles que mon frère de Balleroy avoit fait faire, et je priai Dieu pour M. de Longueville, à genoux, avec des larmes et une contrition de cœur que je voudrois bien avoir pour mes péchés. Je ne pouvois pas me consoler en pensant qu'un jeune prince ambitieux, galant, sujet à ses passions, avoit été tué tout roide; et les suites d'une éternité malheureuse me faisoient tourner la tête. Ces pensées funestes me tourmentèrent pendant toute la campagne; et je ne me remis l'esprit qu'en apprenant que M. de Longueville, avant que de partir pour l'armée, avoit fait une confession générale aux Chartreux, et s'étoit disposé à une mort véritablement chrétienne.

Mais revenons au Roi. Une autre faute qu'il a faite, encore plus grande que la première, c'est de n'avoir pas attaqué le prince d'Orange sur la contre-escarpe de Valenciennes lorsque ses troupes passoient l'Escaut, et n'étoient qu'à demi passées. Le maréchal de Lorges ne demandoit que six mille chevaux pour commencer la déroute des ennemis. Le Roi vouloit donner; il avoit pris ses armes à la tête de l'armée, qu'il avoit lui-même rangée en bataille : mais le maréchal de Schomberg, gagné par M. de Louvois, qui n'aimoit que les actions décisives, fit des raisonnemens si longs, qu'il laissa échapper le moment de la victoire, en donnant le temps au prince d'Orange de se fortifier sur la hauteur avec toute son armée. J'ai ouï dire à un ministre que le Roi se reprochoit souvent d'avoir eu de la foiblesse dans ces deux occasions.

Je crois qu'il est assez à propos, avant que d'aller plus loin, d'avertir ceux qui s'amuseront à lire ces

Mémoires qu'ils y trouveront une infinité de choses dont ils feront peut-être fort peu de cas.

Je laisserai tomber de ma plume tout ce qui me regardera personnellement, quelque petit qu'il soit, et mes amis y trouveront aussi leur place; car pour des ennemis, grâces à Dieu je n'en ai point, et n'en eus jamais : et si je savois quelqu'un qui me voulût du mal, j'irois tout-à-l'heure lui faire tant d'honnêtetés, tant d'amitiés, qu'il deviendroit mon ami en dépit de lui. C'est donc ici un plaisir innocent que je me propose. Quand je serai bien vieux, je me ferai lire et relire ces Mémoires, et me rajeunirai en quelque sorte en me rappelant ces temps heureux de la jeunesse, où l'on ne songe qu'à se réjouir. J'aurai, de plus, la consolation de repasser dans ma mémoire les actions héroïques d'un des plus grands rois qui ait jamais été en France ; car, quoiqu'il ait des défauts comme les autres hommes, et qu'il ait bien fait des fautes en sa vie, il a en lui tant de grandes qualités, des vertus si solides, et il a fait tant de belles choses, qu'à tout prendre je l'estime autant que Charlemagne ou Philippe-Auguste. Nous ne voyons présentement tous ces grands héros que de bien loin, sur la parole des historiens, que l'amour ou la haine font souvent parler. Pour moi, voici comme je m'y prends pour écrire mes Mémoires : j'écris d'abord tout ce que je sais par moi-même, et tout ce que ma mère m'a dit ; ensuite je fais des questions aux gens par les mains de qui les affaires ont passé, et je les fais sans empressement, avec un air ingénu, et de simple curiosité. Je fais parler M. Roze sur le temps du cardinal Mazarin (1);

(1) *Du cardinal Mazarin* : M. Roze avoit été secrétaire du cardinal.

j'entretiens M. de Brienne (1), qui a été cinq ou six ans secrétaire d'Etat, et qui, malgré dix-huit ans de Saint-Lazare, a encore beaucoup d'esprit et de mémoire. Je fais conter à M. de Pontchartrain; j'en ai usé ainsi avec feu Pellisson. Je laisse jaser la bonne femme Du Plessis-Bellière, qui ne radote point. J'ai eu cent conversations avec le vieux maréchal de Villeroy et avec feu M. le premier (2). Je tire quelquefois une parole du bon homme Bontemps; j'en tire douze de Joyeuse, et vingt de Chamarante (3), qui est ravi qu'on lui aille tenir compagnie : il n'y a rien qui délie si bien la langue que la goutte aux pieds et aux mains. Je me sers de ce que me dit l'un pour faire parler l'autre; je compare les diverses leçons; et quand plusieurs s'accordent sans s'être concertés, je crois que c'est là la vérité. Je m'aperçois tous les jours que cette manière d'apprendre les choses les plus secrètes est admirable. On ne se méfie point de moi; je n'ai point arboré l'étendard d'historien du Roi : tout le monde croit que je travaille à l'*Histoire de Charles* VII. Je viens de donner au public *Charles* VI; je ferai filer son successeur cinq ou six ans. Chacun me donne des Mémoires sur le comte de Dunois et sur la belle Agnès, et je les mets dans le sac. J'en parle exprès dans les assemblées de l'abbé de Dangeau (4); mais lorsque je tiens quelque bon auteur contemporain, quelque Roze, quelque Chamarante, qui peut me

(1) *M. de Brienne* : Louis-Henri de Loménie, comte de Brienne, mort en 1698. On vient de publier une partie de ses Mémoires. — (2) *M. le premier* : M. de Beringhen, premier écuyer. — (3) *Chamarante* : M. de Chamarante, premier valet de chambre du Roi. — (4) *De l'abbé de Dangeau* : C'étoit une société de douze personnes qui se réunissoit tous les mardis chez l'abbé de Choisy, au Luxembourg.

montrer ce que je cherche, j'en tire toujours quelque chose sans paroître m'en soucier. L'autre jour, M. Roze me contoit les particularités de la mort de M. le cardinal Mazarin ; je l'interrompis pour lui parler de la pucelle d'Orléans. « Ah ! me dit-il, M. Racine vou-
« droit bien être ici : il m'a mis plusieurs fois sur les
« voies, mais je ne lui ai jamais rien voulu dire. J'ai
« bien affaire qu'il m'aille citer à tort et à travers ! » Je me mis à rire de lui, et lui contai une aventure siamoise : mais dès que je fus sorti de chez lui, j'écrivis sur mes tablettes tout ce qu'il m'avoit dit du cardinal. Je n'écris jamais que les choses qui se sont passées il y a au moins quinze ans. Tous mes amis sont bons courtisans, et n'oseroient rien dire du présent, ni de ce qui en approche ; mais dès que cela s'éloigne un peu, ils ne font plus de mystère de révéler les choses les plus secrètes, persuadés qu'il n'y a plus de danger pour eux. Au reste, quand celui avec qui je cause sort de mon sujet, et me conte quelque fait curieux, je ne laisse pas de l'enchâsser. Par exemple, M. l'abbé de Dangeau, qui sait le passé, le présent et l'avenir, me conta hier en trente paroles un trait de l'histoire du marquis d'Ancre qui me parut digne d'être écrit : le voici.

Concini, gentilhomme florentin, étoit venu en France avec la reine Marie de Médicis. Il étoit amoureux, ou feignoit de l'être, de madame Eléonore Galigaï, femme de chambre de la Reine, et sa confidente. La cour étoit à Fontainebleau un peu avant la mort de Henri IV : Concini, en allant à Paris, logea un soir à Melun chez le procureur du Roi, nommé M. Barbin. Ils firent connoissance et amitié. Barbin lui offrit sa maison et un assez beau jardin qu'il avoit, pour y régaler madame Eléonore. Il l'accepta, les amans s'y virent plusieurs fois ; ils se marièrent ensuite au commencement de la régence.

Concini acheta le marquisat d'Ancre, et devint premier ministre. Il se souvint dans sa gloire de son ami M. Barbin, et le proposa à la Reine pour avoir soin des finances, sous le titre de contrôleur général. M. Barbin, maître des finances, se souvint de l'avocat Bouthillier, son ami, qui, pendant qu'il n'étoit que procureur du Roi de Melun, lui donnoit une chambre chez lui quand il alloit à Paris. L'avocat Bouthillier avoit un fils habile, qui vint à la cour sous la protection de M. Barbin. Il vola bientôt de ses propres ailes, et par son mérite devint secrétaire d'Etat : c'est le grand-père de l'évêque de Troyes. D'autre côté, cet avocat Bouthillier avoit été clerc du vieux avocat La Porte, qui l'avoit fort bien traité. Cet avocat La Porte étoit fils d'un apothicaire de Parthenay en Poitou, à qui le peuple avoit donné le nom de La Porte, à cause que sa boutique étoit sur la porte de la ville. Il étoit venu à Paris fort jeune, et par son esprit et sa profonde capacité il étoit devenu l'un des plus fameux avocats de son temps. Il avoit fait gagner une cause importante à messieurs de Malte, qui par reconnoissance reçurent son fils chevalier sans faire de preuve ; et ce fut le grand prieur de La Porte. Son fils aîné se nomma M. de La Meilleraye, et son petit-fils fut le marquis depuis maréchal de La Meilleraye. M. Bouthillier contribua d'abord à l'avancement du marquis de La Meilleraye ; mais ayant fait connoître à la Reine le protonotaire Du Plessis, fils d'une La Porte, ce petit protonotaire devint bientôt le plus puissant, et fit la fortune des autres : c'est le cardinal de Richelieu. Il poussa dans la guerre le maréchal de La Meilleraye son cousin germain, et M. Bouthillier dans les finances. Le cardinal étoit ami intime de madame Bouthillier, et traitoit M. de Chavigny, son fils, comme s'il eût été le sien. Cela me fait souvenir d'une aventure presque semblable qui amena mon grand-père à la cour de Henri III. Il n'étoit pas fort riche, et revenoit d'une petite terre qu'il avoit en Basse-Normandie, nommée Balleroy. Il arrive à Meulan ; le marquis d'O, alors surintendant des finances, arrive en même temps dans l'hôtellerie : ils font connoissance, soupent ensemble, jouent aux échecs ; mon grand-père, qui n'étoit brin sot, se laisse donner mat. Le surintendant le trouva fort à son gré, et l'employa depuis dans les plus grandes affaires, sans que son nom parût jamais dans aucun traité. Ses ennemis l'attaquèrent à la chambre de justice de 1624 ; mais il fut déchargé absolument, et ne paya aucune taxe. Les rois Henri III et Henri IV l'avoient fait conseiller d'Etat, l'aimoient fort, et l'admettoient à leurs jeux et dans leurs divertissemens particuliers, à ce que dit M. de Bassompierre. Il a conté plusieurs fois cette aventure à M. de Caumartin, conseiller d'Etat, qui étoit son petit-fils, aussi bien que moi.

Après ce petit écart, qu'on me pardonnera si l'on veut, je dis que si dans ces Mémoires je ne flatte point le Roi, je ne me flatterai pas non plus. Je ne dirai pas que je suis une bête (me croiroit-on ?), mais j'avouerai que j'ai eu une fort mauvaise conduite, et qu'il n'a tenu qu'à moi de faire une fortune considérable. Dieu ne l'a pas permis. Je me serois perdu dans ces grandes élévations, et d'ailleurs à la mort j'aurois eu à rendre un plus grand compte. Je n'aurai à répondre que de moi. Je dirai seulement, pour ma justification, que ma mère, par une fausse tendresse, m'a élevé comme une demoiselle : le moyen de faire de cela un grand homme !

Je vous avois averti, mon cher lecteur, que je parlerois de moi jusqu'au déboire. Tenez-vous-en là, n'allez pas plus loin ; je suis un peu jaseur la plume à la main : vous sentez bien que je n'y fais pas grande façon, et que je ne songe guère à ce que j'ai à vous dire. Je vous promets pourtant bien sérieusement de vous entretenir presque toujours du Roi, ce sera ma basse continue ; et si de temps en temps vous me trouvez à quelque coin, passez par dessus moi. Comme je ne me contrains pas pour vous, je vous conseille de ne vous pas contraindre pour moi.

Je vais donc peindre Louis dans son plus beau point de vue ; et je commencerai son histoire à la mort du cardinal Mazarin, lorsqu'à l'âge de vingt-deux ans il se chargea du gouvernement, et n'en fut point embarrassé. Son esprit, caché jusque là sous les dehors modestes d'une bonté ingénue, se déclara tout entier : il changea l'ordre dans les affaires, se choisit des ministres, forma des conseils réglés, et, se donnant sans réserve aux soins de son Etat, il consola ses peuples, et étonna toute l'Europe par une capacité à laquelle on n'avoit pas lieu de s'attendre. Il avoit passé son enfance dans les jeux et dans les plaisirs ; la Reine sa mère s'étoit peu mise en peine de son éducation ; ses gouverneurs, ses précepteurs l'avoient presque abandonné à lui-même : il ne savoit, à proprement parler, que ce que la nature lui avoit appris. L'étude lui faisoit de la peine, comme elle en fait à tous les enfans : mais, au lieu de le contraindre comme les autres, on le flattoit dans toutes ses inclinations, qui, heureusement pour lui et pour nous, se sont trouvées bonnes, douces et bienfaisantes. On voit pourtant une traduction d'une partie des Commentaires de César par Louis XIV (1), roi de France, imprimée au Louvre.

Il n'y avoit que sur le chapitre de la religion qu'on ne lui pardonnoit rien : et parce qu'un jour la Reine mère, alors régente, l'entendit jurer (le petit Manicamp, qui a soutenu toute sa vie le même caractère, lui avoit persuadé que c'étoit là le bon air), elle le fit mettre en prison dans sa chambre, où il fut deux jours sans voir personne, et lui fit tant d'horreur d'un crime qui va insulter Dieu jusque dans le ciel, qu'il n'y est presque jamais retombé depuis, et qu'à son exemple le blasphème a été aboli parmi les courtisans, qui en faisoient alors vanité. On lui avoit inspiré dès ses premières années les principes solides de la piété : ils se placèrent, ils se gravèrent dans le fond de son ame; et si dans la suite de sa vie l'ardeur de l'âge l'a fait céder quelquefois à ses passions, ces premières impressions du bien sont demeurées inébranlablement dans son cœur. Il a toujours conservé du respect pour

---

(1) *Par Louis* XIV : Ce livre est intitulé *la Guerre des Suisses, traduite du premier livre des Commentaires de Jules-César, par Louis* XIV *Dieudonné, roi de France et de Navarre;* Paris, de l'imprimerie royale, 1651, petit in-folio de dix-huit pages, avec trois vignettes et quatre plans gravés.

la religion; et plus d'une fois, au scandale du petit peuple, mais à l'édification des gens sages et éclairés, il a mieux aimé s'éloigner des sacrés mystères, quoique la politique en murmurât, que de s'en approcher indignement.

Mais pour revenir au temps de son enfance, le cardinal Mazarin l'avoit gouverné avec un pouvoir absolu.

Jules Mazarin, né à Rome, originaire de Sicile, étoit d'une naissance assez obscure, qu'il ne se soucia jamais de relever par des chimères généalogiques. Il avoit fait ses premières études à Rome, et son cours de philosophie, de théologie et de droit canon à Salamanque en Espagne. Il prit d'abord la profession des armes, et devint capitaine d'infanterie dans l'Etat de Milan. On fit la trêve de la Valteline, pendant laquelle il acquit aisément la familiarité des généraux français et espagnols. Egalement estimé et des uns et des autres, il fit amitié depuis avec M. Le Tellier, intendant de l'armée de France, qui lui prêta dix mille écus. Cet argent rendit au centuple. M. de Caumartin, intendant des finances, m'a conté qu'il avoit ouï M. Le Tellier, depuis qu'il étoit chancelier, plaisanter sa femme sur ces dix mille écus qu'il avoit prêtés à M. Mazarin contre son avis, et qu'elle avoit cru long-temps fort aventurés.

Mazarin quitta l'épée quelque temps après, prit l'habit ecclésiastique; et se trouvant auprès de Pancirole, nonce du Pape, il se rendit fort agréable aux Français, en persuadant aux Espagnols de lever le siége de Casal. Il fit alors tout ce que l'on pouvoit attendre de la plus profonde capacité : il suspendit, il charma la fureur de deux armées en présence et prêtes à combattre, et montra dans cette occasion célèbre jusqu'où peut aller la force de la parole. Il écrivoit encore plus agréablement qu'il ne parloit, à cause de l'accent italien dont il ne put jamais se défaire, et mettoit en œuvre toute la délicatesse de la langue française : on le peut voir dans les lettres qu'il écrivoit au Roi dans les conférences de la paix; elles sont imprimées.

Après l'affaire de Casal, il fut vice-légat d'Avignon, et nonce en France, où le cardinal de Richelieu lui trouvant un beau génie, quoique fort au-dessous du sien, le fit cardinal. J'ai ouï conter à feu M. le premier la manière bizarre dont cela se fit : voici comment.

Le père Joseph, capucin, qui avoit la nomination de France, étant mort, le cardinal de Richelieu demanda à M. de Chavigny, secrétaire d'Etat des affaires étrangères, sur qui il étoit d'avis qu'il fît tomber cette grâce. Chavigny lui proposa le seigneur Jules Mazarin, son ami; mais le cardinal le rejeta d'abord, et même avec des paroles de mépris. Chavigny insista, et le cardinal pressé lui dit : « Nous verrons donc une « autre fois. » Là-dessus Chavigny fait toutes les dépêches au nom du Roi en faveur de Mazarin, les envoie à Rome, et engage l'affaire. A quelques jours de là le cardinal lui en reparla; mais Chavigny lui dit que c'étoit une affaire faite, qu'il en avoit écrit au Pape, et soutint toujours que le cardinal lui en avoit donné l'ordre. Il prenoit de ces sortes de libertés-là avec Son Eminence, qui avoit pour lui une tendresse et une foiblesse de père. Le cardinal Mazarin fut bientôt premier ministre, et prit des manières fort différentes de celles de son prédécesseur.

Richelieu, né pour commander aux autres hommes, ami généreux, cruel ennemi, avoit sur la même table son bréviaire et Machiavel. Il contribua par son argent et par ses conseils au soulèvement du Portugal ; il fomenta les guerres civiles d'Angleterre, moins par politique d'Etat que par animosité particulière ; il abaissa la maison d'Autriche, et la mit hors d'état d'aspirer à la monarchie universelle ; il triompha du huguenotisme par la prise de La Rochelle ; et, au milieu de tant d'affaires, il eut moins à craindre les ennemis du dehors que ceux du dedans. Toujours en garde contre les favoris, qui révoltoient l'esprit du Roi contre lui : « Le petit coucher du Roi, disoit-il, « me fait plus de peine que toute l'Europe. » Il humilia les seigneurs, il fit obéir les parlemens, il emprisonna les princes, il fit exiler le frère du Roi, héritier présomptif de la couronne ; il vit mourir la Reine mère, son ennemie, au pays étranger ; il traita la Reine régnante avec dureté, et presque en criminelle. Enfin il domina par la terreur l'esprit de son maître, qui l'estimoit, qui le craignoit, et qui ne l'aimoit pas, jusque là qu'il fut le premier à chanter avec ses valets de chambre les vaudevilles que le peuple fit sur la mort de ce grand ministre.

Je m'aperçois que je viens de dire deux choses, dans le portrait du cardinal de Richelieu, qui méritent d'être prouvées : l'une, qu'il a fomenté les guerres civiles d'Angleterre ; l'autre, que Louis XIII le craignoit plus qu'il ne l'aimoit. Je prouve la première par une lettre du cardinal au comte d'Estrades, ambassadeur de France en Angleterre en 1637, où, après l'avoir remercié des soins inutiles qu'il avoit pris pour le raccommoder avec la reine d'Angleterre, il ajoute ces mots : « On connoîtra bientôt qu'on ne « me doit pas mépriser; » et en effet dans ce temps-là commencèrent les troubles d'Ecosse, qui peu à peu conduisirent le roi d'Angleterre sur l'échafaud. L'autre marque les voies détournées dont le cardinal se servoit pour forcer le Roi à le laisser dans le ministère.

Après que M. le grand (1) eut été arrêté, le prince d'Orange, à la prière du cardinal, écrivit au Roi qu'il alloit songer à faire son accommodement avec l'Espagne, puisque Sa Majesté alloit changer de ministre, et mettre ses affaires entre les mains de gens qui ne seroient pas affectionnés à la cause commune, comme le cardinal l'avoit toujours été. Il ajouta que si l'attentat de M. le grand demeuroit impuni, les alliés de la France ne pourroient plus prendre de liaisons avec un ministre méprisé. Le Roi eut peur, fit couper le cou à M. le grand, et rendit toute son autorité au cardinal.

Ma mère m'a dit que le bon homme La Vrillière, secrétaire d'Etat, lui avoit conté qu'étant allé porter au cardinal de Richelieu la nouvelle du combat de Castelnaudari et de la prise de M. de Montmorency, le cardinal avoit fait un signe de la main comme voulant faire couper le cou au prisonnier; et que s'étant aperçu que La Vrillière auroit pu le remarquer, il lui avoit dit : « M. de Montmorency est de mes amis; « je lui laverai bien la tête. » Son premier signe

---

(1) *M. le grand* : Cinq-Mars, grand écuyer de France.

avoit été fort naturel : il avoit fait Puylaurens duc, et lui avoit fait épouser sa nièce, dans l'espérance qu'il porteroit feu Monsieur (*Gaston*) à quitter la princesse Marguérite de Lorraine : mais voyant qu'il ne le pouvoit ou ne le vouloit pas, il l'envoya à Vincennes, où il mourut fort brusquement; et il remaria sa nièce au comte d'Harcourt.

Mazarin, qui prit la place de Richelieu, ne prit pas sa manière de gouverner. Etranger, sans appui, et d'ailleurs d'un esprit plus doux, il crut se devoir servir de finesse et de dissimulation. Le cardinal de Sainte-Cécile, son frère, disoit souvent : *Il mio fratello è un coglione; fate rumore, gli farete paura.*

Il fit ouvrir les prisons : le duc d'Elbœuf et le duc de La Valette y étoient depuis dix ans, entre la vie et la mort. Il réconcilia le duc d'Orléans avec le Roi, et s'appliqua sur toutes choses à gagner les bonnes grâces de la Reine : il crut même devoir céder au naturel impétueux du duc d'Enghien, qui a été depuis le grand Condé. Ce prince, fier de la bataille de Rocroy et de la prise de Thionville, ne vouloit plus céder aux cardinaux. Il se souvenoit avec chagrin que le prince de Condé son père voulant faire plaisir au cardinal de Richelieu, lui avoit fait faire deux cents lieues pour aller rendre une visite au cardinal de Lyon, qui chez lui ne lui donna pas la main (1). Il croyoit que les temps d'abaissement étoient passés, et menaçoit hautement de faire une insulte au cardinal Mazarin, qui consentit enfin à n'avoir la préséance que dans les églises. Il traita le duc de Beaufort avec plus de hauteur; et le voyant devenu insolent depuis que la

(1) *Ne lui donna pas la main :* La droite.

Reine, à la mort du Roi, lui avoit confié la garde de ses enfans, ne craignant d'ailleurs ni son esprit ni sa capacité, il le fit mettre à Vincennes.

Il fit depuis une action encore plus hardie, quand il fit arrêter les princes de Condé et de Conti, et M. de Longueville. Il concerta la chose avec la Reine mère long-temps avant que de l'exécuter; et ne l'osant faire sans la participation de Monsieur, madame de Chevreuse se chargea de l'y faire consentir. Monsieur promit même de n'en rien dire à l'abbé de La Rivière son favori, parce que M. le prince l'avoit gagné, en lui promettant que M. le prince de Conti ne le troubleroit point dans sa nomination au cardinalat.

Le cardinal s'étant assuré de Monsieur, fit rendre un billet à M. le prince, par lequel on l'avertissoit que le coadjuteur de Paris, le duc de Beaufort et les autres frondeurs le vouloient faire assassiner sur le Pont-Neuf. M. le prince montra ce billet à la Reine, et par son conseil envoya son carrosse sur le Pont-Neuf, les rideaux fermés. Aussitôt cinq ou six hommes à cheval tirèrent trois ou quatre coups de mousqueton dans le carrosse, et blessèrent un laquais. M. le prince, convaincu qu'on vouloit l'assassiner, rompit toutes les liaisons qu'il avoit avec les frondeurs, et demanda justice au parlement. Ce fut alors qu'on vit plusieurs jours dans la grand'salle du Palais M. le prince d'un côté, suivi de maréchaux de France et de lieutenans généraux, et de l'autre le coadjuteur entouré de ses braves. Ils faisoient une haie pour laisser passer les conseillers; et trois ou quatre fois ils furent prêts à mettre l'épée à la main sur quelques paroles indiscrètes, et à s'entr'égorger. Un jour entre autres M. le

prince, en montant les degrés de la Sainte-Chapelle, reconnut un chevau-léger en habit gris; il lui demanda : « Que fais-tu là? » Le chevau-léger fit d'abord quelque difficulté de répondre; et puis ne pouvant soutenir la présence d'un prince du sang, il lui avoua que toute la compagnie étoit là; qu'ils avoient ordre d'obéir à M. de Fosseuse, et que le mot de ralliement étoit *Sainte-Marie.* La Reine ne vouloit pas que M. le prince accablât les frondeurs : il n'étoit déjà que trop insolent. M. le prince poursuivit son chemin, entra à la grand'chambre; et quand il eut pris place : « Messieurs, leur dit-il, j'ai vu des gens
« de guerre dans le Palais; ils ont un mot de rallie-
« ment : je ne croyois pas, en venant ici, venir à
« l'occasion. Mais, ajouta-t-il, y a-t-il donc ici quel-
« qu'un qui m'ose disputer le haut du pavé? » A cette parole le coadjuteur ôta son bonnet, et dit tout haut :
« Il n'y a personne qui dispute le pavé à M. le prince;
« mais quand on l'a on le garde. » Alors M. le prince dit : « Messieurs, je vais faire voir le respect que j'ai
« pour le parlement; je vais renvoyer tous ceux qui
« m'ont accompagné. Allez, monsieur, dit-il à M. de
« La Rochefoucauld, allez dire à mes amis qu'ils s'en
« retournent tous à l'hôtel de Condé, et qu'il ne reste
« avec moi que mes pages et mes laquais. » M. de La Rochefoucauld sortit aussitôt de sa place, et passa dans la grand'salle, où il donna l'ordre de M. le prince.

Le coadjuteur dit en même temps : « Je m'en vais
« renvoyer aussi tous mes amis, » et sortit aussi dans la grand'salle. Mais comme il voulut rentrer dans la grand'chambre, et qu'il avoit avancé la tête et un bras pour passer par la porte, qui étoit entr'ouverte, M. de

La Rochefoucauld, qui étoit déjà rentré, la poussa rudement, et mit la barre derrière. Ainsi le coadjuteur se trouva pris et fort serré dans la porte, sans pouvoir avancer ni reculer. Il y demeura un *miserere*, entendant de ses oreilles dans la grand'salle un tailleur nommé Pêche, qui le menaçoit de lui donner cent coups de poignard. Mais heureusement pour lui un bourgeois s'étoit mis devant la porte, et le cachoit avec son manteau. Il y auroit été plus long-temps sans M. de Champlâtreux, fils du premier président Molé, qui, étant venu par hasard à la porte pour sortir, le vit en cet état-là, leva vite la barre, et le fit entrer. Le coadjuteur, pâle comme la mort, se mit à sa place, conta son aventure, et dit plusieurs fois : « Messieurs, « il n'a pas tenu à M. de La Rochefoucauld que je « n'aie été assassiné. » Puis se tournant vers le premier président : « C'est à monsieur votre fils, lui dit-« il, que je dois la vie ; » et depuis ce temps-là le coadjuteur eut une grande reconnoissance pour M. de Champlâtreux, dont l'action avoit été d'autant plus belle qu'il étoit alors absolument dans les intérêts de M. le prince. Le coadjuteur m'a conté toutes ces particularités à Rome dans le conclave : il avoit la goutte, et je lui tenois compagnie ; et quoiqu'il exagérât souvent dans ses récits, ce fait est véritable, et attesté par tout le monde.

Les choses en étoient là, lorsqu'on jugea au parlement un petit incident pour l'instruction du procès entre M. le prince et les frondeurs. L'affaire fut fort disputée ; et passa de cinq ou six voix à l'avantage de M. le prince. Cela fit faire de grandes réflexions au cardinal Mazarin. Il étoit déjà fort fatigué des demandes éternelles de M. le prince, qui ne croyoit pas que le cardinal osât lui rien disputer, après le service important qu'il lui avoit rendu en le ramenant à Paris en triomphe; il vouloit être connétable, et faire donner à ses amis toutes les charges et tous les gouvernemens. Le cardinal n'y pouvoit suffire.

Madame de Chevreuse s'en étant aperçue, lui fit aisément comprendre qu'il seroit le maître absolu s'il se vouloit accommoder avec les frondeurs : il lui donna pouvoir de traiter avec eux. Elle en parla dès le même soir au coadjuteur, et à mademoiselle de Chevreuse sa fille, qui appelèrent M. de Caumartin à leur conseil. Ils arrêtèrent de n'en pas dire un mot à M. de Beaufort, de peur qu'il ne le dît à madame de Montbazon dont il étoit amoureux, et que la mine par là ne vînt à être éventée. La négociation dura trois semaines; et cinq ou six jours de suite le coadjuteur, accompagné du seul Caumartin, se rendit à minuit à la barrière des Sergens de la rue Saint-Honoré, où Gaboury, en manteau gris, les venoit prendre, et les faisoit passer par une maison qui traversoit de la rue des Petits-Champs dans celle des Bons-Enfans. Ils entroient au Palais-Royal, et par un petit degré se trouvoient dans l'oratoire de la Reine, où le cardinal ne manquoit pas de se rendre. Ils convinrent de leurs faits : le coadjuteur fit le généreux, et ne demanda rien pour lui; mais il exigea qu'on donneroit à M. de Vendôme la charge d'amiral, et la survivance à M. de Beaufort.

Le cardinal s'étant assuré des frondeurs et de leurs amis, crut que rien ne s'opposeroit à son entreprise, et résolut de l'exécuter. Les trois princes ne se trouvoient jamais ensemble en un même lieu, de peur qu'on ne les prît d'un coup de filet. Condé et Conti étoient à Paris; Longueville étoit à Chaillot, sous prétexte d'y prendre des eaux. Il demandoit à la Reine le Pont-de-l'Arche. Il envoya un matin Priolo pour presser M. le cardinal, et lui demander quand la Reine voudroit lui donner audience. Roze, secrétaire du cardinal, fit entrer Priolo. Le cardinal lui dit que la Reine étoit fort incommodée, qu'elle ne tiendroit pas conseil ce jour-là; mais que M. de Longueville pourroit la venir voir, et qu'elle étoit disposée à lui faire plaisir. Longueville vint l'après-dînée; et dès qu'il fut au Louvre, la Reine manda aux princes de Condé et de Conti qu'elle alloit tenir conseil sur-le-champ. Ils arrivèrent un moment après, sans penser à M. de Longueville, qui y étoit déjà. Ils trouvèrent dans le grand cabinet de la Reine le cardinal, qui leur dit qu'il alloit faire une petite dépêche, et revenir aussitôt. Le chancelier Seguier, M. Le Tellier et M. Servien étoient dans le cabinet. Dès que le cardinal fut sorti, Guitaut, capitaine des gardes de la Reine, Comminges son neveu, et La Rallière, lieutenant des gardes de la Reine, y entrèrent, et allèrent faire à chacun des princes un compliment fort respectueux, en les arrêtant de la part du Roi.

M. le prince, fort ému, dit qu'au moins il vouloit dire un mot à la Reine. Le chancelier entra dans le cabinet, et en sortit un moment après pour lui dire que la Reine ne pouvoit pas lui parler. Alors il dit à Guitaut : « Par où faut-il aller? » Guitaut ouvrit une petite porte au bout de la petite galerie, et lui montra un escalier dérobé fort obscur, sur lequel il y avoit des gardes avec la carabine haute. M. le prince en les voyant dit : « Guitaut, ceci a bien l'air des Etats de « Blois. — Non, non, monseigneur, lui répondit Gui- « taut; si cela étoit, je ne m'en mêlerois pas. » Les trois princes descendirent, et montèrent tous trois dans le même carrosse, qui les conduisit à la porte de Richelieu, où le comte de Miossens, lieutenant des gendarmes, les attendoit avec sa compagnie. Il les mena à Vincennes, et en eut le bâton de maréchal de France : c'est le maréchal d'Albret. Le carrosse rompit en chemin; il n'y avoit pour les escorter que quatorze gendarmes. M. le prince, pendant qu'on raccommodoit le carrosse, dit tout bas à Miossens : « Voici une « belle occasion pour un cadet de Gascogne. » Il répondit : « Monseigneur, mon devoir.... — Ah! je « ne vous en prie pas, interrompit M. le prince. »

Il avoit donné à souper quelques jours auparavant au cardinal. Son Eminence avoit été de fort bonne humeur, buvant et jouant comme les autres; et même la veille M. le prince le vint voir, et lui dit qu'on l'avoit averti de plusieurs endroits que depuis quelques jours il avoit des conférences avec le coadjuteur. Le cardinal lui répondit en riant : « Si vous saviez comme il « a bonne mine ce coadjuteur avec un habit de « velours vert en broderie d'or, et un bouquet de « plumes incarnat et blanc ! » et tourna toujours la chose en plaisanterie. Et dans le vrai le cardinal de Retz avoit un petit grain dans la tête.

Il aimoit sur ses vieux jours à conter les aventures de sa jeunesse, qu'il ornoit un peu de merveilleux. Il disoit un jour qu'il n'avoit fait la guerre de Paris que pour épouser la maréchale de La Meilleraye, dont il étoit amoureux. Le vieux maréchal vivoit encore, mais il devoit mourir bientôt. Il est vrai qu'il étoit coadjuteur de Paris, archevêque de Corinthe, et prêtre : mais il croyoit en bouleversant l'Etat se rendre si considérable, que le Pape n'eût osé lui refuser toutes dispenses. Cela est bien fou.

Il étoit à Rome, où il s'étoit sauvé après sa prison, lorsque le père du cardinal Mazarin y mourut. Il fit mettre dans la gazette de Rome : « Nous apprenons, « par les avis de Paris, que le seigneur Pietro Maza- « rin est mort en cette ville. »

Cela me fait souvenir d'un mot de M. de Mortemart. Il n'étoit pas content du cardinal Mazarin, non plus que M. de Liancourt, et ils ne lui rendoient aucuns devoirs. Néanmoins, à la mort de son père, M. de Liancourt, plus poli que Mortemart, lui proposa d'aller rendre une visite au cardinal : « Il est « fort affligé, lui disoit-il. — Il a raison, reprit Mor- « temart ; c'est peut-être le seul homme qui pouvoit « mourir sans qu'il en héritât. »

Mais pour revenir à M. le prince, il se laissa endormir par le cardinal Mazarin, et même lui dit qu'on l'avoit averti que la Reine vouloit le faire arrêter. Le cardinal se mit encore à rire ; et puis prenant son sérieux, il lui dit qu'il vouloit lui donner une marque de confiance en lui apprenant que les petits mouvemens dont on s'étoit aperçu à la cour ne se faisoient que pour prendre ceux qui l'avoient voulu assassiner ; que Parrain-des-Coutures, soupçonné d'en être, étoit caché auprès de la porte Montmartre ; et que, pour ne le pas manquer, les gendarmes avoient ordre de s'assembler le lendemain hors de la porte de Richelieu, sous prétexte d'une revue. M. le prince le crut bonnement, et répondit toute la journée aux donneurs d'avis qu'il savoit le dessous des cartes.

La veille que les princes furent arrêtés, la Reine envoya Le Tellier dire à M. le prince qu'elle le regardoit comme son troisième fils, et qu'après ce qu'il avoit fait pour l'Etat, la charge de connétable étoit due à ses services; mais qu'elle croyoit qu'il falloit attendre la majorité du Roi pour faire la chose avec plus de sûreté.

Dès que les trois princes furent entrés dans le Palais-Royal, et qu'on en eut fermé toutes les portes, madame de Chevreuse en fut avertie. Elle avoit donné à dîner à M. de Beaufort; elle lui dit aussitôt, en présence de sa fille et du coadjuteur : « Vous voyez,
« monsieur, comme M. le prince vous traite ! Si le
« cardinal le mettoit dans la même cache où il vous
« a mis autrefois, lui pardonneriez-vous?— Je l'ai-
« merois de tout mon cœur, s'écria M. de Beaufort.
« —Oh bien, monsieur, lui dit le coadjuteur, aimez-le
« donc. M. le prince est sur le chemin de Vincennes,
« et de plus vous êtes amiral. »

Feu M. le premier m'a dit que les princes, pendant leur prison, vivoient d'une manière fort différente : M. de Longueville ne disoit mot; le prince de Conti étoit presque toujours dans son lit; M. le prince chantoit, juroit, entendoit la messe tous les matins, jouoit au volant, et lisoit beaucoup. On dit aussi que le prince de Conti ayant demandé à M. de Bar, qui les gardoit, l'*Imitation de Jésus-Christ* pour se consoler, M. le prince lui dit en même temps: « Et moi je vous demande l'*Imitation de M. de Beau-*

« *fort,* afin que je me puisse sauver d'ici comme il fit
« il y a deux ans. »

Les choses changèrent de face encore plus d'une fois. Le coadjuteur étant devenu cardinal de Retz, augmenta de pouvoir et d'insolence. J'en rapporterai seulement un petit fait. Le Roi étoit rentré dans Paris aux acclamations du peuple, qui se lassoit de la guerre. Tout paroissoit tranquille et soumis; M. le prince avoit pris la campagne; et Monsieur, cantonné dans son palais du Luxembourg, étoit résolu de se retirer à Blois, lorsque le cardinal de Retz le vint trouver à six heures du soir, et lui dit qu'au lieu de fuir devant le cardinal Mazarin, il pouvoit encore être le maître s'il vouloit; qu'il n'avoit qu'à donner l'ordre publiquement à ses gendarmes et à ses chevau-légers de se trouver le lendemain à sept heures du matin à la porte du Luxembourg pour aller à Blois; et qu'au lieu d'en prendre le chemin, il n'avoit qu'à venir entendre la messe à Saint-Eustache; qu'il lui répondoit qu'en un quart-d'heure toute la ville prendroit les armes, feroit des barricades, et assiégeroit la cour dans le Louvre. Monsieur, suivant son naturel timide et inquiet, étoit fort incertain de son parti; mais Madame, plus hardie, le détermina. Il promit d'aller le lendemain matin à la messe à Saint-Eustache, et de faire encore ce coup de vigueur. Aussitôt le cardinal de Retz partit de la main, et courut toute la nuit chez ses amis disposer toutes choses pour commencer les barricades dans les halles, dès que Monsieur paroîtroit à Saint-Eustache. Les harengères donnèrent parole de faire beau bruit : mais à cinq heures du matin on lui vint dire que Monsieur étoit parti pour Blois; et se voyant seul, il fut obligé de donner un contre-ordre, et de demeurer en repos. Il se douta bien qu'il y auroit quelques traîtres parmi ses amis, et que son entreprise avortée viendroit à la connoissance de la cour. Il hésita quelques momens s'il se retireroit ; mais enfin, prenant courage, il alla à la messe du Roi à l'ordinaire, et se donna à l'extérieur un air de fermeté et d'innocence qu'il croyoit capable de le sauver. Il se trompa ; et trois jours après il fut arrêté et mis à Vincennes.

M. de Caumartin m'a conté que tous ses amis craignant qu'on ne l'empoisonnât, tinrent un petit conseil pour imaginer les moyens de lui faire tenir du contre-poison. Madame de Lesdiguières se chargea de la commission. Le marquis de Villequier, présentement duc d'Aumont, faisoit l'amoureux d'elle : il étoit capitaine des gardes du corps. Elle s'adressa à lui, et le pria de faire donner au cardinal un pot d'opiat pour les maux d'estomac, auxquels il étoit sujet. Villequier lui promit tout, croyant la chose innocente et faisable. Il en alla demander la permission à la Reine : elle voulut voir le pot d'opiat, et le fit voir au cardinal, qui reconnut d'abord que c'étoit du contrepoison. Il avoit un grand usage de ces sortes de compositions.

La Reine fut fort en colère qu'on la crût capable de se servir de poison. Elle en parla aux ministres : M. Servien proposa d'ôter l'opiat, et de faire donner le pot plein de véritable poison, pour punir une défiance si mal fondée et si offensante ; mais M. Le Tellier s'y opposa fortement, et l'on se contenta de supprimer l'opiat.

LIVRE SECOND.

Les guerres civiles, qui plus d'une fois avoient mené le cardinal Mazarin à deux doigts de sa ruine, n'avoient servi qu'à faire voir la grandeur de son courage et les ressources de sa fortune. Il s'étoit trouvé, à sa première sortie de France, abandonné de tout le monde, avec six mille pistoles pour tout bien, lui qui s'étoit vu le maître de tous les trésors du royaume. Il se repentit de son peu de prévoyance, et jura bien de ne pas retomber dans le même cas. Il tint parole fort exactement; et lorsqu'il sortit de France la seconde fois, il avoit envoyé plus de quatre millions à Rome, à Venise, en Hollande et en Angleterre. Aussi parut-il plus sûr de son retour; et les conseils qu'il envoyoit à la Reine étoient tous faits comme des ordres, qu'on exécutoit aussitôt.

La majorité du Roi n'avoit rien changé au gouvernement : le cardinal gouvernoit, et prenoit ses mesures pour gouverner toujours. Il est vrai qu'il entretenoit le Roi de ses affaires, ou du moins qu'il le disoit. Ses amis faisoient sonner bien haut les leçons de politique qu'il lui donnoit assez rarement; car j'ai ouï dire au vieux maréchal de Villeroy, qui y étoit quelquefois présent, que toutes ses leçons rouloient sur des maximes générales, et aboutissoient à tenir les princes du sang le plus bas qu'il pourroit; à ne se point trop familiariser avec ses courtisans, de peur qu'ils ne perdissent le respect, et ne lui fissent des demandes qu'il lui seroit impossible de leur accorder (« il faut, lui « disoit-il, prendre un visage sérieux et sévère dès « qu'ils vous demanderont quelque chose »); à cultiver avec soin le talent royal de la dissimulation, que la nature lui avoit prodigué; à se défier de tous ceux qui approcheroient de sa personne, sans même en excepter ses ministres, devant être bien persuadé qu'ils ne songeroient tous qu'à le tromper; à garder dans les affaires un secret impénétrable, qui seul les peut faire réussir; et à toujours promettre aux Français, sans se mettre beaucoup en peine de leur tenir.

Il lui recommandoit encore de n'être pas cruel : « Prenez leur argent, lui disoit-il, mais épargnez « leur sang; » et c'est une maxime que le cardinal a toujours suivie.

« Vous êtes trop bon, monseigneur, lui disoit un « jour Ondedei; si vous faisiez quelque exemple de « sévérité, on vous obéiroit mieux. — Oui, lui répli- « qua-t-il; mais on me haïroit davantage. » Il faut tomber d'accord que la plupart de ses maximes étoient fort bonnes; et que s'il y en a quelqu'une dont un honnête homme ne voudroit pas se servir, il n'y en a point qu'un bon politique ne puisse et ne doive mettre en œuvre.

Le cardinal, par ces grands mots, prétendoit imposer au peuple, se souciant assez peu, au moins dans les commencemens, que le Roi en profitât. Il songeoit moins à en faire un grand prince, qu'un bon homme, doux, tendre et complaisant, qui, satisfait de ses maisons de plaisance et du commandement de ses mousquetaires, le laissât maître de l'Etat. Il ne lui trouvoit que trop de génie, et ne laissoit approcher de lui que des enfans ou des gens gagnés, qui ne parloient jamais d'affaires. Il sembloit être secondé dans ses desseins par la Reine mère, sur l'esprit de laquelle il avoit pris depuis long-temps un grand ascendant; et comme ils étoient toujours de même avis, le jeune roi n'osoit jamais leur résister. Il avoit tenté plus d'une fois d'accorder des grâces et de donner quelques bénéfices à des officiers qui étoient auprès de sa personne; mais le cardinal, craignant les conséquences, s'y étoit toujours opposé. Quand il y avoit des bénéfices vacans, ou qu'on les lui demandoit, il répondoit toujours qu'il en parleroit au Roi, et ne lui en parloit jamais. Il signoit la feuille, et l'envoyoit au père Annat, confesseur du Roi, qui la signoit sans l'examiner; et ensuite le secrétaire d'Etat expédioit les brevets. Ces manières dures et impérieuses eussent été capables de révolter l'esprit du Roi, si le respect qu'il avoit pour sa mère, et l'amitié qu'il croyoit devoir au cardinal, n'eussent arrêté ses premiers mouvemens.

Il avoit naturellement (et il l'a bien mis depuis en pratique) la principale qualité des rois, une profonde dissimulation. Il dissimula donc, et ne laissa presque pas apercevoir qu'il fût sensible. Il s'amusoit à des revues, à des danses, à des ballets; et pendant que le cardinal disposoit de tout, il vivoit comme un particulier, sans se mêler de rien, et donnoit peu d'idées de ce qu'il a été depuis.

Le cardinal, qui le connoissoit à fond, ne laissoit pas de craindre qu'il ne lui échappât; et sur ce qu'un jour le maréchal de Gramont le flattoit d'une puis-

sance éternelle, fondée sur la foiblesse du Roi : « Ah!
« *monsou* le maréchal, lui dit-il, vous ne le con-
« noissez pas; il y a en lui de l'étoffe de quoi faire
« quatre rois et un honnête homme. » Cela me fait
souvenir de ce que ma mère lui disoit un jour : « Sire,
« voulez-vous devenir honnête homme? Ayez sou-
« vent des conversations avec moi. » Il crut son conseil, et lui donnoit deux fois la semaine des audiences
réglées, qu'il payoit par une pension de huit mille
francs.

Le cardinal disoit une autre fois au maréchal de
Villeroy, au sortir d'une audience que le Roi avoit
donnée aux députés des Etats de Bourgogne : « Avez-
« vous pris garde, *monsou* le maréchal, comme le
« Roi écoute en maître et parle en père? Il se mettra
« en chemin un peu tard, mais il ira plus loin qu'un
« autre. »

Cependant le ministre profitoit du temps pour établir sa famille. Il maria ses deux nièces Martinozzi,
l'une au prince de Conti, et l'autre au duc de Modène; et les deux aînées Mancini, l'une au duc de
Mercœur, et l'autre au comte de Soissons. Les plus
grands princes se disputoient l'honneur d'entrer dans
son alliance. Il avoit aussi en 1653 arrêté le mariage
de sa nièce Hortense Mancini avec le duc de Bouillon, et il devoit être consommé dès qu'ils auroient
l'âge. Madame de Bouillon, très-habile femme, s'étoit
servie de cette alliance en idée pour rétablir les affaires de sa maison, que la souveraineté de Sedan avoit
mises en désordre. Le cardinal l'avoit soutenue en
toutes sortes d'occasions; et par son crédit, autant
pour le moins que par celui de M. de Turenne, le

duc de Bouillon à dix-huit ans, sans jamais avoir été à la guerre, avoit été fait grand chambellan.

Cette charge, après la mort du duc de Joyeuse, avoit été donnée au duc de Guise le Napolitain, à condition de la rendre à son neveu le prince de Joinville, qui depuis a épousé une petite-fille de Henri IV; mais le duc de Guise, pressé de l'envie de dépenser, donna sa charge au duc de Bouillon pour huit cent mille francs, et cinquante ou soixante mille francs qu'il devoit à la maison de Bouillon. M. de Longueville en offroit onze cent mille francs; mais M. de Guise ne l'écouta pas, parce que mademoiselle de Pons, sa bonne amie, s'étoit déclarée pour M. de Bouillon, qui avoit eu le bon esprit de lui envoyer quatre mille pistoles.

L'autorité du cardinal augmenta toujours jusqu'au traité des Pyrénées : la paix qu'il donna à l'Europe l'affermit encore. Il auroit pu la faire deux ans plus tôt. Lyonne, déjà connu par son habileté dans les affaires étrangères, avoit été envoyé en Espagne pour préparer les matières. Le cardinal, pour lui faire honneur, lui avoit fait donner un plein pouvoir de signer la paix, ne croyant pas que cela fût possible. Mais Lyonne agit avec tant d'esprit et de capacité dans les conférences qu'il eut avec les ministres du roi d'Espagne, qu'ils convinrent de presque tous les articles. Il rendoit compte au cardinal, par tous les ordinaires, de la facilité qu'il trouvoit à se faire accorder tout ce qu'il demandoit; et la chose alla si loin, que le cardinal eut peur que le traité ne s'achevât sans lui, et que Lyonne, emporté par la gloire de faire la paix, ne se servît de ses pouvoirs. Ce n'étoit pas le compte de Son Eminence : elle avoit de grandes vues; il falloit regagner l'amitié des Français, et obliger en même temps les Espagnols; ce qu'il croyoit pouvoir faire dans un traité. Le crédit des deux nations lui étoit absolument nécessaire pour parvenir à la papauté. Il écrivit à Lyonne, d'un ton aigre et railleur, qu'il avoit la mine de vouloir revenir en France avec une couronne d'olives. Lyonne, piqué au vif, pensa signer le traité; mais, plus sage, il envoya un courrier à M. Servien son oncle, pour lui demander conseil. Il n'étoit pas difficile à donner. Servien, vieux courtisan, lui manda qu'il étoit perdu s'il faisoit la paix, et qu'en cette occasion la vanité devoit céder à l'intérêt. Il ne la signa pas, et en laissa tout l'honneur à Son Eminence. J'ai appris tout ce détail par les Servien, qui étoient un peu parens de ma mère.

Le mariage du Roi avec l'infante d'Espagne, qui se fit ensuite, mit le comble à la gloire du cardinal, et lui auroit gagné le cœur de la Reine mère, si ce n'avoit été une chose faite depuis long-temps. Il lui en porta la nouvelle à Lyon, dans le temps que le Roi parloit d'épouser la princesse de Savoie. Pimentel fut envoyé d'Espagne pour proposer le mariage de l'infante, et la paix ensuite. Il entra en France sans passe-port, et vint à Lyon trouver le cardinal, qui lui dit d'abord : « *Monsou* Pimentel, vous êtes chassé, « ou vous nous apportez la paix et le mariage. » Pimentel lui proposa l'un et l'autre; et le cardinal, qui vouloit plaire en tout à la Reine mère, accepta tout, et rompit le mariage de Savoie. Il parut à toute la France qu'en cette occasion il s'étoit sacrifié lui-même au bien de l'Etat. Le Roi étoit amoureux de sa nièce, qui a été depuis la connétable Colonne; et ce prince, jeune, ardent dans ses désirs, emporté par une première passion, la vouloit épouser, et l'eût peut-être fait malgré la Reine mère, si le cardinal, qui étoit aux conférences de Saint-Jean-de-Luz, ne l'eût menacé de quitter tout, et d'abandonner le soin de ses affaires. Il fit d'abord peu de cas de ses menaces, qu'il ne croyoit pas sincères, et manda au cardinal qu'il fît tout ce qu'il voudroit; et que s'il abandonnoit ses affaires, assez d'autres s'en chargeroient volontiers. J'ai ouï conter plusieurs fois à la comtesse de Soissons que l'alarme fut grande parmi les nièces du cardinal. Elles voyoient sa chute prochaine, et se défioient de l'amour du Roi, qui, venant à leur manquer tout d'un coup, les faisoit retomber dans la misère. Il leur paroissoit fort amoureux, mais cela ne les mettoit pas en repos. La chose alla si avant, que la Reine mère eut peur : elle demanda conseil au vieux Brienne, qui avoit toujours été fort attaché à son service. Il lui dit qu'ayant été si long-temps régente, il ne croyoit pas que le Roi, avant l'âge de vingt-cinq ans, pût se marier sans son consentement; qu'en tout cas il lui conseilloit de faire une protestation en bonne forme, et que ce seroit une bonne pièce pour faire casser le mariage quand le Roi seroit revenu de son aveuglement. La protestation fut dressée, toute prête à être signifiée si les choses fussent allées plus loin : mais on n'en eut pas besoin; le Roi se rendit aux raisons du cardinal, qui envoya l'ordre de conduire sa nièce à Brouage. Marie (c'étoit le nom de la nièce) pleura beaucoup. Le Roi parut attendri, mais il avoit pris sa résolution ; et ce fut dans le moment du départ qu'elle lui dit ces paroles qui vouloient dire tant de choses : « Ah ! sire, vous êtes roi, et je pars ! » Il ne voulut pas les entendre, et continua encore quelque temps à presser le cardinal ; mais le voyant plus ferme que jamais, ce prince, naturellement sage, fit de sérieuses réflexions. Il se lassoit bien d'être en tutèle, mais il ne se sentoit pas assez fort pour marcher sans conducteur. Il n'avoit presque aucune connoissance du gouvernement. La paix n'étoit point encore signée ; et le mépris éclatant qu'il eût fait de l'infante en épousant une simple demoiselle le rejetoit indubitablement dans la guerre. Il avoit ouï dire (et cela étoit vrai) que ses revenus étoient mangés deux ou trois ans par avance. D'ailleurs il s'étoit passé quelques mois depuis que son cœur étoit blessé. L'espérance (qu'il avoit crue une certitude) de faire consentir le cardinal à la grandeur de sa nièce lui avoit fait prendre patience ; et cette fille, pleine d'artifice, n'avoit pu lui fasciner les yeux plus long-temps. Il s'étoit aperçu qu'elle n'étoit point belle, et que ses manières enjouées venoient moins d'un esprit vif que d'un naturel emporté, et incapable de réflexion. Quoi qu'il en soit, il céda aux raisons du cardinal : la paix fut signée, et le mariage conclu.

C'a été depuis un grand problème entre les politiques, savoir si le cardinal agissoit de bonne foi, et s'il ne s'opposoit pas au torrent pour augmenter sa violence. J'ai vu le vieux maréchal de Villeroy et feu M. le premier agiter fortement la question, non pas ensemble (je l'aurois bien souhaité), mais chacun dans son cabinet. Ils apportoient une infinité de raisons pour et contre, et d'ordinaire ils concluoient en faveur de la sincérité du cardinal, non qu'ils ne le crussent assez ambitieux pour avoir souhaité de voir sa nièce reine de France, mais ils le connoissoient fort timide, et incapable d'aller tête baissée contre la Reine mère, qui seroit devenue son ennemie sans retour; et cela sur la parole fort périlleuse d'un homme de vingt ans, qui aimoit pour la première fois : au lieu qu'en refusant l'élévation d'une nièce qu'il n'avoit pas sujet d'aimer fort tendrement (il savoit qu'elle étoit assez folle pour se moquer de lui depuis le matin jusqu'au soir), au lieu, dis-je, qu'en faisant le héros par le mépris d'une couronne, il le devenoit en effet, et faisoit la paix, assuroit son pouvoir, et persuadoit le Roi, d'une manière bien sensible, de son attachement inviolable à la gloire de sa personne et au bien de son Etat.

Ce cardinal si fameux, qui sur la fin de ses jours sembloit vouloir se faire aimer du peuple autant qu'il en avoit été haï, ne put exécuter de si belles résolutions, s'il est vrai qu'il les ait eues. Il languit près d'une année dans le château de Vincennes, où il s'étoit fait porter pour prendre l'air. Il y commandoit avec une autorité plus absolue que jamais, et depuis la paix des Pyrénées il exigeoit des plus grands seigneurs de plus grands respects que par le passé; il vouloit que tout le monde le traitât de monseigneur. La plupart des courtisans s'y étoient soumis, et généralement tous ceux qui avoient besoin de lui. Le vieux Brienne, qui avoit une tête de fer, affectoit de l'appeler monsieur: mais il ne s'en trouva pas mieux dans la suite; et peut-être fût-ce une des choses qui contribua à sa perte, le cardinal ayant fait au Roi une fort mauvaise peinture de lui et de son fils. Le cardinal commença alors tout de bon à vouloir instruire le Roi. Il tenoit le conseil presque tous les jours avec Fouquet, Lyonne et les secrétaires d'Etat, et ne vouloit point qu'on parlât d'affaires que le Roi n'y fût. Il lui disoit ce qu'il falloit qu'il répondît aux ambassadeurs, ou lui envoyoit sa leçon par le jeune Brienne, reçu en survivance de la charge de secrétaire d'Etat des affaires étrangères. Le Roi suivoit exactement les conseils du cardinal. Un jour pourtant qu'il lui avoit mandé de refuser absolument à l'envoyé de Gênes la restitution d'un vaisseau qui pouvoit valoir dix mille écus, ce prince, qui se sentoit un si grand prince, dit à Brienne : « Je ne puis me résoudre à refuser dix mille « écus à une république ; mais je le renverrai à M. le « cardinal, qui en fera ce qu'il voudra. »

Il montra la même grandeur d'ame lorsque Colbert lui apporta le testament que le cardinal venoit de faire (et ce fut la veille qu'il mourut) : il lui défendit de le lire, et le signa sans vouloir savoir ce qu'il contenoit. « C'est la moindre chose que je lui dois, » dit-il en soupirant.

Le cardinal ne passoit pas pour avoir la conscience fort timorée ; et néanmoins les scrupules augmentoient à mesure que la mort approchoit. Un bon théatin, son confesseur, lui dit net qu'il seroit damné s'il ne restituoit le bien qu'il avoit mal acquis : « Hélas ! « dit-il, je n'ai rien que des bienfaits du Roi. — Mais, « reprit le théatin, il faut bien distinguer ce que le « Roi vous a donné d'avec ce que vous vous êtes donné « vous-même. — Ah ! si cela est, dit le cardinal, il

« faut tout restituer. » Colbert vint là-dessus; et étant consulté, conseilla au cardinal de faire une donation testamentaire de tous ses biens en faveur du Roi; qu'il ne manqueroit pas, vu son bon cœur, de les lui redonner sur-le-champ. L'expédient plut à Son Eminence : il falloit peu de chose pour calmer ses remords. Il fit la donation le 3 mars; mais il fut deux jours fort en peine, parce que le Roi, qui l'avoit acceptée, ne disoit mot. « Ma pauvre famille! s'é-
« crioit-il dans son lit devant Colbert, Roze et Ber-
« nouin son premier valet-de-chambre (je le sais de
« Roze); ah! ma pauvre famille n'aura pas de pain. »
Colbert le réconfortoit, et lui rapporta enfin le 6 du mois la donation du Roi, qui le remettoit en possession de ses richesses immenses. Il refit aussitôt ce fameux testament dont on a tant parlé, par lequel il dispose de plus de cinquante millions; et le 7 et le 8 il y fit quelque changement. Il y défend, sur toutes choses, qu'on fasse inventaire de ses effets, assurément dans la peur qu'il avoit que le public n'en fût scandalisé. Il donne au Roi deux cabinets de pièces de rapport qui n'étoient pas encore achevés; quelques diamans à la Reine mère; soixante marcs d'or et une tenture de tapisserie à Monsieur; six cent mille francs pour faire la guerre aux Turcs; à peu près deux cent mille écus à la princesse de Conti, et autant à la princesse de Modène; dix-huit mille francs de pension viagère à madame de Martinozzi sa sœur; au marquis de Mancini son neveu le duché de Nevers, neuf cent mille francs d'argent comptant, des rentes sur Brouage, et la moitié de ses meubles, avec tous ses biens de Rome; deux cent mille écus à M. de

Vendôme; autant à la comtesse de Soissons; cent mille francs au maréchal de Gramont; dix-huit gros diamans pour être de la couronne, à condition qu'on les appelleroit *les mazarins;* six mille francs aux pauvres; et tout le reste de ses biens au duc et à la duchesse Mazarin, qu'il institue ses légataires universels. Il nomme, pour exécuteurs de son testament, le premier président, messieurs Fouquet, Le Tellier, l'évêque de Fréjus, et Colbert. On n'entroit plus dans sa chambre, les huit derniers jours de sa maladie, que par la garde-robe, de peur de lui faire du bruit. Il y avoit un petit passage obscur où Colbert passoit les jours et les nuits à recevoir les complimens de tout le monde. Il étoit intendant de la maison du cardinal, et savoit toutes ses affaires; et dès que Son Eminence eut rendu les derniers soupirs, il alla trouver le Roi, et lui dit que le cardinal avoit en différens lieux près de quinze millions d'argent comptant; et qu'apparemment son intention n'étoit pas de les laisser au duc Mazarin, quoiqu'il l'eût déclaré son légataire universel; qu'il falloit prendre là-dessus le mariage de ses nièces, à qui il donnoit à chacune à peu près quatre cent mille écus; et que le surplus serviroit à remplir les coffres de l'épargne, qui étoient fort vides. Ce fut là le commencement de la fortune de Colbert. La chose demeura secrète entre le Roi et lui; et le surintendant n'en sut rien, ou ne fit pas semblant de le savoir.

On dit qu'on trouva à Sedan, chez le maréchal Fabert, cinq millions; deux à Brisach, six à La Fère, et cinq ou six à Vincennes. Il y avoit aussi de l'argent dans son appartement du Louvre; mais Bernouin, son premier valet de chambre, s'en saisit, et ne le rendit pas : il en fut au moins soupçonné, parce que la veille de la mort du cardinal il le quitta agonisant, et alla tout seul au Louvre, où Colbert ne trouva rien le lendemain. Le duc Mazarin n'eut aucune connoissance du testament, ou eut assez d'esprit pour n'en rien dire : il se croyoit assez heureux d'avoir par son contrat de mariage douze cent mille écus d'argent comptant, le gouvernement général d'Alsace, avec les gouvernemens particuliers de Brisach et de Philisbourg, ceux de La Fère et de Vincennes, les terres, les maisons, les meubles et les pierreries, qui le rendirent, avec ce qu'il avoit déjà, le plus grand seigneur de France. On dit même qu'il mit la main sur les six millions qui étoient à La Fère, et sur les deux qui étoient à Brisach, où il alla peu de temps après la mort du cardinal. Le Roi lui tint aussi parole sur le gouvernement de Bretagne, que le cardinal mourant lui avoit encore demandé pour lui : il ordonna au jeune Brienne, deux heures après la mort du cardinal, d'en expédier les provisions en faveur du duc Mazarin. Brienne lui représenta qu'il falloit avoir la démission de la Reine mère, qui étoit pourvue de ce gouvernement : le Roi lui dit d'attendre un moment, et entra dans le cabinet de la Reine mère, d'où étant sorti aussitôt, il redit à Brienne d'expédier toujours les provisions sans parler de démission, et de les porter à M. le chancelier pour les sceller. Brienne prit encore la liberté de lui dire que M. le chancelier feroit assurément difficulté sur la démission. Alors le Roi prit cet air et ce ton de maître qu'il a toujours eu depuis, et qu'il n'avoit point eu jusque là, et lui dit :

« Je le veux ; dites-le à M. le chancelier, et m'ap-
« portez les provisions scellées demain à mon lever. »
Brienne et le chancelier obéirent ; et le Roi mit le
lendemain les provisions entre les mains du duc Mazarin. Mais comme la Reine mère ne voulut pas donner
sa démission, en disant : « N'est-ce pas assez d'hon-
« neur pour lui d'être mon lieutenant ? » le duc n'osa
pas tirer au bâton avec elle, rendit ses provisions, et
se contenta de sa lieutenance générale de Bretagne,
qu'il avoit déjà.

Mais pour revenir au cardinal mourant, le Roi et
la Reine mère lui tenoient compagnie assidument, et
donnoient tous leurs soins à le divertir dans ses maux.
Les médecins en avoient mauvaise opinion. Il faisoit
toujours bonne mine, suivant la politique de la cour,
où, pour bien faire, il ne faut jamais être malade. Il
vouloit qu'on le crût en bonne santé, et se croyoit
peut-être lui-même dans le chemin de guérir. Quinze
jours avant que de mourir, il voulut absolument se
lever, et donna audience à tout le monde. Le comte
de Fuensaldagne, ambassadeur d'Espagne, en le
voyant, se tourna du côté de M. le prince, et lui dit
avec gravité : *Señor, representa mui ben il defunto
cardenal Mazarin.* Fuensaldagne étoit gouverneur
des Pays-Bas quand M. le prince s'y retira ; il ne vouloit jamais batailler, et disoit : *El señor principe
de Condé corre sopre cavallos prestados.* Et sur ce
qu'un jour l'armée d'Espagne, en entrant en Picardie, fut obligée de faire halte pour voir par où elle
iroit : « Quoi ! s'écria-t-il, le prince de Condé vient
« pour révolter la France, et il n'a pas un guide pour

« y entrer! » J'ai mis ces paroles en français, parce que je ne les sais pas en espagnol.

Le cardinal Mazarin eût volontiers imité Cromwell s'il avoit été dans un pays de fanatiques. Cromwell, près d'entrer dans l'agonie après avoir assuré hautement qu'il n'en mourroit pas, et que Dieu lui faisoit connoître l'avenir, avouoit son imposture à ses amis particuliers, et leur disoit : « Si je guéris, me voilà « prophète; et si je meurs, que m'importe qu'ils me « croient un fourbe ? » Le cardinal, aussi attaché à la vie présente, n'en eût pas moins fait pour imposer au public, s'il avoit cru en pouvoir venir à bout : et ce fut peut-être dans cette pensée que, la veille de sa mort, il manda à ma mère par Brayer, fameux médecin, qu'il s'étoit souvenu d'elle dans son testament, quoiqu'il n'y eût pas songé. Il continuoit cependant à donner de son lit des ordres qui étoient exécutés : il abusoit plus que jamais de la souveraine puissance; il disposoit des charges, il donnoit les bénéfices [1]. Le Roi, tendre et reconnoissant, le laissoit faire, dans la pensée que cela finiroit bientôt. Il avoit déclaré le marquis de La Meilleraye, grand-maître de l'artillerie, son héritier principal, en lui faisant prendre le nom de Mazarin; et il lui avoit donné Hortense, la plus belle de ses nièces, avec tant de millions en argent, en terres, en maisons et en pierreries, qu'il avoit cru établir sa maison sur des fondemens inébranlables,

---

[1] Le marquis de Pomponne écrivoit à Arnauld d'Andilly son père, le 4 février 1661, que *l'on n'avoit jamais conservé la toute-puissance plus avant dans la mort.* (Lettres de Pomponne, à la suite des Mémoires de Coulanges, page 376; Paris, 1820.)

oubliant sans doute que le cardinal de Richelieu avoit eu le même dessein, et n'y avoit pas réussi ; comme si la Providence, par une justice prompte et sévère, vouloit confondre toute la sagesse des hommes, et faire voir, pour la consolation des gens de bien, que les élévations si subites ne durent guère quand elles ne sont pas fondées sur l'innocence. Il avoit balancé quelque temps entre le grand-maître et le prince de Courtenay, qu'il eût fait réconnoître prince du sang, s'il avoit été capable de soutenir une si grande naissance. Il ne témoigna pas se souvenir seulement des engagemens qu'il avoit pris, il y avoit sept ou huit ans, avec la duchesse de Bouillon. Le peu d'empressement que M. de Turenne avoit montré pour ce mariage l'avoit piqué ; et M. de Turenne, de son côté, voyant le froid de Son Eminence, avoit fait le fier, et ne s'étoit donné aucun mouvement : mais quand il vit que la maladie étoit mortelle, il fit tout ce qu'il put pour se raccommoder avec son ami mourant. Il se présenta plusieurs fois à la porte de sa chambre, et n'entra point, pendant que le maréchal de Gramont étoit toute la journée au chevet du lit du cardinal. Il en parla à Ondedei, évêque de Fréjus, qui enfin, la veille de la mort de Son Eminence, le vint querir de sa part. Ils s'embrassèrent cordialement. Le cardinal lui dit qu'il avoit exhorté le Roi à n'oublier jamais ses grands services, et que, connoissant le cœur de Sa Majesté, il ne devoit pas être en peine là-dessus ; que pour lui, il sentoit une véritable joie de mourir son serviteur et son ami. En disant cela, il tira de son doigt un diamant de mille pistoles qu'il lui donna, le priant de le garder comme un gage de son amitié. Puis, voulant témoigner de la fermeté en présence d'un des plus braves hommes du monde, il lui dit qu'il espéroit tout de la miséricorde de Dieu; mais qu'il ne craignoit rien. « Quand le monde, lui dit-il en latin, « tomberoit en ruines, je ne tremblerois pas (1). Ils ne parlèrent point de leurs anciens engagemens; mais on m'a dit que l'évêque de Fréjus ayant proposé au cardinal le mariage de sa nièce Marie Mancini avec M. de Bouillon, le cardinal, presque agonisant, n'avoit voulu écouter aucune proposition, et avoit dit seulement que sa nièce ne demeureroit pas avec huit cent mille francs d'argent comptant et le gouvernement d'Auvergne, sur lequel le Roi lui donnoit un brevet de retenue de cent mille écus. Et effectivement l'année suivante la Reine mère la maria au duc de Bouillon, qui étoit alors, sans contredit, le meilleur parti de France.

J'ai ouï dire à M. Le Tellier que le cardinal avoit envie de donner sa nièce et tout son bien au comte de Coligny, après la bataille des Dunes. Coligny, qui avoit été pris prisonnier, ayant été mené à Calais, le cardinal lui envoya M. Le Tellier pour lui proposer de quitter le service de M. le prince, et de s'attacher à lui, avec ordre, s'il acceptoit le parti de bonne grâce, de lui dire tout de suite que Son Eminence lui donnoit sa nièce, et qu'il le déclaroit son héritier. Coligny répondit fièrement qu'il n'abandonneroit point M. le prince dans son malheur, et Le Tellier ne se déclara pas davantage : mais cinq ou six ans après,

(1) *Si fractus illabatur orbis,*
Impavidum ferient ruinæ.
HORAT., Carm. lib. III, od. 3.

lorsque le Roi nomma Coligny pour commander les six mille hommes qu'il envoyoit en Hongrie, Le Tellier, en lui donnant ses instructions, lui dit : « Vous « souvenez-vous, monsieur, de la visite que je vous « fis à Calais ? J'avois ordre de M. le cardinal, si vous « eussiez voulu quitter le parti de M. le prince, de « vous dire qu'il vous choisissoit pour épouser sa « nièce, et pour vous faire son héritier. — J'ai fait « mon devoir, lui répliqua Coligny ; je ne saurois « m'en repentir (1). »

Le grand-maître avoit épousé Hortense, et avoit pris le nom de Mazarin. Il étoit alors assez à la mode : chose étrange que sa fortune l'ait accablé ! Il eût été fort honnête homme et fort riche s'il fût demeuré dans son état naturel ; mais son ame n'étoit pas faite pour porter un si grand poids d'honneur et de richesses. Une dévotion mal entendue le saisit, et gâta tout ; la tête lui tourna bientôt. Il alla lui-même un matin tout seul, dans sa galerie, casser à coups de marteau des statues antiques d'un prix inestimable, croyant faire une action héroïque ; et sur ce que Colbert lui alla demander de la part du Roi ce qui l'avoit poussé à faire une action si extraordinaire, il dit que c'étoit sa conscience. « Mais, monsieur, reprit « Colbert, pourquoi avez-vous dans votre chambre « cette tapisserie où Mars est assis bien près de Vé-

(1) Jean, comte de Coligny, baron de La Mothe Saint-Jean, a laissé des Mémoires très-brefs, qu'il écrivit sur les marges du missel de sa chapelle : cette pièce respire la haine la plus prononcée contre le prince de Condé, et elle n'offre pour ainsi dire aucun fait. C'est ce qui nous a déterminé à ne point insérer ces Mémoires dans notre Collection. M. Musset-Pathay, connu par des ouvrages pleins de recherches, les a publiés dans ses *Contes historiques*, page 236 ; Paris, 1826, in-8°.

« nus? — Ah! monsieur, lui dit le duc de Mazarin, ce
« sont des tapisseries de la maison de La Porte. » Le
Roi le plaignit, et le laissa faire; mais il n'oublia pas
ce fait héroï-comique : et plus de quatre ans après,
en visitant les bâtimens du Louvre, et voyant un marteau sur un degré, il se tourna vers Perrault, contrôleur des bâtimens, et dit : « Voilà une arme dont le
« duc Mazarin se sert fort bien. »

Ce pauvre homme depuis ce temps-là, en faisant
de bonnes œuvres, a trouvé le moyen de se faire mépriser de tout le monde. A force de vouloir faire justice, il ne l'a faite à personne : il a eu trois cents procès qu'il a presque tous perdus, non que le souvenir
du cardinal inclinât ses juges en faveur de ses parties,
mais parce que dans le fond il avoit tort, et qu'il n'a
jamais voulu croire son conseil, en consultant néanmoins et payant bien cher les plus habiles avocats.
Il a toujours agi sur un plaisant principe : « Je suis
« bien aise, dit-il, qu'on me fasse des procès sur tous
« les biens que j'ai eus de M. le cardinal. Je les crois
« tous mal acquis ; et du moins quand j'ai un arrêt en
« ma faveur, c'est un titre, et ma conscience est en
« repos. » Enfin, pour remplir la malédiction que
Dieu avoit jetée sur tant de richesses, qu'on peut dire
véritablement le sang du peuple, il a trouvé le secret
de se ruiner, quoi qu'aient pu faire Colbert, Gaumont
et Bellinsani, les trois hommes du monde les moins
dissipateurs, qui dans le commencement se faisoient
un honneur d'abandonner leurs propres affaires pour
avoir soin des siennes.

Cependant le cardinal se sentoit défaillir à vue
d'œil. Ses douleurs, qui étoient souvent fort aiguës,

en minant son corps n'attaquoient point son esprit ; il l'eut toujours gai, et tourné vers la plaisanterie : et sur ce que Brayer, qui avoit la conversation fort agréable, lui dit, en causant et sans songer à rien, qu'il paroissoit une comète, il se l'appliqua aussitôt, et dit, en s'humiliant et acceptant l'augure : « La comète me « fait trop d'*honnour*(1). » Il mourut enfin moins chrétien que philosophe, avec une constance admirable, et une tranquillité qui lui venoit, à ce qu'il disoit lui-même, de l'innocence de sa vie passée. Il mourut dans la vision de se faire pape ; et c'étoit peut-être dans cette pensée qu'il ne s'étoit jamais voulu naturaliser Français. Il se voyoit assuré de la France, et avoit tiré parole de don Louis de Haro, en faisant la paix, que non-seulement l'Espagne ne lui donneroit pas l'exclusion, mais qu'elle le serviroit de toutes ses créatures, et de celles de l'Empereur, qui ne faisoient alors que la même faction. Il prétendoit gagner les cardinaux florentins par le mariage de mademoiselle d'Orléans avec le prince de Toscane, et en promettant au grand duc de lui faire accorder par le Roi les mêmes honneurs qu'au duc de Savoie. Il avoit gagné la république de Venise et ses cardinaux, en lui envoyant un grand secours d'hommes et d'argent sous la conduite du prince Alméric d'Est. Il avoit fait par là d'une pierre deux coups, et s'étoit défait de la plupart des troupes de M. le prince, dont la fidélité lui étoit fort suspecte ; mais, pour cacher sa mauvaise intention, il y avoit aussi envoyé son régiment italien, se souciant peu de

---

(1) *La comète me fait trop d'honnour* : Madame de Sévigné cite ce mot du cardinal Mazarin dans sa lettre au comte de Bussy-Rabutin, du 2 janvier 1681.

sacrifier ses amis pourvu qu'il perdît ses ennemis. Il savoit enfin que le Roi n'épargneroit rien pour le faire pape, par amitié, par reconnoissance, par gloire, et peut-être même pour se défaire honorablement d'un premier ministre qui commençoit à lui être à charge. Ainsi, sans faire trop d'attention aux règles canoniques, le cardinal croyoit la chose fort possible avec le secours de trente abbayes, et de quinze millions d'argent comptant.

La mort du cardinal Mazarin fit plaisir au petit peuple, qui croit toujours gagner au changement. Il avoit fait la paix, et avoit promis des merveilles; mais ce n'étoit que des paroles d'un ministre italien. Les impôts n'étoient point diminués; et, sous le prétexte spécieux de rétablir les finances, les choses alloient leur train ordinaire. On ne voyoit que spectacles publics, ballets mêlés de musique, carrousels, feux d'artifice. La cour étoit dans la magnificence extérieure; toute la misère étoit au dedans. On voyoit bien les fleurs de la paix, mais on n'en avoit point encore goûté les fruits.

Les plus gens de bien trembloient pour l'Etat, qu'ils voyoient sans pilote : il ne leur entroit pas seulement dans l'esprit que le Roi fût capable de gouverner, ni même qu'il voulût s'en donner la peine. Il étoit beau, bien fait, vingt-deux ans; les plaisirs venoient de toutes parts pour endormir sa vertu : quelle apparence qu'il eût le courage de se charger du poids des affaires, et de passer ses plus beaux jours dans des discussions ennuyeuses? Tous les raisonnemens politiques aboutissoient à chercher un homme qui prît le timon, à l'exemple des cardinaux de Richelieu et de Mazarin; et on ne voyoit personne en passe de faire ce personnage.

Il y avoit alors trois hommes sur le théâtre des affaires : Fouquet, Le Tellier et Lyonne. J'y ajouterai Colbert, qui fit bientôt après la principale figure. Je crois que, pour l'intelligence de ce que j'ai à dire dans la suite, il est à propos de les faire connoître à fond, et de les peindre trait pour trait, sans cacher la moindre de leurs bonnes et mauvaises qualités. Le portrait que je vais en faire sera d'autant plus ressemblant qu'ils sont morts tous quatre, et que j'ai eu le temps de les connoître pendant leur vie. Fouquet est le seul que je n'ai connu que de visage ; mais j'ai ouï parler de lui à tant de gens d'esprit, sans préoccupation, en différens temps, en lieux différens, disant tous la même chose, que je crois le connoître aussi bien que les autres. Au reste, je ne dirai pas ce qu'ils étoient et ce qu'ils sembloient être à la mort du cardinal ; à peine les connoissoit-on : ils se contraignoient alors pour parvenir à la fortune. Attentifs à ne se laisser voir que du bon côté, ils cachoient leurs mauvaises inclinations, qui auroient pu leur faire tort. Mais dès qu'ils se virent dans le conseil du Roi, décidant souverainement de la destinée de l'Europe, chacun se déclara. L'ambitieux se distilla en projets, et eut l'insolence de dire : « Où ne monterai-je point (1) ? » L'avare (2) amassa de l'argent ; l'orgueilleux (3) fronça le sourcil ; le voluptueux (4) ne se cacha plus dans les ténèbres.

Nicolas Fouquet avoit beaucoup de facilité aux affaires, et encore plus de négligence ; savant dans le

---

(1) *Où ne monterai-je point ?* Le surintendant Fouquet avoit pris pour devise : *Quò non ascendam ?* — (2) *L'avare* : Le Tellier. — (3) *L'orgueilleux* : Colbert. — (4) *Le voluptueux* : Lyonne.

droit, et même dans les belles-lettres; la conversation légère, les manières aisées et nobles. Il écrivoit bien, et ordinairement la nuit, à la bougie, dans son lit, à son séant, les rideaux fermés : il disoit que le grand jour lui donnoit de perpétuelles distractions. Il se flattoit aisément; et dès qu'il avoit fait un petit plaisir à un homme, il le mettoit sur le rôle de ses amis, et le croyoit prêt à se sacrifier pour son service. Cette pensée le rendoit fort indiscret. Il écoutoit paisiblement, et répondoit toujours des choses agréables; en sorte que, sans ouvrir sa bourse, il renvoyoit à demi contens tous ceux qui venoient à son audience. Il vivoit au jour la journée; nulle mesure pour l'avenir, se fiant aux promesses de quelques partisans qui, pour se rendre nécessaires, lui faisoient filer les traites; et tant qu'il fut surintendant, il ne vit jamais deux millions ensemble. Il se chargeoit de tout, et prétendoit être premier ministre sans perdre un moment de ses plaisirs. Il faisoit semblant de travailler seul dans son cabinet à Saint-Mandé; et pendant que toute la cour, prévenue de sa future grandeur, étoit dans son antichambre, louant à haute voix le travail infatigable de ce grand homme, il descendoit par un escalier dérobé dans un petit jardin, où des nymphes que je nommerois bien si je voulois, et des mieux chaussées, lui venoient tenir compagnie au poids de l'or. Il crut être le maître après la mort du cardinal Mazarin, ne sachant pas tout ce que ce cardinal mourant avoit dit au Roi sur son chapitre. Il se flattoit d'amuser un jeune homme par des bagatelles, et ne lui proposoit que des parties de plaisir, se voulant même donner le soin de ses nouvelles amours; ce qui déplut fort au Roi, qui, n'ayant alors de confident que lui-même, se faisoit un plaisir du mystère, et qui d'ailleurs, allant au solide, vouloit commencer tout de bon à être roi. Mais ce qui acheva de le perdre, c'est qu'il se laissa aller à des airs de supériorité sur les autres ministres, qui en furent offensés, et se réunirent contre lui. Ils le firent bientôt donner dans le panneau, en lui conseillant de vendre sa charge de procureur général du parlement, pour en porter l'argent à l'épargne ; ce qu'il fit comme un innocent, se mettant par là la corde au cou, mais croyant faire sa cour à un jeune prince, qui ne se contentoit pas de si peu de chose. Fouquet étoit persuadé que les rois étoient assez riches, pourvu que les peuples fussent dans l'abondance : maxime bonne en elle-même, qu'il outra en répandant à pleines mains l'argent du Roi, et lui laissant manger ses revenus deux ou trois ans par avance. Ses vues particulières lui faisoient négliger le bien de l'Etat : il donnoit pour quatre millions de pensions à ses amis de cour, qu'il croyoit ses créatures ; et il étoit d'assez bonne foi pour compter sur eux, et pour les juger capables de le soutenir dans un changement de fortune, qu'il prévoyoit fort possible. Il fit là-dessus des projets de révolte qui eussent mérité la mort, si le ridicule n'en avoit adouci le crime. Ses dépenses prodigieuses à Vaux suffisoient pour sa condamnation ; mais la manière dont on s'y prit pour le perdre ramena les cœurs dans son parti. Il étoit coupable ; mais, à force de le poursuivre contre les formes, on irrita ses juges en sa faveur, et son innocence prétendue fut un effet de la colère aveugle et précipitée de ses ennemis.

Michel Le Tellier avoit reçu de la nature toutes les grâces de l'extérieur : un visage agréable, les yeux brillans, les couleurs du teint vives, un sourire spirituel, qui prévenoit en sa faveur. Il avoit tous les dehors d'un honnête homme, l'esprit doux, facile, insinuant; il parloit avec tant de circonspection, qu'on le croyoit toujours plus habile qu'il n'étoit; et souvent on attribuoit à sagesse ce qui ne venoit que d'ignorance. Modeste sans affectation, cachant sa faveur avec autant de soin que son bien, la fortune la plus éclatante et la première charge de l'Etat ne lui firent point oublier que son grand-père avoit été conseiller de la cour des aides. Il ne fit jamais vanité d'une belle et fausse généalogie; et il faut rendre cette justice à ses enfans, ils ont imité sa sagesse et sa modestie sur ce point-là, et n'ont point endossé un ridicule fort ordinaire aux gens de nouvelle fabrique. Mais aussi se donna-t-il par là l'exclusion à la pairie, lorsqu'il dit au Roi, à l'occasion du chancelier Seguier qui vouloit être duc de Villemor, que ces grandes dignités ne convenoient point à des gens de robe, et qu'il étoit de la politique de ne les accorder qu'à la vertu militaire. Son fils aîné Louvois, par tous ses services, qui ont brillé longtemps et presque jusqu'à sa mort, n'a jamais pu effacer de l'esprit de son maître ce petit mot que son père avoit lâché, sans songer aux conséquences. Il promettoit beaucoup, et tenoit peu; timide dans les affaires de sa famille, courageux et même entreprenant dans celles de l'Etat; génie médiocre, vues bornées; peu propre à tenir les premières places, où il payoit souvent de discrétion, mais assez ferme à suivre un plan quand une fois il avoit aidé à le former ; incapable d'en être détourné par ses passions, dont il étoit toujours le maître ; régulier et civil dans le commerce de la vie, où il ne jetoit jamais que des fleurs (c'étoit aussi tout ce qu'on pouvoit espérer de son amitié), mais ennemi dangereux, cherchant l'occasion de frapper sur celui qui l'avoit offensé, et frappant toujours en secret, par la peur de se faire des ennemis, qu'il ne méprisoit pas, quelque petits qu'ils fussent. Il ne laissoit pas de sentir les obligations de son emploi et les devoirs de sa religion, auxquels il a toujours été fidèle. Il s'écria, du fond du cœur et avec sincérité, peu de jours avant que de mourir, qu'il n'avoit point de regret à la vie, puisqu'il se voyoit assez heureux pour sceller la révocation de l'édit de Nantes.

Hugues de Lyonne, gentilhomme de Dauphiné, avoit un génie supérieur. Son esprit, naturellement vif et perçant, s'étoit encore aiguisé dans les affaires, où le cardinal Mazarin l'avoit mis de bonne heure ; habile négociateur, que la réputation d'une trop grande finesse avoit rendu presque inutile dans le commerce des Italiens, qui se défioient d'eux-mêmes quand ils avoient à traiter avec lui. Avec beaucoup d'esprit et d'étude, il écrivoit assez mal, mais facilement, ne se voulant pas donner la peine d'écrire mieux. Au reste, fort désintéressé, ne regardant les biens de la fortune que comme des moyens de se donner tous les plaisirs; grand joueur, grand dissipateur; sensible à tout, ne se refusant rien, même aux dépens de sa santé ; paresseux quand son plaisir ne le faisoit pas agir ; infatigable, et passant à travailler les jours et les nuits quand la nécessité y étoit (ce qui arrivoit rarement); n'attendant aucuns secours de ses commis, tirant tout de lui-même, écrivant de sa main ou dictant toutes les dépêches; donnant peu d'heures dans la journée aux affaires de l'Etat, et croyant regagner par sa vivacité le temps que ses passions lui faisoient perdre. Sa mort fut aussi chrétienne et pénitente que sa vie l'avoit été peu. Il ne pouvoit trop souffrir, disoit-il tout haut, pour expier ses péchés; et l'on vit en sa personne un exemple sensible de ces prétendus esprits forts, qui, à la vue des jugemens de Dieu, sont forcés à déposer toute leur fierté, et à reconnoître humblement les vérités de la foi, qu'ils avoient combattues avec insolence.

Jean-Baptiste Colbert avoit le visage naturellement renfrogné. Ses yeux creux, ses sourcils épais et noirs, lui faisoient une mine austère, et lui rendoient le premier abord sauvage et négatif; mais dans la suite, en l'apprivoisant, on le trouvoit assez facile, expéditif, et d'une sûreté inébranlable. Il étoit persuadé que la bonne foi dans les affaires en est le fondement solide. Une application infinie et un désir insatiable d'apprendre lui tenoient lieu de science: plus il étoit ignorant, plus il affectoit de paroître savant, citant quelquefois hors de propos des passages latins qu'il avoit appris par cœur, et que ses docteurs à gages lui avoient expliqués. Nulle passion depuis qu'il avoit quitté le vin; fidèle dans la surintendance, où avant lui on prenoit sans compter, et sans rendre compte; riche par les seuls bienfaits du Roi, qu'il ne dissipoit pas, prévoyant assez, et le disant à ses amis particuliers, la prodigalité de son fils aîné (1). Il envoya au Roi, avant que de mourir, le mémoire de son bien, qui montoit à plus de dix millions, et fit voir clairement que les appointemens de ses charges et les gratifications extraordinaires avoient pu en vingt-deux ans produire légitimement une somme aussi considérable que celle-là. Il fut le restaurateur des finances, qu'il trouva en fort mauvais état à son avénement au ministère. Esprit solide, mais pesant, né principalement pour les calculs, il débrouilla tous les embarras que les surintendans et les trésoriers de l'épargne avoient mis exprès dans les affaires pour y pêcher en eau trouble, ne fit plus que deux chapitres, l'un des revenus du Roi, et l'autre de sa dépense. Il présentoit au Roi, tous les premiers jours de l'an, un *agenda* où ses revenus étoient marqués en détail; et à chaque fois que le Roi signoit des ordonnances, Colbert le faisoit souvenir de les marquer sur son *agenda*, afin qu'il pût voir quand il lui plairoit combien il lui restoit encore de fonds (au lieu que dans les temps passés il ne pouvoit jamais savoir ce qu'il avoit); et lorsqu'il demandoit de l'argent, les surintendans lui disoient avec une franchise admirable : « Sire, il n'y en a point à l'épargne; mais Son Emi« nence vous en prêtera. » Colbert, satisfait d'avoir par sa capacité remis l'abondance dans les coffres du Roi (ce qui n'est pas fort difficile dans un temps de paix, lorsqu'on diminue la dépense et qu'on ne diminue point la recette), s'abandonna à des projets sur le commerce, dont il ne prit les desseins que dans son imagination. Il crut que le royaume de France

(1) *Son fils aîné* : Le marquis de Seignelay.

se pourroit suffire à lui-même, oubliant sans doute que le créateur de toutes choses n'a placé les différens biens dans les différentes parties de l'univers qu'afin de lier une société commune, et d'obliger les hommes par leur intérêt à se communiquer réciproquement les trésors qui se trouvent dans chaque pays. Il parla à des marchands, et leur demanda en ministre les secrets de leur métier, qu'ils lui dissimulèrent en vieux négocians. Toujours magnifique en idées, et presque toujours malheureux dans l'exécution, il croyoit pouvoir se passer des soies du Levant, des laines d'Espagne, des draps de Hollande, des tapisseries de Flandre, des chevaux d'Angleterre et de Barbarie. Il établit toutes sortes de manufactures, qui coûtoient plus qu'elles ne valoient; il fit une compagnie des Indes orientales sans avoir les fonds nécessaires, et ne sachant pas que les Français, impatiens de leur naturel, et en cela bien différens des Hollandais, ne pouvoient jamais avoir la constance de mettre de l'argent nouveau trente ans durant dans une affaire sans en retirer aucun profit, et sans se rebuter. Et enfin, pour faire voir à toute la terre à quel point il savoit mal prendre ses mesures, il envoya La Haye aux Indes orientales, avec six vaisseaux de guerre, affronter les Hollandais, qui y en ont plus de cinquante, et qui n'eurent pas grand' peine à lui enlever tous ses vaisseaux l'un après l'autre. Il étoit mal servi les premières années par ses commis, la plupart fripons ou ignorans, quoiqu'il eût pour eux une sévérité insupportable. Il n'y avoit chez lui rien de bien fait que ce qu'il faisoit lui-même, et il ne faisoit rien qu'à force de travail.

La nature ne lui avoit pas été libérale. Peu exact à répondre aux questions qui lui étoient proposées par les intendans de provinces lorsqu'il ne s'agissoit pas d'argent, il fut uniquement attentif à fournir les sommes immenses qu'on lui demandoit tous les jours, sans avoir le courage de représenter au maître, qui apparemment n'en savoit rien, que le peuple étoit dans la misère, tandis qu'on ne parloit que de fêtes, de ballets et d'illuminations.

Il rétablit ou pour mieux dire il créa de nouveau la marine, et la mit sur le pied de bravoure et d'habileté où elle est à présent : mais ce ne fut qu'avec des trésors souvent mal employés, comme à Dunkerque, et peut-être à Rochefort, où il voulut forcer la nature, qui est toujours la plus forte. Toujours plein du Roi, il ne songeoit qu'à l'éterniser dans la mémoire des hommes : les médailles, les statues, les arcs de triomphe, tout ce que l'éloquence et la poésie ont de plus sublime, étoit mis en usage pour la gloire de Louis-le-Grand. Il n'épargnoit ni soins ni pensions pour gagner tous ceux que l'esprit et l'érudition distinguoient dans l'Académie française et dans toutes les parties de l'Europe. Il étoit fort innocent des serpens et des couleuvres que M. Le Brun avoit fait mettre sur tous les volets du Louvre. Le Roi lui en fit pourtant une raillerie un peu amère ; et le pauvre homme, tout éperdu, envoya chercher Perrault, contrôleur des bâtimens, qui lui dit sans hésiter que sous le soleil vainqueur il avoit bien fallu mettre le serpent Python. Il lui ordonna d'écrire sur-le-champ une lettre où cette raison fût bien expliquée ; et dès le lendemain il montra la lettre au Roi, qui le railla encore d'avoir pris la chose si sérieusement : mais enfin les serpens furent ôtés, et ne sont plus sur les volets ; ils sont seulement demeurés en pierres de taille aux fenêtres des galeries du Louvre, parce que pour les ôter il eût fallu faire de furieux échafauds et de la dépense, et que le peuple se seroit réjoui aux dépens de qui il appartenoit. M. de Louvois, qui savoit cette historiette, étant allé aux Invalides pendant qu'on y barbouilloit les mauvaises peintures qui y sont, se mit dans une furieuse colère contre le peintre, qui vouloit, en le peignant auprès du Roi, attraper sa ressemblance : « Non, non, lui « dit-il, défigurez-moi tous ces visages où vous avez « pris tant de peine, et qu'on ne reconnoisse que le « visage du maître. » M. Le Brun s'est moqué de cette politique en peignant la galerie de Versailles.

Colbert se piquoit d'une grande naissance, et avoit là-dessus un furieux foible : s'il avoit tort ou raison, je m'en rapporte aux généalogistes. Il fit enlever la nuit, dans l'église des Cordeliers de Reims, une tombe de pierre où étoit l'épitaphe de son grand-père, marchand de laine demeurant à l'enseigne du *Long-vêtu,* et en fit mettre une autre d'une vieille pierre où l'on avoit gravé en vieux langage les hauts faits du preux chevalier Colbert, originaire d'Ecosse. L'archevêque de Reims m'a conté que quelque temps après la cour ayant passé à Reims, M. Colbert l'alla voir, suivi du marquis de Seignelay son fils, et des ducs de Chevreuse et de Beauvilliers ses gendres ; et qu'après une courte visite il remonta en carrosse, et dit au cocher : *Touche aux Cordeliers !* L'archevêque, curieux, envoya un grison voir ce qu'ils y faisoient ; et il trouva M. Colbert à genoux sur la prétendue tombe de ses ancêtres, disant des sept psaumes et en faisant dire à ses gendres fort dévotement. « Il croyoit tromper « tout l'univers, ajouta le bon archevêque; » et ce qui est plaisant, c'est que M. de Seignelay étoit dans la bonne foi, et se croyoit descendu des rois d'Ecosse. Il avoit fait nommer son fils aîné Edouard, à cause, disoit-il, que les aînés de sa maison en Ecosse avoient tous porté ce nom-là. Un ministre m'a pourtant dit que M. Colbert, en frappant son fils avec les pincettes de son feu (ce qui lui est arrivé plus d'une fois), lui disoit en colère : « Coquin, tu n'es qu'un « petit bourgeois; et si nous trompons le public, je « veux au moins que tu saches qui tu es. » Mais ce qui passe tout, le même archevêque de Reims, qui est assez croyable (il est trop grossier pour n'être pas sincère), m'a dit que Colbert avoit été assez insolent pour dire au Roi qu'il étoit parent de Madame, et que peut-être le Roi en avoit cru quelque chose. Il dit aussi à messieurs de Malte qu'il les prioit d'examiner les preuves de son fils le chevalier avec la dernière rigueur. Ils le firent aussi, et trouvèrent les parchemins de trois cents ans plus moisis qu'il ne falloit. Cette chimère lui étoit montée à la tête dès les premières lueurs de sa fortune; mais il outra la chose, la manifesta, et lui fit passer les mers quand il se vit ministre, et qu'il ne trouva plus à son chemin que des complaisans.

Dès que le cardinal eut rendu l'esprit, le Roi passa dans l'antichambre, et dit au maréchal de Gramont, qu'il trouva sous sa main : « Ah! M. le maréchal, nous « venons de perdre un bon ami. » Le maréchal ne répondit rien, et se mit à pleurer. Le Roi avoit raison : le maréchal de Gramont avoit été favori des cardinaux de Richelieu et Mazarin, qui, le connoissant également fort à la guerre et dans le cabinet, l'aimoient tendrement, et le combloient de biens et d'honneurs. Il avoit suivi le grand Condé dans la plupart de ses expéditions militaires; et lorsque M. de Turenne, par ses grands services et par ses qualités, supérieures à celles des autres hommes, fut devenu maréchal général des armées de France, le maréchal de Gramont fut envoyé à Francfort, où il ne put pas empêcher l'élection d'un prince de la maison d'Autriche, qui depuis tant d'années étoit en possession de l'Empire. Il signa la ligue du Rhin entre le Roi et les électeurs ecclésiastiques et le palatin, ligue qui empêcha les Allemands de secourir les Espagnols dans les Pays-Bas: mais lorsque la paix des Pyrénées fut signée, le maréchal fut envoyé en Espagne pour faire la demande de l'infante; ce qu'il fit d'une manière magnifique et galante. Il fit son entrée à Madrid sur des chevaux de poste, suivi de plus de cinquante jeunes seigneurs français, pour montrer l'impatience qu'avoit le Roi de posséder la plus belle princesse de l'Europe. Il préféra toujours l'intérêt de l'Etat à sa gloire particulière, et monta à la tranchée au siége de Lille à la tête du régiment des gardes, dont il étoit le colonel, quoique M. de Turenne son cadet commandât l'armée. Exemple de magnanimité, qui depuis a été suivi par le maréchal de Boufflers à la bataille de Malplaquet.

Le Roi s'alla enfermer dans son cabinet, et y fit entrer Le Tellier et Lyonne, qui se trouvèrent là. Il envoya aussitôt le jeune Brienne à Saint-Mandé chercher le surintendant, qu'il trouva dans le parc venant à toute bride, fort en colère contre ses amis, qui ne l'avoient pas averti de l'extrémité du cardinal.

Fouquet, Le Tellier et Lyonne étoient les trois ministres dont se servoit le cardinal. Fouquet étoit surintendant; Le Tellier, comme secrétaire d'Etat de la guerre, avoit une connoissance entière du gouvernement; et Lyonne étoit ministre d'Etat depuis qu'il avoit été aux conférences de Francfort; et quoiqu'il n'eût point de charge, il faisoit depuis plusieurs années celle de secrétaire d'Etat des affaires étrangères. Le cardinal se plaignoit toujours de lui, en disoit des choses désagréables, et ne pouvoit s'en passer. Toutes les affaires étrangères étoient résolues avec lui, et ensuite portées au vieux Brienne ou à son fils, qui étoient obligés de signer sans examiner. Colbert faisoit un personnage caché : le cardinal l'avoit recommandé au Roi comme un homme de confiance, bon valet qui ne songeroit qu'à le servir, et ne penseroit point à le gouverner. Le Roi donc, pour la première fois, tint le conseil avec ses trois ministres; Colbert n'y fut admis publiquement que long-temps après. Le conseil dura trois jours; la Reine mère fut outrée de dépit de ce qu'on ne l'y appeloit pas. Elle en parla assez haut : « Je m'en doutois bien, disoit-elle, « qu'il seroit ingrat, et voudroit faire le capable. » La Beauvais, sa première femme de chambre, qu'elle aimoit fort, et qu'elle ne nommoit jamais que Catau, la reprit un peu plus aigrement qu'il ne lui convenoit. Elle avoit pris depuis long-temps ces sortes de familiarités avec sa maîtresse, et l'y avoit accoutumée. Catau ne manquoit ni d'esprit ni d'expérience; et d'ailleurs elle avoit ses raisons pour prendre le parti du Roi (1).

Après avoir tenu ce premier conseil avec ses trois ministres, le Roi en tint un autre le lendemain, où il fit appeler le chancelier Seguier et les secrétaires d'Etat, outre Fouquet, Le Tellier et Lyonne. Il leur dit en maître qu'ayant perdu le cardinal Mazarin, sur qui il se reposoit de tout, il avoit résolu d'être à l'avenir son premier ministre, et qu'il ne vouloit pas qu'aucun d'eux signât la moindre ordonnance, le moindre passe-port, sans avoir reçu ses ordres. Chacun lui promit une obéissance entière, et pas un ne crut qu'il eût la force de faire tout ce qu'il disoit : il commença néanmoins à tenir le conseil tous les jours avec les trois ministres.

Le lendemain de la mort du cardinal, l'archevêque de Rouen, qui a été depuis archevêque de Paris, vint trouver le Roi, et lui dit : « Sire, j'ai l'honneur de « présider à l'assemblée du clergé de votre royaume. « Votre Majesté m'avoit ordonné de m'adresser à M. le « cardinal pour toutes les affaires : le voilà mort ; à « qui Sa Majesté veut-elle que je m'adresse à l'avenir? « — A moi, M. l'archevêque, lui répondit le Roi ; et « je vous expédierai bientôt. » En effet, j'ai ouï dire plusieurs fois à l'archevêque qu'il ne comprenoit pas dans les commencemens où le Roi avoit pris toutes les connoissances qu'il avoit.

Le conseil des finances étoit alors composé de deux

---

(1) On lisoit d'abord au manuscrit : *Elle n'avoit pas grand tort de prendre le parti du Roi.* Le passage a été biffé, et remplacé par celui qu'on lit ici. Cette dernière leçon semble faire allusion à une anecdote connue.

contrôleurs généraux, de deux directeurs, de deux
intendans, et du surintendant, qui régloit tout à sa
fantaisie, se contentant de payer aux autres de bons
appointemens. Les finances se gouvernoient ainsi
sous le cardinal Mazarin, qui en disposoit avec une
autorité absolue. Il arrivoit pourtant quelquefois de
petites disputes. Un jour Marin, intendant des finances, envoya signer au vieux Brienne l'état général pour
chaque généralité. Brienne ne voulut point le signer,
et dit que l'ordre étoit d'envoyer l'état général aux intendans des provinces, pour avoir leur avis sur ce que
leur généralité pouvoit payer pour sa part; et que six
mois après on faisoit l'état particulier de distribution.
Marin lui manda que c'étoit la volonté de Son Eminence. Brienne signa, en disant : « Voilà de quoi me
« faire mon procès. »

Le Roi ne fit d'abord aucun changement aux finances.
Le cardinal avoit ordonné en mourant qu'on chassât
Le Tellier, intendant des finances, et qu'on donnât
sa charge à Colbert pour deux cent mille francs; mais
le surintendant ayant trouvé que dans la justice il falloit six cent mille francs pour rembourser Le Tellier,
et l'argent étant rare, il proposa au Roi de créer une
troisième charge d'intendant pour Colbert, qui fut
ravi de ne point donner deux cent mille francs. A
peine Colbert fut-il dans le conseil, qu'il en voulut
presque être le maître. Le Roi y assistoit, et les secrétaires d'Etat y rapportoient souvent des affaires.
Un jour que le jeune Brienne rapportoit celle de l'é-
vêque de Genève contre les magistrats de sa ville, à
qui il demandoit trois ou quatre mille livres de rente
qu'ils avoient accoutumé de payer à ses prédéces-

seurs, Colbert l'interrompit, en disant avec chaleur et hauteur que le Roi ne vouloit point fâcher messieurs de Genève, et qu'il aimoit mieux faire une gratification à l'évêque. Brienne s'arrêta tout court, et laissa évaporer la bile de Colbert; il demanda ensuite au Roi s'il continueroit à rapporter l'affaire, et le Roi lui dit : « Nous en avons de plus pressées ; ce sera pour « une autre fois. » Le bon homme Brienne, qui étoit présent, fut fort en colère de ce qu'on avoit interrompu son fils; et Le Tellier, au sortir du conseil, lui dit : « Vous voyez sur quel ton le prend le sieur « Colbert! Il faudra compter avec lui. » Le Tellier aimoit le jeune Brienne, et il s'étoit joint au maréchal de Villeroy pour lui faire avoir la survivance de la charge de son père. Il lui donnoit souvent des conseils, et il l'avoit fait instruire par son premier commis : il se nommoit M. Le Roy, cousin de mon père, et mon parrain. C'étoit un homme d'une capacité consommée, qui n'étoit pas sur le pied que sont présentement les commis. Il étoit fort estimé du cardinal, et eût été secrétaire d'Etat si M. Le Tellier eût manqué (1). J'ai même ouï dire qu'il étoit mort fort à propos, et qu'il commençoit à causer quelque jalousie dans la maison. Le Tellier, à quelques jours de là, crut avoir sujet de se plaindre du jeune Brienne. Le Roi dit dans le conseil, où il n'y avoit que Fouquet, Le Tellier et Lyonne, qu'il vouloit absolument que Lyonne continuât à faire les affaires étrangères, et qu'il falloit bien que messieurs de Brienne obéissent à l'ordinaire. Fou-

---

(1) On voit, dans les Mémoires de M. de Brienne le fils, que Louvois s'étoit formé au ministère en étudiant les protocoles de ce M. Le Roy. (Mémoires de Brienne, tome 2, page 277.)

quet prit la parole, et dit qu'il répondoit du jeune Brienne. Le lendemain, Boucherat, maître des requêtes, qui est devenu chancelier, vint trouver Brienne son ami et son parent, lui rapporta le discours de Fouquet au conseil, et lui dit que M. Le Tellier étoit fort en colère de voir qu'il eût pris des mesures avec son ennemi. Brienne tout en courant alla trouver Le Tellier, et lui conta ingénument qu'après la mort du cardinal Fouquet lui avoit fait demander son amitié par Langlade leur ami commun, et qu'il lui avoit fait payer seize mille livres, sur quarante qui lui étoient dues de ses pensions; mais qu'il n'y avoit entre eux aucune liaison particulière. Le Tellier parut content, et lui dit : « Si vous n'avez point tort, comme je le crois, « M. le surintendant est bien indiscret; mais ce n'est « pas chose nouvelle. »

Le conseil privé, ou conseil des parties, avoit été remis sur le bon pied depuis trois ou quatre ans. Ce grand nombre de conseillers d'Etat que la licence des guerres civiles avoit introduits, sans qualité et sans mérite, avoit été réformé; on n'avoit conservé que douze conseillers d'Etat ordinaires, et quatorze semestres, qui ont été depuis réduits à douze. On mit aussi trois conseillers d'Etat d'épée et trois d'Eglise, tous six ordinaires. Mon père avoit eu beau représenter ses services et son ancienneté, il n'avoit pu obtenir qu'une place de semestre. Il avoit eu des lettres de conseiller d'Etat en 1622 et en 1639, au retour d'Allemagne, où il avoit fait plusieurs traités avec différens princes; il avoit pris sa place au conseil comme semestre (on l'avoit fait ordinaire en 1643); et comme il étoit alors chancelier de Monsieur, et que

Monsieur étoit lieutenant général de l'Etat, il prit son rang de 1622, malgré l'opposition de M. d'Aligre, qui a été depuis chancelier, et de vingt autres conseillers d'Etat, à qui il passa sur le corps. Les choses changèrent après la guerre de Paris; et lorsque Monsieur se retira à Blois, mon père pensa être chassé: le cardinal l'accusoit d'avoir voulu faire révolter le Languedoc. Enfin, il fut trop heureux de se contenter de ce qu'on voulut bien lui donner. Il avoit pourtant toujours été dans les intérêts du Roi, préférablement à ceux de Monsieur; mais il n'aimoit pas le cardinal. Il avoit passé sa vie dans les intendances de provinces ou d'armées, et même dans les ambassades. C'étoit lui qui avoit traité avec la fameuse landgravine de Hesse : on lui avoit donné pouvoir, dans ses instructions, de lui accorder jusqu'à quatre cent mille écus, et il n'en avoit cédé que deux cent mille; et n'ayant à livrer que du papier (dont la landgravine ne se payoit pas), il avoit été en Hollande emprunter les deux cent mille écus sur son crédit, dont il n'avoit été remboursé que six ans après. Cette petite injustice (si pourtant j'ose parler ainsi) qu'on avoit faite à mon père révolta fort ma mère contre les princes subalternes; et son dépit fut poussé à bout lorsqu'à la mort de Monsieur elle perdit la charge de chancelier, qui lui avoit coûté cent mille écus. Elle ne cessoit de prêcher à ses enfans qu'il ne falloit jamais s'attacher qu'au Roi; et dans son testament elle nous le recommande sur toutes choses. Le conseil privé demeura sous la direction du chancelier, et le Roi n'y assista que rarement, et seulement dans de certaines affaires où l'intérêt de l'Etat sembloit le demander.

Je crois qu'il est assez à propos de remarquer ici que dans le conseil les ministres ont toujours été assis en présence du Roi, et même dans le conseil des finances, parce qu'il faut être à son aise pour écrire, compter et calculer. Il n'y a que le conseil des dépêches où tout le monde étoit debout, jusqu'à ce que le chancelier Le Tellier ayant demandé au Roi un petit placet à cause d'un mal de jambe, Sa Majesté lui permit de s'asseoir, et accorda la même grâce au maréchal de Villeroy, chef du conseil des finances : tout le reste, ministres et secrétaires d'Etat, demeure debout. Depuis ce temps-là, le chancelier et le chef du conseil royal y sont assis. Je ne parle point de Monsieur, qui l'est aussi, et qui par parenthèse n'entre que dans le seul conseil des dépêches, le Roi, malgré l'amitié qu'il a pour son frère, s'étant fait une loi de conserver un secret inviolable dans les affaires de l'Etat. Monseigneur, depuis quelques années, entre dans tous les conseils ; il a été éprouvé plusieurs fois, et reconnu fort secret.

Lorsque le Roi prit de nouveaux ministres après la mort de M. de Louvois, il leur dit qu'il n'y auroit point de rang entre eux : et s'étant mis au bout d'une table longue, il fit mettre Monseigneur à sa gauche, M. de Croissy à sa droite, parce qu'il a toujours des lettres à lire comme secrétaire d'Etat des étrangers. M. de Beauvilliers prit sa place au-dessous de M. de Croissy, et ensuite M. Le Pelletier. M. de Pomponne se mit au-dessous de Monseigneur, et au-dessous de lui M. de Pontchartrain.

Mais revenons en 1661. Le Roi, après avoir tenu ses conseils à la vue du public, en tenoit un secret avec Colbert tout seul. On dit que le cardinal mourant lui avoit conseillé de se défaire de Fouquet, comme d'un homme sujet à ses passions, dissipateur, hautain, qui voudroit prendre ascendant sur lui ; au lieu que Colbert, plus modeste et moins accrédité, seroit prêt à tout, et régleroit l'Etat comme une maison particulière. On dit même qu'il ajouta ces mots (et M. Colbert s'en vantoit avec ses amis) : « Je vous dois « tout, sire ; mais je crois m'acquitter en quelque « manière en vous donnant Colbert. » Il ajouta que pour Le Tellier, son esprit sage, doux et timide le devoit faire aimer sans le faire craindre ; et que pour Lyonne, il falloit le regarder comme le seul qui sût les affaires étrangères, s'en servir par nécessité, en lui tenant toujours la bride haute, de peur qu'il ne s'échappât, et ne lui confier que les affaires qui regardoient son emploi.

Colbert depuis trois mois avoit vendu sa charge de secrétaire des commandemens de la Reine. Brisacier, à qui on venoit de rembourser la moitié de sa charge d'intendant des finances, l'avoit achetée cinq cent mille francs, et vingt mille francs de pot de vin à madame Colbert, croyant faire sa cour au cardinal et à Colbert, qui bientôt après lui en témoigna sa profonde reconnoissance : il lui ôta d'un trait de plume plus de cinquante mille livres de rente qu'il avoit en biens sur le Roi, et trouva le moyen, en ne lui faisant payer que cent mille écus, de le rembourser pleinement par ses imputations. Son fils Brisacier le Polonais, dont je rapporterai quelque jour les aventures romanesques, n'a jamais retiré que deux cent mille francs de sa charge ; et son neveu l'abbé Brisacier, qui depuis trente ans travaille dans les missions et mène une vie exemplaire, n'a, pour le faire souvenir de la fortune de sa famille, qu'une abbaye de huit cents livres de rente, quoiqu'il soit aussi neveu du vieil abbé Brisacier, qui pendant plusieurs maladies de l'évêque de Rhodez eut l'honneur de faire la fonction de précepteur du Roi.

Le cardinal avoit vendu presque toutes les charges de la maison de la Reine. Le seul Colbert avoit eu celle de secrétaire des commandemens pour récompense de services, et songea à en acheter une de président des comptes. Il en offrit sept cent mille livres au président de Pontchartrain; mais ayant appris que toute la chambre murmuroit, et menaçoit hautement de lui faire cent difficultés à sa réception, il n'y songea plus, et garda pour ces messieurs un maltalent qu'il leur a bien fait sentir dans la suite de son ministère.

On croit qu'une des choses qui gâta autant Fouquet dans l'esprit du Roi fut une querelle qu'il eut dans l'antichambre du cardinal, deux mois avant sa mort, avec l'abbé Fouquet son frère. Cet abbé étoit fort insolent de son naturel, et prétendoit que son frère lui devoit sa fortune. Ils s'étoient brouillés, et se dirent publiquement tout ce que leurs ennemis pensoient dans le cœur. L'abbé, entre autres choses, reprocha à son frère qu'il avoit dépensé quinze millions à Vaux, qu'il donnoit plus de pensions que le Roi, et qu'il avoit envoyé tantôt trois, tantôt quatre mille pistoles à des dames qu'il nomma tout haut. Le surintendant, piqué au vif, reprocha à l'abbé les dépenses excessives qu'il avoit faites pour faire l'agréable auprès de madame de Châtillon, et fort inutilement. Le cardinal fut instruit par l'abbé même de ce qui s'étoit passé; et, selon les apparences, il se servit de cette petite aventure pour achever de perdre Fouquet dans l'esprit du Roi.

Ce prince, après avoir fait rendre au cardinal tous les honneurs imaginables, commença à exécuter ses dernières volontés : il consentit que Mancini son neveu prît la qualité de duc de Nevers, et lui donna le gouvernement du pays d'Aunis; il fit ensuite expédier des brevets à tous ceux à qui Son Eminence avoit destiné les bénéfices vacans. L'abbé de Tonnerre fut nommé à l'évêché de Noyon; Le Maître, docteur de Sorbonne, à celui de Condom; l'abbé de Nesmond, à celui de Bayeux; l'abbé Colbert, à celui de Luçon; Ceroni, à celui de Mende; Fabry, à celui d'Orange; Ondedei, évêque de Fréjus, à celui d'Evreux, qu'il n'accepta pas. Le chevalier de Vendôme eut les abbayes de Saint-Victor de Marseille, de Saint-Honorat de Lerins, de Cerisy, de Saint-Mansul de Toul, et d'Ivry; le prince Philippe de Savoie eut Corbeil, le Gard, et Saint-Médard de Soissons; le cardinal d'Est eut les abbayes de Saint-Waast d'Arras, de Moissac, de Bonne-Combe et de Cluny; le cardinal Mancini eut les abbayes de Saint-Lucien de Beauvais, de Saint-Martin de Laon, de La Chaise-Dieu et de Preaux. Et il ne faut pas s'étonner que le Roi laissât au cardinal mourant la distribution de tant de bénéfices, puisque nous avons vu arriver presque la même chose au père Ferrier agonisant. Ce père envoya au Roi, la veille de sa mort, la feuille des bénéfices vacans, remplie des noms de ceux qu'il croyoit les plus dignes; et j'ai ouï dire que Sa Majesté y avoit changé peu de chose. Il y avoit pourtant cinq ou six évêchés à donner, seize abbayes, et plus de cent prieurés, canonicats ou chapelles. Et la preuve du grand crédit qu'avoit le père Ferrier, la voici :

Huit jours avant sa mort, il manda à l'évêque de Marseille (1), qui étoit en Pologne, qu'il lui feroit donner l'archevêché de Sens; mais six jours après il lui fit écrire qu'il ne pouvoit pas lui tenir parole, et que, se sentant prêt à mourir, il se croyoit obligé en conscience de mettre à Sens un évêque qui fût en état de résider : et effectivement il mit sur la liste Corbon, archevêque de Toulouse, qui fut transféré à Sens. J'ai su ces particularités de Paraire, neveu du père Annat, que le père Ferrier avoit chargé d'écrire à l'évêque de Marseille. L'évêque de Bayeux m'a conté que lorsqu'il fut nommé (ce fut dix ou douze jours avant la mort du cardinal) M. Le Tellier dit au président de Nesmond, son père : « Il faut que vous « alliez remercier le Roi, et lui présenter votre fils : « c'est une nouvelle manœuvre, mais M. le cardinal « le souhaite, et se meurt. » Ils y allèrent; et le Roi, dès la première fois, leur parla de ce ton de maître qu'il a toujours eu depuis. « Je crois, dit-il au pré- « sident, que votre fils fera son devoir : on m'en a « dit beaucoup de bien. » Il m'a conté aussi que M. Le Tellier avoit assuré à son père que le Roi lui avoit dit, quatre jours avant la mort du cardinal : « Je veux « gouverner par moi-même, assister réglément au « conseil, entretenir les ministres les uns après les « autres; et je suis résolu de n'y pas manquer un seul

(1) *L'évêque de Marseille :* M. de Forbin-Janson, depuis cardinal.

« jour, quoique je prévoie qu'à la longue cela de-
« viendra ennuyeux. » M. Le Tellier alla tout courant le dire à la Reine mère, qui lui rit au nez, en lui disant : « En bonne foi, M. Le Tellier, qu'en
« croyez-vous ? »

LIVRE TROISIÈME.

Le Roi donna, à la recommandation de la Reine mère, la capitainerie de Saint-Germain-en-Laye au marquis de Richelieu, qui avoit épousé par amour une fille de la Beauvais (1). Il songea ensuite à pratiquer tout de bon les leçons du cardinal; mais ne s'en voulant pas fier absolument à ce qu'il lui en avoit dit, il se résolut à en juger par lui-même, et dit en particulier au surintendant qu'il vouloit enfin être roi, et prendre une connoissance exacte et parfaite de ses affaires : qu'il commenceroit par les finances, comme la chose la plus importante, pour tâcher de les rétablir, et d'y mettre un bon ordre; qu'il n'y avoit que lui en France qui pût l'en instruire; qu'il le conjuroit de le faire sans lui rien cacher; qu'il se serviroit toujours de lui, pourvu qu'il le reconnût sincère; que le passé étoit passé et oublié; mais qu'il prît garde à ne lui jamais dire une chose pour l'autre. Fouquet protesta de sa sincérité, et commença dès le lendemain à parler au Roi de ses affaires. Il lui exposoit nettement toutes ses dépenses, et entroit sur cet article-là dans un fort grand détail, beaucoup plus réservé sur la recette, dont il avoit peine à lui décou-

(1) *Une fille de la Beauvais* : Le marquis de Richelieu avoit épousé Jeanne-Baptiste de Beauvais. On lit sur ce mariage une pièce satirique assez spirituelle, dans les manuscrits de Conrart qui sont à la bibliothèque de l'Arsenal, n° 151, in-4° (*Belles-Lettres françaises*, tome 1, page 967).

vrir toutes les sources, prévoyant assez que s'il disoit tout il ne seroit bientôt plus nécessaire. Il avoit tenu un petit conseil avec ses plus intimes amis, et leur avoit rapporté le discours du Roi. Delorme, Bruant et Pellisson, qui étoient de ce conseil, lui firent remarquer que dans ce discours du Roi il paroissoit beaucoup de fermeté et de bonté, et qu'il seroit peut-être dangereux de ne lui pas dire les choses comme elles étoient : mais il se moqua d'eux, les assurant que ces premières velléités de gouverner ne seroient pas long-temps dans l'esprit d'un jeune roi, entraîné par ses passions; et qu'il n'y avoit guère d'apparence qu'il pût se soutenir huit heures par jour dans des occupations désagréables, lui que les plaisirs entouroient, et appeloient de tous côtés. Il donna donc au Roi des états de sa dépense, qu'il grossissoit, et de ses revenus, qu'il diminuoit, faisant les choses encore pires qu'elles n'étoient. Le Roi montroit tous les soirs ces états à Colbert, qui lui en faisoit remarquer les faussetés. Le Roi insistoit le lendemain avec Fouquet, sans pourtant vouloir lui paroître trop instruit; et Fouquet insolent persistoit dans le mensonge. Cette épreuve, plusieurs fois réitérée, détermina enfin le Roi à perdre Fouquet. C'est de Pellisson et de Paraire que je tiens ces particularités. Il concerta avec Colbert les moyens de le faire à loisir avec sûreté.

Après avoir mis Colbert dans le conseil des finances pour examiner de plus près la conduite de Fouquet, dont l'heure n'étoit pas encore venue, il songea à la distribution des bénéfices. Il fit un conseil de conscience, composé de Pierre de Marca, archevêque de Toulouse; de Hardouin de Péréfixe, évêque de

Rhodez, qui avoit été son précepteur; et du père Annat, jésuite, son confesseur, homme illustre, qui n'a jamais rien fait pour ses parens, et qui, trouvant le poids trop pesant, s'en déchargea sur le père Ferrier, et eut l'honneur et la consolation de mourir simple religieux. La Reine mère pressa tant le Roi, qu'il donna aussi une place dans le conseil de conscience à La Mothe-Houdancourt, évêque de Rennes, son grand aumônier; mais il n'y demeura pas long-temps. C'étoit une tête de fer, grand théologien, bon canoniste, de mœurs irréprochables, digne enfin du poste qu'il occupoit dans l'Eglise, si une avarice sordide n'eût pas effacé toutes ses bonnes qualités. Il faisoit enrager les autres; et le Roi, pour s'en défaire, lui donna l'archevêché d'Auch, où il alla résider. On examinoit dans le conseil de conscience tous les sujets l'un après l'autre : il étoit difficile d'y faire passer son ami dans la foule. Le mérite y étoit discuté sévèrement par trois ou quatre hommes qui ne s'accordoient pas toujours, et par là le prince voyoit la vérité; au lieu que quand tout est en la main d'un seul, il lui est fort aisé d'insinuer ce qui lui plaît, de rompre le cou à des gens qui n'ont personne pour les défendre, et de faire oublier les indifférens.

Aussitôt après la mort du cardinal, le Roi étoit revenu à Paris, et y avoit assisté au mariage de Marie Mancini avec le connétable Colonne. Il lui fit des présens magnifiques, et la vit partir sans émotion, ne se souvenant plus du feu passager qu'autrefois elle avoit allumé dans son cœur. La connétable n'étoit pas de même; et plus de dix ans après, lorsqu'elle quitta son mari, se sauva de Rome et vint en France, elle croyoit que le Roi l'aimoit encore, et fut fort étonnée de la défense qu'il lui fit faire de venir à la cour. Elle partit fort malcontente de tout le monde; du cardinal son oncle, qui ne lui laissoit que cinq ou six cent mille écus, et qui l'avoit déshéritée, disoit-elle, pour donner son bien à un étranger; de ses sœurs, qu'elle méprisoit et haïssoit; de Colbert, qu'elle n'avoit jamais pu souffrir; et enfin du Roi, qui la laissoit partir sans se soucier d'elle. C'est ainsi qu'elle parloit, et assez publiquement.

Quelques jours après, se fit au Palais-Royal un mariage plus important. Monsieur, frère unique du Roi, épousa Anne-Henriette d'Angleterre, princesse dont l'esprit, les agrémens et (si j'osois le dire) les manières galantes me fourniront beaucoup de matière dans la suite. Monsieur venoit d'avoir pour apanage les duchés d'Orléans, de Valois et de Chartres, avec Montargis. Il a eu depuis le duché de Nemours.

Le mariage de mademoiselle d'Orléans avec le prince de Toscane se fit aussi, et le Roi lui donna trois cent mille écus; mais on ne parla point des nouvelles prétentions du grand duc : il fut traité à l'ordinaire; le cardinal Mazarin ne pouvoit plus l'appuyer de son crédit. La princesse étoit belle comme un ange, et n'avoit pas envie d'aller si loin : aussi eut-elle beaucoup de peine à consentir à ce mariage. Elle avoit cru épouser le prince Charles de Lorraine, qui lui avoit fait l'amour pendant tout l'hiver. On jouoit tous les jours au Luxembourg à de petits jeux, à colin-maillard, cache-cache mitoulas; point de cartes, ce n'étoit point la mode : on rioit cent fois davantage; il y avoit des violons, mais ordinairement on les faisoit taire pour danser aux chansons. L'affaire avoit été fort avancée; mais la vieille Mademoiselle avoit tant parlé et chuchoté, qu'elle avoit tout rompu. Elle étoit au désespoir que ses sœurs cadettes, et gueuses au prix d'elle, se mariassent à sa barbe. La princesse de Toscane fut régalée à Fontainebleau, et traitée jusqu'à Marseille par les officiers du Roi. La duchesse d'Angoulême l'accompagna jusqu'à Florence, où elle arriva dans l'intention de faire enrager mari et belle-mère; en quoi on peut dire qu'elle réussit admirablement. Il me souvient qu'elle commença par garder son cachet de fille, « ne voulant pas, disoit-elle, mêler les « fleurs de lis avec ces petits ronds florentins. » C'étoit bien débuter : nous verrons dans la suite de ces Mémoires qu'elle en a bien fait pénitence.

Malgré les dépenses extraordinaires et le mauvais état des finances, le Roi ne laissa pas de diminuer les tailles de trois millions pour l'année 1662, dans la résolution de faire davantage pour le soulagement de ses peuples dès qu'il le pourroit. Il alla à Fontainebleau le 20 d'avril, et y reçut l'hommage que lui fit le duc de Lorraine pour le duché de Bar : il lui avoit rendu la Lorraine par générosité, quoique ce prince n'eût pas été compris dans le traité des Pyrénées. Il donna en même temps le gouvernement du pays Messin et du Verdunois au maréchal de La Ferté, pour le récompenser du gouvernement de Lorraine qu'il lui ôtoit. Ce maréchal, quoiqu'un peu brutal, l'avoit bien servi dans la dernière guerre, et ne s'étoit pas enrichi autant qu'on le disoit.

Le Roi étoit tous les jours cinq ou six heures dans

ses conseils, et entretenoit souvent ses ministres en particulier, pour voir s'ils lui diroient les mêmes choses que lorsqu'ils étoient ensemble. Il se faisoit lire toutes les lettres des ambassadeurs, et y répondoit lui-même ; mais cela ne l'empêchoit pas de donner toutes sortes de divertissemens à sa cour. Il avoit fait agrandir le canal de Fontainebleau, et il s'y promenoit tous les jours en calèche avec Madame et quelques autres dames. La Reine étoit grosse, et s'y faisoit porter en chaise. Les courtisans étoient à cheval, et il y avoit souvent des parties de chasse l'après-dînée, et le bal le soir. On y donna le ballet des Saisons, où le Roi représentoit le Printemps, accompagné des Jeux, des Ris, de la Joie et de l'Abondance. Il y dansa avec cette grâce qui accompagnoit toutes ses actions, et cet air de maître qui, même sous le masque, le faisoit remarquer entre les courtisans les mieux faits. Le comte d'Armagnac, et le marquis de Villeroy, et Rassan, ne lui faisoient point de tort. Il étoit alors fort amoureux de mademoiselle de La Vallière, et d'autant plus touché, qu'il en faisoit encore un mystère presque impénétrable. Heureux, dans sa foiblesse, s'il avoit toujours gardé une pareille conduite, et si, par une vaine ostentation de ses plaisirs, il n'eût point donné de scandale ! Mais nous en parlerons dans son temps, et nous dirons, pour l'excuser un peu, qu'il fut dans la suite comme forcé, par la trahison du marquis de Vardes, à faire un éclat dont sa conscience souffrira jusqu'au dernier moment de sa vie.

Mademoiselle de La Vallière n'étoit pas de ces beautés toutes parfaites qu'on admire souvent sans les aimer : elle étoit fort aimable; et ce vers de La Fontaine :

> Et la grâce, plus belle encor que la beauté (1),

semble avoir été fait pour elle. Elle avoit le teint beau, les cheveux blonds, le sourire agréable, les yeux bleus, et le regard si tendre et en même temps si modeste, qu'il gagnoit le cœur et l'estime au même moment : au reste, assez peu d'esprit, qu'elle ne laissoit pas d'orner tous les jours par une lecture continuelle. Point d'ambition, point de vues : plus attentive à songer à ce qu'elle aimoit qu'à lui plaire; toute renfermée en elle-même et dans sa passion, qui a été la seule de sa vie; préférant l'honneur à toutes choses, et s'exposant plus d'une fois à mourir, plutôt qu'à laisser soupçonner sa fragilité; l'humeur douce, libérale, timide; n'ayant jamais oublié qu'elle faisoit mal, espérant toujours rentrer dans le bon chemin : sentimens chrétiens qui ont attiré sur elle tous les trésors de la miséricorde, en lui faisant passer une longue vie dans une joie solide, et même sensible, d'une pénitence austère. J'en parle ici avec plaisir : j'ai passé mon enfance avec elle; mon père étoit chancelier de feu Monsieur, et sa mère étoit femme du premier maître d'hôtel de feu Madame. Nous avons joué ensemble plus de cent fois à colin-maillard et à cligne-musette : mais depuis qu'elle eut tâté des amours du Roi, elle ne voulut plus voir ses anciens amis, ni même en entendre parler, uniquement occupée de sa passion, qui lui tenoit lieu de tout. Le Roi n'exigeoit point d'elle cette grande retraite : il n'étoit pas fait à être jaloux,

(1) Poëme d'Adonis.

encore moins à être trompé. Enfin elle vouloit toujours ou voir son amant ou songer à lui, sans être distraite par des compagnies indifférentes.

La cour étoit dans la joie et dans l'abondance; les courtisans faisoient bonne chère et jouoient gros jeu. L'argent rouloit, toutes les bourses étoient ouvertes, et les notaires en faisoient trouver aux jeunes gens tant qu'ils vouloient. L'usurier étoit dur : mais prend-on garde aux conditions quand on est jeune, et qu'on veut avoir de l'argent? Ainsi ce n'étoit que festins, danses et fêtes galantes. Le comte de Saint-Aignan, toujours lui-même, se distinguoit entre tous les autres. Il fit dresser un théâtre dans une allée du parc de Fontainebleau : il y avoit des fontaines naturelles, des perspectives, une collation par ordre. On y représenta une comédie nouvelle; et la fête enfin fut si magnifique, qu'on soupçonna qu'il n'en étoit que l'ordonnateur. Le Roi, la Reine et les dames s'y trouvèrent, et en furent fort satisfaits.

Ce fut alors que le Roi fit le florentin Lulli surintendant de sa musique. On l'appeloit Baptiste. Il avoit été valet de pied de Mademoiselle; il faisoit dès son enfance de fort beaux airs sans savoir aucune note de musique, et les faisoit noter par des maîtres qui admiroient son génie. Il apprit depuis la musique dans les règles, et a passé pour le premier homme du monde dans son art, aussi original que Corneille et Racine dans les tragédies, que Molière dans les comédies, que Quinault dans les opéra, que Despréaux dans les satires, et que La Fontaine dans les fables : car il est bon de remarquer, en passant, que le Roi a fait pendant la paix tous ces hommes singuliers que je viens de nommer (à l'exception de Corneille), tous aussi illustres dans leur genre que les Condé et les Turenne l'ont été dans le leur. Observation qu'on a faite dans tous les temps, que sous le règne des héros il se forme toujours de grands hommes dans toutes les conditions de la vie.

Les divertissemens, que le Roi ne prenoit qu'en passant, ne l'empêchoient pas de se donner aux affaires. Il envoya des ambassadeurs en divers endroits : l'archevêque d'Embrun alla en Espagne, le comte d'Estrades en Angleterre, La Barre en Suisse; Courtin et le président Colbert furent nommés pour régler les limites en Flandre avec les commissaires d'Espagne. Quelque temps auparavant, le Roi avoit mis en délibération dans son conseil s'il pouvoit, en honneur et en conscience, secourir le Portugal; et ses trois ministres avoient conclu qu'il le pouvoit, n'étant pas plus obligé que le roi d'Espagne à observer tous les articles du traité de paix; et que puisque les Espagnols ne lui faisoient aucune raison sur quatre-vingt-quatre articles de griefs que l'archevêque d'Embrun leur avoit proposés à Madrid, il en pouvoit faire autant de son côté, et compenser l'un par l'autre. Il prit donc la résolution de le faire, mais le plus secrètement qu'il se pourroit; et chargea Fouquet de cette négociation, à l'insu des autres ministres. Fouquet se servit pour cela d'un nommé La Bastide, qui avoit eu quelques habitudes à Londres du temps de Cromwell. Il fit résoudre le roi d'Angleterre à épouser la princesse de Portugal, et lui promit de lui faire donner par le Roi deux cent mille écus par an, qui seroient employés au secours du Portugal. Les choses en étoient là lorsque le Roi envoya le comte d'Estrades en Angleterre, sans lui rien dire de la négociation secrète que Fouquet avoit entre les mains. Le roi d'Angleterre pressa d'Estrades d'écrire au Roi en faveur des Portugais; mais le Roi répondit qu'il vouloit exécuter fidèlement le traité des Pyrénées. Le roi d'Angleterre répliqua qu'Henri-le-Grand n'avoit pas été si scrupuleux, et qu'après la paix de Vervins il n'avoit pas laissé de donner de gros subsides aux Hollandais. Le Roi répondit qu'il se feroit toujours honneur d'imiter le Roi son grand-père; et qu'il n'avoit jamais rien fait contre sa parole, puisqu'en signant la paix de Vervins il avoit averti le roi d'Espagne qu'il devoit de grandes sommes d'argent aux Hollandais ses bons compères, et qu'il ne prétendoit pas leur faire banqueroute. Ainsi d'Estrades, tout habile qu'il étoit, fut joué par les deux rois sur les affaires du Portugal, jusqu'à ce que Fouquet ayant été arrêté, le Roi lui découvrit tout le mystère, et défendit à La Bastide de s'en plus mêler.

Le duc d'Epernon mourut en ce temps-là. Il étoit chevalier des ordres du Roi et de la Jarretière; gouverneur de Guienne, et colonel général de l'infanterie. Le Roi supprima sa charge, et donna au maréchal de Gramont le titre de colonel des gardes françaises, avec la survivance pour le comte de Guiche, et les mêmes appointemens qu'avoit le colonel général. Il avoit donné le gouvernement de Touraine au comte de Saint-Aignan, qui s'étoit acquis ses bonnes grâces par sa gaieté naturelle, et par quelques petits services fort secrets.

Ce M. d'Epernon étoit fils du fameux duc d'Epernon, le plus puissant favori d'Henri III. Il étoit ami ou pour mieux dire suivant de Caylus, qui en mourant l'avoit recommandé au Roi si tendrement, qu'il devint son favori.

J'ai ouï dire au vieux maréchal de Villeroy que M. de Bellegarde, autre favori, étoit, à la mort d'Henri III, grand écuyer de France, seul premier gentilhomme de la chambre, et maître de la garde-robe. Il alla aussitôt trouver Henri IV, et dès le premier soir coucha au pied de son lit, comme faisoit alors le premier gentilhomme de la chambre. Henri IV lui dit : « Hô! ça, M. de Bellegarde, comptons en-
« semble. Je vous laisse la charge de grand écuyer;
« mais il faut que vous partagiez votre charge de pre-
« mier gentilhomme de la chambre avec le vicomte
« de Turenne, qui a toujours été le mien; et que
« vous cédiez celle de maître de la garde-robe à Ro-
« quelaure, qui est aussi le mien. »

Le marquis d'Ambres, qui est un vieux répertoire, m'a conté que le roi Henri IV s'étant éveillé la nuit, appela M. de Bellegarde, et lui proposa de céder la moitié de sa charge de premier gentilhomme de la chambre au vicomte de Turenne; que deux heures après s'étant encore éveillé, il lui proposa de céder à M. de Roquelaure la moitié de la charge de maître de la garde-robe; et que Bellegarde lui dit : « Hé
« bien, sire, je le veux bien; mais ne vous réveillez
« plus, s'il vous plaît. »

Il commença alors à y avoir deux premiers gentils-hommes de la chambre. M. d'Epernon, qui l'avoit été avant M. de Bellegarde, renouvela ses prétentions, et fit créer pour lui une troisième charge; et le feu Roi créa la quatrième pour M. de Mortemart. La charge de colonel général de l'infanterie avoit été faite charge de la couronne sous Henri III pour M. d'Epernon, et celle de grand-maître de l'artillerie fut aussi faite charge de la couronne sous Henri IV pour M. de Sully.

Il semble qu'en France les favoris ont la fièvre tierce. Henri III en avoit, Henri IV n'en eut point; Louis XIII en a eu, Louis XIV n'en aura jamais. Je ne prends guère d'intérêt à ce qui arrivera après lui. Henri IV avoit pourtant des amis, et s'en vantoit publiquement lorsqu'il rentra dans Paris, et qu'il reçut les complimens du parlement dans l'hôtel de Schomberg, qui est présentement l'hôtel d'Aligre. Il leur dit : « Messieurs, voilà M. de Biron ; c'est un homme « que je présente volontiers à mes amis et à mes en- « nemis. » Louis-le-Grand eût dit fort volontiers la même chose de M. de Turenne ; mais ces familiarités royales ne sont plus à la mode, et je ne sais si les rois ont bien fait de les abolir. On les craint, on les aimoit ; Henri IV étoit le plus grand roi et le meilleur homme du monde. Un jour M. du Maine vint se plaindre à lui de l'insolence de M. de Balagny, qui avoit fait appeler en duel le duc d'Aiguillon son fils. « Balagny est bien heureux, disoit M. du Maine, que « je n'aie pas été chez moi; je l'aurois fait pendre à « la grille. » Le Roi ne fit que se retourner vers ceux qui étoient dans la chambre, et leur dit : « Le bon « homme se sent encore de la Ligue. » Ce grand roi avoit ses foiblesses comme un autre homme. Il étoit amoureux de la duchesse de Beaufort, et vouloit absolument l'épouser. Il nomma Sancy son ambassadeur à Rome, pour faire casser son mariage avec la reine Marguerite, sous prétexte de sa mauvaise conduite; mais Sancy ne voulut point se charger de la commission. « Sire, lui dit-il avec une franchise de vieux « Gaulois, courtisanne pour courtisanne, encore « vaut-il mieux que vous gardiez celle que vous avez ; « au moins est-elle de bonne maison. »

Un jour, un ambassadeur d'Espagne causant avec Henri IV lui disoit qu'il eût bien voulu connoître ses ministres, pour s'adresser à chacun d'eux suivant son caractère. « Je m'en vais, lui dit le Roi, vous les faire « connoître tout-à-l'heure. » Ils étoient dans l'antichambre, en attendant l'heure du conseil. Il fit entrer le chancelier de Sillery, et lui dit : « M. le chancelier, « je suis fort en peine de voir sur ma tête un plancher « qui ne vaut rien, et qui menace ruine. — Sire, dit « le chancelier, il faut consulter des architectes, bien « examiner toutes choses, et y faire travailler s'il est « besoin; mais il ne faut pas aller si vite. » Le Roi fit ensuite entrer M. de Villeroy, et lui tint le même discours. Il répondit, sans regarder seulement le plancher : « Vous avez grande raison, sire ; cela fait « peur. » Après qu'ils furent sortis, entra le président Jeannin, qui à la même question répondit fort différemment. « Sire, dit-il au Roi, je ne sais pas ce que « vous voulez dire ; voilà un plancher qui est fort « bon. — Mais, reprit le Roi, ne vois-je pas là-haut « des crevasses? ou j'ai la berlue. — Allez, allez, « sire, répondit Jeannin, dormez en repos ; votre « plancher durera plus que vous. » Quand les trois ministres furent sortis, le Roi dit à l'ambassadeur : « Vous les connoissez présentement. Le chancelier

« ne sait jamais ce qu'il veut faire ; Villeroy dit tou-
« jours que j'ai raison ; Jeannin dit tout ce qu'il
« pense, et pense toujours bien : il ne me flatte pas,
« comme vous voyez. »

Ce grand prince étoit prompt, mais bientôt la raison le faisoit revenir. Le colonel Tisch, qui commandoit les Suisses dans son armée, lui vint demander les montres des Suisses la veille de la bataille de Dreux. Le Roi, qui n'avoit point d'argent, se mit dans une furieuse colère, le traita fort mal, et s'emporta à des paroles fort injurieuses. Le lendemain, en rangeant ses troupes en bataille, il se souvint de ce qu'il avoit fait ; et quand il fut devant les bataillons suisses :
« Colonel Tisch, lui dit-il en l'embrassant, j'ai tort
« à votre égard, et je vous fais toute réparation. —
« Ah ! sire, lui répondit le vieux colonel, vos bontés
« me vont coûter la vie. » On donna la bataille, et il fut tué.

Le maréchal de Vivonne écrivoit de Messine au Roi, et finissoit sa lettre par ces mots : *Nous avons besoin ici de dix mille hommes pour soutenir l'affaire.* Il la donna à cacheter à l'intendant Colbert Du Terron, qui ajouta après les dix mille hommes : *Et d'un général.* Ce Du Terron avoit bien de l'esprit.

Ce fut un peu après la mort du duc d'Epernon que le duc de Richelieu, ne voulant faire la guerre ni par terre ni par mer, vendit le gouvernement du Havre au maréchal duc de Navailles, et la charge de général des galères au marquis de Créqui. Il eut cent mille écus du Havre, et sept cent mille francs des galères, et employa cet argent suivant la coutume inviolablement observée par les héritiers des premiers ministres, qui ne font guère de contrats de constitution.

Je passe légèrement sur tous les événemens publics, on les trouve écrits partout; et je ne veux m'arrêter que sur de certaines choses ignorées du commun des hommes.

Le Roi, au milieu de ses affaires et même de ses plaisirs, songeoit toujours à se défaire du surintendant. Ce ministre avoit déjà donné assez de prise sur lui : ses dissipations effroyables, neuf ou dix millions au moins dépensés à Vaux, tandis que la maison du Roi n'étoit pas payée; les pensions secrètes qu'il donnoit aux courtisans; les trésors qu'il jetoit à la tête de ses amis et de ses amies; les fortifications qu'il faisoit faire à Belle-Ile, comme s'il avoit eu des desseins de guerre; sa négligence dans les affaires, tout cela étoit plus que suffisant pour lui faire son procès dans les formes : outre qu'il y avoit une nécessité absolue de changer de surintendant, pour avoir occasion de condamner tout ce qu'il avoit fait, pour ne rien tenir de ce qu'il avoit promis, et pour dépouiller tous ceux qui s'étoient enrichis pendant son administration. On l'accusoit encore d'être insolent, et (si j'ose le dire) insatiable sur le chapitre des dames. Il attaquoit hardiment tout ce qui lui paroissoit aimable, persuadé que le mérite, soutenu de l'argent, vient à bout de tout. Il osa lever les yeux jusqu'à mademoiselle de La Vallière, mais il s'aperçut bientôt que la place étoit prise; et voulant se justifier auprès d'elle et de son amant secret, il se donna lui-même la mission de confident; et l'ayant mise à un coin dans l'antichambre de Madame, il lui vouloit dire que le

Roi étoit le plus grand prince du monde, le mieux fait, et autres mêmes propos : mais la demoiselle, fière du secret de son cœur, coupa court, et dès le soir s'en plaignit au prince, qui n'en fit pas semblant, et ne l'oublia pas. Madame Du Plessis-Bellière, amie de Fouquet, l'avoit aussi attaquée, en lui disant que M. le surintendant avoit vingt mille pistoles à son service; et, sans se fâcher, elle lui avoit répondu que vingt millions ne lui feroient pas faire un faux pas : ce qui avoit fort étonné la bonne confidente, peu accoutumée à de pareilles réponses (1).

Le Roi étoit donc résolu de perdre Fouquet; mais sa charge de procureur général du parlement étoit un rempart à l'abri duquel il sembloit être en sûreté. À peine sortoit-on des guerres civiles, où la puissance de cette compagnie n'avoit que trop éclaté : il n'étoit pas à propos de lui fournir de nouveaux sujets de plaintes en faisant faire le procès par des commissaires à l'un de ses principaux officiers, et d'ailleurs s'en remettre au jugement de cent cinquante personnes qui veulent tous opiner longuement; c'étoit la mer à boire, et peu d'assurance d'une bonne justice. Il falloit donc persuader à Fouquet de vendre sa charge de procureur général; et la chose n'étoit pas aisée. Colbert, par son propre intérêt, mêlé d'un peu de zèle, se chargea de la commission; et, pour en venir à bout, il fit les démarches les plus humbles pour s'insinuer dans l'esprit de Fouquet. Il le prit par les louanges, et fit si bien que ses manières soumises

(1) *A de pareilles réponses* : Ce passage fortifie les soupçons relatifs à madame Du Plessis-Bellière. (*Voyez* les Mémoires de Conrart, tome 48 de cette série, pages 256 et suiv.)

lui firent presque oublier les démêlés qu'ils avoient eus ensemble du temps du cardinal. Il y avoit déjà long-temps que Colbert, pour avoir sa place, lui rendoit de mauvais offices, en tâchant de diminuer son crédit parmi les gens d'affaires; et la chose étoit allée si loin, que Fouquet s'en étant plaint amèrement, le cardinal lui dit à Toulouse qu'il le prioit d'oublier, pour l'amour de lui, tout ce qui s'étoit passé; que Colbert n'y retourneroit plus; qu'il lui feroit volontiers le sacrifice d'un autre homme; mais que celui-là étant seul instruit et chargé de toutes les affaires de sa maison, il ne pouvoit s'en passer. Il semble qu'un pareil éclat devoit rompre entre eux toute intelligence; et cependant Fouquet ne laissa pas d'écouter les doux propos de son ennemi, réconcilié par force. Il le crut encore trop foible auprès du Roi pour oser entreprendre de voler de ses propres ailes, et lui donna chez lui des entrées particulières, qu'il n'accordoit qu'à ses meilleurs amis. Colbert en profita, et dans ses conversations ne manqua pas de lui faire remarquer l'amitié tendre et la confiance aveugle que le Roi avoit pour lui. Dans le même temps, ce prince ne parloit que de M. le surintendant, l'envoyoit chercher à tous momens, décidoit une infinité de petites choses par son avis sans consulter ses autres ministres, lui accordoit toutes les grâces qu'il demandoit, et venoit de recevoir avec des distinctions particulières l'évêque d'Agde, son frère, pour maître de l'Oratoire. Colbert faisoit valoir tout cela; et Fouquet, persuadé et attendri, juroit qu'il donneroit sa vie pour le Roi. « J'en ferois au-
« tant, reprit Colbert. Mais à quoi lui servent toutes

« ces paroles? Il n'y a pas un sou dans l'épargne; et
« vous savez, monsieur, combien les moyens extra-
« ordinaires sont difficiles et dangereux. — Vous
« avez raison, dit Fouquet; je vendrois de bon cœur
« tout ce que j'ai au monde pour donner de l'argent
« au Roi. » Colbert ne voulut pas aller plus loin;
mais dans la suite de leur conversation, en parlant
de la charge de président à mortier, dont Fieubet
avoit offert dix-huit cent mille francs, Fouquet de
lui-même dit qu'il n'en auroit guère moins, s'il vouloit, de sa charge de procureur général, et que le
même Fieubet lui en avoit offert quinze cent mille livres. « Mais, monsieur, reprit Colbert, est-ce que
« vous la voudriez vendre? Il est vrai qu'elle vous
« est assez inutile : un surintendant ministre n'a pas
« le temps de voir des procès. » La chose en demeura
là ; mais ils en reparlèrent si souvent, que Fouquet,
se croyant assuré de l'esprit du Roi, dit un jour à
Colbert qu'il avoit envie de vendre sa charge, pour
en faire un sacrifice au Roi. Ce fut alors que Colbert
se jeta dans des acclamations; et Fouquet, enivré de
la belle action qu'il croyoit faire, alla sur-le-champ
le dire au Roi, qui le remercia, et accepta l'offre sans
balancer, en lui cachant le véritable sujet de sa joie.
Le Roi dès le même soir ne manqua pas de dire à
Colbert : « Tout va bien, il s'enferre de lui-même; il
« m'est venu dire qu'il porteroit à l'épargne tout l'ar-
« gent de sa charge. » J'ai appris ces particularités de
Perrault, à qui Colbert les a contées plus d'une fois.

Cette négociation dura jusqu'au mois d'août; et dès
que Fouquet eut vendu sa charge à M. de Harlay,
bon homme, homme de bien, mais qui n'en étoit pas

fort capable, et qu'il eut fait porter un million à Vincennes, où le Roi le voulut avoir pour des dépenses secrètes, Sa Majesté lui redoubla ses caresses. D'autre côté, Colbert, qui s'étoit contraint pendant trois ou quatre mois, ne le ménagea plus, et ne garda plus de mesures avec un homme qu'il vouloit et qu'il croyoit pouvoir pousser à bout. Le Roi ne crut pas le devoir faire arrêter à Paris; et, par un excès de prévoyance dont il n'avoit pas besoin, il l'engagea à lui donner une fête dans sa belle maison de Vaux, résolu de le faire arrêter au milieu des hautbois et des violons, dans un lieu qui se pouvoit dire une preuve parlante de la dissipation des finances. Mais avant l'exécution n'ayant pu s'empêcher d'en faire la confidence à la Reine mère, elle lui dit tant de raisons pour l'en empêcher, qu'il résolut dès-lors de faire le voyage de Nantes, sous prétexte d'aller presser les Etats de Bretagne d'accorder ce qu'il leur demandoit. La Reine mère avoit quelque peine à abandonner Fouquet, persuadée que Colbert, plus rustique, lui laisseroit encore moins de crédit. La vieille duchesse de Chevreuse l'avoit pourtant gagnée à une fête qu'elle lui donna exprès à Dampierre, afin de l'entretenir plus à son aise; et ce fut là l'origine de la liaison qui se forma depuis entre Colbert et la maison de Luynes.

Le Roi ne put pas s'empêcher d'aller à Vaux, où tout étoit prêt pour le recevoir. Il avoit dans sa calèche Monsieur, la comtesse d'Armagnac, la duchesse de Valentinois et la comtesse de Guiche. La Reine mère y alla dans son carrosse, et Madame en litière. On y représenta pour la première fois *les Fâcheux* de Molière, avec des ballets et des récits en musique dans les intermèdes. Le théâtre étoit dressé dans le jardin, et la décoration étoit ornée de fontaines véritables, et de véritables orangers : il y eut ensuite un feu d'artifice, et un bal où l'on dansa jusqu'à trois heures du matin. Les courtisans, qui prennent garde à tout, remarquèrent que dans tous les plafonds, et aux ornemens d'architecture, on voyoit la devise de M. le surintendant : c'étoit un écureuil (ce sont ses armes) qui montoit sur un arbre, avec ces paroles : *Quò non ascendam?* (Où ne monterai-je point?) Mais ils n'ont remarqué que depuis sa disgrâce qu'on y voyoit aussi partout des serpens et couleuvres qui siffloient après l'écureuil. L'écureuil et les couleuvres sont encore à Vaux (1). Au milieu de la fête, M. le surintendant reçut un billet de madame Du Plessis-Bellière, qui lui donnoit avis qu'on devoit l'arrêter à Vaux : mais la Reine mère avoit fait changer l'ordre.

La cour étoit alors à Fontainebleau; et Fouquet, quoique la fête eût fort bien réussi, commença à soupçonner qu'on le vouloit perdre. Gourville, homme d'esprit, et son ami particulier, lui en donnoit tous les jours de nouveaux avis; il lui dit que le Roi, piqué de la magnificence de Vaux, qui effaçoit de bien loin Fontainebleau et toutes les autres maisons royales, n'avoit pas pu s'empêcher de dire à la Reine mère : « Ah, madame, est-ce que nous ne ferons pas rendre « gorge à tous ces gens-là? » Il lui arriva même une petite aventure qui fit juger à lui et à ses amis qu'il n'étoit pas trop bien à la cour.

Le comte de Saint-Aignan lui parla dans l'anticham-

(1) *Sont encore à Vaux :* On voit encore aujourd'hui ces emblèmes dans le cabinet du château de Vaux qui est à la suite du grand salon.

bre du Roi, devant tout le monde, avec la dernière hauteur, se plaignant de lui, et renonçant à son amitié (et l'on savoit que Saint-Aignan étoit alors un petit favori, et trop bon courtisan pour être si fier avec un ministre qu'il eût cru bien établi). Il voyoit de plus que le Roi avoit créé exprès pour Colbert une troisième charge d'intendant des finances, afin qu'il observât toutes ses actions. Mais il vit sa perte plus clairement dans un conseil qui fut tenu quatre jours avant le voyage de Nantes. Le chancelier et tous les secrétaires d'Etat y étoient, avec les trois ministres. Le Roi y proposa d'abolir absolument les ordonnances de comptant, que les surintendans donnoient sous prétexte de dépenses secrètes. Sa Majesté fit assez connoître par son discours que c'étoit son intention. Le chancelier appuya fortement l'avis du Roi; et Fouquet n'étant pas maître de lui, au lieu d'opiner s'écria : « Je ne suis donc plus rien? » Il sentit dans le moment qu'il venoit de dire une sottise, et tâcha de la replâtrer, en disant qu'il falloit donc trouver d'autres moyens de cacher les dépenses secrètes de l'Etat; et le Roi lui dit qu'il y pourvoiroit. Le jeune Brienne étoit présent à ce conseil, et m'a conté que, dans le moment que Fouquet lâcha cette parole indiscrète (*Je ne suis donc plus rien?*), Le Tellier donna un coup de coude au bon homme Brienne, qui étoit auprès lui.

On partit pour Nantes quatre jours après. Fouquet fit le voyage avec Lyonne son ami, et Le Tellier mena Colbert avec lui. Ils prirent des cabanes à Orléans, et s'embarquèrent sur la Loire. Les courtisans disoient hautement que ce voyage seroit fatal à Fouquet ou à

Colbert : on voyoit assez qu'ils ne pouvoient pas vivre ensemble, et que l'un des deux perdroit bientôt l'autre. Mais le commun avis étoit que Fouquet seroit le plus foible ; et le malheureux Roze m'a conté qu'étant à Fontainebleau deux jours avant le voyage de Nantes, il trouva sur le grand escalier de la cour du Cheval blanc Syron de La Syronade, qui lui dit tout bas en passant : « M. Roze, on va faire le procès au surin-« tendant, et il sera pendu. » Roze se mit à rire, et passa son chemin.

Mais pour revenir au voyage, le jeune Brienne avoit aussi pris une cabane à Orléans, et y avoit donné place à un commis de Nouveau, général des postes. Ils virent passer l'une après l'autre les deux cabanes où étoient les ministres, magnifiques, et menées chacune par douze ou quinze rameurs. Le commis de la poste dit en les voyant passer : « L'une de ces deux « cabanes fera naufrage à Nantes ; » voulant faire entendre que ce voyage se faisoit pour perdre Fouquet ou Colbert. Brienne le pressa de lui dire ce qu'il en savoit, mais il fit le mystérieux ; et il y a apparence qu'il en avoit seulement ouï parler chez Nouveau, homme de bonne chère, où toute la cour étoit tous les jours.

Fouquet avoit été averti par ses amis il y avoit plus d'un mois. Il avoit profité de leurs avis, et croyoit s'être mis à couvert de l'orage en ouvrant son cœur au Roi, et lui parlant cette fois-là avec sincérité ; mais il n'étoit plus temps. Le Roi, outré contre lui d'avoir vu cinq mois durant qu'il le trompoit, avoit pris ses mesures avec Colbert, et les choses étoient trop avancées pour les changer. Il dissimula à son ordinaire, et lui fit plus de caresses que jamais. Il fit le voyage en poste à cheval, suivi de M. le prince et de M. le duc, de M. de Turenne, de M. de Bouillon, et d'une trentaine de courtisans, et fut régalé en chemin (je crois à Saumur) par Nouveau, général des postes. Il arriva à Nantes le premier septembre; il alla loger dans le château. Fouquet fit marquer son logis à l'autre bout de la ville. On n'en devina pas d'abord la raison : on a su depuis qu'il y avoit dans cette maison un aqueduc sous terre qui rendoit à la rivière, et qu'il songeoit à se sauver par là dans Belle-Ile, en cas qu'on vînt pour l'arrêter. Il étoit parti de Fontainebleau avec la fièvre tierce, et la fatigue du voyage avoit redoublé ses accès. Le Roi, à qui l'on dit qu'il étoit assez mal, ordonna au comte de Brienne d'aller savoir de ses nouvelles. Le comte arriva dans la maison à trois heures après midi, et trouva madame la surintendante avec Gourville dans une salle, qui faisoit danser devant elle des paysannes de Belle-Ile. Elle lui dit que M. le surintendant ne voyoit personne, et qu'il étoit dans son accès. Il répliqua qu'il falloit qu'il le vît, et qu'il venoit lui parler de la part du Roi. On le fit monter : il trouva le surintendant couché sur son lit dans des robes de chambre, tremblant la fièvre assez fort. Il lui dit que le Roi étoit en peine de sa santé, et qu'il l'envoyoit pour savoir de ses nouvelles. Le surintendant reçut le compliment avec grande joie, et s'écria : « Le Roi a bien de la « bonté pour moi. » Il pria ensuite Brienne de dire au Roi qu'il lui répondoit des Etats de Bretagne; que plusieurs députés l'étoient venus trouver, et qu'ils feroient tout ce que Sa Majesté souhaitoit, et au-delà.

Brienne vouloit s'en aller, de peur de l'incommoder. Il le pria de s'asseoir au chevet de son lit, et lui dit avec un air gai : « Monsieur, vous êtes de mes amis » (ils s'étoient raccommodés depuis trois ou quatre mois, et le surintendant lui avoit fait payer seize mille francs sur ce qui lui étoit dû de ses pensions). Il lui dit donc : « Vous êtes de mes amis ; je vais m'ou-
« vrir à vous. Colbert est perdu, et ce sera demain
« le plus beau jour de ma vie. » Il lui demanda ensuite s'il n'y avoit rien de nouveau à la cour. Brienne lui dit que ce matin-là on n'entroit plus chez le Roi par le chemin ordinaire ; qu'il falloit passer l'un après l'autre par un petit corridor fort étroit; que Roze, secrétaire du cabinet, écrivoit sur une petite table dans ce corridor, et qu'il étoit obligé de se lever à chaque personne qui passoit; que M. de Gesvres, capitaine des gardes du corps en quartier, et Chamarante, premier valet de chambre, étoient seuls à la porte du cabinet; que le Roi y avoit été enfermé tout le matin, et que quand il étoit entré dans le cabinet, le Roi avoit jeté un grand morceau de taffetas vert sur une table couverte de papiers; que tous ces petits changemens donnoient à raisonner aux courtisans. Il n'ajouta pas qu'il venoit de voir dans sa rue, à cent pas de sa porte, deux mousquetaires qui paroissoient y être par ordre, et qui l'avoient fort examiné en passant. Fouquet lui dit que tout cela regardoit Colbert; et Brienne n'osa lui dire qu'il n'en croyoit rien.

Brienne étant retourné au château rendre compte de sa commission, trouva l'appartement du Roi ouvert à son ordinaire : on ne passoit plus par le corridor. Le Roi lui ordonna de retourner le soir chez

M. le surintendant, et de lui dire qu'il ne manquât pas d'être au conseil le lendemain à sept heures du matin. Brienne n'y alla qu'à onze heures du soir, et trouva Fouquet fort abattu de corps et d'esprit. Sa fièvre l'avoit extrêmement tourmenté; et il lui étoit venu tant d'avis, et de tant de côtés, qu'enfin il avoit ouvert les yeux. Toute la rue et les environs de sa maison étoient remplis de mousquetaires. « Monsieur, « dit-il à Brienne, on vient de me dire que Chevigny, « capitaine aux gardes (c'a été depuis le fameux père « de Chevigny, père de l'Oratoire), est monté sur deux « grands bateaux avec sa compagnie, pour aller se « saisir de Belle-Ile. Gourville me presse de me sau- « ver par l'aqueduc. » Il lui dit alors qu'il y avoit un aqueduc dans sa maison, et que, malgré tous les mousquetaires du monde, il pouvoit encore gagner la rivière, où un petit bateau l'attendoit : c'étoit être passablement indiscret. « Mais, ajouta-t-il avec fermeté, « je n'en veux rien faire; il en faut courre le risque. « Je ne puis croire que tout ceci soit contre moi. » Il conta alors à Brienne qu'à Fontainebleau il avoit représenté au Roi que le cardinal faisant tout à sa tête, et sans observer aucune formalité, il lui avoit fait faire beaucoup de choses dont il pourroit être recherché; que lui en son particulier avoit aussi fait des fautes considérables, et des dépenses excessives; et que, pour mettre sa conscience et son honneur en sûreté, il supplioit le Roi de lui pardonner tout le passé, et qu'il étoit persuadé que Sa Majesté avoit eu la bonté de le faire. Il se coucha là-dessus, tranquille ou non. Brienne crut ou fit semblant de croire tout ce qu'il lui avoit dit, et s'en alla. Il y retourna le lendemain à six heures du matin, suivant l'ordre du Roi, pour faire lever M. le surintendant, afin qu'il fût au château à sept heures du matin précises. Mais il trouva les portes de la maison gardées par les mousquetaires, qui lui dirent que M. le surintendant étoit déjà parti pour aller chez le Roi. Il vit bien alors que c'étoit un homme perdu, et fit toucher au château à toute bride. Fouquet étoit déjà au conseil; il avoit vu les mousquetaires rangés en bataille dans la place, et avoit cru que le Roi vouloit aller à la chasse. Il monta en haut. Le conseil se tint à l'ordinaire : le Roi lui demanda encore quatre-vingt mille francs pour distribuer aux officiers de la marine. Le Tellier sortit du conseil le premier, et mit dans la main de Boucherat, qui depuis est devenu chancelier, et qu'il trouva dans l'antichambre, un petit billet, en lui disant à l'oreille : « Lisez vite, et exécutez. » Boucherat étoit alors maître des requêtes et conseiller d'honneur au parlement de Paris, et faisoit les fonctions de commissaire du Roi aux Etats de Bretagne. Il descendit le degré, ouvrit son billet, et y lut ces mots : *Le Roi vous ordonne d'aller tout-à-l'heure mettre le scellé chez M. le surintendant.* Il descendoit lui-même le degré pendant que Boucherat lisoit, et en passant il lui donna le bonjour. Il monta ensuite dans sa chaise pour aller à la messe.

Cependant Artagnan, capitaine lieutenant des mousquetaires, avoit eu ordre du Roi de l'arrêter au sortir du conseil, mais hors de l'enceinte du château, pour ne pas fâcher le capitaine des gardes du corps. Il l'avoit manqué d'un moment, parce qu'ayant vu descendre M. Le Tellier, il l'avoit suivi au bout de la cour, où il s'étoit allé promener sous des arbres avec La Feuillade. Il lui demanda s'il n'y avoit rien de changé : Le Tellier lui dit que non, et pendant ce temps-là Fouquet étoit passé. Artagnan tout éperdu courut dans la place qui est devant le château; il demanda tout bas à Roze s'il n'avoit point vu M. le surintendant : Roze lui dit qu'il étoit sorti du conseil. Il alla tout courant le chercher, et le trouva dans sa chaise, qui alloit à la messe. Il lui envoya dire par Maupertuis qu'il eût bien voulu lui dire une parole. Le surintendant sortit aussitôt de sa chaise, et Artagnan sans perdre de temps lui dit : « Monsieur, je « vous arrête par ordre du Roi. » Il ne parut point étonné, et lui dit seulement : « Mais, M. d'Artagnan, « est-ce bien moi que vous voulez? — Oui, monsieur, « reprit Artagnan; » et sans plus de discours le fit monter dans un carrosse entouré de cent mousquetaires, qui le conduisirent sur-le-champ au château d'Angers. Boucherat, pendant ce temps-là, se saisissoit de tous ses papiers.

Roze étoit monté dans la chambre du Roi. Il trouva à la porte Maupertuis, qui lui dit tout bas : « Monsieur, « faites-moi parler au Roi. » Roze lui dit de s'adresser aux huissiers de la chambre. Maupertuis dit que les huissiers se moquoient de lui, et lui fermoient la porte au nez. Roze lui répliqua qu'il en étoit bien fâché; mais Maupertuis lui ayant dit avec fermeté : « Hé « bien, monsieur, vous en répondrez en votre propre « et privé nom, » Roze eut peur, et s'avança vers la porte du cabinet du Roi. Aussitôt le marquis de Gesvres, Chamarante, et quelques autres courtisans, lui dirent que le Roi vouloit être seul. Roze ne laissa pas de gratter à la porte du cabinet. Le Roi étoit enfermé avec M. Le Tellier, et vint ouvrir lui-même la porte, en disant d'un ton chagrin : « Qui est-ce qui est là ? » Roze lui dit que Maupertuis vouloit absolument lui parler. On le fit entrer, et il dit au Roi que M. le surintendant avoit été arrêté. Alors Sa Majesté passa dans la chambre, et dit tout haut aux courtisans qui s'y trouvèrent : « J'ai fait arrêter le surintendant ; il « est temps que je fasse moi-même mes affaires. »

Maupertuis, qui a été depuis capitaine lieutenant des mousquetaires, suivoit la cour sans emploi ; et ce jour-là le Roi lui avoit ordonné de suivre Artagnan, et de faire tout ce qu'il lui commanderoit.

Le Roi avoit fait partir en poste Du Vouldy, gentilhomme ordinaire, pour aller faire mettre le scellé dans la maison de Fouquet à Paris, à Saint-Mandé et à Vaux. Il alla le plus vite qu'il put, et n'arriva pourtant à Paris que douze heures après un valet de chambre du surintendant (il s'appeloit La Forêt); et, sans prendre l'ordre de personne, dès qu'il vit son maître arrêté il s'en alla à pied à deux lieues de Nantes, où il savoit qu'étoit le premier relais. Le surintendant n'avoit jamais fait de voyage avec la cour qu'il n'eût établi des relais de sept lieues en sept lieues, indépendamment de la poste, et à quatre ou cinq lieues hors du grand chemin, sur la droite ou sur la gauche.

Il avoit par ce moyen-là des nouvelles plus tôt que le Roi ou M. le cardinal ; et La Forêt, dont il se servoit ordinairement pour ses courses, ne perdit pas un moment. Il poussa tous les relais, et porta la nouvelle de la prise de son maître à madame Du Plessis-

Bellière, son amie intime. Elle envoya chercher aussitôt l'abbé Fouquet et Bruant. Ils tinrent conseil. L'abbé étoit d'avis de mettre le feu à la maison de Saint-Mandé, et de brûler par ce moyen-là tous les papiers qui pouvoient faire tort à son frère. Mais madame Du Plessis-Bellière s'y opposa, et dit que c'étoit le perdre absolument; qu'on ne le condamneroit pas sans l'entendre; que c'étoit se défier de son innocence; qu'on n'avoit rien à lui reprocher depuis que le Roi gouvernoit par lui-même; et que, pour le temps précédent, il n'avoit rien fait que par l'ordre du cardinal. Bruant sans opiner les quitta, alla ramasser ses papiers et quelque argent, et se cacha dans un couvent, où on ne le trouva point; il passa ensuite dans les pays étrangers, et y rendit au Roi tant de petits services, qu'il mérita sa grâce. C'est ce Bruant des Carrières qui a été assez long-temps résident du Roi à Liége. La Forêt alla aussi chez madame Fouquet la mère, dont la vertu et la sainteté méritent attention. Elle ne s'étoit point élevée de la fortune de son fils, toujours occupée de la prière, et du soin des pauvres. « Madame, lui dit brusque-
« ment La Forêt, M. le surintendant a été arrêté
« à Nantes. » Elle se jeta aussitôt à genoux, et dit :
« Je vous remercie, mon Dieu ! Je vous ai toujours
« demandé son salut : en voilà le chemin. » Elle étoit aussi humble que la femme du surintendant étoit fière et insolente. La décadence de son mari lui fit bien changer ses manières; et il me souvient qu'étant venue à l'audience de M. de Pontchartrain, contrôleur général, elle se mit humblement dans la foule : mais il alla à elle dès qu'il la vit, et la fit entrer dans

son cabinet, à la barbe de plusieurs duchesses qui ne l'avoient pas regardée.

Pendant que l'abbé Fouquet disputoit avec madame Du Plessis-Bellière sans rien résoudre, Du Vouldy arriva. Le lieutenant civil d'Aubray alla tout sceller à Saint-Mandé, et d'autres officiers de justice firent la même chose dans les autres maisons du surintendant. Cependant le Roi donnoit ses ordres à Nantes pour partir le même jour. Le Tellier étoit triomphant; et Colbert, qu'on n'avoit point vu depuis quatre jours, sortit de son trou, et parut avec un grand air de confiance. Le pauvre Lyonne, consterné et pâle comme la mort, ne pouvoit se remettre; mais le Roi s'en étant aperçu, eut la bonté de lui dire tout haut : « Lyonne, je sais bien que le surintendant étoit de « vos amis : sa disgrâce ne vous regarde point, et je « suis fort content de vous. » Le Roi ne faisoit pas semblant d'entendre le marquis de Gesvres, capitaine des gardes du corps en quartier, qui jetoit feu et flammes. « Qu'ai-je fait, disoit-il, pour recevoir un « pareil affront ? Ne l'aurois-je pas arrêté aussi bien « qu'Artagnan ? » Ses amis lui dirent de se taire : il n'en faisoit rien, et ne faisoit pas mal sa cour.

Le Roi, avant que de partir, dit au maréchal de Villeroy qu'il faisoit un conseil royal des finances, dont il seroit le chef. Et sur cela le maréchal de La Meilleraye, dans un dîner qu'il donna ce jour-là aux courtisans, lui dit plaisamment : « Petit maréchal « mon ami, tu seras le chef des finances, mais en « idée, comme je l'ai été moi qui te parles; et Col- « bert en sera le chef véritable. Mais que t'importe? « tu auras de gros appointemens; et n'est-ce pas

« assez ? » Le maréchal de La Meilleraye, en voyant depuis quatre jours tout ce qui se faisoit à Nantes, s'étoit cru perdu, et son ami Boucherat avoit eu toutes les peines du monde à lui remettre l'esprit, sans pourtant lui rien découvrir. Le maréchal s'étoit déclaré publiquement contre Fouquet à la mort du cardinal ; et le duc Mazarin son fils, comblé d'honneurs et de biens, l'avoit méprisé, croyant n'avoir besoin de personne. Ainsi croyant Fouquet vainqueur de ses ennemis, il craignoit d'être accablé comme les autres.

On dit que lorsqu'Artagnan arrêta M. Fouquet, il le fouilla, suivant ce qui s'observe avec les prisonniers d'Etat, et qu'il trouva dans ses poches quantité de lettres de femmes qui paroissoient fort reconnoissantes de l'argent qu'il leur envoyoit journellement. J'ai vu des copies de toutes ces lettres, et n'en ai pas fait grand cas, soit qu'elles soient vraies ou fausses. On se servit contre lui du brouillon d'un billet écrit de sa main, et corrigé de la main de Pellisson : on le trouva aussi dans ses poches, et l'on crut qu'il s'adressoit à mademoiselle de Montalais. Le voici :

« Puisque je fais mon unique plaisir de vous ai-
« mer, vous ne devez pas douter que je ne fasse ma
« joie de vous satisfaire. J'aurois pourtant souhaité
« que l'affaire que vous avez désirée fût venue pure-
« ment de moi : mais je vois bien qu'il faut qu'il y
« ait toujours quelque chose qui trouble ma félicité ;
« et j'avoue, ma chère demoiselle, qu'elle seroit
« trop grande si la fortune ne l'accompagnoit quel-
« quefois de quelques traverses. Vous m'avez causé
« aujourd'hui mille distractions en parlant au Roi ;

« mais je me soucie fort peu de ses affaires, pourvu
« que les vôtres aillent bien. »

Le Roi retourna à Fontainebleau presque aussi vite qu'il étoit allé à Nantes. Il étoit infatigable ; et quelques jours après son arrivée il alla à cheval à Paris, et en revint dans le même jour, après avoir visité les nouveaux bâtimens de Vincennes, et ceux du Louvre et des Tuileries. Il fit tout cela le matin, et dîna à Saint Cloud chez Monsieur, et arriva de bonne heure à Fontainebleau. Il songea d'abord à régler les finances, que la prison de Fouquet mettoit encore dans un plus grand désordre ; et pour cela il établit le conseil royal, composé d'un chef et de trois conseillers, dont l'un devoit être toujours intendant des finances. Le maréchal de Villeroy en fut déclaré le chef, avec quarante-huit mille livres d'appointemens ; d'Aligre et de Sève furent conseillers ; et Colbert, qui étoit intendant, fut le troisième conseiller. Le Roi marqua dans sa déclaration que le chancelier s'y trouveroit quand Sa Majesté le lui ordonneroit, et qu'alors il y présideroit. La grande et la petite direction allèrent à l'ordinaire ; et ce ne fut que quelque temps après que le Roi supprima les directeurs des finances, et remboursa les deux charges de contrôleurs généraux, pour faire Colbert seul contrôleur général par commission, en attribuant à cette qualité une place de conseiller au conseil royal des finances.

LIVRE QUATRIÈME.

Les soins du dedans du royaume, qui étoient les plus pressans, n'empêchoient point Louis xiv de songer aux alliances étrangères. Il renouvela la ligue du Rhin (cette ligue avoit été signée à Francfort le 14 août 1658, aussitôt après l'élection de l'Empereur; elle étoit entre le Roi, et les électeurs de Mayence, de Trèves et de Cologne, l'évêque de Munster, le duc de Neubourg, le roi de Suède en qualité de duc de Bremen et de Ferden, la maison de Brunswick et le landgrave de Hesse ; elle étoit principalement pour faire observer la paix de Munster, et pour empêcher l'Empereur d'envoyer du secours aux Espagnols dans les Pays-Bas, et l'on devoit la renouveler de trois ans en trois ans : c'étoit le maréchal de Gramont et Lyonne, ambassadeurs de France à la diète pour l'élection de l'Empereur, qui l'avoient négociée). Il signa aussi un traité avec le comte Tott, grand écuyer du roi de Suède, et son ambassadeur (il étoit ami intime de ma mère, et soupoit souvent chez elle). J'ai envie de mettre ici l'état du royaume de Suède, et les motifs du traité qui fut conclu à Fontainebleau.

Le roi de Suède étoit alors Charles ii, de la maison palatine, âgé de quatre ou cinq ans. Il avoit succédé depuis peu à son père Charles-Gustave, si célèbre par la conquête de la Pologne et du Danémarck. Le royaume de Suède étoit gouverné pendant sa minorité par un conseil composé de la Reine et des cinq grands officiers de la couronne. Ce conseil se nommoit *de la régence*, et la Reine y avoit deux voix. Elle étoit maîtresse absolue de l'éducation de son fils. La régence, dans les affaires importantes, ne pouvoit prendre de résolution sans consulter le sénat, qui étoit un corps composé de trente-cinq sénateurs, outre les cinq grands officiers; et en cas qu'ils voulussent obliger le royaume à fournir extraordinairement des troupes ou de l'argent, il falloit assembler la diète, composée des quatre Etats, savoir la noblesse, le clergé, les bourgeois, et les paysans.

L'alliance avec la France avoit aidé aux Suédois, sous les règnes de Gustave-Adolphe et de sa fille Christine, à se faire céder des provinces en Allemagne, qui les rendoient considérables plus que tout le reste de leurs Etats. Charles-Gustave, qui avoit succédé à Christine, avoit été uni avec la France, quoique d'une alliance moins étroite. L'amitié de cette couronne n'avoit pas peu contribué à lui faire obtenir des conditions avantageuses dans les traités conclus avec le Danemarck à Roschild et à Copenhague. Outre ces traités, qui terminèrent les différends entre le Danemarck et la Suède, elle en avoit conclu un autre à Olvick par la médiation de la France, qui régloit les intérêts que la Suède avoit à démêler avec la Pologne. Ainsi la tranquillité de la régence ne pouvoit être troublée que du côté de la Moscovie. Les régens firent aussi la paix avec les Moscovites, afin de n'avoir plus rien à craindre de la part de leurs voisins. Mais les conquêtes faites sous les trois derniers règnes, le grand secours d'argent que la Suède avoit tiré de la France, avoient accoutumé les principaux seigneurs de la cour à une dépense à laquelle les revenus ordinaires du royaume ne pouvoient pas suffire. Ainsi, pour conserver les grands airs qu'ils avoient pris, il fallut songer à des négociations qui leur fissent toucher de l'argent des pays étrangers. Dans ce dessein, ils tournèrent les yeux sur la France, dont l'alliance leur avoit toujours été si utile et si honorable ; et comme cette couronne paroissoit résolue à entretenir la paix avec l'Espagne, il fallut songer à des projets qui, sans obliger la Suède à rentrer en guerre ouverte pendant la minorité de son roi, pussent être assez utiles à la France pour l'engager à fournir de grands subsides. Pour cela, on proposa de faire assurer la couronne de Pologne au duc d'Enghien : on prévoyoit que du côté de l'Empereur il y auroit de grands obstacles. La Suède s'engagea par un traité à fournir un nombre considérable de troupes pour soutenir en Pologne les intérêts de la France, moyennant un subside de six cent mille écus par an. Le comte Tott reçut le premier paiement, qu'il mangea en peu de temps. C'étoit un homme bien fait, jeune, de beaucoup d'esprit, magnifique, galant, grand joueur, donnant dans toutes les dépenses ; l'air noble, et parlant mieux français que pas un courtisan : et c'est une remarque qu'on a faite que, de tous les étrangers, les Suédois sont les plus Français, ont les manières les plus aisées, et gardent moins l'accent de leur pays. Le comte Tott, fait comme je viens de le peindre, adoré et flatté des femmes, qui trouvoient leur compte avec lui, trouva assez de moyens de dépenser son argent. Les affaires s'étant depuis tournées en Pologne de manière à n'y pouvoir faire agir les Suédois, la régence de Suède, qui se vit hors d'état d'exécuter ce qu'elle avoit promis, et le Roi, qui vit de son côté qu'il n'y avoit rien à faire en Pologne, tombèrent d'accord de rompre le traité. Le chevalier de Trelon fut envoyé à Stockholm pour cela. On laissa aux Suédois, ou pour mieux dire au comte Tott, ce qu'il avoit touché et mangé; on les dispensa d'exécuter ce qu'ils avoient promis.

Il n'y avoit point de traité à faire avec le roi de Danemarck : ce prince ne songeoit qu'à jouir en paix de sa nouvelle autorité, et qu'à retenir dans le devoir la noblesse de son pays, toujours prête à remuer dès qu'elle trouveroit l'occasion de rentrer dans ses premiers droits. Je ne saurois m'empêcher de mettre ici les causes de la révolution qui venoit d'arriver dans ce royaume-là. Frédéric III, roi de Danemarck, après avoir été dépouillé de tous ses Etats, et réduit à la seule ville de Copenhague, que le roi de Suède avoit pensé plusieurs fois emporter d'assaut, étoit devenu depuis la paix beaucoup plus puissant qu'auparavant. Il avoit rendu la couronne héréditaire à sa famille, même pour les filles; et les bourgeois de Copenhague avoient forcé la noblesse à y consentir. Jusque là la noblesse avoit eu plus de pouvoir dans les Etats que le clergé ni les bourgeois; mais les bourgeois de Copenhague s'étant aguerris pendant le siége, commencèrent à regarder avec mépris les nobles, qui presque sans résistance avoient abandonné aux Suédois le reste du royaume. Un petit incident contribua en même temps à soutenir le clergé. La noblesse avoit fait faire un affront à la femme de l'évêque de Copenhague; les femmes des gentilshommes trouvoient mauvais que d'autres personnes qu'elles eussent des impériales à leurs carrosses, et avoient fait arracher en pleine rue l'impériale que la femme de cet évêque avoit au sien. Gabel, confident du Roi, crut qu'il falloit se servir de l'occasion. Il savoit les sentimens des bourgeois, qui ne pouvoient se lasser de donner des louanges à la constance du Roi, et surtout à la fermeté héroïque de la Reine, qui avoit soutenu l'esprit chancelant de son mari et la fortune de l'Etat. Il fit une espèce de triumvirat avec l'évêque et le premier bourgmestre de Copenhague : l'évêque fit entrer tout le clergé dans le parti ; le premier bourgmestre fit armer les bourgeois, et Gabel fit prendre les armes à ce qu'il y avoit dans la ville de troupes réglées : et tous ensemble s'étant rendus maîtres des avenues de la salle où la noblesse étoit assemblée, ils déclarèrent qu'il falloit que les trois Etats du royaume unanimement donnassent à la famille royale des marques de leur reconnoissance. La noblesse ne pouvant s'en dédire, consentit à tout, et les Etats renoncèrent au pouvoir d'élire leurs souverains, et déclarèrent qu'à l'avenir ils ne connoîtroient plus d'autre loi que la volonté du prince. L'évêque de Copenhague fut fait archevêque, le bourgmestre eut de l'argent, les gens de guerre obtinrent le premier rang parmi la noblesse, et le reste des gentilshommes se retirèrent dans leurs terres. Un si grand changement dans ce royaume y tenoit encore les esprits en mouvement, et ils ne songeoient qu'à leurs affaires, sans se vouloir mêler de celles des autres.

Mais c'est trop discourir des pays étrangers. Le Roi, en renouvelant la ferme des gabelles, s'étant fait donner six cent mille livres de pot de vin, en fit des libéralités. La Reine mère en eut dix mille pistoles, Monsieur et Madame chacun cinq mille; mademoiselle de Fouilloux, amie de mademoiselle La Vallière, eut cinquante mille écus pour épouser le marquis d'Alluye, et la Reine eut le reste. Ce n'est pas que le Roi fût encore fort bien en argent comptant, mais il commençoit à voir un peu plus clair dans les finances; et Colbert, qui avoit la principale direction, ne lui cachoit rien. Le dessein avoit été pris, en arrêtant Fouquet, de faire une chambre de justice dont on espéroit tirer plus de cent millions. Tout l'argent du royaume étoit entre les mains des partisans; et comme, à l'exemple du surintendant, ils n'avoient su garder aucunes mesures, et qu'ils s'étoient jetés dans les belles maisons à Paris et dans les grosses terres en campagne, leur bien étoit au soleil, et il ne paroissoit pas difficile de s'en saisir.

Dans le temps que tout sembloit disposé à une bonne paix avec l'Espagne, il arriva en Angleterre une aventure qui pensa la rompre brusquement. Le baron de Vatteville, ambassadeur d'Espagne, s'avisa de disputer le pas au comte d'Estrades, ambassadeur de France; mais, pour empêcher les malheurs qui en pouvoient arriver, le roi d'Angleterre leur proposa de ne point envoyer leurs carrosses à l'entrée des ambassadeurs de Venise, qui ne les avertiroient pas de leurs arrivées. Ce tempérament fut accepté de part et d'autre. D'Estrades le manda au Roi, qui fut fort en colère contre son ambassadeur, et lui ordonna de soutenir hautement à la première occasion la prééminence de sa couronne. Un ambassadeur de Suède arriva à Londres quelque temps après : d'Estrades envoya ses carrosses bien escortés pour l'accompagner, et prendre, comme de raison, la première place. Tout marchoit en ordre à l'ordinaire, lorsque l'ambassadeur d'Espagne y envoya aussi les siens, accompagnés de plus de deux mille bouchers, brasseurs ou bateliers de la ville de Londres. Les Espagnols, fiers de leur escorte, voulurent précéder les Français dans la marche, tuèrent d'abord les chevaux du comte d'Estrades et plusieurs de ses domestiques, et, triomphans, l'épée nue à la main, accompagnèrent seuls l'ambassadeur de Suède. Le roi d'Angleterre avoit fait publier des défenses aux Anglais, Ecossais et Irlandais de prendre parti, et le matin il avoit fait monter à cheval ses gardes, et envoyé quelque infanterie dans les places pour empêcher le désordre ; mais le peuple, furieux, et toujours animé contre les Français, se joignit aux Espagnols, en criant : *vive Espagne!* Le comte d'Estrades eut six de ses gens tués, et trente-trois blessés. Le roi d'Angleterre ressentit vivement le peu de respect que ses sujets avoient pour ses ordres, mais il n'osa le témoigner. Le général Monck avoit envoyé à Vatteville plusieurs officiers des troupes, sur lesquelles il conservoit encore un reste d'autorité.

Le Roi fut averti par un courrier extraordinaire de ce qui s'étoit passé à Londres; et voulant soutenir hautement le droit de sa couronne, que l'Espagne, contente de ne se pas trouver aux cérémonies, n'avoit jamais songé à disputer, il envoya sur-le-champ dire au comte de Fuensaldagne, ambassadeur d'Espagne, qu'il sortît du royaume; qu'il fît savoir au comte de Fuentès, qui venoit d'Allemagne pour résider auprès de lui en la même qualité, qu'il n'entrât pas dans ses Etats; et qu'il avertît le marquis de Caracène que Sa Majesté avoit révoqué le passe-port qu'elle lui avoit accordé pour traverser la France en retournant en Espagne. Le même jour, il envoya ordre à Courtin et à Talon, ses commissaires députés pour le réglement des limites en Flandre, de rompre les conférences avec ceux d'Espagne. Il dépêcha en même temps Du Vouldy, l'un de ses gentilshommes ordinaires, à l'archevêque d'Embrun, son ambassadeur à Madrid, pour lui porter ses ordres sur les déclarations qu'il devoit faire au roi d'Espagne; et Le Cateux au roi d'Angleterre, pour lui faire savoir ses résolutions, en cas que Sa Majesté Catholique ne lui donnât pas une entière satisfaction sur cet attentat. La fermeté que le Roi eut en cette occasion fit juger de son gouvernement, et lui fit obtenir, peu de mois après, tout ce qu'il pouvoit raisonnablement exiger, et davantage.

Jamais l'ambassadeur d'Espagne ne pouvoit choisir un théâtre plus éclatant pour faire une insulte à l'ambassadeur de France. L'Angleterre étoit alors dans sa splendeur; le roi Charles II avoit été rétabli sur le trône de ses ancêtres, et tous les princes de l'Europe lui avoient envoyé des ambassadeurs pour lui faire des complimens, ou pour renouveler avec lui les anciennes alliances. La face des affaires avoit changé plusieurs fois en ce pays-là depuis la mort de Cromwell : son fils aîné Richard n'avoit ni les qualités de l'esprit ni le courage nécessaire pour se soutenir. Les républicains avoient tâché de faire une république :

les généraux vouloient que les armées seules eussent toute l'autorité ; les grands seigneurs, ne se trouvant pas en état de parvenir à la première place, trouvoient qu'il leur étoit plus avantageux de partager la souveraine autorité avec un seul homme, tel qu'étoit un roi, que de vivre dépendans de tous ceux qui composoient le parlement. Ainsi, dans les deux années qui s'étoient écoulées depuis la mort de Cromwell, l'Etat avoit changé de forme cinq ou six fois. La fidélité de Monck, ou peut-être l'impossibilité où il étoit de s'établir solidement, lui fit prendre le parti de rappeler le Roi. Charles, depuis son retour en Angleterre, avoit été occupé à rétablir les seigneurs et les évêques, et à se remettre en possession de son autorité. Il n'avoit pas voulu se servir des conjonctures pour se rendre absolu : ses ministres, plus attachés à la liberté de leur pays qu'à la gloire de leur roi, lui donnoient des conseils modérés. Il étoit naturellement paresseux, et craignoit que les desseins d'ambition ne l'empêchassent de jouir des plaisirs inséparables de la royauté, et auxquels ses souffrances passées le rendoient plus sensible que s'il eût toujours vécu dans l'abondance de toutes choses. Il demeura neutre, et empêcha seulement que la querelle des ambassadeurs ne recommençât, en attendant que leurs maîtres se fussent accommodés.

Le premier de novembre, à midi moins sept minutes, la Reine accoucha (1) à Fontainebleau de monseigneur le Dauphin. Nous nous promenions dans la cour de l'Ovale ; et depuis vingt-quatre heures la Reine étoit en travail, lorsque le Roi ouvrit la fenêtre de sa cham-

---

(1) *La Reine accoucha* : Le premier novembre 1661.

bre, et annonça lui-même le bonheur public, en nous criant assez haut : *La Reine est accouchée d'un garçon!* Cela me fait souvenir que quand madame la Dauphine accoucha à Versailles de M. le duc de Bourgogne, le Roi sortit le premier dans l'antichambre, et nous dit : « Madame la Dauphine est « accouchée d'un prince. » J'y étois présent toutes les deux fois, et remarquai une différence notable entre joie et joie. On fut bien aise de la naissance de monseigneur le Dauphin : il y eut des feux allumés partout, et les comédiens espagnols dansèrent un ballet dans la cour des Fontaines devant le balcon de la Reine mère, avec des castagnettes, des harpes et des guitares. Mais, à la naissance de M. le duc de Bourgogne, on devint presque fou : chacun se donnoit la liberté d'embrasser le Roi. La foule le porta depuis la surintendance, où madame la Dauphine accoucha, jusqu'à son appartement. Il se laissoit embrasser à qui vouloit. Le bas peuple paroissoit hors de sens : on faisoit des feux de joie de tout ; les porteurs de chaise brûloient familièrement la chaise dorée de leur maîtresse. Ils firent un grand feu dans la cour de la galerie des Princes, et y jetèrent une partie des lambris et des parquets destinés pour la grande galerie. Bontemps en colère le vint dire au Roi, qui se mit à rire, et dit : « Qu'on les laisse faire ; nous aurons d'autres « parquets. » La joie parut aussi vive à Paris, et fut de bien plus longue durée : les boutiques furent fermées trois jours durant ; toutes les rues étoient pleines de tables où les passans étoient conviés, et forcés à boire sans payer ; et tel artisan mangea cent écus dans ces trois jours, qui n'en gagnoit pas tant dans une année. La joie fut plus modérée à la naissance de monseigneur le Dauphin. Le Roi envoya à Paris l'abbé de Coislin, son premier aumônier, et l'abbé Fiot à Melun, délivrer les prisonniers; et dépêcha des gentilshommes dans toutes les cours de l'Europe, pour y porter une nouvelle si importante. On remarqua, comme une chose assez singulière, qu'il eût fait l'honneur au duc Mazarin son sujet de lui envoyer à Brisach, où il étoit avec sa femme, le fils de Roze, secrétaire du cabinet, à qui le duc donna audience avec la même pompe qu'eût pu faire un souverain. Le jeune Roze lui dit, de la part du Roi, que Sa Majesté lui faisoit part de la bénédiction que Dieu avoit répandue sur son mariage; et qu'elle lui ouvroit son cœur avec d'autant plus de joie, qu'il étoit l'héritier et portoit le nom de ce grand homme qui avoit fait le bonheur de la France par la paix des Pyrénées. Roze étoit alors fort bien avec le Roi : il y avoit plus de trois ans qu'il étoit secrétaire du cabinet, sans pourtant avoir quitté le service du cardinal. Il avoit de l'esprit, de la capacité, écrivoit facilement, et plaisoit à son maître. Il m'a conté qu'il n'avoit jamais signé pour le Roi qu'une fois en sa vie. La cour étoit en Provence. La nouvelle y vint de l'extrémité où étoit M. le duc d'Orléans : le Roi manda à Roze, qui étoit à Aix auprès du cardinal, d'écrire une lettre de compliment à Madame, et de la signer *Louis;* et écrivit en même temps au cardinal d'ordonner à Roze de le faire. Roze se le fit commander quatre fois, conjurant le cardinal de faire la signature, puisque personne au monde ne savoit mieux que lui contrefaire toutes sortes d'écritures, et dans une si grande perfection que Roze lui-même y étoit souvent trompé : mais le cardinal, par raison ou par fantaisie, ne voulut pas signer. Autrefois les secrétaires d'Etat ne signoient jamais pour le Roi; et c'est M. de Villeroy qui signa le premier, par le commandement exprès de Charles IX. Ce prince étoit fort vif dans ses passions ; et Villeroy lui ayant présenté plusieurs dépêches à signer dans le temps qu'il vouloit aller jouer à la paume : « Signez, mon père, lui dit-il, « signez pour moi. — Hé bien! mon maître, reprit « Villeroy, puisque vous me le commandez, je si- « gnerai. » Et depuis ce temps-là les secrétaires d'Etat ont signé pour le Roi.

Cependant le Roi avoit donné ses ordres pour l'établissement d'une chambre de justice. Elle fut composée du chancelier Seguier, qui y présidoit; de Lamoignon, premier président du parlement ; de Nesmond, président à mortier; de Pontchartrain, président de la chambre des comptes; et de Dorieux, président de la cour des aides. Talon, avocat général du parlement, en fut procureur général. Il y avoit cinq maîtres des requêtes, savoir, Boucherat, d'Ormesson, Poncet, Benard de Rezé, et Voisin; quatre conseillers de la grand'chambre, savoir, Fayet, Catinat, Brillac et Renard ; deux conseillers du grand conseil, Pussort et Chouart; deux maîtres des comptes, Moussy et Le Bossu de Jau ; deux conseillers de la cour des aides, Le Feron et Le Beaussan ; et neuf conseillers tirés de neuf parlemens des provinces, savoir, Mazeneau de Toulouse, Verdier de Bordeaux, Fraison de Grenoble, etc..... (1).

(1) Cette partie des Mémoires de Choisy n'a pas été terminée.

LIVRE CINQUIÈME.

L'envie d'écrire des Mémoires sur la vie du Roi m'ayant saisi l'année passée, je les commençai dès l'an 1661, lorsqu'à la mort du cardinal Mazarin ce prince, caché en lui-même jusqu'à l'âge de vingt-deux ans, se montra tel qu'il est, et surprit tout le monde par une capacité qu'on n'attendoit pas de lui. J'ai déjà mis par écrit beaucoup de particularités de ce temps-là ; mais j'avoue que les choses si éloignées m'ont ennuyé, et j'ai songé à me rapprocher des événemens courans. M. le marquis de Dangeau m'ayant laissé voir les journaux qu'il écrit tous les ans de la vie du Roi, j'y ai trouvé des dates fort sûres ; ce qui m'a fait prendre le parti de recommencer mes Mémoires à la révocation de l'édit de Nantes. C'est une époque très-considérable, puisque c'est l'origine de la plus cruelle guerre qui ait affligé la France depuis un siècle. J'ai aussi des raisons particulières de choisir cette année-là : mon voyage de Siam s'y rencontre ; j'y rapporterai quelques faits inconnus au public : ce n'est pas merveille que j'en sache là-dessus plus qu'un autre. Le journal de M. de Dangeau me servira d'un guide assuré : tout y est vrai ; et si la grande sagesse et la trop grande circonspection de l'auteur l'ont empêché d'y mettre beaucoup de faits curieux parce qu'ils auroient pu fâcher quelqu'un, et qu'il n'a jamais voulu fâcher personne, je n'aurai pas tant d'égards que lui : je mettrai à la lettre tout ce que je saurai, et ce que j'apprendrai par des voies sûres et secrètes. Ces Mémoires-ci ne sont pas faits pour être imprimés : je serai content d'eux pourvu qu'ils me fassent passer quelques quarts-d'heure sur mes vieux jours, et qu'ils puissent réjouir mes amis, à qui je me ferai un petit plaisir d'en faire la confidence. Au reste, en écrivant ceci, je ne crois pas manquer à ce que je dois à mon ami. Si je profite de son journal, je lui rends justice en disant franchement que j'en profite, et j'avoue ici que j'en ai tiré de fort bonnes choses. Après cet aveu, je ne crois pas être obligé de m'aller déceler présentement à celui que j'ai volé, et que je prétends voler encore : c'est l'homme du monde le plus volable sur ces sortes de matières. Il a été toute sa vie dans le plus fin de la cour ; il a tout su, il a tout vu de ses propres yeux. Il est vrai qu'il ne dit jamais rien : c'est le modèle d'un bon courtisan ; uniquement attentif au Roi, qu'il aime personnellement, et au moindre petit ministre, à qui il ne voudroit pas déplaire. Aussi ne comptai-je pas de tirer de lui aucune chose qui puisse être désavantageuse à quelqu'un : il sera pour mes Mémoires la source du bien ; et peut-être qu'à la cour de France il ne me sera pas impossible de trouver une source de mal, car pour y être bien instruit il faut savoir le bien et le mal.

Le roi Louis-le-Grand, en faisant la paix de Nimègue, étoit parvenu au comble de la gloire humaine. Après avoir en mille occasions fait ses preuves sur la conduite des armées et sur la valeur personnelle, il s'étoit désarmé lui-même au milieu de ses victoires ; et, se contentant de ses conquêtes, il avoit donné la paix à l'Europe aux conditions qui lui avoient plu.

La terreur de son nom l'avoit mis en état de faire valoir ses prétentions sur la ville et la province de Luxembourg, et même sur les bords du Rhin. Il s'étoit emparé de Strasbourg, il avoit acquis Casal; et, sans tirer l'épée, en faisant donner une infinité d'arrêts par une certaine chambre établie à Metz (arrêts qu'il croyoit tous justes, sur la foi de son ministre de la guerre), il avoit reculé toutes les frontières de son royaume, et mis presque sous le joug quatre électeurs de l'Empire, et tous les autres princes voisins.

L'Empereur, se voyant engagé à la guerre contre les Turcs, dissimuloit, et promettoit aux princes du Rhin qu'un jour il les tireroit d'oppression : et cependant il avoit signé avec le roi de France une trève de vingt ans, et l'avoit fait signer au roi d'Espagne, dont le conseil étoit entièrement gouverné par celui de Vienne.

Le roi de Pologne, fier d'avoir sauvé l'Empire en faisant lever le siége de Vienne, se préparoit à profiter de la consternation des Turcs. Il eût bien voulu attaquer la forteresse de Kaminiek, mais il n'osoit en faire le siége dans les formes, parce que l'infanterie polonaise ne vaut rien; et il ne la pouvoit prendre par famine, parce que les Tartares y faisoient entrer de temps en temps des convois de vivres et de munitions de guerre. Il avoit envoyé des ambassadeurs à Moscow pour tâcher de faire la paix avec le Czar, et l'obliger à déclarer la guerre aux Turcs; et il se flattoit que s'il pouvoit l'engager à faire une diversion en Tartarie, il pourroit entrer dans la Bessarabie ou Bodziac, s'emparer de Bialogrod et de quelques autres places sur la mer Noire, couper par là la communication entre les Turcs et les Tartares, et les empêcher de se secourir mutuellement : ce qui feroit tomber Kaminiek de lui-même, et donneroit le moyen à l'Empereur de poursuivre ses conquêtes en Hongrie, où il n'auroit affaire qu'aux Turcs.

Les Vénitiens, de leur côté, faisoient de grands progrès dans la Morée, et paroissoient souvent avec leur flotte à l'embouchure des Dardanelles.

Le roi de Suède, oubliant que le Roi, par la paix de Nimègue, lui avoit fait rendre ses Etats d'Allemagne, piqué sur l'affaire du duché de Deux-Ponts, étoit prêt à se joindre à nos ennemis; et cela d'autant plus qu'il voyoit le roi de Danemarck prendre sa place parmi nos alliés, et faire avec nous des traités qui lui donnoient beaucoup de jalousie : c'est ce qui le poussa à signer avec les Hollandais un traité de ligue défensive, par lequel les parties se promettoient mutuellement de se secourir, en cas de besoin, de six mille hommes et de douze vaisseaux de guerre.

Le prince d'Orange, plus ambitieux que jamais, ne songeoit qu'à rallumer la guerre, qui seule pouvoit l'élever. Ses charges de stathouder et de capitaine général en Hollande lui avoient donné le moyen de se faire des créatures ; et, par une application continuelle et une grande capacité, il s'étoit rendu aussi absolu dans les Provinces-Unies que s'il en eût été souverain. Il avoit eu l'adresse de mettre l'électeur de Brandebourg dans sa dépendance, en promettant à l'électrice de procurer de grands avantages en Hollande aux enfans qu'elle avoit de l'électeur, dont elle étoit la seconde femme. Il avoit, dans le commencement de sa vie, tenté toutes sortes de moyens pour avoir l'amitié et la protection du Roi; mais n'ayant pu y réussir, il avoit pris des mesures contraires, en disant fièrement : « Du moins j'aurai son estime. » A la mort de Charles II, roi d'Angleterre, il s'étoit flatté d'une couronne; et ne croyant pas que les Anglais pussent souffrir un roi catholique, il avoit en secret assisté d'hommes et d'argent le duc de Monmouth, et lui avoit facilité les moyens de faire des préparatifs en Hollande pour passer en Angleterre. Il espéroit qu'il se pourroit former un assez grand corps de mécontens pour embarrasser le nouveau roi, et attendoit à voir les deux partis à peu près égaux, pour s'en rendre l'arbitre et le maître sous le titre de médiateur. Mais quand il vit que Monmouth, après s'être fait proclamer roi contre la parole qu'il lui avoit donnée, avoit échoué dans ses desseins chimériques, il sentit bien que le roi d'Angleterre étoit encore trop puissant pour être attaqué à force ouverte, et ne songea qu'à lui susciter dans ses royaumes un plus grand nombre d'ennemis. Il fit envisager aux protestans, tant épiscopaux que presbytériens, tout ce que leur roi faisoit en faveur de la religion catholique, et leur persuada autant qu'il put que cette religion impérieuse n'en pouvant souffrir aucune autre, ce prince, après avoir obtenu comme par grâce la liberté de conscience pour les catholiques, abuseroit bientôt de la complaisance de ses sujets, et les empêcheroit eux-mêmes de professer la religion qui domine en Angleterre depuis la reine Elisabeth. Il faisoit craindre le pouvoir sans bornes, ou arbitraire, à ceux qu'il croyoit plus sensibles à la liberté de leur pays qu'à celle de leur Eglise, et leur mettoit devant les yeux l'exemple du roi Très-

Chrétien, qui n'avoit de loi que sa volonté. Il méditoit en même temps une ligue contre la France, où il prétendoit faire entrer l'Empereur, le roi d'Espagne, et tous les princes d'Allemagne. Enfin, sans sortir de ses maisons de plaisance, où il paroissoit tout occupé de la chasse, il agissoit en cent lieux différens, et préparoit la plus cruelle guerre qui ait déchiré l'Europe depuis plusieurs siècles.

Le Roi, averti de toutes ces menées, ne s'endormoit pas. Il avoit un traité secret avec le roi d'Angleterre, qui paroissoit prendre tous les jours une nouvelle autorité; le roi de Danemarck étoit dans son alliance; il n'avoit pas rompu avec le roi de Suède. Les princes du Rhin se plaignoient, mais leur foiblesse répondoit de leur docilité; et l'Empereur étoit assez occupé du côté de la Hongrie.

D'ailleurs les frontières du royaume étoient bordées de bonnes places; les troupes étoient en bon état, et huit ans de paix avoient ramené une jeunesse qui ne demandoit que l'occasion de signaler son courage. Il n'y avoit rien à craindre du côté de l'Italie; Pignerol et Casal sembloient répondre du duc de Savoie. Les autres princes étoient trop peu de chose pour y avoir attention, et la beauté du climat ne les portoit qu'à la vie douce. Ainsi le Roi, se reposant sur la foi de la trève, et encore plus sur sa puissance, songea tout de bon à contenter son zèle en bannissant l'hérésie de ses Etats. Il y avoit toujours songé depuis qu'il gouvernoit, et ce grand dessein s'étoit acheminé peu à peu. Les chambres de l'édit avoient été cassées; on avoit abattu plus de quatre cents temples; les huguenots n'étoient plus admis dans les

charges de police et de finance ; toutes les portes des fermes leur étoient barrées; on leur avoit ôté les médecins et les sages-femmes de leur communion : on commençoit même à s'apercevoir qu'ils avoient peine à s'avancer dans les emplois de la guerre. Ces moyens étoient doux, et partoient d'une profonde sagesse ; mais ils ne parurent pas assez prompts au zèle d'un puissant roi, qui s'imagina que la gloire de Dieu y étoit intéressée, et que, pour la procurer dans une affaire si importante, il falloit sacrifier la politique à la religion. Il étoit poussé par Louvois, esprit audacieux, accoutumé depuis long-temps à forcer toutes les barricades. Ce ministre, insatiable de crédit, souffroit impatiemment les audiences fréquentes que le Roi donnoit à l'archevêque de Paris, au père de La Chaise, et même à Pellisson. L'archevêque lui parloit des livres qu'il faisoit faire pour l'instruction des huguenots ; le père lui proposoit toujours la démolition de quelque temple ; et Pellisson lui rendoit compte du revenu des économats, qu'il distribuoit à ceux qui se convertissoient. Louvois voulut couper court à tous ces entretiens, qui lui devenoient suspects ; et, sans tant de façons, il pressa fortement la révocation de l'édit de Nantes. Le Roi mit la chose en délibération dans son conseil. Les avis furent partagés : les uns vouloient qu'on suivît toujours les mêmes maximes, et qu'on fît tout par douceur. « Les con-
« sciences, disoient-ils, ne se gouvernent pas le bâton
« haut : les manières dures, au lieu de gagner, ré-
« voltent. Le zèle des rois a besoin d'être réglé ; ils
« doivent le repos à leurs sujets avant toutes choses ;
« et dans cette occasion pousser les huguenots aux

« dernières extrémités, c'est tout hasarder. En leur
« ôtant tout exercice, en révoquant l'édit de Nantes,
« on les jettera dans le désespoir; il y en a plus d'un
« million dans le royaume, et parmi eux beaucoup
« de marchands riches, de vieux matelots, d'ou-
« vriers habiles, d'officiers expérimentés. Si l'on ne
« garde plus aucune mesure, on les mettra dans
« la nécessité, ou de ne faire plus aucun exercice
« de leur religion, ou de désobéir au Roi en fai-
« sant des assemblées clandestines. Tant qu'on leur
« laissera, disoient-ils, quelque temple et quelque
« exercice, la difficulté pourra rebuter le plus grand
« nombre; mais au moins les plus zélés trouveront
« quelque possibilité à vivre dans leur religion, sans
« se rendre coupables d'une désobéissance manifeste
« qu'on ne pourroit plus dissimuler, ni laisser im-
« punie. Qu'arrivera-t-il s'ils sont opiniâtres? Ils ne
« feront peut-être pas une guerre civile, dans le point
« de puissance où est le Roi; mais ils sortiront de
« France, ils ruineront le commerce, ils emporte-
« ront beaucoup d'argent, et, en diminuant nos forces
« par leur désertion, ils augmenteront celles de nos
« ennemis. »

Les autres, transportés d'un zèle peut-être indiscret, crioient qu'il ne falloit pas craindre une poi-
gnée de gens qui, se voyant méprisés et sans chefs,
perdroient bientôt courage; que toutes les personnes
de condition abandonnoient leur parti, et que des
villes entières s'étoient converties à la première vue
des hoquetons de l'intendant de Poitou; et que quand
le maître parleroit tout de bon, et sans aucun détour,
tous suivroient comme des moutons : qu'ainsi le temps

étoit venu de donner le dernier coup à l'hérésie et à la rebellion; que le Roi, en paix, craint de tous ses voisins, avec des troupes nombreuses et aguerries, pouvoit tout entreprendre et tout exécuter; et qu'à lui seul étoit réservée la gloire d'un projet si chrétien, que six des rois ses prédécesseurs avoient tenté inutilement.

Ces raisons persuadèrent un prince qu'elles flattoient dans son dessein favori; son zèle y trouvoit de quoi se contenter : et la chose étant disputée entre ses ministres, il crut pouvoir même, en bonne politique, suivre le penchant de son cœur, et ne ménagea plus les ennemis de la véritable religion, qu'il résolut de traiter comme ses propres ennemis. Il fit publier cette fameuse déclaration qui révoque l'édit de Nantes, où il déclara qu'en cela il ne fait que suivre le dessein de son aïeul Henri-le-Grand et de son père Louis-le-Juste, et qu'il y a toujours songé depuis qu'il gouverne son Etat. Il signa avec un zèle véritablement apostolique; mais par ce petit trait de plume il priva son royaume d'un million d'hommes, et de plus de deux cent millions d'argent comptant. Le chancelier Le Tellier scella cette déclaration avant que de mourir, et dit qu'il n'avoit plus de regret à la vie, puisqu'il voyoit le huguenotisme aboli en France.

Il avoit de bonnes choses. J'ai fait son portrait dans mes Mémoires sur l'année 1661. Il étoit de bonne humeur à Chaville, et, suivant la coutume des vieilles gens, il aimoit fort à conter. Il me souvient qu'il nous conta un soir une aventure de M. de Guise le balafré, qu'il disoit tenir de son grand-père, auteur contemporain. M. de Guise avoit épousé une princesse de

Clèves, veuve du prince de Porcian. Elle étoit belle, et vivoit dans une cour fort galante : on l'accusoit de n'être pas insensible à la passion de Saint-Mesgrin. Un jour que la reine Catherine de Médicis faisoit une fête où toutes les dames devoient être servies par des jeunes gens de la cour qui portoient leurs livrées, M. de Guise pria sa femme de n'y point aller, l'assurant fort qu'il étoit persuadé de sa vertu ; mais que le monde parlant d'elle et de Saint-Mesgrin, il falloit le faire taire. Madame de Guise lui dit qu'elle ne pourroit pas désobéir à la Reine, qui lui avoit fait dire d'y aller. Elle y alla. La fête dura jusqu'à six heures du matin. Elle revint chez elle ; mais à peine fut-elle couchée, qu'elle vit entrer dans sa chambre M. de Guise, suivi d'un seul maître d'hôtel qui portoit un bouillon. Il ferma la porte, s'approcha du lit, et lui dit d'un ton sévère : « Madame, vous ne voulûtes pas
« faire hier au soir ce que je souhaitois, vous le fe-
« rez présentement ; les divertissemens vous auront
« échauffée, il faut prendre ce bouillon. » Madame de Guise se mit à pleurer, demanda un confesseur, et ne douta point que ce ne fût du poison. Elle étoit seule ; M. de Guise parloit en maître : il fallut obéir. Dès que le bouillon fut avalé, il la laissa seule, bien enfermée dans sa chambre. Trois heures après, l'étant venu retrouver : « Madame, lui dit-il, vous avez passé
« une nuit assez désagréablement ; j'en suis cause :
« jugez de toutes celles que vous m'avez fait passer
« aussi désagréablement pour le moins ! Rassurez-
« vous, vous n'en aurez que la peur : je veux croire
« que j'en suis quitte à aussi bon marché ; mais ne
« nous en faisons plus l'un à l'autre. »

M. Le Tellier mourut en proférant toujours des sentences, et laissa vacante la première charge du royaume. Le Roi la donna le lendemain à Boucherat, qui, après avoir exercé l'un après l'autre tous les emplois de la robe, et s'y être fait distinguer par une profonde capacité et un parfait désintéressement, se vit élevé par son seul mérite, sans brigue et sans faveur, sur le trône de la justice.

Mais le Roi ayant appris, vers le commencement de l'année 1686, que la plupart des princes de l'Europe, jaloux de sa gloire et craignant sa puissance, se liguoient contre lui, que les négociations s'échauffoient de toutes parts, et que l'Empereur songeoit même à faire la paix avec les Turcs pour tourner ses forces vers le Rhin, il songea de son côté à se mettre en état de soutenir l'effort de tant de nations conjurées, et prit la résolution de ménager son trésor, en retranchant les dépenses superflues. Il avoit employé, l'année précédente, quinze millions en bâtimens; il ne fit le fonds que de quatre pour l'année courante, résolu d'entretenir seulement les aqueducs déjà commencés pour conduire la rivière d'Eure à Versailles, en remettant ce grand ouvrage à un temps plus commode, et où il auroit moins besoin d'argent.

Cette résolution étoit bonne, mais il n'eut pas la force de la tenir. L'envie de voir une rivière à Versailles fut la plus forte, et les travaux continuèrent. Il ne laissa pas de faire rembourser à Bontemps quatre cent cinquante mille livres qu'il lui avoit fait avancer en collations et en soupers depuis dix ou douze ans. Bontemps étoit bien le meilleur valet qui ait jamais été, le plus affectionné, cachant un bon esprit et assez de finesse sous un extérieur grossier ; fidèle, sans intérêt, sans ambition ; ne songeant qu'à faire le profit du maître, sans presque songer à établir sa famille. Quand le Roi lui donna la survivance de sa charge de premier valet de chambre pour son fils aîné, il l'assura qu'il ne lui demanderoit jamais rien, et je crois (Dieu me veüille pardonner!) qu'il lui a tenu parole : chose incroyable dans un pareil courtisan, qui se voit six fois par jour à portée de demander et d'obtenir. Aussi le Roi paroît-il l'aimer tendrement ; et quand sa fille mourut dans le temps qu'il l'alloit marier, ce grand prince, aussi sensible qu'un particulier, eut la bonté d'employer quelques momens à le consoler.

Il diminua de quatre millions le fonds pour la marine, et ne voulut plus acheter de diamans, quoique depuis long-temps il eût accoutumé d'en acheter tous les ans pour deux millions. Il envoya à l'ordinaire cinq mille louis d'or à M. le Dauphin pour ses étrennes, et trois mille à madame la Dauphine ; et peu de jours après il fit une fête à Marly, où il donna pour plus de quinze mille pistoles d'étoffes d'or, de bijoux et de pierreries. On voyoit dans le salon de Marly les boutiques des quatre saisons de l'année : Monseigneur et madame de Montespan tenoient celle de l'automne ; M. du Maine et madame de Maintenon tenoient celle de l'hiver ; M. le duc de Bourbon et madame de Thianges tenoient celle de l'été ; madame la duchesse de Bourbon et madame de Chevreuse tenoient celle du printemps. Il y avoit dans chaque boutique de tout ce qui convient à chaque saison. Les hommes et les femmes de la cour y jouoient sans donner de l'argent, et emportoient tout ce qu'ils gagnoient; et quand le jeu fut fini, le Roi et Monseigneur donnèrent tout ce qui restoit dans les boutiques.

Cependant le Roi apprit avec une joie incroyable qu'il se faisoit une infinité de conversions dans les provinces, et qu'en plusieurs endroits des villages entiers s'étoient déclarés catholiques. Cela le fit résoudre à pousser sa pointe; et l'on donna un arrêt du conseil d'en haut, par lequel il étoit ordonné aux huguenots de mettre leurs enfans qui seroient au-dessous de seize ans entre les mains de leurs plus proches parens catholiques, et à leur défaut de gens nommés par le Roi. La comtesse de Roye, à qui on avoit ôté cinq de ses enfans pour les faire élever dans la religion catholique, obtint la permission d'aller en Danemarck avec ses deux filles aînées trouver son mari, qui s'y étoit retiré depuis quelque temps. Le maréchal de Schomberg s'en alla en Portugal avec sa femme et le comte Charles son fils; et Ruvigny avec ses enfans passa en Angleterre. Le Roi leur conserva leurs appointemens. Il ne se contentoit pas d'envoyer des prédicateurs dans toutes les provinces, il prêchoit en quelque façon lui-même; et, par un zèle digne d'un roi très-chrétien, il fit venir dans son cabinet le duc de La Force, huguenot des plus opiniâtres, et le pressa avec tendresse d'ouvrir les yeux à la vérité; ce qui fut pourtant fort inutile.

Tout paroissoit assez tranquille à Londres, grande ville si sujette aux révolutions. Le roi Jacques II ne songeoit uniquement qu'à procurer aux catholiques la liberté de conscience. Il y avoit deux principaux obstacles qui s'opposoient à son dessein : l'un étoit les lois pénales, et l'autre les sermens de suprématie et du *test*. On nommoit les lois pénales des lois faites dans les parlemens, par lesquelles on ordonnoit des peines contre les catholiques qui faisoient exercice de leur religion. Le serment de suprématie avoit été introduit sous la reine Elisabeth : on y juroit qu'on reconnoissoit le roi d'Angleterre pour chef souverain de l'Eglise. Le *test* étoit un autre serment établi par acte du parlement de 1673, par lequel on renonçoit à la croyance de la transsubstantiation ; et ce serment se nommoit *test*, parce que c'étoit un témoignage certain de la religion de celui qui le prêtoit. Tous les officiers de cour, de guerre, de police, étoient obligés de prêter ces deux sermens. Quelques catholiques avoient cru pouvoir, sans blesser leur conscience, prêter celui de suprématie, et reconnoître leur roi pour chef de l'Eglise, entendant par Eglise l'Eglise anglicane ; et c'étoit pour les exclure entièrement des charges que leurs ennemis avoient inventé en 1673 le serment du *test*, que nulle explication ne pouvoit rendre innocent. Le roi d'Angleterre, voulant abolir tant les lois pénales que les sermens de suprématie et du *test*, commença par donner des dispenses qui exemptoient des peines et des sermens ; et, pour assurer davantage la liberté de conscience, il fit ce qu'il put pour porter les Anglais et les Ecossais à confirmer ces dispenses par des actes du parlement. Il espéroit que les peuples de ses trois royaumes ne lui refuseroient rien, après les marques d'estime qu'ils lui avoient données depuis son avénement à la couronne. Celui d'Ecosse venoit de lui accorder un subside de deux cent mille livres sterlings, et avoit annexé à la couronne à perpétuité le droit d'excise, ou sur les boissons, que le roi Charles II son frère n'avoit jamais pu obtenir que pour sa vie. Le parlement d'Angleterre n'étoit pas moins soumis : il avoit déclaré qu'il se contentoit de la parole que le Roi lui donnoit de protéger la religion anglicane, et avoit renvoyé pleinement absous le comte de Demby et les autres seigneurs catholiques, qui n'étoient sortis de prison quelques années auparavant qu'en donnant caution de se représenter. Ainsi le roi d'Angleterre se croyoit en état de faire tout ce qu'il voudroit. Il venoit d'envoyer en Irlande sa maîtresse mademoiselle de Chelsei, qu'il avoit créée comtesse de Dorchester; et quoiqu'il en eût deux garçons, il lui avoit fait dire qu'un prince qui hasardoit son Etat et son repos pour la religion catholique ne pouvoit plus la voir en honneur ni en conscience. En effet, il hasardoit beaucoup en envoyant publiquement un ambassadeur au Pape, et marquant en toutes occasions son attachement à la religion catholique.

Le Roi, de son côté, s'abandonnoit à son zèle ; mais dans le temps qu'aimé de ses sujets et redouté de ses voisins il sembloit n'avoir rien à souhaiter, il commença à se sentir homme comme un autre, et son corps devint sujet aux infirmités de la nature. Il lui vint une tumeur à la cuisse qui l'obligea plusieurs jours à garder le lit, et il eut quelques atteintes de goutte. On lui appliqua la pierre de cautère, on lui fit des incisions : il souffrit de grandes douleurs, et ne laissa pas de tenir ses conseils à l'ordinaire. Il s'amusoit les après-dînées à voir ses médailles ; et ce fut ce qui augmenta beaucoup le grand crédit du père de La Chaise, son confesseur. Ce père aimoit fort les médailles, et prétendoit s'y connoître. Il prit ce prétexte pour être presque toujours avec le Roi; et dans la conversation il poussa des bottes au pauvre archevêque, qui par sa conduite lui donnoit beau jeu, et le fit exclure de la connoissance des bénéfices, s'en appropriant à lui seul la nomination, où l'archevêque avoit beaucoup de part avant ce temps-là. Ils commencèrent à aller séparément à l'audience des vendredis. L'archevêque ne rendoit compte au Roi que de quelques procès qu'il avoit jugés; et Sa Majesté le ménageoit encore, parce qu'elle croyoit en avoir besoin pour les assemblées du clergé. Mais le bon père avoit seul la feuille des bénéfices, qu'il ne montroit plus à personne.

Le mal du Roi ne le rendoit pas plus chagrin : il vouloit que l'on se réjouît en son absence. Monseigneur alloit presque tous les jours à la chasse du loup, et madame la Dauphine tenoit les appartemens à l'ordinaire. M. le duc du Maine et madame de Bourbon firent plusieurs mascarades, et jouèrent des comédies dans la ruelle du lit du Roi. Il ne se levoit point; il entendoit la messe dans sa chambre, et tous les courtisans le voyoient à son dîner et à son souper. Il paroissoit à cette occasion qu'il étoit roi, puisqu'il étoit obligé de se contraindre, et de dévorer son mal devant le monde; ce que le moindre de ses sujets n'eût pas fait. Il dînoit et soupoit en particulier les jours maigres, parce qu'il mangeoit de la viande; et quoique malade, il n'en vouloit pas manger en public par scrupule.

Son zèle pour la religion catholique augmentoit de

jour en jour. Il n'épargnoit ni soin ni dépense pour faire instruire les nouveaux convertis; il fit imprimer à ses dépens pour plus de huit cent mille francs de livres de piété et de religion, qu'il faisoit distribuer dans les provinces; et cela dans le temps qu'il retranchoit la plupart de ses dépenses de plaisir. Il faisoit de continuelles grâces aux nouveaux convertis : il donna quarante mille livres au marquis de Vérac, pour lui aider à payer sa charge de lieutenant de roi de Poitou, que le comte de Parabère lui avoit vendu quatre-vingt mille livres. Il fit plus; et voyant qu'il ne pourroit jamais déraciner le calvinisme du Dauphiné tant qu'il y auroit des barbets dans les vallées voisines de Pignerol, il persuada au duc de Savoie de les en chasser, ou de les obliger à se convertir. Il lui offrit même un secours de troupes que Catinat devoit commander, au cas que les édits et les raisons fussent inutiles.

Ces barbets sont des hérétiques, reste des anciens Vaudois et des Albigeois qui firent tant de désordres en France dans le treizième siècle. Voici pourquoi on les a appelés barbets. *Barba,* dans la langue ou jargon du pays, signifie oncle : ces hérétiques expliquant à leur mode le passage de l'Evangile qui défend d'appeler aucun homme du nom de père, parce que Dieu seul est notre véritable père, crurent qu'ils ne devoient pas donner le nom de père à leurs ministres; et ils leur donnèrent le nom de *barba* ou d'oncle, qui, après celui de père, leur paroissoit le plus propre à marquer leurs respects; et du nom de *barba,* qu'ils donnèrent à leurs ministres, ils furent eux-mêmes nommés barbets par ironie ou par sobriquet, de la même manière que les ennemis des catholiques les nommèrent papistes à cause de leur soumission au pape, et qu'en Angleterre on nomme épiscopaux ceux qui tiennent le parti des évêques, et presbytériens ceux qui tiennent celui des prêtres. Ces hérétiques avoient gardé la plupart des erreurs des Vaudois, surtout une haine irréconciliable pour le Pape; ce qui les unissoit d'intérêt et de sentimens avec les huguenots de France, dont plusieurs s'étoient retirés parmi eux.

Ce fut à peu près en ce temps-là que M. le duc de Chartres commença à venir à la cour. Le Roi lui fit rendre des honneurs extraordinaires, et régla que le grand aumônier lui donneroit lui-même du pain bénit à la messe, et que les secrétaires d'Etat lui présenteroient la plume quand il faudroit signer quelque contrat de mariage : ce sont des honneurs qu'on ne fait point aux princes du sang; aussi le traite-t-on comme petit-fils de France. Le maréchal d'Estrades, son gouverneur, étoit mort depuis peu : il avoit fait sa fortune plus par esprit que par courage; les négociations l'avoient avancé pour le moins autant que la guerre; et sur ses vieux jours on l'avoit chargé de l'éducation laborieuse d'un jeune prince, ce qui ne convenoit ni à son humeur ni à sa santé. Il avoit succédé dans cet emploi au maréchal de Navailles; ce qui fit dire à Benserade que *Monsieur avoit beaucoup de peine à élever des gouverneurs à son fils.* Le mot eût été encore meilleur après la mort de M. le duc de La Vieuville, qui succéda au maréchal d'Estrades, et qui ne vécut pas plus long-temps que les deux autres.

Il mourut alors [1] à Paris un homme beaucoup plus

---

(1) *Il mourut alors :* En 1686.

illustre que tous ceux dont je viens de parler, quoiqu'il ne fût point titré : c'étoit le comte de Coligny, qui avoit eu l'honneur de commander les six mille hommes que le Roi envoya en Hongrie au secours de l'Empereur. Le public ne lui avoit pas fait justice sur la victoire de Raab, et il méritoit au moins d'avoir pour sa part la moitié de la gloire que La Feuillade se donna tout entière, à force de parler haut (1). Il avoit servi en Flandre sous le grand Condé ; et lors de la maladie du Roi à Calais, y étant venu pour savoir des nouvelles de Sa Majesté, le cardinal Mazarin lui fit proposer par Le Tellier de quitter le service de M. le prince, dans la pensée de lui faire épouser

(1) *A force de parler haut :* Un passage inédit jusqu'à présent des Mémoires de Bussy-Rabutin servira de développement à la pensée de Choisy : « La Feuillade, qui se trouva maréchal de camp de jour à cette « action de Raab, en écrivit le détail au Roi. Je vis la copie de cette rela- « tion, qui étoit une espèce de roman. Il n'y avoit pas un volontaire de « qualité ni un des premiers officiers des troupes qui n'eût (à ce qu'il « disoit) fait un combat singulier avec un ou deux Turcs, suivant qu'il « vouloit obliger le Français, et qui ne les eût percés de coups de pis- « tolet et de coups d'épée ; et je ne doute pas qu'il n'eût montré la copie « de cette lettre aux héros qu'il avoit faits, afin que de leur côté ils « écrivissent et dissent de lui des merveilles. Cependant, au retour de ce « voyage, il y eut quelques-uns de ces messieurs assez sincères et assez « honnêtes gens pour nous désabuser eux-mêmes des louanges que La « Feuillade leur avoit données, et pour aimer mieux ne pas jouir d'une « fausse gloire que de mentir en sa faveur. Il est vrai que lorsque le Roi « l'avoit nommé pour maréchal de camp au commencement de la cam- « pagne, quelques gens de la cour ayant condamné ce choix, Sa Ma- « jesté fut ravie de faire valoir l'action de Saint-Gothard ; et cela fut « heureux pour La Feuillade que le Roi eût intérêt à le louer, et qu'il se « trouvât comme engagé, pour honorer son choix, à lui faire du bien. » Manuscrit des Mémoires de Bussy-Rabutin, de la bibliothèque de M. le marquis de La Guiche, tome 3, f° 2, v°. Ce passage précède le dernier alinéa de la page 302, tome 2, des Mémoires de Bussy-Rabutin, Amsterdam, 1731, qui est l'édition la plus complète.)

sa nièce la belle Hortense, et de le déclarer son légataire universel. Coligny rejeta fièrement sa proposition, et dit que quoiqu'il ne fût pas content de M. le prince, il ne le quitteroit jamais tandis qu'il seroit malheureux (1).

Il étoit mort quelque temps avant un magistrat que le Roi regretta assez : c'étoit Nicolaï, premier président de la chambre des comptes. Il tomba du haut de l'escalier de sa maison de campagne, et se tua tout roide. Il étoit homme de mérite, grand harangueur, et bon joueur d'échecs. Le Roi donna la charge à son fils, qui étoit avocat général de la même chambre, et qui avoit été à la guerre du vivant de son frère aîné, et lui permit de l'exercer quoiqu'il n'eût que vingt-huit ans. Il ne voulut pas lui donner la capitainerie des chasses du pays de Beaumont qu'avoit son père, parce que cela avoit causé des procès entre lui et la maréchale de La Mothe, qui en avoit le domaine. Il est le septième de sa maison qui a eu cette charge de père en fils. Le roi Charles VIII, en allant à la conquête du royaume de Naples, la donna à M. Nicolas, qui, se trouvant en Italie, habilla son nom à l'italienne, en changeant son *s* en *i* (2).

(1) *Tandis qu'il seroit malheureux* : Choisy a déjà rapporté ce fait honorable pour le comte de Coligny. (*Voy.* plus haut, p. 205 et 206.). — (2) *En changeant son s en i* : Dangeau raconte le même fait dans un passage de son journal qui n'a pas été imprimé: « M. Nicolaï, président « de la chambre des comptes, tomba du haut d'un balcon qui fondit « sous lui, et se tua, dans sa maison de Presles, auprès de Paris. Le Roi « a donné sa charge à son fils, qui étoit avocat général dans la même « chambre........ Ce soir, le Roi permit à M. Nicolaï d'exercer la charge « qu'il lui avoit donnée le matin. Il faut avoir quarante ans pour l'exer- « cer; il n'en a que vingt-huit. Le Roi lui en donne la dispense. Son

LIVRE SIXIÈME.

Il se fit à la cour trois mariages qui méritent qu'on en fasse mention : celui de mademoiselle de Murcé, fille de Villette, chef d'escadre, et cousin germain de madame de Maintenon; celui de madame de Lowenstein, et celui de mademoiselle de Rambures. Les deux dernières étoient filles d'honneur de madame la Dauphine. Mademoiselle de Murcé avoit tout ce qu'il faut pour se bien marier : une protection si puissante, que sa fortune paroissoit immanquable; les Jeux et les Ris brilloient à l'envi autour d'elle; son esprit étoit encore plus aimable que son visage; on n'avoit pas le temps de respirer ni de s'ennuyer quand elle étoit quelque part. Toutes les Champmêlés du monde n'avoient point ces tons ravissans qu'elle laissoit échapper en déclamant; et si sa gaieté naturelle lui eût permis de retrancher certains petits airs un peu coquets que toute son innocence ne pouvoit pas justifier, c'eût été une personne tout accomplie. Le comte de Caylus l'épousa avec ses droits, ses espé-

« père avoit commencé de l'exercer à vingt-deux ans; mais en ce temps-
« là le réglement n'étoit pas fait. Le Roi nous dit qu'il ne donneroit pas
« la capitainerie des chasses du pays de Beaumont qu'avoit M. de Nico-
« laï, parce que cela avoit causé des procès entre lui et la maréchale de
« La Mothe, qui en avoit le domaine. Les duchesses d'Aumont et de Ven-
« tadour étoient présentes, et elles remercièrent le Roi pour leur mère. »
(Journal manuscrit de Dangeau, jeudi 21 février 1686.)
Cette coïncidence des Mémoires de l'abbé de Choisy avec le journal de Dangeau s'explique naturellement : on a vu plus haut (page 278) que Dangeau avoit communiqué son travail à M. de Choisy.

rances, et quelques pensions. Le Roi le fit menin de Monseigneur, et la veille des noces il envoya à l'accordée un collier de perles de dix mille écus. On ne pouvoit trop s'étonner que madame de Maintenon la mariât si médiocrement, et l'on ne savoit pas encore que la modération étoit sa vertu favorite. Elle avoit refusé généreusement de la donner à Boufflers. Cet habile courtisan, passant par dessus les bruits fâcheux et ridicules qui avoient couru, la demanda en mariage : c'étoit un fort bon parti pour elle ; il étoit déjà lieutenant général et colonel général des dragons, et l'on jugeoit aisément à ses allures que le bâton ne lui pouvoit pas manquer. Il la demanda ; il eut le plaisir d'entendre, de la bouche de madame de Maintenon, ces paroles dignes d'être gravées en lettres d'or : « Monsieur, ma nièce n'est pas un assez bon parti « pour vous ; mais je n'en sens pas moins ce que vous « voulez faire pour l'amour de moi, et je vous re- « garderai à l'avenir comme mon neveu. » Cette alliance adoptive ne lui a pas nui dans la suite : il eut, trois mois après, le gouvernement de Luxembourg.

Madame de Lowenstein étoit nièce du prince Guillaume de Furstemberg, évêque de Strasbourg, et nommé au cardinalat. On l'appeloit madame parce qu'elle étoit chanoinesse de Thorn, chapitre célèbre en Allemagne, où pour être reçue il faut faire ses preuves de seize quartiers de princes ou de comtes souverains de l'Empire. Elle étoit belle comme les anges, dans une jeunesse riante, une taille fine, les yeux bleus et brillans, le teint admirable, les cheveux du plus beau blond du monde, un air engageant, modeste et spirituel : elle avoit eu une fort bonne conduite dans une place fort glissante, et les petites fautes de ses compagnes n'avoient pas peu contribué à faire valoir son mérite. Le marquis de Dangeau, chevalier d'honneur de madame la Dauphine, devint amoureux d'elle, et songea à l'épouser : il croyoit avoir assez de bien pour faire la fortune d'une fille qui n'avoit pour dot qu'une grande naissance, de la beauté et de la vertu (1). Il se flatta peut-être que le Roi, à la considération du prince Guillaume, feroit asseoir sa femme, qui étoit et lui aussi d'assez bonne maison pour cela. D'ailleurs madame de Maintenon pressoit l'affaire ; elle s'est toujours fait honneur de protéger les personnes de qualité quand la mauvaise fortune n'a point ébranlé leur vertu : ainsi l'amour, soutenu d'un grain d'ambition, conclut ce mariage. Les fiançailles se firent dans l'antichambre de madame la Dauphine en présence du Roi, et les épousailles dans la chapelle du château. Mais il y eut beau bruit le lendemain. Quelque bonne ame (ce fut mademoiselle de Rambures) alla tout courant dire à madame la Dauphine : « Vraiment, madame, je viens « de voir une belle chose ! Lowenstein a été mariée « tout comme vous, et le curé l'a nommée tout haut « *Sophie de Bavière.* — Comment, reprit madame la « Dauphine, il ne l'a pas nommée comtesse de Lo- « wenstein ? » Et là-dessus elle se mit fort en colère, et se fit rapporter le contrat de mariage, et voulut absolument qu'elle signât *comtesse de Lowenstein.*

(1) *De la beauté et de la vertu* : Ce qui a fait dire à madame de Sévigné : « M. Dangeau jouit à longs traits du plaisir d'avoir épousé la plus « belle, la plus jolie, la plus jeune, la plus délicate et la plus *nymphe* « de la cour. » (Lettre au président de Moulceau, du 3 avril 1686.)

Pour voir qui avoit tort ou raison, voici le fait. Vers l'an 1450, Frédéric-le-Victorieux, après la mort de son frère l'électeur palatin, prit l'administration de l'électorat pendant l'enfance de son neveu. Quelques années après, sous prétexte de mieux défendre le pays, attaqué par des ennemis puissans, il prit le titre d'électeur. Les Etats lui représentèrent le droit de son neveu : il en convint, et déclara qu'il alloit épouser Claire de Tettingen, simple demoiselle, afin que les enfans qu'il en auroit, venant d'une mère qui n'étoit ni princesse ni comtesse de l'Empire, ne fussent pas en droit, après sa mort, de disputer l'électorat à son neveu. Il donna dans la suite, aux enfans qu'il eut de Claire de Tettingen, le comté de Vertein, et ils ont depuis acquis celui de Lowenstein. Après la mort de Frédéric-le-Victorieux, son neveu fut électeur; il eut des enfans et des petits-enfans, qui étant morts sans enfans, l'électorat passa à la branche de Simeren, sans que les petits comtes de Vertein et de Lowenstein fussent écoutés sur leurs prétentions bonnes ou mauvaises, car ils prétendoient qu'on ne leur avoit fait céder leurs droits qu'à la branche aînée. Quoi qu'il en soit, malgré leur naissance légitime, que personne ne leur dispute, et quoiqu'ils soient bien véritablement de la maison de Bavière, ils n'ont jamais tenu en Allemagne que le rang de comtes.

Quant au surnom de Bavière, on peut dire que les princes et les comtes en Allemagne ne portent point de surnom, parce que tous les cadets d'une maison prennent à perpétuité les titres de terres qui appartiennent à leurs aînés, et auxquels ils peuvent succéder. Néanmoins, comme les comtes de Lowenstein étoient dans un cas particulier, on trouve dans la ville de Heidelberg une épitaphe d'un comte de Lowenstein, qui est nommé Louis de Bavière. Madame de Dangeau, en se mariant en France, avoit cru devoir suivre les coutumes du pays où elle s'établissoit, et prendre le surnom de Bavière.

Les comtes de Lowenstein, ses frères, l'avoient pris en prêtant foi et hommage à la chambre de Metz, et personne n'y avoit trouvé à redire. Madame la Dauphine ne voulut pas écouter les raisons qu'on vouloit lui alléguer là-dessus, et il fallut passer par : *Tel est notre plaisir.* On réforma le contrat de mariage ; mais le Roi eut la bonté de faire écrire à ses ministres, dans toutes les cours d'Allemagne, qu'il ne prétendoit pas que cela fît aucun tort à la maison de Lowenstein. On ne fit point de querelle à madame de Dangeau sur les armes de Bavière, qu'elle porte sur le tout, comme font tous ceux de la maison de Lowenstein. Huit jours après, le Roi choisit le comte Philippe de Lowenstein, frère de madame de Dangeau, pour être abbé et prince de Morback ; il étoit l'un des trois que les moines avoient présentés à Sa Majesté.

Mademoiselle de Rambures se maria avec le marquis de Polignac. Elle n'étoit pas fort riche, mais elle avoit de bons amis : Monseigneur pressa fort le Roi de la marier, et lui fit donner cinquante mille écus.

On vit à Paris la même année, à la face de Dieu et des hommes, une cérémonie fort extraordinaire. Le maréchal de La Feuillade fit la consécration de la statue du Roi qu'il avoit fait élever dans la place nommée des Victoires. Le Roi est à pied, et la Renommée lui porte une couronne de laurier sur la tête.

C'est le plus beau jet de bronze qu'on ait encore vu. La Feuillade fit trois tours à cheval autour de la statue, à la tête du régiment des gardes dont il étoit colonel, et fit toutes les prosternations que les païens faisoient autrefois devant les statues de leurs empereurs. Le prevôt des marchands et les échevins étoient présens. Il y eut le soir un feu d'artifice devant l'hôtel-de-ville, et des feux par toutes les rues. Bullion, prevôt de Paris, prétendoit devoir assister à la cérémonie à la tête du Châtelet, et marcher au côté gauche du gouverneur : il fondoit sa prétention sur un livre imprimé des antiquités de Paris, où il est dit que lorsque la statue de Henri IV fut placée sur le Pont-Neuf, le gouverneur, le prevôt de Paris, le lieutenant civil, et le prevôt des marchands et échevins, y assistèrent; mais le Roi ayant appris qu'en 1639, lorsque la statue de Louis XIII fut élevée dans la place Royale, le prevôt de Paris ni le Châtelet ne s'y étoient point trouvés, il décida contre eux, et ils ne s'y trouvèrent point. On dit que La Feuillade avoit dessein d'acheter une cave dans l'église des Petits-Pères, et qu'il prétendoit la pousser par dessous terre jusqu'au milieu de la place des Victoires, afin de se faire enterrer précisément sous la statue du Roi. Il avoit eu aussi la vision de fonder des lampes perpétuelles, qui auroient éclairé la statue nuit et jour. On lui retrancha le jour. Les villes de Dijon, d'Arles, de Rennes, et plusieurs autres, firent dans la suite élever des statues en l'honneur du Roi.

Je vais rapporter ici une chose assez singulière de M. de La Feuillade : il étoit fort ami de ma mère, et en lui parlant il l'appeloit toujours *mon bon ami*. Un

jour à Saint-Germain, ma mère étant logée à l'hôtel de Richelieu, La Feuillade entra dans sa chambre : j'étois au chevet du lit de ma mère, qui me faisoit écrire à la reine de Pologne. Il fit sortir Marion, femme de chambre, ferma la porte, et commença à se promener à grands pas comme un furieux; il jeta son chapeau par terre, et disoit tout haut : « Non, je n'y
« puis plus tenir ; je suis percé de coups, j'ai eu trois
« frères tués à son service : il sait que je n'ai pas un
« sou, et que c'est Prudhomme qui me fait subsister,
« et il ne me donne rien. Adieu, mon bon ami, di-
« soit-il en s'adressant à ma mère, qui étoit dans son
« lit ; adieu, je m'en vais chez moi, et j'y trouverai
« encore des choux. » Ma mère lui dit : « Êtes-vous
« fou ? ne connoissez-vous pas le Roi ? C'est le plus
« habile homme de son royaume : il ne veut pas que
« les courtisans se rebutent ; il les fait quelquefois
« attendre long-temps, mais heureux ceux dont il a
« exercé la patience ! il les accable de bienfaits. At-
« tendez encore un peu, et il vous donnera assuré-
« ment, puisque vos services méritent qu'il vous
« donne : mais, au nom de Dieu, renouvelez d'assi-
« duité, paroissez gai, content, trouvez-vous à tous
« les passages, demandez tout ce qui vaquera ; et si
« une fois il rompt sa gourmette de politique, s'il vous
« donne une pension de mille écus, vous êtes grand
« seigneur avant qu'il soit deux ans. » Il la crut, fit sa cour à l'ordinaire, et s'en trouva bien : sa fortune égala celle de M. de La Rochefoucauld, autre Griselidis parmi les courtisans, qui, après avoir été quinze ans de tous les plaisirs du Roi, et presque son favori, sans avoir de chausses, passa tout d'un coup de la sou-

veraine indigence à la souveraine opulence, par la source intarissable des grâces que le Roi fit couler chez lui dans le temps qu'il s'y attendoit le moins, et qu'il commençoit aussi à désespérer. Mais il n'a jamais su profiter des libéralités du Roi; et quand on lui donnoit cent mille écus, ses valets en prenoient d'abord cinquante.

Il y avoit trois ans que Pelletier étoit contrôleur général; et comme en temps de paix les affaires vont toutes seules, et qu'il ne faut point chercher de sources nouvelles, les moyens ordinaires suffisant à tous les besoins, le Roi étoit fort content de lui, et lui faisoit souvent de grosses gratifications. Il venoit de lui donner cent mille francs, lorsqu'il lui accorda l'agrément d'une charge de président à mortier, vacante par la mort du président Le Coigneux; et il lui donna encore cinquante mille écus pour lui aider à payer les trois cent cinquante mille livres à quoi chacune de ces charges sont fixées. On l'appeloit le *petit ministre* du vivant du chancelier Le Tellier: il le copioit dans ses manières modestes. On l'accusoit de n'être pas fort habile; mais s'il n'avoit pas l'esprit aussi fin que son patron, il avoit peut-être le cœur aussi bon. Il avoit peine à promettre, mais l'on pouvoit se fier à lui quand une fois il avoit promis. Il est vrai qu'étant homme de bien et fort scrupuleux, il ne pouvoit prendre son parti sur rien, de peur de se tromper et de faire tort à quelqu'un. Cela me fait souvenir de ce que m'a conté l'évêque de Bayeux. Il alla un jour à Chaville, avec l'évêque de Coutances, voir le chancelier Le Tellier; et dans la conversation le discours étant tombé sur M. Le Pelletier, M. Le Tellier leur demanda s'ils savoient comment il avoit été fait contrôleur général : ils lui dirent que non. « Voici, « leur dit-il, son histoire. Après la mort de M. Col- « bert, le Roi me dit un soir : M. Le Tellier, j'ai en- « vie de mettre les finances entre les mains de M. Pel- « letier : qu'en pensez-vous? — Sire, lui répondis-je, « Votre Majesté ne doit pas m'en croire; le père de « M. Pelletier a été mon tuteur, et j'ai toujours re- « gardé ses enfans comme les miens. — N'importe, « dit le Roi; dites-moi ce que vous en pensez. — Sire, « j'obéis. M. Pelletier est homme de bien et d'hon- « neur, fort appliqué; mais je ne le crois pas propre « aux finances, il n'est pas assez dur. — Comment, « reprit le Roi? je ne veux point qu'on soit dur à mon « peuple; et puisqu'il est fidèle et appliqué, je le « fais contrôleur général. » Voilà ce que l'évêque de Bayeux m'a conté. La suite a bien fait voir que M. Le Tellier connoissoit son homme, puisqu'il a été obligé de se décharger sur M. de Pontchartrain d'un poids trop pesant. Or ce M. de Pontchartrain étoit bien un autre génie, aussi fidèle et pour le moins aussi désin- téressé, infatigable au travail, qui voit tout, qui peut tout, qui a trouvé le moyen de fournir depuis huit ans cent cinquante millions par an avec du parche- min et de la cire, en imaginant des charges et faisant des marottes qui ont été bien vendues; modeste dans sa fortune, n'ayant reçu du Roi aucune gratification, hors peut-être une charge de conseiller au parlement pour son fils; décisif, faisant plus d'affaires en un jour que l'autre n'en faisoit en six mois; ayant pour maxime qu'il faut toujours aller en avant, quand même on de- vroit se tromper quelquefois, sauf à revenir sur ses pas, et réparer sans rougir les fautes qu'on auroit faites par un peu trop de précipitation : et je suis témoin que cela lui est arrivé une fois ou deux, sans qu'il en fût embarrassé; ce qui me paroît héroïque à un ministre, qui d'ordinaire n'aime pas avoir tort. Il est pourtant vrai qu'on se plaint; car, quoiqu'il soit mon ami, *magis amica veritas*. J'en dirai le bien et le mal.

On se plaint qu'il n'entre pas assez dans l'affliction des particuliers, et que quand un pauvre homme, ruiné par une taxe, vient lui demander quelque modération, il lui dit, avec un visage riant : « Monsieur, « il faut payer; » au lieu qu'il diminueroit le mal du patient en témoignant y prendre part par un visage triste, ou seulement en haussant les épaules. J'ai ouï dire à un homme qui sortoit de son audience : « J'ai- « mois encore mieux les plis du front de Colbert. »

Je ne saurois m'empêcher de dire ici deux mots d'une nouvelle hérésie qui fait beaucoup de bruit et de désordre dans l'Eglise.

Les erreurs des quiétistes sont tirées, pour la plupart, de quelques passages mal entendus des plus dévots et des plus fameux auteurs qui ont écrit sur l'oraison mentale : ils prétendent que quand une fois on s'est donné à Dieu de tout son cœur, on doit être dans un saint repos; ce qu'ils appellent l'état de quiétude, ou l'oraison de quiétude, ce qui leur a fait donner le nom de *quiétistes;* car ils disent, pour ne point troubler cet état de quiétude, qu'il ne faut point se mettre en peine de faire de nouveaux actes d'amour à Dieu; qu'il faut s'abandonner entièrement aux mouvemens de l'esprit divin, sans s'embarrasser ni des mystères ni des cérémonies; et que pendant que la partie supérieure de l'ame est dans le saint repos, elle ne doit pas prendre garde à tout ce qui arrive à son imagination, et même à son corps. Ces maximes, une fois reçues dans les esprits contemplatifs, y produisent tous les jours de nouvelles erreurs; et dans les cœurs libertins elles sont suivies d'une infinité de désordres scandaleux. Molinos, docteur espagnol, homme d'une grande piété extérieure, et d'une imagination fort vive, étoit regardé comme le chef des quiétistes : sa doctrine avoit de quoi contenter les esprits spéculatifs et les vicieux; les dévots de bonne foi y trouvoient assez de quoi se laisser surprendre; et en peu de temps elle s'étoit répandue par toute l'Italie. Il est même certain que le pape Innocent XI estimoit personnellement Molinos; il a depuis donné le chapeau de cardinal à Petrucci, qui a écrit à peu près les mêmes choses que Molinos, et qu'on regardoit dans Rome comme le premier de ses disciples : et l'on prétend que Sa Sainteté auroit eu peine à permettre qu'on fît le procès aux quiétistes, si le Roi, étendant son zèle contre les hérétiques au-delà des bornes de ses Etats, n'avoit ordonné au cardinal d'Estrées de lui remontrer la nécessité absolue de s'opposer à une hérésie qui s'insinuoit si agréablement. Ce fut sur les remontrances de ce cardinal que la congrégation du saint-office travailla au procès de Molinos : le cardinal d'Estrées, qui étoit de cette congrégation, y exposa, avec beaucoup de science et de zèle, tout ce qu'il y avoit de dangereux dans cette doctrine, et fit si bien que la congrégation fit mettre en prison Molinos et quelques-uns de ses sectateurs. Elle condamna ensuite vingt-deux propositions tirées de ses ouvrages.

Cependant le mal du Roi s'étant augmenté considérablement, et les médecins et chirurgiens n'ayant fait que l'adoucir au lieu de l'approfondir, il résolut d'aller à Barèges, et de partir vers les fêtes de la Pentecôte. Il nomma, pour être dans son carrosse, Monseigneur, Monsieur, madame de Bourbon, la princesse de Conti, et madame de Maintenon. Il y avoit déjà cinq ou six ans que le Roi donnoit des marques assez publiques de la considération particulière qu'il avoit pour madame de Maintenon : il l'avoit faite dame d'atours de madame la Dauphine. Elle avoit eu soin de l'éducation de M. le duc du Maine; ce qui lui avoit donné mille occasions de montrer au Roi de quoi elle étoit capable, son esprit, son jugement, sa droiture, sa piété, et toutes ces vertus naturelles qui ne gagnent pas toujours les cœurs aussi vite que la beauté, mais qui établissent leurs conquêtes sur des fondemens bien plus solides, et presque inébranlables. Elle n'étoit plus dans une fort grande jeunesse(1); mais elle avoit les yeux si vifs, si brillans, il pétilloit tant d'esprit sur son visage quand elle parloit d'action, qu'il étoit difficile de la voir souvent sans prendre de l'inclination pour elle. Le Roi, accoutumé dès son enfance au commerce des femmes, avoit été ravi d'en trouver une qui ne lui parloit que de vertu : il ne craignoit point qu'on dît qu'elle le gouvernoit; il l'avoit reconnue modeste, et incapable d'abuser de la familiarité du maître.

(1) *Une fort grande jeunesse :* Madame de Maintenon avoit alors cinquante ans.

D'ailleurs il étoit temps, pour la santé de son corps et pour celle de son ame, qu'il songeât à l'autre vie; et cette dame étoit assez heureuse pour y avoir songé de bonne heure. La retraite austère à laquelle les personnes en faveur sont presque toujours condamnées ne lui faisoit aucune peine. Ce fut une grande distinction pour elle d'être nommée pour faire le voyage de Barèges avec le Roi, et d'autant plus grande qu'il fit dire en même temps à madame de Montespan qu'elle n'iroit pas; ce qui lui donna de furieuses vapeurs, la préférence d'une personne qu'elle estimoit beaucoup au-dessous d'elle la mettant hors des gonds. Elle avoit déjà eu le chagrin de s'entendre prononcer l'arrêt de sa condamnation par une bouche qui lui étoit devenue odieuse : madame de Maintenon lui avoit déclaré de la part du Roi, en termes exprès, qu'il ne vouloit plus avoir avec elle aucune liaison particulière, et qu'il lui conseilloit de songer de son côté à faire son salut, comme il y vouloit songer du sien. C'étoit de grandes paroles qu'elle n'avoit pas voulu porter légèrement; elle s'en étoit fait prier plusieurs fois, en disant au Roi qu'il auroit peut-être de la peine à les soutenir : mais il l'en avoit tant pressée, qu'à la fin elle l'avoit fait; et la paille étant une fois rompue, elle avoit eu le courage de l'en faire souvenir de temps en temps, de peur que la bonté de son cœur et une longue habitude ne le fît broncher, et peut-être tomber tout-à-fait.

Madame de Montespan s'en alla à Paris dans sa maison des Filles de Saint-Joseph, pour y décharger une bile noire qui la suffoquoit. Elle envoya querir madame de Miramion, la plus fameuse dévote du temps, pour voir si une conversation toute de Dieu lui pourroit faire oublier les hommes. « Ah! madame, lui dit-elle en l'embrassant, il me traite comme la dernière des femmes; et cependant, depuis le comte de T..... (1), je ne lui ai pas touché le bout du doigt. » La bonne dévote, à ce qu'elle m'a dit, se seroit bien passée de la confidence. Le lendemain, madame de Montespan, sans prendre congé du Roi ni de personne, s'en alla à Rambouillet. Le Roi permit à mademoiselle de Blois de la suivre, et le défendit au comte de Toulouse; mais au bout de huit jours le Roi se trouvant fort soulagé, et en état de monter à cheval, il déclara qu'il n'iroit point à Barèges : ce qui fit un grand plaisir aux courtisans, qui n'aiment pas la dépense quand ils ne la croient pas nécessaire à leur fortune. Monsieur, à force de prières, avoit obligé le Roi à montrer son mal à Bessières, fameux chirurgien de Paris, qui n'avoit pas cru que Barèges fût nécessaire. Aucun chirurgien ne l'avoit encore vu que Félix; et quoiqu'il fût habile, l'expérience journalière lui manquant, ainsi qu'à tous les médecins et chirurgiens de la cour, il avoit besoin de conseil.

Dès que le Roi eut résolu de ne point faire le voyage, il eut la bonté ou la foiblesse de le mander à madame de Montespan, qui étoit encore à Rambouillet, et qui partoit le lendemain pour Fontevrault. Elle fut transportée de joie, et revint tout courant à Versailles, car elle ne désespéroit pas encore de rengager un prince qui avoit pour elle tant d'égards; et se flattant d'être encore aimable, elle attribuoit à un reste de passion ce qui ne venoit que de politesse. Le

---

(1) *Le comte de T.....* : Le comte de Toulouse.

Roi l'avoit quittée de pure lassitude. La surprenante, l'éclatante beauté de mademoiselle de Fontanges l'avoit emporté sans réflexion, et presque malgré lui. Il avoit été touché de sa mort précipitée, et s'étoit ensuite rendu aux sages conseils de madame de Maintenon : elle avoit trouvé le bon moment pour lui faire sentir l'horreur d'un état presque semblable à celui de David, amant de Bethsabée, et lui avoit fait envisager quel seroit son bonheur si, après avoir régné avec tant de gloire pendant quatre-vingts ans et peut-être davantage sur la plus belle partie du monde, il pouvoit devenir un grand saint, et passer pour toute l'éternité dans un royaume infiniment plus beau et plus souhaitable que l'empire de tout l'univers. Elle l'avoit fait entrer peu à peu dans les vues de l'éternité, et s'étoit acquis par là auprès de lui une faveur d'autant plus solide, que les intérêts humains n'y avoient aucune part.

Dès que madame de Montespan fut revenue à Versailles, le Roi alla chez elle, et continua à y passer tous les jours en allant à la messe; mais il n'y étoit qu'un moment, et toujours avec les courtisans, de peur qu'on ne le soupçonnât de reprendre des chaînes rompues depuis plusieurs années.

Le Roi, au commencement de l'été, afin de tenir les troupes en haleine, avoit marqué quatre camps pour la cavalerie : le premier en Flandre, commandé par Montbrun; le second sur la Saône, par Saint-Ruth; le troisième sur la Sarre, par Bulonde; et le quatrième sur la Charente, commandé par Boufflers, qui, avec assez peu d'esprit, beaucoup de bravoure, et une application extraordinaire, commençoit à se faire valoir. Le comte de Tessé, quoiqu'il ne fût encore que brigadier, alla commander en Dauphiné, à la place de Saint-Ruth. Il étoit jeune, et promettoit beaucoup : une prestance agréable, du courage, beaucoup d'esprit, de l'ambition, et une diligence à la Boufflers, lui tenoient lieu d'expérience, et l'on jugeoit aisément qu'il pouvoit aller loin. On sera peut-être bien aise d'apprendre ici une des premières causes de sa fortune. Il revenoit à Paris de sa garnison, lorsqu'il rencontra vers Château-Thierry messieurs les princes de Conti, qui couroient la poste. Ils lui dirent qu'ils alloient en Hongrie, et qu'ils étoient partis sans congé du Roi : il osa leur remontrer qu'ils faisoient mal. Ils se moquèrent de lui, et renouvelèrent de jambes. Tessé leur dit : « Messieurs, je ne vous « quitterai point ; et je m'en vais envoyer un cour- « rier au Roi pour lui dire où vous êtes. » Ils se mirent à rire, en disant : « Ton courrier ne sera pas à « Versailles que nous serons hors de France. » Il ne laissa pas de l'envoyer, et prit des chevaux de poste avec eux ; et, toujours plaisantant, les suivit, jusqu'à ce que M. le prince de Conti reçut la lettre par laquelle le Roi lui juroit parole de roi que s'il ne revenoit incessamment, il ne rentreroit jamais dans le royaume de son vivant. Tessé redoubla ses bons avis ; et les princes, tout mûrement considéré, revinrent à Versailles, et demandèrent pardon.

Le roi d'Angleterre avoit aussi un camp dans son pays : il s'imaginoit qu'en tenant trente mille hommes sur pied et les payant bien, il seroit toujours en état de faire tout ce qu'il voudroit. Pauvre prince, qui ne songeoit pas que ces trente mille hommes étoient des

Anglais, tout prêts à l'abandonner dès qu'il voudroit entreprendre la moindre chose contre leurs libertés! Je me souviens, à ce propos-là, d'avoir ouï dire à Savel, envoyé extraordinaire du roi d'Angleterre en France, comblé de bienfaits de son maître, qu'il seroit le premier à prendre les armes contre lui s'il abusoit de son autorité, et s'il choquoit le moins du monde les lois du royaume.

Il y eut à Versailles, au mois de mai, un carrousel fort magnifique, composé de trente cavaliers et de trente dames. Le Roi et madame la Dauphine se rendirent dans la grande écuyerie à la chambre de M. le grand, d'où ils virent la marche, la comparse, et les courses. On courut d'abord les têtes en deux courses. Le grand prieur, le marquis de Nesle, Murcé, le petit Duras et Nangis emportèrent chacun sept têtes, et disputèrent le prix. Ils recoururent tous cinq : le grand prieur et le marquis de Nesle se le disputèrent long-temps, et emportèrent chacun les quatre têtes. Le Roi y prenoit fort grand plaisir, lorsque le vieux duc de Saint-Aignan, qui avoit été nommé juge du camp à cause de sa grande expérience en ces sortes de combats, vint dire tout haut que ces messieurs demandoient à partager. La proposition déplut tellement au Roi, qu'il se leva, rompit les courses, et dit que ni l'un ni l'autre n'auroit le prix; que tous les chevaliers rentroient dans leurs droits, et que le carrousel recommenceroit le lendemain. Le pauvre marquis de Nesle n'avoit aucune part à tout cela; et même le grand prieur prétendit que le vieux Saint-Aignan avoit mal entendu, et qu'il n'avoit jamais fait une proposition si ridicule.

Le lendemain, le Roi se rendit au même lieu à cinq heures du soir. Monseigneur emporta d'abord sept têtes; et l'on espéroit qu'il auroit le prix, lorsque le comte de Brionne fut assez innocent pour les emporter toutes huit. Personne ne les lui disputa. Après les têtes, on courut la bague pour le second prix. Le grand prieur et le marquis de La Châtre le disputèrent : La Châtre le gagna. Les courses finies, le Roi donna les deux prix, qui étoient deux épées de diamans, le premier beaucoup plus beau que le second. J'oubliois à dire que les princesses y brillèrent extrêmement : la magnificence des habits, les aigrettes de plumes, les perles et les diamans, faisoient paroître encore davantage les grâces qu'elles avoient reçues de la nature.

Le jour de la Pentecôte, le Roi fit quatre nouveaux chevaliers de l'ordre, savoir : M. le duc de Chartres, M. le duc de Bourbon, M. le prince de Conti, et M. le duc du Maine. Il sortit de son appartement sur les onze heures pour aller à la chapelle, et marcha en ordre avec tous les chevaliers. Monseigneur marchoit seul devant lui, Monsieur seul, M. de Chartres seul. M. le duc marchoit entre M. le duc de Bourbon et M. le prince de Conti; M. le duc du Maine marchoit seul devant eux ; et devant lui tous les autres chevaliers, deux à deux. Après la grand'messe, qui fut dite par l'archevêque de Paris, prélat de l'ordre, Sa Majesté se mit sur un marche-pied dans un fauteuil, et reçut le serment des quatre nouveaux chevaliers. M. le duc de Chartres fut présenté par Monseigneur et par Monsieur, faisant tous trois les révérences ensemble, et de front; puis vint M. le duc de Bourbon entre

M. le prince et M. le duc, ensuite M. le prince de Conti entre les ducs de Chaulnes et de Saint-Simon, et M. du Maine entre les ducs de Créqui et de Saint-Aignan. M. de Montausier pouvoit disputer cet honneur-là à M. de Saint-Aignan, parce qu'il avoit cédé son duché à M. de Beauvilliers son fils; mais il ne le voulut pas faire, et en fut loué. M. le duc de Bourbon prétendoit marcher dans cette cérémonie côte à côte de M. de Chartres, ne le voulant considérer que comme premier prince du sang : mais le Roi prononça en faveur de M. le duc de Chartres, à qui en toutes occasions il donne un rang distingué des princes du sang.

Ce fut à peu près en ce temps-là que madame de Maintenon se servit de sa faveur pour faire le plus bel établissement qui ait été fait en France depuis cent ans, si l'on en excepte celui des Invalides, qui doit passer devant. Elle fit fonder par le Roi la maison de Saint-Cyr, où deux cent cinquante demoiselles, depuis l'âge de douze ans jusqu'à vingt, doivent être nourries, entretenues et élevées selon leur qualité. Il doit y avoir trente-six dames de chœur, qui d'abord ne faisoient que des vœux simples, mais qui depuis, après une mûre délibération, font les vœux absolus de chasteté, de pauvreté et d'obéissance, et sont comme les autres religieuses.

Le Roi a uni à cette maison la mense abbatiale de Saint-Denis, qui vaut cent mille livres de rente, et lui a acheté des fonds de terre pour cinquante mille livres de rente, à condition qu'on n'y pourra jamais recevoir aucune gratification que du Roi ou de ses successeurs. Les demoiselles, avant que d'y être reçues, doivent faire preuve de quatre races du côté des pères (les mésalliances fréquentes obligent à négliger le côté des mères); elles auront les places de religieuses que le Roi donne dans toutes les abbayes du royaume chaque fois qu'elles vaquent. Les bâtimens de Saint-Cyr ont été élevés avec une magnificence royale, mais avec tant de précipitation qu'on y a fait des fautes considérables, n'ayant pas laissé le temps au bois vert de sécher avant que d'être employé. On a changé et rechangé plusieurs fois les constitutions pour trouver le meilleur; et l'abbé Tiberge, supérieur des Missions étrangères, y a employé beaucoup de temps et d'esprit.

Madame de Maintenon est entrée dans le moindre détail avec une capacité et une patience bien au-dessus de son sexe, mais nécessaire en cette occasion; et si son zèle ne l'avoit soutenue, les difficultés toujours nouvelles auroient été capables de la rebuter. Elle avoit depuis long-temps l'idée de cet établissement : la pauvreté où elle s'étoit vue elle-même dans le commencement de sa vie, malgré une naissance fort noble, la faisoit entrer dans les besoins des filles de qualité, et lui faisoit chercher les moyens de les retirer de la pauvreté. Ce lui étoit tous les jours une nouvelle occasion de remercier Dieu, heureuse de pouvoir faire aux autres ce que dans de certains temps elle eût été bien aise qu'on lui eût fait. J'ai même ouï dire que, dès les premières lueurs d'une fortune médiocre, elle avoit eu soin de quelques pauvres demoiselles, tant elle étoit portée naturellement à cette sorte de charité. Aussi quand elle se vit parvenue au comble de la grandeur humaine, son zèle n'eut plus de bornes, et il ne lui fallut pas moins pour soulager d'une manière sensible toute la noblesse du royaume. Je serai obligé, dans la suite de ces Mémoires, de parler souvent de Saint-Cyr.

Ce fut la même année que le Roi fit un grand plaisir à M. le duc en lui accordant les grandes entrées, c'est-à-dire le droit d'entrer le matin dans sa chambre en même temps que les premiers gentilshommes de la chambre dès qu'il est éveillé, avant qu'il sorte du lit; car quand il se lève, et qu'il prend sa robe de chambre et ses pantoufles, les brevets entrent, et ensuite les officiers de la chambre et les courtisans, pour qui les huissiers demandent d'abord; et puis tout entre pêle-mêle, pourvu que ce soit visage connu. M. le duc n'étoit pas content depuis long-temps : le Roi n'avoit jamais voulu lui confier ses armées; il n'avoit eu de commandement que sous M. le prince. Cela l'avoit extrêmement mortifié; et cependant une bagatelle le transporta de joie, et dissipa des chagrins qui peut-être n'étoient pas trop mal fondés.

Le Roi donna en même temps vingt mille écus à Villacerf pour la vaisselle d'argent de la Reine, qui lui appartenoit comme son premier maître d'hôtel; et cinquante mille francs à M. de Harlay, procureur général, pour lui aider à payer le Ménilmontant, maison de plaisance qu'il avoit achetée depuis peu. Il donna aussi cent mille francs à M. ***, et huit mille francs de pension à M. de Ville, gentilhomme liégeois, qui a inventé et conduit à sa perfection la machine de Marly. Personne ne lui plaignoit une pareille récompense; et c'est à lui que nous avons l'obligation d'avoir de belles eaux à Versailles. Cette machine est admirable dans sa grandeur, et en même temps dans sa simplicité. Les ambassadeurs siamois employèrent cinq heures à la comprendre et à la faire dessiner; et quand j'ai demandé au gros ambassadeur, avant son départ, ce qu'il avoit trouvé de plus beau en France, il me dit qu'après les troupes du Roi et ses places de guerre, c'étoit la machine de Marly.

Cependant la révocation de l'édit de Nantes, en nous affoiblissant par la désertion d'une infinité de braves gens, en nous appauvrissant par le transport de tant de millions hors du royaume, faisoit la grandeur du prince d'Orange : il s'enrichissoit de nos pertes, car d'abord il se déclara protecteur de tous les Français réfugiés en Hollande pour la religion; il leur accorda des églises dans toutes les villes, il donna des pensions à leurs ministres, et prit auprès de lui ceux qui avoient le plus de réputation, comme Claude et Menard. Il se servit de ceux qui savoient le mieux écrire pour répandre insensiblement dans les esprits ce qui lui convenoit ; il leur donna la permission de tenir des espèces de synodes nationaux, composés des seuls Français; et après s'être assuré d'eux par la religion, il les engagea par ses bienfaits. Il obligea les Etats-généraux à donner aux officiers français réfugiés cent mille florins de pension qu'il distribuoit à sa fantaisie, et envoya ensuite plus de cent cinquante de ces officiers dans les garnisons; et après leur avoir fait prêter serment de fidélité, il leur fit promettre de servir contre tous les princes du monde sans exception. Il donna des charges à tous ceux qu'il voyoit propres à entrer dans les troupes, officiers ou soldats, et leur fit avoir des emplois au-dessus de ceux qu'ils avoient eus en France, afin que le premier pas qu'ils faisoient dans son service leur parût déjà un commencement d'élévation. Il ne négligea pas même ceux qui n'étoient pas encore en état de porter les armes, et forma en Hollande des compagnies de cadets; il mit dans ses gardes L'Etang, qui, après avoir été à M. de Turenne, avoit eu un régiment de cavalerie; il fit des gratifications à La Melonière, qui avoit été brigadier en France; à Coulon, ingénieur; à La Caillemotte, fils de Ruvigny; à Miremont, et à beaucoup d'autres, toujours dans la pensée de se fortifier contre la France, et d'avancer ses desseins sur l'Angleterre.

Me voici arrivé à une affaire où l'on me pardonnera bien si je m'étends plus que de coutume : c'est l'affaire de Siam. Elle m'a passé par les mains : je marquerai beaucoup de petites particularités fort ignorées du public; je tâcherai même de ne rien dire de ce qui est dans mon journal. Je proteste que j'y ai toujours dit vrai, mais que je n'ai pas toujours dit tout ce que je savois. Or dans ces Mémoires-ci je ne garderai point de mesures, et dirai tout sans déguisement.

J'étois tranquille dans le séminaire des Missions étrangères, lorsque Bergeret, premier commis de M. de Croissy, et mon ancien ami, m'y vint voir. Il me conta dans la conversation qu'il étoit venu des mandarins indiens, et qu'on parloit d'envoyer un ambassadeur au roi de Siam, pour lui proposer de se faire chrétien; qu'il y avoit beaucoup de disposition, et que c'étoit là un emploi digne d'un ecclésiastique habile et zélé. Il me dit de plus qu'il me conseilloit d'y songer, et que si cela dépendoit de M. de Croissy, mon affaire seroit bientôt faite; mais qu'à cause de la marine, cela étoit entièrement au pouvoir de M. de Seignelay.

Il n'en fallut pas davantage pour me mettre dans le cœur l'ambition apostolique d'aller au bout du monde convertir un grand royaume. J'en parlai au cardinal de Bouillon, mon ami dès l'enfance; et, sans perdre de temps, il alla me proposer à M. de Seignelay son ami. Ce ministre lui dit qu'il venoit trop tard; que le chevalier de Chaumont, homme de qualité et de vertu, étoit nommé ambassadeur; qu'on avoit été assez embarrassé à trouver un homme propre à cet emploi-là; que le chevalier de Nesmond avoit été sur les rangs, et que deux jours plus tôt mon affaire étoit faite. Le cardinal me rendit cette réponse; mais je ne perdis pas courage : les idées de missions étoient entrées trop avant. Je lui représentai que le chevalier de Chaumont pouvoit mourir en chemin, et que l'ambassade tomberoit entre les mains de quelque marin peu versé en ces sortes de matières; que la religion en pouvoit souffrir; que d'ailleurs le roi de Siam voulant se convertir, le chevalier, médiocre théologien, lui donneroit des instructions assez superficielles : enfin je le priai de demander pour moi la coadjutorerie du chevalier et l'ambassade ordinaire, en cas que le Roi se fît instruire dans la religion chrétienne. Il en parla au Roi, qui m'accorda ma demande, en disant : « Je n'a-
« vois pas encore ouï parler d'un coadjuteur d'am-
« bassade; mais il y a raison, à cause de la longueur
« et du péril d'un pareil voyage. » L'affaire étant réglée, j'allai à Versailles chez M. de Seignelay, pour recevoir mes instructions; j'entrai dans son anti-

chambre à trois heures; j'attendis patiemment jusqu'à quatre, et je commençois à m'ennuyer, lorsque M. le marquis de Denonville, qui s'en alloit vice-roi en Canada, y vint aussi. Il fit dire qu'il étoit là; on lui répondit comme à moi : *Adesso, adesso.* Nous nous mîmes à causer ensemble : l'un alloit vers l'orient, l'autre vers l'occident. En causant, sonnent cinq, six et sept heures, sans qu'on songeât à nous donner audience. M. de Seignelay étoit dans son cabinet avec Cavoye et trois ou quatre autres commensaux, riant de temps en temps à gorge déployée. J'admirois la patience héroïque d'un mestre de camp de dragons, qui peut-être dans le fond n'étoit pas plus content que moi. Enfin on l'appela le premier : il demeura un quart-d'heure dans le cabinet. On m'appela ensuite : je ne sais pas si on lui fit excuse de l'avoir tant fait attendre, mais pour moi on ne m'en dit pas un mot. Je partis deux jours après, contre l'avis de tous mes parens, qui faisoient fort les colères, peut-être pour ne pas être obligés de m'offrir une pistole. Il n'y eut au monde que le cardinal de Bouillon qui me donna mille écus. Les usuriers me fournirent tout le reste qui m'étoit nécessaire, et mirent sur ma tête à la grosse aventure. Ils s'en sont bien trouvés par la suite; mais pour moi, si j'en ai rapporté le moule du pourpoint, mes affaires en ont été renversées dix ans durant. Il faut bien du temps à un ecclésiastique pour prendre sur ses revenus vingt mille livres d'extraordinaire.

Mon frère me fit souvenir d'un certain horoscope où l'on m'avoit dit beaucoup de choses qui me sont arrivées, et il y avoit que je devois courir grande fortune sur l'eau. Je m'en moquai, et partis; mais j'avoue que quoique je méprise ces sortes de pronostics, cela me revint à l'esprit à quatre mille lieues d'ici, dans une tempête qui nous approcha fort près du centre du monde.

[Je ne crois pas autrement aux sorciers (1) et aux diseurs de bonne aventure : je n'ai jamais rien vu d'extraordinaire, quoique j'aie été plusieurs fois assez jeune pour vouloir voir. Un de mes amis, gascon, nommé Maniban de Ram, parent du président de Maniban, mon cousin issu de germain, étoit à Paris, faisant grande chère et beau feu. Il y venoit tous les dix ans, et apportoit mille pistoles qu'il mangeoit en six mois. Carrosse, chaise à porteurs de ses livrées, habits dorés, grand jeu, collations aux dames, mille pistoles ne vont pas bien loin. Il me dit un jour que le curé de Roissy lui avoit fait voir dans un verre choses émerveillables : une demoiselle qui étoit à Toulouse, et qui pleuroit son absence. Je voulus me moquer de sa crédulité. Il m'offrit de me faire voir quelque chose de semblable : je le pris au mot. Il prépare un souper, dont quelques dames curieuses devoient être; le curé y devoit faire le grand personnage. J'arrive un quart-d'heure avant qu'on se mette à table : on m'annonce, j'entre. Le sorcier fut glacé je ne sais pas

---

(1) *Je ne crois pas autrement aux sorciers :* Ce morceau, que nous mettons entre deux crochets [ ] pour le distinguer du reste du texte, a été publié à la suite de la *Vie de l'abbé de Choisy*; page 245. Il y est dit qu'il a été tiré de l'original : nous doutons de l'exactitude de cette assertion, parce que ce fragment ne se trouve pas dans le manuscrit de M. d'Argenson, décrit dans la Notice. Néanmoins il nous a semblé qu'il ne convenoit pas de supprimer ce passage singulier, qui peut s'être trouvé dans un autre manuscrit de l'abbé de Choisy.

pourquoi, et dit tout bas à Maniban qu'il ne feroit rien en ma présence. On eut beau le presser, il demeura inflexible. Il fallut me le dire ; et voyant le chagrin des dames, qui seroient privées d'un grand plaisir, je n'en voulus pas être cause, et m'en allai. Ils me protestèrent le lendemain qu'ils avoient vu le diable, ou quelque chose d'approchant.

Mais j'avoue que de tous ces contes aucun ne m'a plus frappé que ce qui arriva chez la comtesse de Soissons, nièce du cardinal Mazarin. Son mari étoit malade en Champagne. Elle étoit un soir incertaine si elle partiroit ou non pour l'aller trouver, lorsqu'un vieux gentilhomme de sa maison lui offrit tout bas de lui faire dire par un esprit si M. le comte mourroit de cette maladie. Madame de Bouillon étoit présente avec M. de Vendôme, et le duc à présent maréchal de Villeroy.

Le gentilhomme fit entrer dans le cabinet une petite fille de cinq ans, et lui mit à la main un verre plein d'une eau fort claire ; il fit ensuite ses conjurations. La petite fille dit que l'eau devenoit trouble ; le gentilhomme dit tout bas à la compagnie qu'il alloit commander à l'esprit de faire paroître dans le verre un cheval blanc, en cas que M. le comte dût mourir ; et un tigre en cas qu'il dût en échapper. Il demanda aussitôt à la petite fille si elle ne voyoit rien dans le verre : « Ah ! s'écria-t-elle, le beau petit cheval blanc ! » Il fit cinq fois de suite la même épreuve ; et toujours la petite fille annonça la mort par des marques toutes différentes, que M. de Vendôme ou madame de Bouillon avoient nommées tout bas au gentilhomme sans que la petite fille pût les entendre. Ce fait est constant, et les trois personnes présentes le content à qui veut l'entendre.

Il me souvient, à ce propos, de ce qui se passa chez la comtesse de Soissons lorsqu'elle sortit de France. La chambre des poisons avoit décrété contre elle. Le Roi, par un reste de considération pour la mémoire du cardinal, lui envoya M. de Bouillon lui dire qu'il lui donnoit le choix ou d'aller le lendemain à la Bastille subir les rigueurs de la prison et le jugement, ou de sortir de France incessamment. Le duc de Villeroy et la marquise d'Alluye étoient avec elle : on tint conseil. Ils vouloient tous qu'elle se mît à la Bastille, puisqu'elle se protestoit innocente; mais elle n'osa jamais. « M. de Louvois, leur dit-elle, est
« mon ennemi mortel, parce que j'ai refusé ma fille
« pour son fils. Il a eu le crédit de me faire accuser;
« il a de faux témoins. Puisqu'on a donné un dé-
« cret contre une personne comme moi, il achèvera
« le crime, et me fera mourir sur un échafaud, ou du
« moins me retiendra toujours en prison. J'aime mieux
« la clef des champs : je me justifierai dans la suite. »
La marquise d'Alluye, sa fidèle amie, la suivit. Elles partirent le lendemain matin en carrosse avec des livrées grises (1). Le Roi l'avoit souhaité ainsi, de peur que le peuple ne la vît partir, et ne se plaignît qu'on ne faisoit pas justice. Mais M. de Louvois la poursuivit jusque dans les enfers. Dans toutes les villes et villages où elle passa, on refusa de la recevoir dans les grandes hôtelleries : il fallut coucher souvent dans des villages sur la paille, et souffrir les insultes d'un

---

(1) On lit les mêmes faits dans la lettre de madame de Sévigné à madame de Grignan, du 26 janvier 1680.

peuple insolent, qui l'appeloit sorcière et empoisonneuse (1). M. de Louvois envoya jusqu'à Bruxelles un capitaine réformé qui, en donnant de l'argent à des gueux, lui faisoit chanter injures. Elle fut un jour obligée de coucher dans le béguinage où elle étoit allée acheter des dentelles, parce qu'il s'étoit assemblé devant la porte plus de trois mille personnes qui la vouloient déchirer. Il fallut que le comte de Monterey, gouverneur des Pays-Bas, la prît sous sa protection, et désabusât le peuple. Elle avoit emporté six cent mille francs d'argent comptant, et commença à faire grande dépense. Tout fut apaisé.]

Notre voyage commença et finit fort heureusement; mais il y avoit cinq mois que nous étions sur la mer, sans que le chevalier de Chaumont eût eu aucune ouverture pour moi. Cela commençoit à me fatiguer : je prévoyois que si cela duroit, je serois un zéro en chiffre à Siam, lorsqu'au travers de la cloison qui séparoit ma chambre de la sienne je l'entendis ruminer sa harangue. Je lui dis huit jours après (car il chantoit toujours la même note) que j'avois ouï les plus belles choses du monde. Là-dessus il me mena dans sa chambre, et me la répéta. Je la trouvai sans faute. Il commença à me parler de ce qu'il y avoit à faire en ce pays-là : je lui donnai mes petits avis. Il est bon homme, homme de bien, de qualité; mais il ne sait pas la géométrie. Je n'eus pas beaucoup de peine à lui faire sentir que, par aventure, je pourrois lui être bon à quelque chose. Depuis ce jour-là il ne cracha plus sans m'en avertir. Mais il me vint à

---

(1) *Voyez* la lettre de madame de Sévigné à madame de Grignan, du 21 février 1680.

l'esprit une plaisante pensée : si l'ambassadeur alloit mourir en arrivant à Siam, et qu'il fallût que je fisse l'ambassade, il faudroit faire une harangue. Aussitôt dit, presque aussitôt fait : j'écrivis la harangue suivante, que je veux mettre ici pour me réjouir. Je la trouvai en original, tout informe qu'elle est, il y a un an, dans un tas de papiers que j'avois destiné au feu. La voici :

« Grand roi, les marques d'estime et d'amitié que
« Votre Majesté a données au Roi mon maître, en
« lui envoyant des ambassadeurs et des présens, l'ont
« touché sensiblement; et quoiqu'ils ne soient point
« arrivés en France, et que selon les apparences ils
« aient fait naufrage, il ne s'en est pas cru moins
« obligé à vous en témoigner sa reconnoissance.
« Votre Majesté connoît sans doute le Roi mon maî-
« tre : les nations européennes qui sont à sa cour lui en
« auront fait le portrait; et, quoique jalouses de sa
« gloire, elles auront été forcées à rendre justice à
« son mérite. Toute la terre est remplie du bruit de
« son nom; et les ambassadeurs de tant de princes,
« venus de toutes parts rechercher son alliance,
« sont retournés dans leurs pays l'esprit occupé et
« le cœur plein de sa grandeur. Il n'avoit que vingt-
« deux ans quand il commença à gouverner ses
« royaumes, seul, sans ministre, voyant tout par lui-
« même, écoutant les plaintes des malheureux, ren-
« dant justice à tout le monde. Tous ses jours ont été
« marqués par des triomphes, et ses soldats l'ont tou-
« jours vu à leur tête, soit qu'il fallût prendre des
« villes, soit qu'il fallût gagner des batailles : ils n'a-

« voient qu'à le suivre pour marcher à une victoire
« assurée. Mais, après avoir vaincu ses ennemis, il a
« bien pu se vaincre lui-même : il s'est arrêté au mi-
« lieu de ses conquêtes, prescrivant à chacun des
« princes qui s'étoient ligués contre lui ce qu'ils
« avoient à faire pour éviter la fureur de ses armes,
« et rentrer dans son alliance.

« C'est ce grand prince qui m'envoie des extrémités
« de l'univers présenter à Votre Majesté des marques
« de son estime, et l'assurer d'une amitié constante,
« que l'éloignement de cinq mille lieues ne sera ja-
« mais capable d'altérer. Le Roi mon maître ne se
« contente pas de souhaiter à Votre Majesté toute
« sorte de bonheur en ce monde, il veut encore
« vous voir heureux pendant toute l'éternité. Les
« grands héros meurent comme les autres hommes :
« il faut songer à cette vie nouvelle, à cette vie éter-
« nelle qui nous attend après la mort; et pour y ar-
« river il n'y a qu'un chemin : il faut connoître, il
« faut aimer le Dieu du ciel, le Dieu des chrétiens.
« Votre Majesté l'a déjà reçu dans ses Etats; vous lui
« avez bâti des églises; ses ministres, ses évêques ont
« été admis dans votre palais : il ne reste plus, grand
« roi, qu'à le recevoir dans votre cœur. Il ne de-
« mandera à Votre Majesté que des choses aisées; il
« veut que les princes soient braves, justes, ver-
« tueux : Votre Majesté n'a-t-elle pas déjà toutes ces
« grandes qualités, et ne donne-t-elle pas à ses sujets
« l'exemple de toutes les vertus ? C'est ce Dieu qui
« fait régner les rois avec autorité, c'est son bras tout
« puissant qui a soutenu le Roi mon maître dans ses
« grandes entreprises; et lorsque toute l'Europe li-

« guée ensemble conspiroit la perte de la France, ce
« Dieu que nous adorons nous a fait vaincre : et si
« notre invincible monarque a donné plus d'une fois
« la loi à ses ennemis, c'a été par une protection toute
« visible du Dieu des chrétiens, et nous sommes re-
« devables de nos victoires à la piété de notre roi
« encore plus qu'à sa valeur.

« Mais ce grand prince ne croit pas son bonheur
« parfait s'il ne le partage avec Votre Majesté. Il sait
« que Votre Majesté n'a pas besoin de trésors, que
« ses voisins le craignent, que ses sujets l'aiment ; il
« ne vous envoie, sire, ni argent ni troupes, mais
« il vous envoie la vérité, la connoissance du vrai
« Dieu, le souverain bonheur en ce monde et en
« l'autre. Voilà le plus beau des présens que le Roi
« mon maître vous envoie, voilà le but de ses sou-
« haits. Il n'a plus rien à désirer pour sa gloire parti-
« culière ; son nom, victorieux dans tous les temps,
« est assuré de passer à la dernière postérité : il ne
« lui reste plus qu'à travailler pour ce qu'il aime. Il
« aime, il estime, il honore Votre Majesté, et ne
« croit pas pouvoir lui en donner de meilleure marque
« qu'en lui montrant le chemin du Ciel. Ce chemin
« semble s'ouvrir à Votre Majesté : elle a depuis
« vingt ans des missionnaires et des évêques capables
« de lui faire connoître la vérité, dignes de lui dé-
« couvrir toutes les beautés de la religion chrétienne,
« religion aussi ancienne que le monde, et dont la
« sainteté la rend préférable à toutes les autres reli-
« gions. J'espère que Votre Majesté fera réflexion sur
« une affaire qui lui importe si fort. Plaise à ce Dieu,
« qui touche les cœurs quand il lui plaît, toucher

« celui de Votre Majesté, lui faire connoître, lui faire
« sentir ses adorables vérités, afin que les deux plus
« grands rois du monde, qui sont amis malgré tant de
« mers qui les séparent, qui, sur leur seule réputa-
« tion, s'envoient des ambassadeurs et des présens,
« mais qui, selon les apparences, n'auront jamais le
« plaisir de se voir sur la terre, puissent, en s'unis-
« sant dans le même culte, se voir un jour dans le
« Ciel, dans ces tabernacles éternels, sur ces trônes
« de gloire que notre Dieu prépare à ceux qui le
« servent!

« Je n'ai plus rien à souhaiter à Votre Majesté. Il ne
« me reste qu'à lui présenter tous ces braves Français
« qui m'accompagnent; ils commandent les vaisseaux
« du Roi mon maître, et font respecter sa puissance
« jusqu'aux extrémités de la terre : mais s'ils sont
« bons sujets, ils sont encore meilleurs chrétiens; ce
« sont autant de hérauts de la religion de Jésus-Christ,
« prêts à répandre pour le service de leur Dieu ce
« même sang qu'ils ont tant de fois exposé pour le
« service de leurs rois. Pour moi, sire, je me sens le
« plus heureux des hommes d'avoir pu m'acquitter
« d'une commission si importante. »

Dès que nous fûmes arrivés à Siam, et que j'eus entretenu l'évêque de Métellopolis et l'abbé de Lyonne,
je connus clairement qu'on avoit un peu grossi les
objets, et que le roi de Siam vouloit bien protéger les
chrétiens, mais non pas embrasser leur religion; qu'il
avoit agi en politique qui veut attirer les étrangers et
le commerce dans son pays, et s'assurer une protection contre les Hollandais, que tous les rois des Indes

craignent beaucoup. M. Constance me découvrit la vérité malgré lui, et donna dans le panneau que je lui tendis : je crois avoir rapporté ce fait dans mon journal. Il me proposa de donner au Roi la ville de Banco, à condition qu'on y enverroit des troupes, des ingénieurs, de l'argent et des vaisseaux. Le chevalier de Chaumont et moi ne crûmes pas la chose faisable, et nous lui dîmes franchement que le Roi ne voudroit pas s'engager sur sa parole à une dépense de quatre à cinq millions, qui peut-être seroient perdus. La chose en demeura là ; et je crois qu'il n'y eût jamais songé, sans une retraite que je fis au séminaire de Siam pour me préparer à recevoir les ordres sacrés. Il arriva quelque affaire dont M. Constance voulut parler au chevalier de Chaumont. Il falloit un interprète : il se servit du père Tachard ; il lui trouva un esprit doux, souple, rampant, et pourtant hardi, pour ne pas dire téméraire ; il lui parla de la pensée qu'il avoit eue, pensée que nous avions traitée de chimère. Le père Tachard offrit de s'en charger, de la faire réussir : il dit à M. Constance que nous n'avions aucun crédit à la cour (il n'avoit pas grand tort), et que s'il vouloit en écrire au père de La Chaise, sa révérence en viendroit bien à bout.

Pendant que cela se négocioit, M. Paumart, missionnaire, qui étoit toujours chez M. Constance, en eut quelque vent, et m'en vint avertir : mais je ne voulus pas quitter ma retraite, et je laissai faire le père Tachard, qui par là me souffla un beau crucifix d'or que le roi de Siam me devoit donner à l'audience de congé, et dont le bon père fut régalé avec justice ; puisque le chevalier de Chaumont et moi n'étions plus que des personnages de théâtre, et qu'il étoit le vér[itable] ambassadeur, chargé de la négociation secrèt[e]. Je ne sus tout cela bien au juste qu'après être arriv[é] en France; mais quand je me vis dans mon bon pay[s], je fus si aise que je ne me sentis aucune rancune contr[e] personne.

J'ai dit beaucoup de bien de M. Constance da[ns] mon journal : je n'ai rien dit que de vrai. C'étoit u[n] des hommes du monde qui avoit le plus d'esprit, l[i]béral, magnifique, intrépide, plein de grandes idée[s], et peut-être qu'il ne vouloit avoir des troupes françaises[s] que pour tâcher de se faire roi lui-même à la mort [de] son maître, qu'il voyoit fort prochaine. Il étoit fie[r], cruel, impitoyable, d'une ambition démesurée. Il avo[it] soutenu la religion chrétienne parce qu'elle pouvoit [le] soutenir; et je ne me serois jamais fié à lui dans l[es] choses où son élévation n'auroit pas trouvé son compt[e].

En arrivant à Brest, j'appris deux nouvelles bie[n] différentes : l'une, que M. Boucherat étoit chanceli[er] (j'en fus fort aise); l'autre, que M. le cardinal [de] Bouillon étoit exilé (j'en fus fort fâché). Nous pa[r]tîmes aussitôt le chevalier de Chaumont et moi, [et] fîmes ensemble la première journée : il regardo[it] toujours les Bretonnes, et m'avoua, avec toute [sa] dévotion, qu'il les trouvoit aussi belles que la pri[n]cesse de Conti. Nous venions de voir les Siamoise[s]. Il arriva le premier à la cour, comme de raison : j[']arrivai trois jours après. On nous entouroit comm[e] des ours. Le Roi me fit beaucoup de questions; m'en fit une entre autres dont on parla fort : il m[e] demanda comment on disoit manger en siamois; je l[ui] dis qu'on disoit *kin*. Un quart-d'heure après, il m[e]

demanda comment on disoit boire ; je lui répondis :
« *Kin.*—Je vous y prends, dit-il ; vous m'avez dit tan-
« tôt que *kin* signifie manger. — Il est vrai, sire, lui
« repartis-je sans hésiter ; mais c'est qu'en siamois
« *kin* signifie avaler ; et pour dire manger, on dit
« *kin kaou,* avaler du riz ; et *kin nam,* avaler de
« l'eau. — Au moins, dit le Roi en riant, il s'en tire
« avec esprit. » Je disois vrai, et l'esprit n'a point
aidé en cette occasion.

Le lendemain, en me promenant dans la galerie, j'entendis Cavoye, Livry, et d'autres courtisans, qui disoient que le roi de Siam envoyoit des présens au cardinal de Bouillon. Cela me fit beaucoup de peine ; j'avois eu intention de les supprimer, ne croyant pas l'occasion favorable. J'eus peur que le Roi ne l'apprît par d'autres que par moi : je courus chez M. de Seignelay ; il étoit à Sceaux. J'allai demander conseil à M. le chancelier, qui me conseilla de l'aller dire au Roi sans perdre un moment. J'allai trouver M. le comte d'Auvergne, qui me conseilla la même chose. Je revins aussitôt dans la galerie ; et comme le Roi alloit à la messe, je m'approchai de l'oreille de Sa Majesté, et lui dis : « Sire, je supplie Votre Majesté de m'accorder
« un moment d'audience dans son cabinet. » Il me répondit : « Cela est-il pressé ? » Je répliquai : « Oui,
« sire. — Eh bien ! me dit-il avec un visage solaire,
« venez après mon dîner. » Je n'y manquai pas, et me trouvai dans l'antichambre à son passage. Il me donna un petit coup sur le bras, et me dit : « Suivez-moi. » J'entrai dans son cabinet, où il étoit seul, et lui dis :
« Sire, je crois être obligé de dire à Votre Majesté
« que le roi de Siam a écrit à M. le cardinal de Bouil-

« lon, et lui a envoyé des présens.—Pourquoi cela?
« m'interrompit-il ; et qui lui a donné le conseil de le
« faire? — Sire, lui répliquai-je, c'est moi ; j'ai cru
« bien faire en faisant honorer par un grand roi le
« premier aumônier de Votre Majesté, et le premier
« homme de l'Eglise de France. » Il se retourna un
peu vite, et me dit, avec une mine à me faire rentrer
cent pieds sous terre : « Vous avez fait cela de votre
« tête ? — Sire, lui répliquai-je, j'en ai parlé à M. le
« chevalier de Chaumont, et il m'a approuvé ; je ne
« pouvois pas deviner que M. le cardinal de Bouillon
« seroit assez malheureux pour vous déplaire : Votre
« Majesté venoit de lui donner l'abbaye de Cluny. —
« Cela suffit, me dit-il en me tournant le dos ; » et je
sortis du cabinet. Les courtisans me vouloient faire
des complimens sur mon audience ; mais je payai de
modestie, et passai vite. J'allai me renfermer dans une
petite chambre de cabaret, où, sans reproche, je re-
merciai Dieu de m'avoir humilié. J'étois trop fier, je
croyois avoir trouvé la pie au nid pendant mon voyage
en contentant les jésuites et les missionnaires : la mine
que le Roi venoit de me faire rabattit bien mon ca-
quet ; il me sembloit pourtant que mon innocence me
mettoit en repos. A sept heures du soir, je sortis de
ma tannière, et retournai au château pour voir si
M. de Seignelay ne seroit point revenu : je trouvai
en arrivant vingt personnes qui me dirent que le Roi
m'avoit fait chercher partout pour me parler. J'allai
chez M. de Seignelay, qui me pensa manger. « Vrai-
« ment, monsieur, me dit-il, le Roi est dans une belle
« colère ! Pourquoi ne m'êtes-vous pas venu trouver
« d'abord? » Je lui dis que j'avois été chez lui, et

que ne le trouvant pas, M. le comte d'Auvergne m'avoit conseillé d'aller droit au Roi. Il me demanda la lettre que le roi de Siam avoit écrite à M. le cardinal de Bouillon, et le mémoire des présens : je lui mis le tout entre les mains. J'allai le soir au souper du Roi à l'ordinaire, mais il ne me dit mot ; plus de questions. Mes amis m'avertirent le lendemain que le Roi avoit paru fort en colère au petit coucher contre moi, qui m'étois mêlé de ce que je n'avois que faire ; et même contre ce pauvre cardinal, qu'il accusoit de m'avoir fait aller à Siam pour s'attirer des présens, lui qui n'en avoit pas eu la moindre idée. Je crus qu'il falloit laisser passer l'orage, et je m'en allai à Paris m'enfermer dans mon séminaire, où une demi-heure d'oraison devant le saint-sacrement me fit bientôt oublier tout ce qui venoit de m'arriver. Six mois après, je présentai au Roi la *Vie de David* et les *Psaumes*, qu'il reçut fort agréablement. J'en eus obligation au père de La Chaise, qui lui avoit parlé en ma faveur, et qui me fit avoir une audience dans le cabinet. Sa Majesté avoit bien connu que je n'avois pas grand tort : cela est si vrai, que l'année suivante il me permit d'aller voir le cardinal, qui étoit à Tarascon fort malade, et dit au père de La Chaise qu'il étoit bien aise que de certaines gens l'allassent voir en cet état-là. Hélas ! le pauvre prince avoit peut-être bonne opinion de moi, et il avoit raison de l'avoir en ce temps-là : j'étois tout frais des missions orientales, où je n'avois pas laissé de prendre de bonnes teintures seulement en voyant faire, et faisant tant soit peu d'attention.

Un mois après que je fus arrivé à Paris, les ambas-

sadeurs du roi de Siam y arrivèrent. Le Roi les fit défrayer partout, et leur donna audience dans la grande galerie de Versailles. On y avoit élevé un trône magnifique. Ils firent une fort belle harangue, que l'abbé de Lyonne, missionnaire, expliqua en français. Ils marquèrent au Roi des respects qui alloient presque jusqu'à l'adoration; et en s'en retournant ils ne voulurent jamais tourner le dos, et allèrent à reculons. Les présens qu'ils avoient apportés étoient rangés dans le salon au bout de la galerie. M. de Louvois, qui n'estimoit pas beaucoup les choses où il n'avoit point de part, les méprisoit extrêmement. « M. l'abbé, me dit-il
« en passant, tout ce que vous avez apporté là vaut-
« il bien quinze cents pistoles? — Je n'en sais rien,
« monsieur, lui répondis-je le plus haut que je pus,
« afin qu'on m'entendît; mais je sais fort bien qu'il y
« a pour plus de vingt mille écus d'or pesant, sans
« compter les façons; et je ne dis rien des cabinets du
« Japon, des paravents, des porcelaines. » Il fit en me regardant un sourire dédaigneux, et passa. Quelqu'un apparemment conta au Roi cette belle conversation; car dès le soir même M. Bontemps me demanda, de la part de Sa Majesté, si ce que j'avois dit à M. de Louvois étoit bien vrai. Je lui en donnai la preuve en lui donnant un mémoire exact du poids de chaque vase d'or, et je l'avois fait faire à Siam avant que de partir : je suis persuadé qu'on le vérifia dans la suite. Cette bagatelle ne laissa pas d'irriter M. de Louvois contre moi : il ne m'aimoit pas déjà, parce que j'étois des amis du cardinal de Bouillon, sa bête. Quatre jours après, il conta à Meudon, en pleine table, une histoire de moi fausse depuis le commencement jus-

qu'à la fin, où M. l'archevêque étoit fort mêlé. L'archevêque le sut, m'envoya querir, me conta tout, et me dit : « Mon pauvre abbé, ne relevons point la médisance ; c'est le moyen de la faire crever. » Je ne dirai rien davantage des ambassadeurs siamois, il y a des livres imprimés de leurs bons mots ; et, dans le vrai, le premier ambassadeur avoit beaucoup d'esprit : il avoit soin de nous à Siam ; il faisoit à peu près la fonction de gentilhomme ordinaire. Je dis à M. Constance que cet homme-là me paroissoit propre à réussir en France : il me dit qu'il n'étoit pas assez grand seigneur pour le charger d'une si belle ambassade, et que d'ailleurs il étoit malcontent de la cour, parce qu'à la mort du barkalon, son frère, on lui avoit ôté deux millions. Je lui répondis qu'on pouvoit lui faire donner un plus grand titre, et que les bienfaits effaçoient les injures : il y songea, en parla au roi de Siam, le fit opra et ambassadeur. Il faut pourtant avouer que M. Constance avoit raison. Ce bon ambassadeur se mit à son retour dans le parti de Pitracha, et par ses conseils contribua beaucoup à le faire roi, et à faire scier en deux le pauvre M. Constance. Il est à présent barkalon, c'est-à-dire premier ministre. La harangue qu'il fit au Roi à son audience de congé fut admirée : on me fit l'honneur de me soupçonner d'y avoir mis la main. Le Roi m'envoya chercher pour me la demander : il la vouloit faire voir à madame de Maintenon. Je lui en portai un brouillon qui se trouva dans ma poche ; il m'ordonna de lui en apporter au retour de la chasse une copie bien écrite, ce que je fis. La vérité est que les ambassadeurs avoient mis dans leur patois une partie des pensées qui y sont. L'abbé de Lyonne les avoit traduites en français; M. Tiberge y avoit donné ce tour simple, naturel et noble, qu'il sait donner à tout ce qu'il fait; et j'y avois marqué quelques points et quelques virgules. On sera peut-être bien aise de la retrouver ici.

« Grand roi, nous venons ici pour demander à
« Votre Majesté la permission de nous en retourner
« vers le Roi notre maître. L'impatience où nous sa-
« vons qu'il est d'apprendre le succès de notre am-
« bassade, les merveilles que nous avons à lui racon-
« ter, les gages précieux que nous lui portons de
« l'estime singulière que Votre Majesté a pour lui, et
« surtout l'assurance que nous lui devons donner de
« la royale amitié qu'elle contracte pour jamais avec
« lui, tout cela, beaucoup plus encore que les vents
« et la saison, nous invite enfin à partir, pendant que
« les bons traitemens que nous recevons ici de toutes
« parts par les ordres de Votre Majesté seroient ca-
« pables de nous faire oublier notre patrie, et, si nous
« l'osons dire, les ordres mêmes de notre prince.
« Mais, sur le point de nous éloigner de votre per-
« sonne royale, nous n'avons point de paroles qui
« puissent exprimer les sentimens de respect, d'ad-
« miration et de reconnoissance dont nous sommes
« pénétrés. Nous nous étions bien attendus à trouver
« dans Votre Majesté des grandeurs et des qualités
« extraordinaires : l'effet y a pleinement répondu, et
« même il a surpassé de beaucoup notre attente. Mais
« (nous sommes obligés de l'avouer) nous n'avions pas
« cru y trouver l'accès, la douceur, l'affabilité que
« nous y avons rencontrés : nous ne jugions pas même

« que des qualités qui paroissent si opposées pussent
« compatir dans une même personne, et qu'on pût
« accorder ensemble tant de majesté et de bonté.
« Nous ne sommes plus surpris que vos peuples,
« trop heureux de vivre sous votre empire, fassent
« paroître partout l'amour et la tendresse qu'ils ont
« pour votre royale personne. Pour nous, grand roi,
« comblés de vos bienfaits, charmés de vos vertus,
« touchés jusqu'au fond du cœur de vos bontés, saisis
« d'étonnement à la vue de votre haute sagesse et de
« tous les miracles de votre règne, notre vie nous
« paroît trop courte, et le monde entier trop petit,
« pour publier ce que nous en pensons. Notre mé-
« moire auroit peine à retenir tant de choses : c'est
« ce qui nous a fait recueillir dans des registres fi-
« dèles tout ce que nous avons pu ramasser ; et nous
« les terminerons par une protestation sincère que
« quoique nous en disions beaucoup, il nous en est
« encore beaucoup plus échappé. Ces Mémoires se-
« ront consacrés à la postérité, et mis en dépôt entre
« les monumens les plus rares et les plus précieux de
« l'Etat : le Roi notre maître les enverra pour présent
« aux princes ses alliés ; et par là l'Orient saura bien-
« tôt, et tous les siècles à venir apprendront, les ver-
« tus incompréhensibles de Louis-le-Grand. Nous
« porterons enfin l'heureuse nouvelle de la santé par-
« faite de Votre Majesté, et le soin que le Ciel a pris
« de continuer le cours d'une vie qui ne devroit ja-
« mais finir. »

Cette harangue, qui reçut tant d'applaudissemens,
fut suivie de seize autres que les ambassadeurs firent

le même jour aux princes et princesses de la maison royale : il y avoit du bon sens et de l'esprit partout. Je mettrai encore ici celle qu'ils firent à M. le duc de Bourgogne.

« Grand prince, qui serez un jour la gloire et l'or-
« nement de tout l'univers, nous allons préparer dans
« l'Orient les voies à la Renommée, qui y portera dans
« peu de temps le récit de vos victoires et de vos
« grandes actions. Si nous vivons encore alors, le té-
« moignage que nous rendrons de ce que nous avons
« découvert en vous fera croire tout ce qui dans vos
« exploits pourra paroître incroyable. Nous l'avons
« vu, dirons-nous, ce prince encore enfant; et dès ce
« temps-là, son ame paroissant sur son front et dans
« ses yeux, nous le jugions capable de faire un jour
« tout ce qu'il fait aujourd'hui. Mais ce qui comblera
« de joie le Roi notre maître, sera l'assurance que
« nous lui donnerons que le royaume de Siam trou-
« vera en vous un ferme appui de l'amitié que nous
« sommes venus contracter avec la France. »

Je retrouve encore dans mes papiers le petit compliment qu'ils firent à M. le duc de Berri :

« Grand prince, à qui le Ciel réserve des victoires
« et des conquêtes, nous aurons l'avantage de por-
« ter au Roi notre maître la première nouvelle qu'il
« ait jamais reçue de vous; et nous le remplirons de
« joie en lui marquant le bonheur que nous avons
« eu de vous voir naître, et l'heureux présage que
« l'on a tiré de cette ambassade pour votre grandeur
« future. Nous souhaitons que votre réputation nous

« suive de près, et passe bientôt les mers après nous,
« pour répandre l'alégresse dans une cour et dans un
« royaume où vous serez parfaitement honoré. »

Madame la Dauphine étoit accouchée de M. le duc de Berri quelque temps après l'arrivée des ambassadeurs de Siam. On en chanta le *Te Deum* à Notre-Dame : M. le chancelier et les évêques se plaignirent de ce que les gardes du corps n'étoient pas sous les armes en leur présence; mais Sainctot, maître des cérémonies, leur dit que les gardes du corps ne faisoient que battre du pied pour M. le chancelier, et que pour messieurs du clergé ils ne prenoient les armes que lorsqu'ils alloient en corps à l'audience du Roi. Il y eut le soir un grand bal à l'hôtel-de-ville, où les ambassadeurs de Siam ne voulurent point aller, disant qu'ils n'avoient pas encore fait toutes les visites de la maison royale, et que leur devoir devoit marcher devant leurs plaisirs.

LIVRE SEPTIÈME.

[1686] Le maréchal d'Estrées, vice-amiral de France, qui commandoit la flotte devant Cadix, manda au Roi que les Espagnols s'étoient enfin mis à la raison, et qu'ils avoient promis de rendre incessamment aux marchands français les cinq cent mille écus qu'ils avoient exigés d'eux dans le Mexique, sous prétexte qu'ils avoient porté des marchandises de contrebande. Cette affaire duroit depuis un an; et la jeune reine d'Espagne, craignant qu'elle ne causât la guerre, avoit offert plusieurs fois au conseil de Madrid de vendre ses pierreries pour trouver l'argent qui manquoit. Il s'étoit même déjà fait quelque acte d'hostilité : Ferrant, chef d'escadre, avoit attaqué et pris, après un assez rude combat, deux galions d'Espagne à la vue de dix vaisseaux de guerre hollandais, qui étoient demeurés simples spectateurs du combat; et cette sagesse hollandaise avoit extrêmement déplu au prince d'Orange, qui ne cherchoit que l'occasion de brouiller les affaires dans l'Europe. Les galions s'étoient fort bien défendus pendant quelques heures, et plus de trois cents hommes y avoient été tués et blessés, lorsque, dans le fort du combat, il parut dans une petite chaloupe un prêtre espagnol à genoux, le crucifix à la main, demandant quartier. Ce spectacle fit tomber les armes des mains du pitoyable Français : on reçut les galions à miséricorde; et quinze jours après, l'accommodement étant fait, on les renvoya à Cadix.

Le Roi paroissoit se porter fort bien, et montoit tous les jours à cheval; il alloit souvent voir sa gendarmerie, qui campoit dans la plaine d'Achères : c'étoit le duc de Noailles qui commandoit le camp. Les courtisans, envieux et mutins, vouloient se moquer de lui, faisoient des chansons, et ne le croyoient pas capable d'un emploi plus difficile. Il a fait voir dans la suite qu'ils avoient tort : il a pris des villes et gagné des batailles tout comme un autre; et s'il n'avoit pas l'esprit aussi vif que M. de Luxembourg, il avoit en récompense un fonds de probité à toute épreuve, une application infinie, un attachement tendre et sincère à la personne du Roi; et ces qualités solides en valoient bien de plus brillantes.

Au commencement du mois de juillet, le Roi alla faire un petit voyage à Maintenon : il voulut être presque seul, et ne mena que les officiers absolument nécessaires. Les princesses, les dames, tout en fut exclu, hors la seule madame de Maintenon, accompagnée de madame de Montchevreuil.

Madame de Montespan sentoit aussi vivement que jamais tous les dégoûts qu'on lui donnoit. Cela servit pourtant à lui faire souffrir le marquis d'Antin, son fils légitime. On ne l'avoit point vu dans son enfance; et, soit politique, soit aversion, elle l'avoit tenu éloigné de la cour. Ce n'étoit que depuis peu que de lui-même il s'étoit fourré partout. Il étoit beau, l'esprit vif, et gascon sur le tout : on n'est pas honteux avec ces qualités-là. Monseigneur l'aimoit assez; M. le duc du Maine et madame de Bourbon avoient pour lui les égards que le sang leur prescrivoit : il plut même au misanthrope Montausier, qui lui donna en mariage mademoiselle d'Uzès (1) sa petite-fille. Les mauvais plaisans disoient que c'étoit la faire poissonnière la veille de Pâques. Il lui donna vingt mille écus comptant, et la lieutenance de roi d'Alsace, qui en vaut huit mille de rente; le duc et la duchesse d'Uzès lui assurèrent cinquante mille écus après leur mort. Le marquis d'Antin avoit douze mille francs de rente, que sa mère lui avoit abandonnés quand elle s'étoit séparée de biens d'avec M. de Montespan : elle lui assura encore, en le mariant, deux mille écus de pension, fit meubler aux nouveaux mariés leur appartement de Versailles, et leur fit pour plus de quarante mille francs de présens en pierreries et en bijoux. D'Antin avoit été menin de Monseigneur peu après son apparition à la cour (2); et personne, en y voyant le fils, n'avoit douté de la décadence de la mère.

Le Roi, dans son voyage, visita les travaux immenses qu'on faisoit pour conduire la rivière d'Eure à Versailles; et quoiqu'il fût bien aise de les voir en bon état, il fut fort fâché d'apprendre que les maladies populaires s'étoient mises dans les troupes (les terres remuées rendent l'air mauvais), et qu'il y étoit mort beaucoup d'officiers et de soldats. Il donna ses ordres pour travailler à la maison et aux jardins de Maintenon, et fut si content de son voyage qu'il résolut d'y retourner souvent; mais il n'en eut pas le temps : les grandes affaires qui lui survinrent l'occu-

(1) *Mademoiselle d'Uzès*: Julie-Françoise de Crussol d'Uzès fut mariée au marquis d'Antin (duc en 1711) le 21 août 1686. — (2) Il fut nommé menin au mois de février 1680.

pèrent entièrement. Il apprit qu'on avoit signé à Ausbourg une ligue qui paroissoit faite uniquement contre lui. L'Empereur, le roi d'Espagne et le roi de Suède y avoient signé pour les Etats qu'ils ont dans l'Empire, et y avoient fait entrer l'électeur de Bavière, tous les princes de la maison de Saxe, et les cercles de Bavière, de Franconie et du Haut-Rhin. Ils disoient dans le traité qu'il n'étoit fait que pour la conservation de l'Allemagne, et l'exécution tant des traités de Westphalie et de Nimègue, que de la trêve conclue en 1684 entre l'Empire et la France ; mais ils y avoient inséré des clauses par lesquelles l'Empereur pouvoit les obliger, quand il voudroit, à déclarer la guerre au Roi. Ils s'engagèrent à entretenir une armée de soixante mille hommes, dont l'Empereur devoit fournir seize mille, le roi d'Espagne six mille, l'électeur de Bavière huit mille, le cercle de Bavière deux mille, celui de Franconie quatre mille, celui du Haut-Rhin quatre mille, la Suède et la maison de Saxe à proportion. Le prince de Waldeck étoit nommé général de cette armée, le marquis de Brandebourg-Bareuth général de la cavalerie, et le comte Tugen général major d'infanterie.

Le Roi, en apprenant la ligue d'Ausbourg, apprit aussi que le prince d'Orange l'avoit négociée ; mais ce qui le surprit davantage, on lui manda de Rome que ce prince y avoit des agens secrets qui ne songeoient qu'à décrier la conduite de Sa Majesté. Ils avoient déjà gagné quelques-uns des ministres du Pape : ils protestoient que ce prince, en faisant des ligues contre la France, n'avoit en vue que le repos de l'Europe, et qu'il n'avoit aucun éloignement pour les catholiques ; que les princes d'Orange les avoient toujours traités avec beaucoup de douceur ; et qu'on voyoit assez, par l'histoire, que ses pères avoient renoncé à notre religion presque malgré eux, et seulement pour s'opposer à la tyrannie des Espagnols et à l'inquisition qu'ils vouloient établir dans des provinces naturellement portées à la liberté. Ainsi, après avoir fait des ligues entre les princes protestans, e avoir travaillé sous main à réunir les princes catholiques contre le Roi, le prince d'Orange espéroit encore mettre dans ses intérêts celui de tous les homme du monde qui devoit lui être le plus contraire.

Ces nouvelles obligèrent le Roi de songer aux moyen de se défendre si on l'attaquoit. Les frontières e Flandre étoient en fort bon état ; Menin et Maubeuge places toutes nouvelles, tenoient en bride les garn sons ennemies, et mettoient à couvert les pays nouve lement conquis. Les frontières d'Allemagne n'étoier pas moins assurées : Strasbourg, par les vastes fort fications qu'on y avoit faites, étoit devenu inattaqua ble (il eût fallu cent mille hommes pour en faire] circonvallation) ; le Fort-Louis, Brisach et Huningu bordoient le Rhin ; Mont-Royal et Sarre-Louis assu roient un grand pays.

Le Roi avoit fait bâtir ces deux places avec un dépense prodigieuse. Choisy, maréchal de camp ; (le plus habile des ingénieurs, avoit fait Sarre-Lou comme pour lui : le Roi lui en avoit donné le gouve nement ; et, se fiant à sa capacité, il lui avoit donr la permission de tailler en plein drap, et d'y fair tous les ouvrages qu'il voudroit. Ce Choisy est mo cousin issu de germain ; nos grands-pères étoiei frères : sa branche étoit cadette, et gueuse. Il se fit d'abord mousquetaire, et, se trouvant l'esprit propre aux mathématiques, il se donna tout entier aux fortifications, et prit son parti de se faire tuer, ou de faire fortune ; il avoit essuyé dix mille coups de mousquet, et n'étoit encore que lieutenant de roi de Limbourg lorsque le prince d'Orange assiégea Maëstricht(1). Il fit en cette occasion un coup bien hardi : il quitta Limbourg sans ordre de la cour, et s'alla jeter dans Maëstricht, où il entra à la nage par le fossé. Calvo, qui commandoit dans la place, fut ravi de le voir, et se reposa sur lui de la défense. « Ce « que je sais bien, messieurs, dit Calvo aux officiers « de la garnison, c'est que je ne me rendrai jamais. » Mais ce qui fut fort heureux pour Choisy, c'est que le Roi lui avoit envoyé un courrier à Limbourg avec ordre de se jeter dans Maëstricht; et quand le Roi sut qu'il y étoit entré, Sa Majesté témoigna beaucoup de joie, et dit tout haut : « Je suis sûr qu'ils se défen- « dront bien. » En effet, après quarante-trois jours de tranchée ouverte, le prince d'Orange leva le siége, et Choisy en apporta la nouvelle à la cour : il eut des gratifications et des pensions, il fut ensuite fait maréchal de camp, gouverneur du château de Cambray, et puis de Thionville, et enfin de Sarre-Louis. J'aurai une belle occasion de parler de lui, lorsqu'après la blessure du comte de Tallard il eut ordre du Roi d'aller commander l'armée qui assiégeoit Rhinfeld, où il eut un honneur que Vauban lui-même n'a jamais eu : il commanda une armée.

Mais pour revenir aux mesures que le Roi prenoit

(1) *Assiégea Maëstricht* : En 1676.

pour se défendre en cas qu'on l'attaquât, il jugea à propos de faire faire de nouvelles fortifications à Huningue de l'autre côté du Rhin, et les ministres eurent ordre d'avertir les princes d'Allemagne qu'il étoit prêt à dédommager le marquis de Bade, sur le fonds duquel on alloit élever ces nouvelles fortifications : ils dirent encore que Sa Majesté n'avoit voulu rien innover pendant le siége de Bude; mais que l'issue en ayant été heureuse pour l'Empereur, et que d'ailleurs apprenant les ligues qui se formoient contre lui dans l'Empire, il étoit bien aise de mettre ses places hors d'état d'être insultées par ceux qui lui voudroient faire la guerre, ou interrompre le commerce de ses sujets.

Il apprit en ce temps-là que le roi de Danemarck avoit fait une entreprise sur Hambourg, et qu'il y avoit échoué. L'électeur de Brandebourg et les princes de la maison de Brunswick avoient fait marcher des troupes de ce côté-là, et l'avoient contraint de retirer les siennes : il étoit même assez embarrassé dans sa retraite, et pouvoit craindre d'être attaqué à son tour, lorsque le Roi fit dire à ces princes qu'ils avoient bien fait de secourir la ville de Hambourg; mais que puisque le roi de Danemarck n'y pensoit plus, il leur conseilloit de le laisser en repos, et de se souvenir que ce prince étoit son allié.

Une si grande application aux affaires nuisit peut-être à sa santé : il eut la fièvre double tierce assez violente, des accès de dix-huit heures. Les médecins voulurent d'abord le traiter suivant l'ancienne méthode : on le saigna, on le purgea; le mal en devint plus grand. Il fallut avoir recours au quinquina, qui fit le miracle ordinaire, et le guérit parfaitement.

Les soins de l'Etat et ceux de sa santé ne l'empêchoient pas de se faire rapporter dans son conseil d'en haut les affaires des particuliers, quand elles étoient importantes. Le procès du marquis d'Ambres contre mademoiselle d'Arpajon fut fort discuté : M. de Châteauneuf, rapporteur, conclut pour le marquis; Monsieur fut du même avis, ainsi que messieurs de Beauvilliers, de Croissy, et l'abbé Pelletier ; M. le chancelier, le contrôleur général, messieurs de Louvois, de Ribaire, Benard de Rezé, Bignon et Villacerf (1) furent pour la demoiselle, qui gagna son procès, le Roi s'étant joint au plus grand nombre.

Il commença en ce temps-là à aller fort souvent à Marly : il nommoit ceux qui devoient le suivre, et Bontemps les logeoit deux à deux dans chaque pavillon. On y trouvoit tout ce qui étoit nécessaire à la toilette des femmes, et même des hommes ; et quand les femmes étoient nommées, les maris y alloient sans demander. Madame de Maintenon y faisoit grande figure : le Roi passoit toutes les soirées chez elle. Madame de Montespan se rongeoit les doigts, et ne pouvoit se résoudre à quitter la partie : elle lâchoit de temps en temps au Roi quelque mot piquant, et lui dit un jour qu'elle avoit une grâce à lui demander, qui étoit de lui laisser le soin d'entretenir les gens du second carrosse, et de divertir l'antichambre. Ces manières désagréables auroient pu la faire songer à la retraite ; mais son heure n'étoit pas encore venue, et la Providence, pour la punir du passé, lui devoit faire avaler encore bien des couleuvres. La princesse

(1) *Et Villacerf* : On lit *Villayer* au manuscrit.

de Conti fut quelque temps sans être de ces parties de divertissement : elle avoit fait des railleries piquantes d'une personne que le Roi honoroit de son amitié, et ne l'avoit pas épargné lui-même. Il avoit senti l'ingratitude de ce procédé ; et le plus grand des rois, le meilleur des pères, avoit eu du chagrin de la part de ses propres enfans. Sa bonté les reçut bientôt à miséricorde : il oublia tout, et les traita à l'ordinaire.

Monsieur avoit reçu depuis peu une partie de ce qui devoit revenir à Madame pour la succession de M. l'électeur palatin : madame l'électrice sa mère étoit morte il y avoit cinq ou six mois. Elle étoit fille du landgrave de Hesse, et de cette fameuse landgravine si bonne amie des Français. L'Empereur lui devoit plus de cinquante mille écus, et ses sujets lui en devoient plus de deux cent mille : il y avoit dans ses greniers et dans ses caves au moins pour cinq cent mille livres de grains et de vin, et beaucoup de beaux meubles, entre autres plus de quarante tentures de tapisseries, outre les prétentions que Madame avoit sur des terres qui ne dépendoient pas de l'électorat. Monsieur acheta des pendans d'oreilles de quarante mille écus, et se fit un grand plaisir de meubler sa galerie du Palais-Royal.

Au commencement du mois d'octobre, le Roi partit de Versailles pour Fontainebleau : il avoit avec lui dans son carrosse Monsieur, Madame, madame la duchesse de Bourbon, la princesse de Conti, et madame de Maintenon. Sa faveur se déclara de plus en plus à Fontainebleau : elle eut un fort bel appartement de plain pied à celui du Roi, qui commença à aller chez elle tous les soirs, comme il avoit accoutumé d'aller chez madame de Montespan; il y faisoit venir souvent madame de Bourbon, dont la gaieté extraordinaire l'amusoit et le divertissoit. Elle étoit très-jolie, avec beaucoup d'esprit; plaisante, railleuse, n'épargnant personne, se réjouissant d'une bagatelle, coiffant son genou comme une poupée quand elle n'avoit rien de mieux à faire, voulant plaire à tout le monde, et trouvant le moyen d'y réussir : caractère singulier, et qui plaît d'abord, mais qui n'est pas trop bon à l'user (1).

Madame de Montespan arriva à Fontainebleau après les autres. Le Roi, qui la craignoit assurément plus qu'il ne l'aimoit, retourna les soirs chez elle, et lui donna extérieurement des marques de considération. Il fit aussi un grand plaisir à Madame en déclarant le mariage de mademoiselle de Théobon, sa favorite, avec le comte de Beuvron. Il leur donnoit depuis deux ans vingt mille francs de pension, douze au mari et huit à la femme. M. de Seignelay, intime ami de Beuvron, fut dans une grande colère qu'il lui eût fait un secret de son mariage.

Il y avoit tous les jours à Fontainebleau des comédies, mais le Roi commença à n'y plus aller : on croyoit d'abord que c'étoit affaires; on reconnut que c'étoit scrupule, et chacun admira qu'un prince à son âge eût la force de renoncer aux plaisirs. Il lui vint un autre scrupule, pour le moins aussi bien fondé, sur la nomination des évêchés : il y apporta plus de précaution que jamais, et ne laissa pas d'être trompé. Ce ne fut pas lorsqu'il nomma l'abbé de Quincé à l'évêché de Poitiers. Cet abbé, ami de M. de La Roche-

(1) *Pas trop bon à l'user* : On lui attribue beaucoup de couplets mordans et satiriques.

foucauld, rendit son brevet au bout de huit jours, et s'excusa sur sa mauvaise santé : action héroïque, et que Dieu aura récompensée dans le Ciel. Il est vrai qu'il ne se portoit pas trop bien (il mourut au bout de quatre ou cinq mois) : mais un autre eût toujours gardé l'évêché, en attendant le retour d'une santé délicate que la mître pouvoit fortifier.

Le Roi apprit que le Pape avoit fait cardinal l'abbé Le Camus, évêque de Grenoble; et qu'au lieu d'attendre, selon la coutume, à recevoir la barette des mains du Roi, il l'avoit prise impatiemment de l'abbé Servien, camérier de Sa Sainteté, qui passoit par Grenoble pour aller à Paris porter aussi la barette au nonce Ranuzzi; et que dès ce même jour, en mangeant ses carottes, il s'en étoit paré. Aussi quand il écrivit pour demander la permission de venir à Versailles la recevoir des mains du Roi, Sa Majesté lui fit répondre que son voyage étoit inutile, puisque la chose étoit déjà faite.

Le nonce Ranuzzi en usa plus galamment que Le Camus : il ôta sa barette dès qu'il vit le Roi, et ne la remit qu'après qu'il l'eût reçue en cérémonie des mains de Sa Majesté. Aussi fut-il traité d'une manière fort distinguée : le Roi le fit manger avec lui à la même table, sur la même ligne, quatre ou cinq places entre deux.

J'ai envie, puisque je m'en souviens, de mettre ici un peu au long comment la chose se passa.

Le cardinal étoit assis sur un pliant, et fut servi par Desormes, contrôleur général de la maison du Roi, des mêmes services que Sa Majesté, sans oublier les hors-d'œuvre. Le Roi, la première fois qu'il but,

dit au cardinal : « Il est juste, monsieur, que je com-
« mence à boire à la santé de Sa Sainteté. » Il s'étoit
levé auparavant, et avoit ôté son chapeau; mais avant
que de boire il se rassit et se couvrit. Le cardinal demeura debout et découvert, et un moment après il
demanda au Roi permission de boire à la santé du
plus grand roi de la terre, et à la prospérité de la
chrétienté : il but debout et découvert. Le Roi demeura toujours assis et couvert, et mit seulement la
main au chapeau au commencement du compliment,
et après que le cardinal eut bu.

Le Roi, à l'âge de cinq ans, avoit fait cet honneur-
là au cardinal Grimaldi; et en 1664 au cardinal Chigi,
légat et neveu d'Alexandre VII. Il ne l'avoit pas voulu
faire à Roberti, qui fut nommé cardinal pendant qu'il
étoit nonce en France. Le feu Roi l'avoit fait au cardinal Bichi, et ne l'avoit pas fait au cardinal Spada.

On parloit déjà de retourner à Versailles, lorsque
la duchesse de Bourbon eut la petite vérole : un si
vilain mal et si dangereux fit précipiter le retour.
Monseigneur et madame la Dauphine revinrent d'a-
bord, et le Roi quelques jours après. On ne parloit
plus de son mal. Il se promenoit tous les jours à pied
dans ses jardins de Versailles; il paroissoit gai et tranquille, lorsqu'on apprit avec grande surprise qu'on
venoit de lui faire la grande opération(1). Il y avoit
six semaines que l'affaire étoit résolue; mais personne
ne le savoit que madame de Maintenon, M. de Louvois, le père de La Chaise, le premier médecin Fagon, le médecin de la feue Reine, et Félix, premier
chirurgien, qui devoit faire l'opération.

(1) *La grande opération* : L'opération de la fistule.

Fagon commençoit à avoir beaucoup de crédit. Le public l'avoit toujours cru plus habile que Daquin, et le Roi ne faisoit que de s'en apercevoir. Madame de Maintenon le protégeoit depuis qu'il avoit accompagné le duc du Maine à Barèges; Sa Majesté n'avoit jamais le moindre mal de tête qu'elle ne le fît appeler, toutefois après le premier médecin, dont l'autorité, établie depuis long-temps, ne pouvoit être ébranlée qu'à la longue : il ne fut chassé que cinq ou six ans après. La.....(1) m'a conté que le Roi étant à Marly eut un fort grand accès de fièvre. Les médecins, sur le minuit, voyant que la fièvre diminuoit, lui firent prendre un bouillon; Daquin dit : « Voilà qui est sur « son déclin; je m'en vais me coucher. » Fagon fit semblant de le suivre, et s'arrêta dans l'antichambre, en disant entre ses dents : « Quand donc veillerons- « nous? Nous avons un si bon maître, et qui nous « paie si bien! » Il se mit sur un fauteuil, appuyé sur son bâton : il y étoit aussi bien que dans sa chambre, parce qu'il ne se déshabille jamais, et ne dort qu'à son séant, à cause de son asthme. Une heure après, le Roi appela le premier valet de chambre, et se plaignit à lui que sa fièvre duroit encore. Il lui dit : « Sire, M. Daquin s'est allé coucher; mais M. Fagon « est là dedans : le ferai-je entrer? — Que me dira- « t-il? lui dit le Roi, qui craignoit que le premier « médecin ne le sût. — Sire, reprit Niert (et ce que « je dis ici je le sais de lui), il vous dira peut-être « quelque chose; il vous consolera. » Fagon entra, tâta le pouls, fit prendre de la tisane, fit changer de

---

(1) *La.....* : Ce nom est ainsi indiqué au manuscrit.

côté, et enfin il se trouva seul auprès du Roi pour la première fois de sa vie. Daquin eut son congé trois mois après, sur une bagatelle dont on lui fit une querelle d'Allemand : il avoit demandé l'archevêché de Tours pour son fils. Si demander plus qu'il ne devoit eût été un crime, il y avoit long-temps qu'il eût été criminel.

Le Roi avoit dit quelque chose à M. de La Rochefoucauld de l'opération qu'on lui devoit faire. Félix donna deux coups de bistouri et huit coups de ciseaux : il avoit fait faire un instrument d'une manière nouvelle, qu'il avoit essayé sur des corps morts; et il prétend que cela épargna quelques coups de ciseaux. Le Roi ne souffla pas pendant l'opération; et dès qu'elle fut faite, il l'envoya dire à Monseigneur qui étoit à la chasse, à madame la Dauphine dès qu'elle fut éveillée, à Monsieur et à Madame qui étoient à Paris, et à M. le prince qui étoit à Fontainebleau, auprès de madame de Bourbon. Monseigneur quitta la chasse aussitôt, et revint à Versailles à toute bride, et en pleurant. Il se jeta d'abord aux pieds du lit du Roi, et n'eut pas la force de lui parler; mais le Roi lui dit : « Tout va bien, mon fils, et, s'il plaît à Dieu, « je n'en aurai que le mal. » Madame de Maintenon étoit au chevet du lit de Sa Majesté. Madame de Montespan vint à la porte de la chambre, et voulut entrer avec cet air impérieux qu'une longue domination lui avoit fait prendre; mais l'huissier avoit ses ordres : elle n'entra pas, et eut le chagrin cuisant de voir la place prise par une personne plus digne de l'occuper. Elle s'en retourna à son appartement, et laissa échapper dans les antichambres plusieurs démonstrations d'une douleur immodérée, que les courtisans malicieux disoient venir de colère et de dépit.

On ne peut exprimer l'effet que produisit dans l'esprit des Parisiens une nouvelle si surprenante : chacun sentit dans ce moment combien la vie d'un bon roi est précieuse, chacun crut être dans le même danger où il étoit : la crainte, l'horreur, la pitié étoient peintes sur tous les visages ; les moindres du peuple quittoient leur travail pour dire ou pour redire : « On vient de faire au Roi la grande opération. » Ce mot, auquel on n'étoit pas accoutumé, effrayoit encore davantage. J'ai ouï de mes oreilles un porteur de chaise dire en pleurant : « On lui a donné vingt « coups de bistouri, et ce pauvre homme n'a pas sonné « mot. » « Qu'on lui a fait de mal ! disoit un autre. » On ne parloit d'autre chose dans toutes les rues, et tout Paris le sut dans un quart-d'heure. Les églises se remplirent en un moment, sans qu'il fût besoin que les curés s'en mêlassent : on demandoit à Dieu la guérison d'un prince qui, après avoir mis le nom français au-dessus de tous les autres noms, étoit sur le point de combler de bonheur une nation qu'il avoit déjà comblée de gloire ; on demandoit à Dieu de prolonger une vie dont les commencemens étoient si grands, et dont la fin, suivant toutes les apparences, devoit être si avantageuse à son peuple. Cet empressement si naturel et volontaire dura tant qu'on crut le Roi en quelque danger. On ne pouvoit se lasser de donner des louanges à Félix, qui depuis deux mois s'étoit exercé à ces sortes d'opérations, et l'avoit faite plusieurs fois dans les hôpitaux de Paris.

Son exemple, si peu ordinaire aux gens qui sont en place, avoit produit un effet admirable : les jeunes chirurgiens avoient redoublé leur application en voyant leur chef travailler de la main comme un autre, et ne pas dédaigner la guérison des pauvres aussi bien que celle des plus grands seigneurs. Après l'opération, il recommanda surtout au Roi de demeurer en paix au moins jusqu'à suppuration; mais il n'en fit rien : les devoirs de la royauté le pressoient. Il fit appeler ses ministres, et voulut tenir le conseil : il ne le fit pourtant pas le matin, il souffroit trop; il fallut au moins donner quelques heures à la nature. Les ministres s'en allèrent; mais ils revinrent l'après-dînée, et les conseils allèrent depuis leur train ordinaire. Il donna le lendemain audience aux ambassadeurs et aux ministres des princes étrangers, et leur parla avec une présence d'esprit et une gaieté qui les força d'écrire à leurs maîtres ce qu'ils venoient de voir et d'admirer. On voyoit pourtant la douleur peinte sur son visage; son front étoit presque toujours en sueur de pure foiblesse : et cependant il donnoit ses ordres, et se faisoit rendre compte de tout. Il mangeoit en public dans son lit, et se laissoit voir deux fois par jour aux moindres de ses courtisans. Il ne témoigna aucune impatience à tous les coups de ciseaux qu'on lui donna; il disoit seulement : « Est-ce fait, messieurs? Achevez, et ne me traitez pas en roi; je veux guérir comme si j'étois un paysan. » Quand on le pansoit, il n'y entroit que les premiers valets de chambre, le duc d'Aumont, premier gentilhomme de la chambre en année, M. de La Rochefoucauld, M. de Louvois dès le commencement, et sur les fins M. de Seignelay. Une si grande fermeté contribua beaucoup à sa guérison : la tranquillité de l'esprit apaisa le bouillonnement du sang; la fièvre, qui accompagne la suppuration, ne s'échauffa pas; et les médecins le croyoient hors d'affaire au bout de quinze jours, lorsqu'il parut un sac, et il fallut faire une nouvelle opération. Elle ne fût pas si longue que la première, mais elle fut plus douloureuse, parce qu'on ne vouloit plus y revenir; on alla bien avant dans la chair vive, et le héros se comporta à son ordinaire.

Quelques jours après, M. le duc revint de Fontainebleau : il fit au Roi les complimens de M. le prince, et lui dit que M. le prince de Conti étoit bien fâché de n'oser venir lui-même témoigner sa joie à Sa Majesté. Le Roi lui dit qu'il pouvoit revenir, s'il vouloit. Il vint le lendemain de Chantilly, où il étoit dans une espèce d'exil, et salua le Roi, qui lui dit : « Mon cousin, quand on est éloigné, on croit mon mal « plus grand qu'il n'est; mais dès que l'on me voit, « on juge aisément que je ne souffre pas beaucoup. » Le prince s'humilia, parla peu, ne voulut voir personne chez lui, et retourna aussitôt dans sa retraite, ne croyant pas que le Roi lui eût rendu tout-à-fait ses bonnes grâces : mais peu de jours après il fut obligé d'aller à Fontainebleau assister M. le prince mourant. Ce grand prince, aussi bon courtisan qu'habile général, étoit parti de Chantilly, quoique malade, à la première nouvelle de la maladie de sa belle-fille la duchesse de Bourbon : il l'avoit trouvée dans la petite vérole; et, méprisant le mauvais air, il ne l'avoit point quittée pendant tout son mal; il avoit même, malgré sa foiblesse, empêché le Roi d'entrer dans la

chambre de la malade, et lui avoit dit sur le pas de
la porte des choses si fortes et si touchantes, que le
Roi s'étoit retiré, et étoit parti pour Versailles. La
princesse avoit été à la dernière extrémité, jusque là
que madame de Montespan la croyant morte, s'en
étoit allée à Paris. Sa jeunesse l'avoit sauvée; mais
M. le prince, qui à son âge, infirme comme il étoit,
n'étoit plus en état de soutenir une pareille fatigue,
y succomba : il se vit mourir pendant cinq ou six
jours, et donna ordre à toutes ses affaires domestiques avec une présence d'esprit admirable. Il avoit
mis sa conscience en repos depuis quelques années,
et, pour tout dire en un mot, il mourut en héros
chrétien : mais, avant que de mourir, il écrivit au
Roi une lettre fort belle, où, protestant de sa fidélité et de son attachement sincère à la personne de Sa
Majesté dans les premières années de sa vie et dans
les dernières, il avoue que les années du milieu n'ont
pas été de même, et qu'il a eu besoin de toute la clémence du meilleur des rois. Il finit par remercier le
Roi du retour de M. le prince de Conti, et proteste
qu'il meurt content après avoir eu cette consolation.
M. le duc apporta la lettre au Roi (1), qui dès la veille
avoit mandé à M. le prince que, pour l'amour de lui,
il pardonnoit sincèrement au prince de Conti. Le
Roi régla aussitôt que M. le duc s'appelleroit à l'avenir M. le prince; mais qu'il n'auroit pas les priviléges de premier prince du sang, parce que c'est M. le
duc de Chartres qui les a présentement. Feu M. le
prince avoit eu ces priviléges assez long-temps, avant

(1) *La lettre au Roi* : Cette lettre a été insérée par Désormeaux dans son *Histoire du grand Condé*, t. 4, p. 493.

que Monsieur eût des enfans; et ils ne se perdent point quand une fois on les a eus. M. le duc de Bourbon conserva son nom, et s'appela simplement M. le duc. On rendit au corps de M. le prince les mêmes honneurs qu'on avoit rendus en 1646 à celui de monsieur son père. M. le prince de Conti, au nom du Roi, lui donna de l'eau bénite; il étoit accompagné du duc de Chaulnes, et escorté par les gardes du corps. On fit ensuite un service magnifique dans Notre-Dame, où les compagnies supérieures assistèrent; mais ce fut aux dépens de M. le prince, le Roi ne faisant la dépense des services que pour les généraux morts à la tête de ses armées. M. le prince avoit nommé messieurs de La Trémouille et de Ventadour pour l'accompagner au deuil; et M. de Ventadour étant malade, il avoit nommé à sa place M. de Duras. On l'envoya chercher à Paris; mais il ne se trouva point, et sa femme dit franchement qu'il ne se trouveroit pas. Ce mépris mit M. le prince dans une furieuse colère. Il ne devoit pas s'en étonner : un bon courtisan, qui veut faire son chemin, ne doit point paroître attaché à messieurs les princes. Ma mère me disoit toujours : « Mon fils, il n'y a rien de tel que le « gros de l'arbre. »

Je crois qu'il seroit à propos, en finissant cette année 1686, d'exposer en peu de paroles l'état présent de l'Europe. L'Empereur a poussé les Turcs pendant toute la campagne : M. de Lorraine et l'électeur de Bavière, ses généraux, ont pris Bude d'assaut; et, selon les apparences, il sera bientôt véritablement roi de Hongrie. Le Grand-Seigneur a déposé le mufti, qui avoit signé le fetfa, ordonnance pour commencer la guerre; il a aussi fait noyer neuf cents de ses lévriers, au sortir d'un sermon où le prédicateur lui avoit reproché en face qu'au lieu d'aller défendre Bude il s'amusoit à aller tous les jours à la chasse. Le roi de Pologne n'a pas réussi dans son grand dessein : il a traversé la Moldavie et la Valachie, et a marché jusqu'à quarante lieues d'Andrinople; mais il n'a pu aller jusqu'à Bialogrod : les princes de Moldavie et de Valachie lui ont manqué de parole, et se sont joints aux Turcs et aux Tartares. Les Moscovites n'ont fait aucun acte d'hostilité, sous prétexte que la ligue n'avoit pas été ratifiée par la diète de Pologne; les Cosaques, sujets des Moscovites, n'ont osé se déclarer. Voyant d'ailleurs la saison fort avancée, la sécheresse extraordinaire qui avoit fait tarir toutes les fontaines, les fourrages brûlés partout par les Tartares, une armée ennemie deux fois plus forte que la sienne, il a repris la route de son pays, et a remis son entreprise à une autre année. Le Pape avoit donné huit cent mille francs, qui ont été perdus.

Les Vénitiens ont été plus heureux dans la Morée, où ils ont plusieurs places, entre autres Napoli de Romanie. Le prince de Turenne, fils aîné du duc de Bouillon, s'y est fort distingué, autant par capacité que par bravoure; sa disgrâce lui a beaucoup servi, en lui donnant le moyen de se corriger de ses défauts, et de faire valoir ses bonnes qualités.

Il semble que le roi d'Angleterre prenne le dessus : il a cassé le parlement d'Ecosse, parce qu'il n'a pas voulu accorder aux catholiques la liberté de conscience; il n'a pas laissé de faire ouvrir une chapelle publique dans le château d'Edimbourg : mais ce qui est plus important, il a établi à Londres une chambre ecclésiastique, composée de l'archevêque de Cantorbéry, du chancelier, du comte de Sunderland, président du conseil privé, des évêques de Durham et de Rochester, et de Herbert, chef de justice du banc du roi. Il leur donne, par ses lettres patentes, une entière autorité sur tous les ecclésiastiques du royaume, de quelque dignité qu'ils soient, qui auront fait quelques fautes, avec pouvoir de les interdire, de les priver de leurs bénéfices, et même de les excommunier.

Ils ont commencé par suspendre de ses fonctions l'évêque de Londres, dont le Roi n'étoit pas content. Ils ont fait le procès à un ministre nommé Johnson, pour avoir tenu des discours séditieux; il a été dégradé, dépouillé de ses habits ecclésiastiques, fustigé, et mis au pilori : le peuple murmure, mais il souffre. Le roi d'Angleterre a sur pied trente mille hommes, qu'il paie tous les mois.

[1691.] M. de Louvois mourut en ce temps-là (1), d'une manière assez brusque. Sa famille fut persuadée qu'on l'avoit empoisonné : je n'en crois rien; ces manières ne sont point du Roi, qui commençoit depuis plusieurs années à songer à son salut : il est vrai qu'il étoit fort malcontent de son ministre; sa patience avoit été poussée à bout en vingt occasions. M. de Pontchartrain, dans le désespoir de trouver de l'argent, avoit proposé d'ôter à M. de Louvois les postes étrangères, qui lui valoient deux millions de rente. L'arrêt étoit donné et signé : on devoit le vérifier à la cour des aides le lendemain, lorsqu'à minuit, le Roi

(1) *En ce temps-là* : Le 16 juillet 1691.

étant prêt de se mettre au lit, M. de Louvois vint tout effaré dire à Sa Majesté qu'il étoit perdu s'il lui ôtoit les postes dans la conjoncture présente; que cela lui ôteroit tout son crédit. On ne sait pas qui l'avoit averti. Le Roi, qui alloit faire le siége de Mons, ne vouloit pas ou n'osa fâcher le ministre de la guerre, qui faisoit tout mouvoir : il écrivit un billet à M. de Pontchartrain, qui portoit un ordre précis de supprimer l'arrêt; mais il sentit vivement l'insolence du ministre qui se servoit de l'occasion. Cela n'étoit rien au prix de deux traités apostillés de la main de M. de Louvois, que madame de Maintenon remit entre les mains du Roi : par l'un, il faisoit le projet de maltraiter M. de Savoie en tant de manières, qu'il seroit enfin obligé de se déclarer contre la France (ce qui rendoit la paix plus difficile); et par l'autre, il vouloit forcer les Suisses à faire la même chose, en manquant à toutes les capitulations faites avec eux. Madame de Maintenon avoit eu ces deux traités par d'Augicourt, gentilhomme de M. de Louvois, qui trahissoit son maître. On sera bien aise de voir ici la première cause de leur haine, qui ne s'est point démentie jusqu'à la mort.

Le Roi, après la mort de madame de Fontanges, qui a été la dernière de ses maîtresses, résolut tout de bon de songer à son salut. La Reine mourut : il ne vouloit point se remarier, par tendresse pour son peuple; il se voyoit trois petits-fils, et jugeoit prudemment que des princes d'un second lit pourroient, dans la suite des temps, causer des guerres civiles; d'autre côté, il ne pouvoit se passer de femmes. Madame de Maintenon, qui avoit eu soin de l'éducation de M. le duc du Maine,

lui plaisoit fort; son esprit doux et insinuant lui promettoit une conversation agréable, et capable de le délasser des soins de la royauté; sa personne étoit encore aimable, ses yeux étoient vifs et perçans, et son âge la mettoit hors d'état d'avoir des enfans. Il s'étoit accoutumé à elle, car dans les commencemens il ne pouvoit pas la souffrir; il ne consentit à la mettre auprès de M. le duc du Maine qu'à la prière et aux importunités de madame de Montespan, qui connoissoit son esprit et toute sa capacité. Elle y avoit été six ans, sans que le Roi l'eût vue quatre fois; et quand on amenoit l'enfant au Roi, elle avoit la prudence de se retirer. La persévérance vient à bout de tout, et à tant de répugnance succéda une passion violente : il résolut de l'épouser secrètement, bien déterminé à ne jamais déclarer le mariage. Il en fit un jour la confidence à M. de Louvois, comme d'une chose qui n'étoit pas encore tout-à-fait résolue, et lui en demanda son avis. Louvois n'en avoit jamais eu la moindre idée. « Ah! sire, s'écria-t-il, Votre Majesté songe-
« t-elle bien à ce qu'elle me dit? Le plus grand roi
« du monde, couvert de gloire, épouser la veuve
« Scarron! Voulez-vous vous déshonorer? » Il se jeta aussitôt aux pieds du Roi, fondant en larmes. « Par-
« donnez-moi, sire, lui dit-il, la liberté que je prends;
« ôtez-moi toutes mes charges, mettez-moi dans une
« prison : je ne verrai point une pareille indignité. »
Le Roi lui disoit : « Levez-vous. Êtes-vous fou, avez-
« vous perdu l'esprit? » Il se leva, et sortit du cabinet sans savoir si ses remontrances avoient opéré; mais le lendemain il crut voir, à l'air embarrassé et cérémonieux de madame de Maintenon, que le Roi avoit

eu la foiblesse de lui conter tout ; et depuis ce moment il s'aperçut qu'elle étoit devenue sa plus mortelle ennemie. Il est certain que le mariage secret se fit quelque temps après. M. de Louvois n'y fut point appelé. M. de Harlay, archevêque de Paris, et le père de La Chaise, en furent les ministres ; Bontemps et le chevalier de Forbin servirent de témoins. Il m'arriva trois ans après une petite bagatelle qui ne laissa pas d'être un indice : j'avois présenté un livre au Roi ; je priai Bontemps, qui étoit de mes bons amis, d'en présenter un de ma part à madame de Maintenon : elle étoit alors malade, et ne voyoit personne. Il s'acquitta de la commission. Quinze jours après, en me contant ce qu'il avoit dit à la dame, il se servit de ces termes : « Je suis assuré que Votre M..... » Il s'arrêta tout court en sentant l'indiscrétion, fit un bond, changea de discours, et tâcha de m'étourdir. Je ne fis pas semblant d'avoir ouï les mots sacramentaux, et ne lui en ai jamais parlé.

Mais pour revenir à M. de Louvois, quinze jours avant que de mourir il sentit la foudre prête à tomber, et le dit à un de ses amis, qui me l'a dit. « Je ne sais,
« lui dit-il, s'il se contentera de m'ôter mes charges,
« ou s'il me mettra dans une prison ; tout m'est assez
« indifférent quand je ne serai plus le maître. » Son ami, qui est M. le premier (1), tâcha de le rassurer, en le faisant souvenir que depuis dix ans il lui avoit dit vingt fois la même chose. « Tout est changé ! dit
« M. de Louvois. Nous avons eu cent fois des dis-
« putes fort aigres ; je sortois de son cabinet et le
« laissois fort en colère ; et le lendemain quand il fal-

(1) *M. le premier* : M. de Beringhen, premier écuyer.

« loit travailler il reprenoit un air gracieux. Or depuis
« quinze jours il a toujours le front ridé; il a pris
« son parti contre moi, il n'est plus question que des
« expédiens. » La mort finit tout; et le Roi, avec
une bonne foi sans exemple, n'a point caché la joie
qu'il en eut. Il soupoit à Marly avec des dames; le
comte de Marsan étoit derrière Madame, et parloit des
grandes choses que le Roi avoit faites au siége de Mons.
« Il est vrai, dit le Roi, que cette année-là me fut heu-
« reuse : je fus défait de trois hommes que je ne pou-
« vois plus souffrir, M. de Louvois, Seignelay et La
« Feuillade. » Madame, qui est vive, lui dit : « Hé
« mais, monsieur, que ne vous en défaisiez-vous ? »
Sa Majesté baissa les yeux, et regarda son assiette;
et M. de Marsan dit que souvent les rois souffroient
des gens qui rendoient quelque service à l'Etat. On
parla d'autre chose. J'ai vu depuis des ministres bien
mortifiés de ce discours, ne sachant au vrai s'ils étoient
dignes d'amour ou de haine.

M. de Louvois montra un jour la présence d'esprit
d'un bon courtisan. Le Roi avoit fait avec lui la liste
de ceux qu'il vouloit honorer du bâton de maréchal de
France; il alla ensuite chez madame de Montespan,
qui en fouillant dans ses poches y prit cette liste,
et n'y voyant pas M. de Vivonne son frère, se mit
dans une colère digne d'elle. Le Roi, qui ne pouvoit
pas lui résister en face, lui dit qu'il falloit que M. de
Louvois eût oublié de l'y mettre. « Envoyez-le quérir
« tout-à-l'heure, lui dit-elle d'un ton impérieux, »
et le gronda comme il faut. On envoya chercher
M. de Louvois; et le Roi lui ayant dit fort doucement
que sans doute il avoit oublié Vivonne, ce ministre

se chargea du paquet, et avoua sa faute. On mit Vivonne sur la liste; la dame fut apaisée, et se contenta de reprocher à Louvois sa négligence dans une affaire qui la touchoit de si près.

Madame de Maintenon n'a pas été si pressante. Cela me fait souvenir d'un trait de M. d'Aubigny : il jouoit à la bassette, et mettoit sur les cartes des monceaux d'or sans compter. Le maréchal de Vivonne entra dans le lieu où l'on jouoit; et voyant remuer tant d'argent, il vit qu'il sortoit de la poche de M. d'Aubigny : « Je me doutois bien, dit-il, qu'il n'y avoit « que lui qui pouvoit jouer si gros jeu. » D'Aubigny l'entendit, et répliqua brusquement : « C'est que j'ai « eu mon bâton en argent. »

Le maréchal de Tessé a été fait maréchal de France à peu près de la même manière que M. de Vivonne. Le Roi travailloit chez madame de Maintenon avec M. Chamillard, et faisoit la liste des maréchaux de France qu'il devoit déclarer le lendemain. Madame la duchesse de Bourgogne regardoit par dessus l'épaule, et vit que Tessé n'en étoit point. Elle sautoit et dansoit, rioit à son ordinaire : elle se mit tout d'un coup à pleurer. Le Roi en voulut savoir la raison. « Ah! monsieur, lui dit-elle, vous déshonorez celui « à qui je dois l'honneur d'être à vous, celui qui m'a « fait tout ce que je suis. »

Le Roi parut fâché que son secret fût découvert, et de colère déchira la liste. Les maréchaux ne furent faits qu'un an après : au lieu de quatre il y en eut dix, afin de donner place à Tessé.

Le Roi est sujet à changer d'avis et de goût. Dans le temps qu'il aimoit passionnément mademoiselle de

La Vallière, il se moquoit avec elle des minauderies que lui faisoit madame de Montespan. « Elle voudroit « bien que je l'aimasse, disoit-il en riant. » Cela étoit vrai; elle l'assiégeoit dans les formes, et le prit enfin si bien, que quand il revenoit de la chasse il venoit se débotter, s'habiller, se poudrer chez madame de La Vallière : il lui disoit à peine bonjour, et passoit dans l'appartement de madame de Montespan, où il demeuroit toute la soirée.

Mademoiselle de Fontanges, belle comme un ange et sotte comme un panier, l'ensorcela de même, et le traita encore avec plus d'autorité que les autres; elle..... (1).

(1) Le surplus manque.

LIVRE HUITIÈME.

Daniel de Cosnac, évêque de Valence, et depuis archevêque d'Aix, étoit cadet d'une bonne maison de Limosin; né sans biens, peu d'éducation de la part de sa famille, et de bonne heure sorti de la maison paternelle, pour chercher ailleurs par industrie ce que sa famille ne pouvoit lui fournir. Peut-être le nomma-t-on M. l'abbé parce que l'uniformité des habits noirs et du petit collet occasionent moins de dépense. Ce titre lui donna une extrême envie de le devenir, et l'on ne sauroit assez dire avec combien d'esprit et d'adresse il se fit une entrée familière chez M. le prince de Conti, dans un âge où les jeunes gens assez mal faits sont à peine soufferts chez les princes du rang de M. le prince de Conti, qui pour lors étoit destiné à suivre l'état ecclésiastique. Chacun sait comme quoi ce prince s'abandonna à la passion éperdue qu'il eut pour madame de Longueville sa sœur, qui le mit dans le parti du prince de Condé; de sorte que l'abbé de Cosnac trouva si bien les expédiens d'acquérir la familiarité et depuis la confiance du prince de Conti, que, devenu nécessaire au maintien de l'union du prince de Condé, du prince de Conti et de madame de Longueville, il s'attacha si fort à leurs intérêts, que M. le prince de Conti le prit auprès de lui comme un jeune abbé de condition qu'il aimoit, et qui s'attachoit à sa personne et à sa fortune. Cet abbé, sous une figure assez basse, avoit tout l'esprit, toute la hauteur et toute l'industrie d'un gascon qui veut faire valoir les qualités qu'il n'a pas aux dépens de celles qu'il a. Il étoit trop mal fait pour se faire une intrigue d'amour dans une cour où cette passion régnoit fort : il se jeta tout-à-fait du côté des affaires; et, dans un âge où la conduite des négociations importantes est pour l'ordinaire incompatible avec la grande jeunesse, il se rendit si nécessaire, que ce fut lui qui fit à vingt-deux ans la paix de Bordeaux. Il en dressa les articles, dont j'ai vu la minute écrite de sa main, et signée des princes et du duc de Candale, qui signa pour le Roi. Cette paix, désirée de la cour et nécessaire à l'Etat, lui fit un grand honneur non-seulement dans le parti des princes, mais le fit particulièrement connoître du cardinal Mazarin, avec lequel il eut différentes conversations, et auprès duquel il fit plusieurs voyages pour la conclusion de l'importante affaire qu'il finit.

Le prince de Conti avoit une sorte d'esprit indécis, voulant et ne voulant pas, changeant d'avis, alternativement dévot et voluptueux, d'une santé médiocre, d'une taille très-contrefaite, et dont le vrai penchant eût été du côté de Dieu, si sa légèreté ne l'eût point souvent et dans un même jour fait passer d'une extrémité à l'autre. L'amour et l'union ne logent pas toujours ni long-temps dans les mêmes cœurs. Le prince de Conti crut avoir des raisons effectives d'être jaloux de madame de Longueville : M. de La Rochefoucauld avoit trop d'esprit pour être infructueusement attaché à elle autant qu'il le paroissoit; un voyage qu'elle fit auprès du prince de Condé fut peut-être regardé du prince de Conti comme un prétexte de le quitter qui lui déplut. Ainsi, sans se détacher tout-à-fait de la passion qu'il avoit pour sa sœur, il chercha, dans le commerce qu'il eut avec madame de Montlon (1), et dans quelques autres galanteries de Montpellier, de quoi se consoler un peu de l'absence de madame de Longueville.

Guilleragues et l'abbé Roquette étoient auprès de lui. Le premier étoit honnête homme, à cela près que, né gascon, il vouloit toujours que l'on fît cas de sa naissance, dont il importunoit impitoyablement tous ceux qu'il trouvoit moyen d'en informer. L'abbé Roquette, depuis évêque d'Autun, avoit tous les caractères que l'auteur du *Tartuffe* a si parfaitement représentés sur le modèle d'un homme faux. Un soir que le prince de Conti s'étoit masqué, malgré l'abbé de Cosnac qui lui avoit représenté que sa santé ne lui permettoit pas de veiller, et qui, voyant que cette première raison n'avoit rien gagné, s'étoit enhardi à lui dire que, de la taille dont il étoit, il étoit impossible qu'il se masquât sans être connu; un jour, dis-je, que ce prince s'étoit masqué, l'abbé Roquette entra dans sa chambre comme il étoit prêt de sortir avec ceux qu'il avoit mis de la partie; et l'abbé Roquette, s'adressant au prince de Conti comme s'il eût cru parler au marquis de Vardes : « Monsieur, lui dit-il, « montrez-moi Son Altesse. » Et puis se retirant du côté de l'abbé de Cosnac : « Monsieur, continua-t-il, « dites-moi lequel de ces masques est monseigneur. » Enfin ce faux courtisan fit tant de pantalonnades,

(1) *Madame de Montlon :* Cette dame n'est point connue. Son nom, laissé en blanc dans l'imprimé, se lit dans le manuscrit des Mémoires de Choisy.

et affecta tant de souplesses de fade courtisan, pour faire croire au prince de Conti qu'il étoit bien masqué, que l'abbé de Cosnac impatient lui dit, assez haut pour que M. le prince de Conti l'entendît : « Allez, M. Roquette, vous devriez mourir de honte ; et quand Son Altesse fait une mascarade pour se divertir, elle sait bien que la taille de M. de Vardes et la sienne sont différentes. » Ce discours, dit d'un ton ferme, surprit le prince de Conti, qui se démasqua ; et soit qu'il fît quelque impression sur son esprit, ou qu'il trouvât qu'il est effectivement ridicule qu'un homme très-bossu puisse être pris en masque pour un homme de belle taille, il sortit, et demi-heure après revint se coucher. Le discours de l'abbé de Cosnac pensa diviser sa maison ; et ce fut la source de la haine que M. d'Autun et lui ont depuis conservée l'un pour l'autre, et qui fit faire à Guilleragues, ami de l'abbé de Cosnac, les Mémoires sur lesquels Molière a fait depuis la comédie du *Faux Dévot*.

La cour du prince de Conti n'étoit pas une cour assez vaste pour contenir les idées de l'abbé de Cosnac ; et quoiqu'il fût premier gentilhomme de sa chambre, et en quelque manière son favori, cet abbé entretenoit un commerce avec le cardinal Mazarin, dont il fit le fondement du mariage qui fut conclu quelques années après entre le prince de Conti et la nièce du cardinal. Il espéroit, pour fruit de ce mariage, l'importante abbaye de Cluny, dont le prince de Conti, qui ne pouvoit plus la tenir en se mariant, lui offrit la démission ; mais le cardinal fit si bien qu'il empêcha l'abbé d'avoir ce grand bénéfice, bien qu'il lui eût la principale obligation du mariage de sa nièce avec un prince du sang.

Cette nouvelle augmentation d'éclat, jointe à l'autorité presque souveraine que le cardinal avoit en tout pendant la minorité du Roi, et qu'il conserva despotique jusqu'à sa mort, mit en tête à M. le prince de Conti que son rang et la faveur de l'oncle de sa femme lui devoient déférer le commandement de l'armée de Catalogne; et quoiqu'il n'eût jamais servi (les enfans des rois, comme ceux des dieux, naissent instruits de tout), ce commandement lui fût donné.

La fureur des Français sur la réputation de se battre en duel avoit passé depuis le règne de François I au point que, par une frénésie dont la rage n'a pu s'éteindre que sous le règne de Louis-le-Grand, personne n'osoit porter une épée sans avoir donné quelques preuves de la savoir garder. Il ne suffisoit pas qu'un homme fût brave à la guerre; l'on vouloit qu'il eût fait quelque combat particulier et éclatant. Le prince de Conti, né vaillant comme le sont tous les Bourbons, se mit en tête que son rang et son âge, qu'il avoit jusqu'alors passé dans l'état ecclésiastique, ne le devoient pas dispenser de l'obligation où il croyoit être de s'acquérir de l'estime, et de travailler à sa réputation. L'état militaire, dans lequel il entroit, le sollicitoit de se mesurer avec quelqu'un digne de lui avant que de paroître à la tête des armées; et, par une fantaisie qui n'a peut-être jamais eu d'exemple, ce prince, qui n'avoit aucun ennemi, qui n'avoit offensé personne, et que personne n'avoit offensé, se mit en tête de faire un combat; et, agité du désir de se battre en duel sans savoir contre qui, partit en litière de Montpellier pour se rendre à la cour, incertain de son adversaire, inquiet d'en trouver un digne de lui, et tellement résolu de s'acquérir de l'estime par un duel, qu'un soir couchant à Bagnols, où il séjourna pour quelque indisposition, il ne put s'empêcher de faire confidence à l'abbé de Cosnac de cette étrange vision dont il étoit tourmenté, et lui avoua qu'il avoit jeté les yeux sur le duc d'Yorck, depuis roi d'Angleterre, auquel en arrivant à la cour il vouloit faire une querelle, uniquement parce qu'il étoit prince comme lui, et qu'il avoit la réputation d'être brave. Cette chimère s'augmenta peut-être par l'ennui du voyage et de la litière : l'esprit d'un homme naturellement bercé de ses humeurs l'est encore par le triste branlement de cette voiture; et tout cela fit, comme vous allez voir, le commencement de la fortune de Villars.

Villars venoit de perdre le duc de Nemours, auprès duquel il étoit en qualité de gentilhomme. Il l'avoit servi dans le fameux duel qu'il fit contre le duc de Beaufort, qui le tua : Villars s'étoit acquis beaucoup de réputation dans ce combat; et comme en perdant son maître il perdit le principal espoir de sa fortune, il se retira avec sa femme auprès de l'archevêque de Vienne, son frère. Il étoit à Vienne quand le prince de Conti y passa, et eut l'honneur de lui faire la révérence. La bonne mine de Villars, la présence d'un vaillant homme qui venoit récemment de faire un combat éclatant, l'idée qu'il avoit de se servir du même homme dans la querelle qu'il avoit déterminé de faire au duc d'Yorck, tout cela séduisit le prince de Conti. Les princes veulent plus ardemment que les autres hommes ce qu'ils désirent, parce qu'ils sont moins contrariés. Dès le soir, quand il fut couché, il ordonna à l'abbé de Cosnac de rester auprès de lui; et dès qu'ils furent seuls : « M. l'abbé, lui dit le prince de « Conti, j'ai trouvé l'homme qu'il me faut pour me « servir dans le dessein dont je vous ai parlé. Je veux « attacher Villars à mon service; dites-lui qu'il me « suive, et que je lui donnerai les moyens de se consoler « de la perte qu'il a faite du duc de Nemours. » L'abbé de Cosnac obéit, et Villars se rendit à Paris quelques jours après le prince de Conti. Ce prince étoit tellement pressé de l'idée de Villars, qu'il regardoit comme celui qui le serviroit dans l'issue du grand dessein qu'il avoit projeté, que dès Montargis il proposa à l'abbé de Cosnac d'accommoder Villars de la charge de premier gentilhomme de sa chambre. L'abbé de Cosnac fit si bien qu'il refusa de quitter sa charge. Le duc d'Yorck, qui servoit sur la frontière, et qui ne revint pas si tôt à la cour, n'a jamais eu connoissance de ce dessein bizarre, qui s'effaça peu à peu.

Dans ce temps-là l'évêché de Valence vaqua. L'abbé de Cosnac avoit fait quelques sermons devant la Reine, et y avoit réussi; il étoit de son jeu, et de celui du cardinal. Il pria le prince de Conti de demander cet évêché.

L'abbé Roquette n'osoit paroître son ennemi; mais il avoit soulevé contre lui la cabale de M. de Vardes, de M. de Villars, et des principaux domestiques de la maison : de sorte qu'à la première proposition que l'abbé de Cosnac fit à M. le prince de Conti de demander cet évêché pour lui, le prince de Conti lui

parut fort peu empressé. « Quoi, monseigneur, lui dit
« l'abbé de Cosnac, à moi, de vos secrets le déposi-
« taire, vous répondez froidement! Ah! monsei-
« gneur, continua-t-il, prenez garde que l'on ne dé-
« couvre que vous m'avez incertainement répondu
« dans une occasion où il s'agit de l'établissement du
« principal domestique de votre maison. » Et, sans
lui donner le loisir de répliquer, il sortit, et passa
dans l'appartement de madame la princesse de Conti,
qui n'étoit pas éveillée. « Qu'on l'éveille, dit l'abbé!
« Il s'agit de son honneur, et je veux lui parler. » Il
fit tant de bruit, que ses femmes ouvrirent. Cette
princesse aimable s'éveilla. « Levez-vous, dit l'abbé;
« il s'agit de sauver l'honneur de M. le prince de
« Conti, le vôtre, et celui de sa maison. L'évêché
« de Valence est vaquant; je viens de prier Son Al-
« tesse de le demander pour moi.... Mais levez-vous,
« madame, les momens sont chers; monsieur votre
« oncle ne vous refusera pas s'il sait que vous savez
« vous faire éveiller, vous lever en robe de chambre,
« et ne pas hésiter à servir noblement vos créatures.
« — Mais, monsieur, lui dit madame la princesse de
« Conti, donnez-moi le loisir de parler à monsieur
« mon mari. — Je m'en garderai bien, lui dit l'abbé:
« il s'agit de vous lever, et de passer chez M. le car-
« dinal. » Il la pressa tant, que, sans lui vouloir
donner le loisir de parler à M. le prince de Conti,
cette princesse prit uniquement sa robe de chambre,
et s'en alla demander l'évêché de Valence au cardinal.

Le Mazarin n'étoit pas un homme qui donnât aisément : cependant cette princesse obtint de son oncle

qu'il nommeroit l'abbé de Cosnac à un évêché qui vaquoit, de moindre valeur que Valence. Cette princesse toute gracieuse revint à son appartement; l'abbé l'y attendoit. « Nous avons à peu près votre affaire,
« lui dit-elle; mais ce n'est pas de Valence dont il
« est question. » Et tout de suite elle lui conta ce que le cardinal lui avoit promis. « Comment, madame,
« lui répliqua-t-il, vous revenez contente, et n'avez
« rien obtenu! Ce n'est plus mon affaire, c'est la
« vôtre : je vous déclare que c'est l'évêché de Va-
« lence dont il est question; et dès que Votre Altesse
« sera habillée, elle retournera achever ce qu'elle a
« commencé. » En effet, quelques jours après l'abbé de Cosnac prêcha devant la Reine : toute la cour y étoit; et comme il descendoit de la chaire, le cardinal s'avança, et lui dit : « Monsieur, vous nommer
« évêque de Valence au sortir d'un aussi beau sermon
« que celui que vous venez de faire, cela s'appelle
« recevoir le bâton de maréchal de France sur la
« brèche. Remerciez le Roi de cet important béné-
« fice. » Il n'eut pas sitôt fait ses remercîmens, qu'il alla chez M. de Paris. « Le Roi, lui dit-il, monsei-
« gneur, m'a fait évêque; mais il s'agit de me faire
« prêtre. — Quand il vous plaira, répondit M. de
« Paris. — Ce n'est pas là tout, répliqua M. de Va-
« lence; c'est que je vous supplie de me faire diacre.
« — Volontiers, lui dit M. de Paris. — Vous n'en
« serez pas quitte pour ces deux grâces, monsei-
« gneur, interrompit M. de Valence; car, outre la
« prêtrise et le diaconat, je vous demande encore le
« sous-diaconat. — Au nom de Dieu, reprit brusque-
« ment M. de Paris, dépêchez-vous de m'assurer que

« vous êtes tonsuré, de peur que vous ne remon-
« tiez la disette des sacremens jusqu'à la nécessité du
« baptême. »

Cette grâce de l'évêché de Valence, répandue dans la maison de M. le prince de Conti, excita bien des envieux. Vardes et Villars ne perdoient aucune occasion de lui nuire : mais, à vrai dire, l'évêque de Valence avoit plus d'esprit qu'eux tous. Un soir que M. le prince de Conti étoit au Cours, et n'avoit avec lui dans son carrosse que l'évêque de Valence, le comte Du Lude et Vardes passèrent au galop, venant de courre un cerf. M. le prince de Conti fit appeler ce dernier, auquel il dit de venir le soir chez l'abbé de La Rivière, qui lui donnoit à souper. Vardes s'en excusa sur la fatigue de la chasse qu'il avoit faite, et demanda à M. le prince de Conti la permission de se retirer, l'assurant qu'il alloit descendre chez le baigneur, pour ne voir personne. Quand l'heure du souper fut arrivée, le prince de Conti passa chez l'abbé de La Rivière; et après lui avoir dit qu'il se trouvoit mal, et que madame la princesse de Conti s'étoit même fait saigner ce jour-là, il se retira, sans souper, à l'hôtel de Conti. La première chose que ce prince, suivi de l'évêque de Valence, trouva en entrant dans la chambre de la princesse de Conti, laquelle étoit effectivement au lit, entourée de ses femmes, ce fut Vardes, paré comme un homme qui veut plaire, vêtu magnifiquement, et la tête (qu'il avoit belle) bouclée et poudrée avec plus de soin qu'il ne convient, quand deux heures auparavant l'on étoit fatigué d'avoir couru le cerf. Le prince de Conti le regarda, et ne dit mot, congédia sa cour, et se re-

tira. Quelques jours après, ce prince alla passer une semaine à Chilly, pour prendre l'air dans cette belle maison du marquis d'Effiat. L'évêque de Valence étoit bien résolu de noyer M. de Vardes s'il en trouvoit l'occasion; et M. de Vardes s'étoit souvent déclaré qu'il ne perdroit pas celle de lui marquer qu'il n'étoit point de ses amis. Madame la princesse de Conti étoit restée à Paris. M. le prince de Conti n'étoit pas capable d'avoir long-temps quelque chose sur le cœur, sans que ceux qui avoient l'honneur de l'approcher s'en aperçussent; et l'évêque de Valence l'avoit si parfaitement étudié, qu'il le connoissoit à merveille. Un jour que ce prince se promenoit le long du canal de Chilly, après avoir long-temps rêvé, voyant qu'il étoit seul avec l'évêque de Valence : « M. de Valence,
« lui dit M. le prince de Conti, parlez-moi comme
« vous faisiez du temps que vous étiez l'abbé de Cos-
« nac. Que vous semble de Vardes? — Que c'est
« l'homme de France le mieux fait et le plus ai-
« mable, reprit M. de Valence. Mais à quel propos
« Votre Altesse me fait-elle cette question? — Pour
« rien, reprit le prince de Conti; mais je ne vous
« cacherai pas que l'affectation de se parer, comme
« il fit dernièrement chez la princesse de Conti, après
« m'avoir assuré qu'il alloit se retirer, m'a frappé. Je
« connois l'innocence et la vertu de ma femme : mais
« croyez-vous que Vardes fût assez insolent pour oser
« jeter les yeux tendrement sur elle? » C'étoit une belle occasion à l'évêque de Valence de nuire à M. de Vardes; mais il ne crut pas que la matière fût encore assez préparée. Il parla cette fois de Vardes comme d'un homme trop sage pour s'élever à une telle pen-

sée; il l'excusa même sur les soupçons dont le prince de Conti venoit de lui faire confidence, et demeura ferme à l'assurer qu'il n'avoit jamais rien connu dans M. de Vardes qui lui eût laissé la moindre idée qu'il eût jamais regardé que très-respectueusement madame la princesse de Conti. Trois jours après cette conversation, le prince de Conti se promenant dans son carrosse tête à tête avec M. de Valence, fit l'éloge de la princesse sa femme : « A cela près, dit-il,
« qu'avec toute la vertu et toute la modestie dési-
« rable, elle a, comme toutes les autres femmes, la
« vanité de plaire. Et que sais-je, ajouta-t-il, si elle
« éviteroit celle d'être aimée ? — Monseigneur, ré-
« pliqua l'évêque de Valence, chercher une femme
« qui ne souffre pas d'être aimée, c'est désirer un
« cygne noir. » Sur cela le prince de Conti lui reparla de Vardes; et pour lors, après lui avoir laissé mitonner le poison dont il voyoit que ce prince étoit attaqué : « Je n'ai rien vu, reprit l'évêque de Va-
« lence, qui me puisse faire croire que M. de Vardes
« se fût oublié au point d'élever ses regards jusqu'à
« madame la princesse de Conti ; mais Votre Altesse
« me fait souvenir d'un rien que je remarquai il y a
« quelques jours. Elle jouoit à la prime, et filoit,
« sur un flux qu'elle désiroit, un as qui ne pouvoit
« être, par la disposition du jeu, qu'un as de cœur
« ou un as de carreau : c'étoit celui de cœur qui étoit
« nécessaire. Vardes, qui voyoit son jeu, lui dit assez
« haut : *J'espère que ce sera un cœur.* Et puis en
« s'approchant plus près de son oreille, comme pour
« mieux voir la carte, il continua d'un ton plus que
« demi bas : *J'en connois un, madame, qui ne*

« *vous manquera jamais.* » Ce discours de l'évêque de Valence fut un coup de poignard qui fit son effet. Le prince de Conti se trouva mal le soir; et depuis ce moment, sans en rien témoigner à madame la princesse de Conti, Vardes s'aperçut si bien qu'il étoit mal avec le prince de Conti, que, sans en avoir jamais su la raison, il ne songea plus qu'à faire sa fortune par lui, et se retira tout-à-fait de l'attachement qu'il avoit eu pour la princesse de Conti.

Le duc de Candale étoit ami de M. de Vardes, et ne pouvoit souffrir l'évêque de Valence; Villars le haïssoit; l'abbé Roquette, et toute la cabale opposée à sa faveur, essayoit de le perdre. L'évêque de Valence s'en aperçut: il étoit du jeu de la Reine, et avoit conservé assez de familiarité avec le cardinal, du jeu duquel il étoit aussi. M. le prince de Conti avoit pour intendant de sa maison un nommé de Pille, qui passoit pour être honnête homme, et dont ce prince, sur quelque mécontentement, voulut se défaire. L'évêque de Valence entreprit de le soutenir, et en parla au prince de Conti. « Monseigneur, « lui dit M. de Valence, si Votre Altesse se défait « de cet honnête homme-là, les honnêtes gens ne « doivent plus espérer de salut chez vous. » Ce discours déplut au prince de Conti. L'évêque de Valence répondit peut-être avec plus de fermeté qu'il ne convient de parler à son maître; enfin M. de Valence lui mit, comme l'on dit, le marché à la main, et lui offrit de se retirer. Le prince de Conti, blessé de ce discours, le prit au mot; et quelques jours après la division augmenta au point que l'évêque de Valence exigea absolument de M. de Pille qu'ils prendroient congé pour sortir de la maison le même jour : de sorte que de Pille ayant rendu ses comptes, et l'évêque de Valence ayant la dernière fois fait ses fonctions de premier gentilhomme de la chambre, dès qu'il eut donné la chemise à M. le prince de Conti, au lever duquel il y avoit beaucoup de gens, cet évêque prit la parole, demanda pardon à Son Altesse de ne l'avoir pas toujours aussi bien servi qu'il l'avoit désiré, le remercia des grâces qu'il en avoit reçu ; et, pour finir son discours par une espèce de turlupinade : « Monseigneur, lui dit-il en prenant M. de « Pille par une main, et en tenant sa croix d'évêque « de l'autre, cet homme a bien conduit vos finances ; « il a le malheur, comme moi, de sortir de votre « maison : aussi laissons-nous votre maison sans croix « ni Pille. » Cette liberté de langue ne plut pas à M. le prince de Conti, qui ne laissa pas de sourire, et donna dans ce moment l'emploi de premier gentilhomme à Villars, qui n'a jamais su peut-être que la fantaisie d'un duel imaginaire, dont il n'a de sa vie entendu parler, avoit fait le fondement de sa fortune.

Le Roi commençoit à devenir grand, et Monsieur étoit la plus jolie créature de France. On parloit de faire sa maison. Le cardinal vouloit faire argent de tout ; il savoit que l'évêque de Valence en avoit : il lui fit proposer de l'accommoder de la charge de premier aumônier de Monsieur. Cette charge ne lui convenoit qu'en ce que c'étoit une certitude de n'aller guère à son diocèse, et de demeurer à la cour. La Reine lui fit cette proposition comme une chose qu'elle souhaitoit ; et l'ayant fait appeler dans son cabinet au sortir

de son jeu, elle lui dit obligeamment qu'elle eût été ravie de l'attacher auprès de Monsieur. « Votre Majesté me fait trop d'honneur, madame, lui dit-il;
« mais la cour des princes qui ne sont pas rois est
« trop orageuse; j'en viens d'essuyer les bourrasques
« chez M. le prince de Conti : et si Votre Majesté
« me laisse le maître de décider, je voudrois être au
« Roi, ou demeurer comme je suis. » La Reine ne prit pas cette réponse comme un refus; elle le congédia, en l'exhortant d'y songer. Son parti de ne point entrer dans la maison de Monsieur étoit pris, quand il survint entre le Roi et Monsieur, son frère, un petit démêlé d'enfans qui se disputent quelque chose. Le Roi voulut prendre un poêlon de bouillie : Monsieur en tenoit le manche; et avant que les gouverneurs eussent fait finir ce tiraillement, Monsieur fit mine d'en vouloir frapper le Roi. La Reine, avertie, vint faire fouetter Monsieur; et l'éclat que cela fit détermina l'évêque de Valence à aller trouver le cardinal. « Monseigneur, lui dit-il, j'ai songé à ce que
« Votre Eminence m'a fait l'honneur de me faire pro-
« poser : je craignois que Monsieur ne fût qu'un
« joli prince; mais je vois qu'il y a en lui de quoi
« faire un homme, et de tout mon cœur j'entrerai à
« son service. » Ce marché fut conclu; et dès que l'on fit la maison de Monsieur, l'évêque de Valence fut nommé son premier aumônier.

Quoique la guerre fût vive pendant l'été, la magnificence, le jeu, l'amour et les intrigues renaissoient l'hiver. Le duc de Candale avoit fait une campagne assez malheureuse en Catalogne, et revenoit à la cour. L'évêque de Valence étoit dans son diocèse, prêt à venir pareillement. Le duc de Candale et lui étoient mal ensemble dès le temps que Vardes se détacha de M. le prince de Conti. Le chemin du duc de Candale étoit de passer indispensablement à Valence ; il envoya un gentilhomme à l'avance faire un compliment à l'évêque, et lui demander à souper. « Volontiers, répondit l'évêque ; je vous supplie « même de lui dire que j'espère qu'il viendra cou- « cher céans, à la charge que nous ne parlerons point « du passé. » Le duc de Candale fut reçu par l'évêque de Valence comme si c'eût été le Roi qui l'eût honoré d'une visite. Les vrais gascons deviennent plus grands à proportion qu'ils trouvent des gens plus gascons qu'eux. Le duc de Candale étoit suivi de quantité d'officiers de l'armée, et de beaucoup de gentilshommes de ses gouvernemens de Guienne et d'Auvergne, qui le conduisoient jusqu'à Lyon. Il fut charmé de la réception et de la bonne chère qu'on lui fit. Le soir, avant que de se retirer tout-à-fait, ils s'éclaircirent de plusieurs choses, et se couchèrent après assez tard. Cependant comme le duc de Candale déjeûnoit le lendemain matin pour partir, la vanité de se voir suivi de tant de noblesse fit qu'un moment avant de monter à cheval il dit d'un ton assez haut, en embrassant M. de Valence : « Au moins, monsieur, per- « mettez-moi devant tous ces messieurs de marquer « publiquement que notre réconciliation est sincère. « Je vous fais devant eux mille excuses des mauvais « offices que je vous ai rendus auprès de M. le prince « de Conti ; j'en suis repentant, et je vous prie de « me les pardonner. — Monsieur, reprit l'évêque de « Valence d'un ton encore plus haut, ne vous en re-

« pentez point, je vous en prie; car je vous promets
« publiquement, devant tous ces messieurs, que si
« vous m'avez rendu de mauvais offices auprès de
« M. le prince de Conti, je vous les ai bien ample-
« ment rendus auprès de M. le cardinal. »

Quelques années après l'on commença de parler de
la paix. Elle étoit nécessaire à l'Etat; la Reine la vouloit. Elle fut conclue, et l'on fit le voyage de Saint-
Jean-de-Luz, où le mariage du Roi s'acheva. Le cardinal, que l'évêque de Valence réjouissoit, l'avoit mis
de son jeu pendant le voyage. Un jour que M. l'é-
vêque d'Orléans, l'abbé Le Camus, depuis cardinal,
l'abbé de Bonzi, pareillement depuis cardinal, quelques autres aumôniers du Roi, et l'évêque de Valence,
se promenoient avec liberté le long de la mer, quelqu'un d'eux mécontent du cardinal en dit mille maux :
l'évêque de Valence ne l'épargna pas, et l'abbé de
Bonzi en parut très-mécontent; chacun s'en plaignit.
Ces messieurs s'échauffoient à en dire du mal, quand
tout d'un coup l'évêque de Valence cessa, prit son
chapeau, ses gants et son manteau, que la liberté de
la promenade lui avoit fait quitter, et leur dit : « Mes-
« sieurs, je vous donne le bonsoir; je me retire, et
« vais conter à M. le cardinal tout ce que j'en ai dit,
« et tout ce que vous en avez dit : car j'aime encore
« mieux, pour vous et pour moi, qu'il en soit informé
« par mes soins que par ceux de l'abbé de Bonzi, qui
« ne manqueroit pas de lui en rendre compte. »

Le Roi fut marié en 1660, et Monsieur le fut l'année
d'après. Jamais la France n'a vu une princesse plus
aimable qu'Henriette d'Angleterre, que Monsieur
épousa : elle avoit les yeux noirs, vifs, et pleins du

feu contagieux que les hommes ne sauroient fixement observer sans en ressentir l'effet; ses yeux paroissoient eux-mêmes atteints du désir de ceux qui les regardoient. Jamais princesse ne fut si touchante, ni n'eut autant qu'elle l'air de vouloir bien que l'on fût charmé du plaisir de la voir. Toute sa personne étoit ornée de charmes; l'on s'intéressoit à elle, et on l'aimoit sans penser que l'on pût faire autrement. Quand quelqu'un la regardoit, et qu'elle s'en apercevoit, il n'étoit plus possible de ne pas croire que ce fût à celui qui la voyoit qu'elle vouloit uniquement plaire. Elle avoit tout l'esprit qu'il faut pour être charmante, et tout celui qu'il faut pour les affaires importantes, si les conjonctures de le faire valoir se fussent présentées, et qu'il eût été question pour lors à la cour d'autre chose que de plaire. Le Roi étoit aimable, jeune, galant, magnifique; le goût de Monsieur n'étoit pas tout-à-fait tourné du côté des femmes, parmi lesquelles rien ne paroissoit plus digne d'être aimé que Madame. Peut-être eût-elle voulu l'être du Roi, dont les regards, les soins, l'attention, le goût et la tendresse se tournèrent entièrement du côté de mademoiselle de La Vallière. L'inclination avoit formé cette union; et deux personnes nées pour s'aimer véritablement ne se sont jamais aimées de meilleure foi, ni plus tendrement.

Le chevalier de Lorraine, fait comme on peint les anges, se donna à Monsieur, et devint bientôt le favori, le maître, disposant des grâces, et plus absolu chez Monsieur qu'il n'est permis de l'être quand on ne veut pas passer pour le maître ou la maîtresse de la maison. Madame parla avec horreur de ce désordre, dont elle se plaignit d'abord à madame de Saint-Chaumont, intime amie de l'évêque de Valence, qui de son côté ne pouvoit souffrir le chevalier de Lorraine. Ce conseil résolut que Madame entretiendroit le Roi de ses malheurs. Je ne sais si le Roi parla durement à Monsieur, mais Monsieur bouda quelques jours; et, sous des prétextes imaginaires de jalousie, dont Madame ne lui donnoit aucun sujet, il feignit de vouloir aller passer quelques semaines à Villers-Cotterets, et y conduisit Madame. Il y étoit quand la mort du prince de Conti arriva. Ce prince laissoit par sa mort le gouvernement de Languedoc : Monsieur voulut le demander, et crut que l'évêque de Valence étoit plus capable qu'aucun homme de sa maison de presser le Roi sur la demande qu'il lui ordonna de faire, de sa part, de ce gouvernement pour lui ; de sorte qu'il le chargea d'une lettre qu'il écrivoit au Roi son frère, et il le fit partir de Villers-Cotterets pour se rendre à Saint-Germain, où la cour étoit alors. L'évêque de Valence demanda au Roi une audience de la part de Monsieur, qui lui fut accordée sur-le-champ. « De « quoi est-il question, monsieur, lui dit le Roi ? Mon « frère boude-t-il encore sans savoir pourquoi, ou « ne s'est-il éloigné de moi que pour être moins « gêné ? — J'ai ordre, sire, répondit M. de Valence, « de remettre à Votre Majesté une lettre dont Mon- « sieur m'a chargé, et de prendre au même temps la « liberté de lui représenter qu'ayant l'honneur d'être « son frère unique, il a lieu d'espérer que vous ne lui « refuserez pas le gouvernement de Languedoc. — « Le gouvernement de Languedoc, s'écria le Roi ! Je « croyois que tous les gouvernemens particuliers des

« provinces étoient au-dessous de mon frère. » En prenant la lettre de Monsieur, le Roi acheva de la lire ; après quoi regardant l'évêque de Valence : « Est-ce là « tout, monsieur, lui dit le Roi ?— Oserai-je, sire, ré- « pliqua M. de Valence, prendre la liberté de repré- « senter respectueusement à Votre Majesté la juste « douleur que Monsieur recevra si Votre Majesté le « refuse ? Et puisque Votre Majesté m'a fait l'honneur « de me demander déjà si Monsieur boude encore, « il semble par là que Votre Majesté croit qu'il en a « quelque sujet, bien ou mal fondé. Il n'y a personne, « sire, qui puisse ni doive entrer dans le sacré dé- « tail de ce qui se passe entre vous deux : mais enfin « Monsieur est votre frère ; il vous demande avec « empressement le gouvernement de Languedoc, et « Votre Majesté s'est aperçue qu'il n'est pas content. « — Monsieur, dit le Roi, je vous ferai donner la ré- « ponse que je fais faire à mon frère dans demi- « heure : dites-lui que les princes du sang ne sont « jamais bien en France ailleurs qu'à la cour ; et qu'à « l'égard du gouvernement de Languedoc, je le prie « de se souvenir que nous sommes convenus lui et « moi qu'il n'auroit jamais de gouvernement. » En achevant ce mot, le Roi ouvrit lui-même la porte de son cabinet, et congédia M. de Valence, auquel il fit remettre demi-heure après la réponse qu'il fit à Monsieur, qui de son côté, après avoir encore boudé quelques jours, revint à la cour, où le Roi le combla d'amitié, de présens, et de manières charmantes.

Cependant Madame ne pouvoit pardonner à mademoiselle de La Vallière d'avoir su si parfaitement se faire aimer du Roi : je ne sais si elle eût plutôt pardonné à une autre maîtresse. Elle essaya de lui donner madame de Monaco. Les hommes ne croient pas toujours que ce soit une infidélité que de profiter des conjonctures que l'amour-propre, le plaisir ou la vanité peuvent offrir. Le Roi avoit agacé madame de Monaco, et madame de Monaco ne s'étoit pas trop éloignée de ce jargon, auquel elle eût bien voulu prêter l'oreille. M. de Lauzun l'aimoit depuis long-temps; et quand on aime véritablement, on regarde de bien près. C'est un grand malheur aux gens élevés de ne pouvoir se passer de la confidence de leurs domestiques. Madame de Monaco crut qu'en avouant à une de ses femmes, qui couchoit dans son antichambre, que le Roi devoit la venir trouver à deux heures après minuit, cette femme, sans laquelle le Roi ne pouvoit entrer commodément chez elle, la serviroit fidèlement. Cette femme de chambre lui promit le secret, qu'elle lui tint en effet, à cela près qu'elle avertit M. de Lauzun du rendez-vous, et que l'on étoit convenu qu'à deux heures le Roi trouveroit, en passant le long du corridor de l'appartement de madame de Monaco, la clef, qu'elle auroit soin de laisser à la porte de cette antichambre, où couchoit cette fille. M. de Lauzun paya magnifiquement cet avis, et exigea seulement de cette fille que dès une heure après minuit la clef seroit à la porte; de sorte que M. de Lauzun, passant lui-même par ce corridor dès que tout le monde lui parut couché, ferma la porte à double tour, prit la clef, et se retira. Le bruit que fit le mouvement des ressorts d'une serrure alarma cette fille et madame de Monaco, qui raisonnoient sur cet événement, quand le Roi vint à deux heures, comme il l'avoit promis.

Mais quel moyen y avoit-il d'entrer ? Un éclaircissement à l'heure qu'il étoit, et au travers d'une porte, étoit impossible. Le Roi s'en retourna, et n'a su que long-temps après, quand M. de Lauzun fut arrêté, par où ni comment cette porte s'étoit fermée, ayant trouvé, dans une espèce de mémoire que M. de Lauzun tenoit dans une de ses cassettes, qu'il avoit donné trois mille pistoles à cette fille de madame de Monaco, qui lui rendoit compte des actions de sa maîtresse. Je ne sais si le Roi prit des rendez-vous plus certains ou plus commodes avec madame de Monaco ; mais ce commerce n'eut que peu ou point de suite.

La faveur du chevalier de Lorraine continuoit, et Madame prenoit sur elle la peine que sa présence lui faisoit toutes les fois qu'elle le rencontroit. Cette princesse pleuroit souvent ; et, de l'envie qu'elle avoit certainement eue de plaire au Roi, il lui restoit au moins que Sa Majesté la consoloit, et qu'elle trouvoit dans ses conseils le charme que la confiance peut donner. Le chevalier de Rohan avoit aussi bonne mine qu'homme du royaume : c'étoit un homme d'un esprit dérangé, plein d'imaginations vagues, brave et magnifique ; il y auroit eu du bon dans sa sorte d'esprit, si quelque règle avoit pu former en lui quelque chose qui ressemblât aux usages, et à ce que les autres pensent. Sa vanité lui fit croire que Madame lui sauroit gré d'une insulte qu'il avoit faite au chevalier de Lorraine ; et sans avoir peut-être d'autre prétention sur le cœur de cette princesse que celle que lui donneroit l'inimitié du chevalier de Lorraine, il le querella, et se vanta de l'avoir frappé : le chevalier de Lorraine assura le contraire. Le Roi ordonna au duc de Noailles de les raccommoder. Le chevalier de Rohan désavoua ce qu'il avoit avancé, il en signa même le désaveu; et le même jour il écrivit à dix de ses amis que, pour éviter la rigueur des ordonnances, il avoit cru pouvoir nier un fait, lequel étoit pourtant tel qu'il l'avoit publié. Ces billets, dont le chevalier de Lorraine et Monsieur eurent connoissance, firent encore un nouvel éclat. Quoi qu'il en soit, ces procédés n'ont pas fait grand honneur ni à la vie du chevalier de Lorraine ni à la mémoire du chevalier de Rohan, qui eut le cou coupé quelques années après, pour d'autres choses qui n'ont nul rapport à cette affaire.

Dans ce temps-là il s'imprima un livre en Hollande dont M. de Louvois eut le premier exemplaire : ce livre étoit une histoire merveilleusement bien écrite, qui avoit pour titre : *les Amours du Palais-Royal.*

Madame s'y trouvoit cruellement traitée, et la prétendue passion qu'on l'accusoit d'avoir eue inutilement pour le Roi y étoit tout au long.

M. de Louvois remit ce petit livre au Roi, qui crut que Madame en devoit être informée, afin de prendre quelques mesures avec Monsieur au cas qu'il en eût connoissance. Il est inconcevable combien Madame fut pénétrée de cet imprimé; et, sans rien décider avec le Roi sur ce qu'il y avoit à faire pour prévenir Monsieur, elle s'enferma dès que le Roi fut retourné chez lui, et envoya chercher l'évêque de Valence. « Je suis perdue, lui dit-elle, mon pauvre Valence!
« Lisez (en lui donnant ce petit livre), lisez toutes
« ces fausses horreurs que Monsieur ne croira que
« trop. Et puis, ajouta-t elle, quand même je serois

« justifiée avec Monsieur, le serois-je avec le pu-
« blic, auquel l'on ne peut cacher la lecture de tout
« ce que contient cette fable? » L'évêque de Valence
la consola tant qu'il put, et la rassura sur la fausseté
des circonstances. Le lendemain, Madame, outrée,
qui ne s'étoit ouverte de cette aventure qu'à M. de
Valence, l'envoya chercher; on lui rapporta qu'il étoit
allé à Paris : elle lui écrivit un mot pour l'obliger de
venir lui parler. Le page qu'elle envoya à Paris l'assura que l'évêque de Valence n'avoit pas couché chez
lui, et que ses gens disoient qu'il étoit allé faire un
tour de huit jours à la campagne chez un de ses amis.
« Mon Dieu, disoit cette princesse à madame de Saint-
« Chaumont, que votre ami prend mal son temps! Je
« lui ai confié la chose du monde la plus importante;
« je n'en puis parler qu'à lui; et il est assez indiscret
« pour s'absenter! » Madame de Saint-Chaumont, qui
ne savoit effectivement ce qu'il étoit devenu, envoya de tous côtés pour en savoir des nouvelles.
Tout ce qu'elle fit pendant dix jours fut inutile. Enfin le onzième M. de Valence parut devant Madame,
à l'heure du matin que l'on pouvoit entrer dans sa
chambre. Dès que Madame fut habillée, elle passa
dans son cabinet, et le fit appeler. « Pourquoi m'a-
« vez-vous quittée, monsieur, lui dit-elle, dans le
« temps de ma vie que j'ai plus besoin de consola-
« tion, et que mon cœur est le plus affligé? — Tenez,
« madame, lui dit M. de Valence en lui tirant de ses
« poches et de dessous sa soutane près de trois cents
« exemplaires en feuilles, tenez, madame, il n'en
« sera plus parlé; brûlez-les vous-même. » Et tout de
suite M. de Valence lui conta qu'au sortir de la pre-

mière conversation dans laquelle elle eut la bonté de lui conter ses malheurs, il avoit pris le parti de passer en poste en Hollande ; qu'il avoit soustrait jusqu'au premier exemplaire de cette histoire qui lui faisoit de la peine ; et que, moyennant deux mille pistoles qu'il avoit données au libraire, il ne seroit jamais parlé de ce livre, dont il assura que deux exemplaires seulement ne pouvoient se rattraper, l'un envoyé à M. de Louvois, et l'autre au roi d'Angleterre. La joie que ressentit Madame de la singularité de ce service ne peut s'exprimer, et fit depuis le fondement de toute la confiance que Madame prit en lui sur tous les secrets de son cœur.

L'évêque de Valence m'a montré, quinze ans après la mort de Madame, un seul exemplaire de cette histoire, qu'il avoit gardé pour sa curiosité : il ne ressemble en rien à celui qui a couru depuis sous le même titre, lequel ne contient pas un seul mot de vérité ; et jamais l'on n'a rien su de cette histoire, Madame ayant brûlé l'exemplaire que le Roi lui remit ; le roi d'Angleterre, son frère, lui ayant pareillement remis celui qu'il avoit reçu, qu'elle brûla ; et l'évêque de Valence ayant vraisemblablement tenu le serment qu'il me fit qu'avant que de mourir il brûleroit ce seul exemplaire qui lui restoit, dont je lus dans ce temps-là plus de la moitié.

Le Roi eut connoissance par Madame de cette noble vivacité de l'évêque de Valence, dont il le loua en particulier, sans que jamais il lui en ait rien témoigné.

La paix, qui duroit depuis le mariage de Sa Majesté, n'étoit guère compatible avec le courage d'un jeune roi qui se sentoit heureux, et dont les grands talens avoient pour ainsi dire été cachés pendant le gouvernement du Mazarin, qui étoit mort quelques années auparavant. La renonciation de la Reine sur la succession d'Espagne ne s'étendoit pas si nettement sur les Pays-Bas qu'il n'y eût une infinité de prétextes légitimes ou vraisemblables pour recommencer la guerre, qui fut précédée d'un manifeste qui parut, dans lequel le Roi mettoit en avant une infinité de raisons pour autoriser la rupture de la paix.

Le Roi porta ses armes en Flandre, commandant lui-même son armée avec une netteté, un ordre, une vivacité, une intelligence pour la guerre, et un bonheur qui ne s'étoit jamais vu pareil. Chacun sait comme ce prince s'exposoit, prenoit de la peine, et entroit lui-même dans les moindres détails du commandement de son armée.

L'évêque de Valence, qui ne trouvoit plus dans Monsieur ce qui l'avoit déterminé à se donner à lui quand il entra dans sa maison, et qui ne se trouvoit de rien parce que Monsieur n'étoit guère consulté, n'avoit pas laissé de conserver auprès de lui une extrême liberté de parler; et quoiqu'il fût ennemi du chevalier de Lorraine, et parfaitement attaché aux intérêts de Madame, Monsieur le considéroit et le consultoit. Il mit en tête à Monsieur que le temps de travailler à sa réputation étoit venu, et qu'il ne lui devoit pas suffire de s'exposer à la guerre, et de s'acquérir la gloire d'être vaillant; qu'il devoit avoir part aux conseils, et demander au Roi l'honneur et la liberté d'y entrer. Monsieur le fit, et fut refusé. Les donneurs d'avis parmi les princes sont en quelque manière garans du succès de ce qu'ils proposent. Monsieur se plaignit aigrement à M. de Valence de ce qu'il l'avoit embarqué à se faire refuser : « Comment, Monsieur, « répliqua l'évêque, vous vous affligez d'un refus « que vous fait votre frère, et vous vous laissez « abattre pour une bagatelle dont il me semble qu'à « votre place je me ferois un mérite important ! « Croyez-moi, Monsieur, continua M. de Valence, « dès que le Roi ne pourra vous refuser son estime, « il faut qu'il vous en donne des marques effectives : « son amitié vous est immanquable. Travaillez à vous « faire une réputation dont il soit jaloux, et je vous « réponds du reste. » En effet, Monsieur résolut que dès le lendemain du grand matin il iroit visiter les gardes, qu'il iroit à la tranchée avant que le Roi en pût avoir connoissance, qu'il répandroit de l'argent aux troupes, qu'il feroit avancer le travail du siége, auquel on étoit alors ; et qu'enfin quand le Roi lui demanderoit au retour des nouvelles de ce qu'il avoit fait, Monsieur lui répondroit avec fermeté que puisqu'il n'étoit pas encore assez heureux pour pouvoir le servir de ses conseils, il vouloit auparavant essayer de se rendre digne de le servir de sa personne. Monsieur suivit exactement ce projet, et dès le lendemain se montra vaillamment aux postes les plus avancés. L'évêque de Valence lui servit, non pas d'aumônier, mais de trésorier, jetant de l'argent à tous les blessés, et aux travailleurs pour faire avancer leurs ouvrages.

Le Roi fut averti de bonne heure que Monsieur étoit à la tranchée, et envoya un de ses aides-de-camp savoir de ses nouvelles. Tous ceux qui revenoient d'où Monsieur étoit parloient de sa valeur avec éloge. Le Roi fit au matin ses promenades, et donna ses ordres de général; après quoi en rentrant chez lui il demanda Monsieur, qui n'étoit pas revenu, et lui envoya dire qu'il l'attendoit pour dîner. A cela Monsieur répondit respectueusement qu'il le supplioit de ne pas l'attendre; qu'il avoit fait commencer un travail qu'il seroit bien aise de voir achever, et qu'il avoit fait porter un morceau pour manger à la tranchée. En effet, sur les quatre heures du soir Monsieur revint, et rendit compte au Roi de l'état de la tranchée, de ce qui s'y étoit passé depuis le matin, et finit par dire que puisqu'il n'étoit pas assez heureux pour pouvoir le servir dans ses conseils, il étoit résolu de se rendre digne de le servir de sa personne et de son bras. Le Roi, sans paroître ému, lui répliqua avec un ton assez ironique : « Diable, mon « frère, je vous conseille de vous faire sac à terre. « Oh bien! allez vous reposer, car vous en avez grand « besoin. » L'évêque de Valence, qui entendit ce discours, n'en fut pas moins frappé que Monsieur, qui continua depuis son premier train de vie, c'est-à-dire de suivre et de voir le Roi, sans se mêler de rien.

Le Roi prit Douay, Tournay, Lille, et plusieurs autres places. L'hiver, il porta ses armes en Franche-Comté : rien ne résistoit à sa valeur, aux bonnes mesures qu'il prenoit, ni au chemin qu'il se frayoit à la gloire que Sa Majesté s'est depuis si légitimement acquise. Tant de prospérités dans ses armes ne pouvoient long-temps se maintenir sans réveiller les puissances voisines : l'Angleterre, la Hollande et l'Espagne offensées proposèrent la paix, qui fut faite; et la plupart des conquêtes que le Roi fit cette belle cam-

pagne, qui porta le nom de la campagne de Lille (1),
lui restèrent.

Le duc de Monmouth passa d'Angleterre à la cour
dans ce temps-là. C'étoit un prince mieux fait et plus
beau qu'il n'étoit aimable. L'intérêt que Madame parut
prendre à ce prince, qu'elle honoroit du nom de son
neveu, et auquel elle eut soin d'ordonner les plus
magnifiques habits de France; la manière dont il dansoit les contre-danses, qu'il apprit à Madame; la familiarité que donne la commodité de parler quelquefois une même langue que les autres n'entendent pas;
l'assiduité de ce prince à se trouver aux heures auxquelles Madame étoit visible; les manières de cette
princesse, toujours charmantes; tout cela fit croire
qu'il y avoit entre eux une sorte de jargon dont il
n'est que trop aisé de soupçonner ceux qui sont naturellement galans. Le chevalier de Lorraine, dont la
faveur auprès de Monsieur subsistoit avec plus d'éclat
que jamais, eut le malheur d'être regardé comme
celui qui entretenoit les petites divisions qui rénais-
soient souvent entre Monsieur et Madame. Les grands
sont assujétis à être vus de plus près que ceux qui
mènent une vie privée. Je ne sais si le Roi fut averti
de ce commencement de chagrin par Monsieur, qui
prétextoit ses inquiétudes des manières de Madame
avec le duc de Monmouth, ou si le Roi en fut informé par Madame, qui prétextoit la sienne du crédit
que le chevalier de Lorraine avoit sur l'esprit de Monsieur. Le Roi fit ce qu'il put pour empêcher l'éclat que
ces divisions préparoient dans sa maison : mais les rois,
quelque puissans qu'ils soient, ne peuvent jamais

(1) *Campagne de Lille* : C'est là campagne de 1667.

étouffer le principe des affections ni des haines. Il exila pour quelque temps le chevalier de Lorraine, qui se retira en Italie; et le duc de Monmouth, après un séjour de quelques mois à la cour, repassa en Angleterre.

J'ai oublié de remarquer que quand le Roi revint de Flandre il avoit séjourné à Villers-Cotterets. Monsieur l'avoit précédé de quelques jours, pour mettre sa maison en état de le recevoir; et comme ce prince ordonnoit et travailloit lui-même à ranger des chaires dans ses appartemens, l'évêque de Valence ne put s'empêcher de dire qu'en attendant que Monsieur fût en état de ranger une armée en bataille, il s'apprenoit à ranger des fauteuils. Ce discours fut redit à Monsieur; et quelques jours après, quand la cour fut revenue à Saint-Germain, le Roi, se ressouvenant du jour que Monsieur s'étoit tant tourmenté à la tranchée, lui demanda qui lui avoit donné ce beau conseil; et Monsieur eut la foiblesse de lui dire que c'étoit l'évêque de Valence. « Mon frère, lui dit le « Roi, son conseil n'étoit pas trop obligeant pour « moi; mais il ne vous conseilloit pas mal pour vous. » Monsieur souffroit impatiemment l'exil du chevalier de Lorraine, auquel il envoyoit magnifiquement tout ce qui pouvoit diminuer la peine de l'absence; il s'en prenoit à Madame et à tout ce qui l'approchoit. M. de Valence devint l'objet de son aversion : il crut qu'il avoit eu part à l'exil de son favori. L'attachement qu'il voyoit que cet évêque avoit pour les intérêts de Madame l'offensoit; et l'évêque de Valence, qui s'en aperçut, supplia Madame de lui permettre de se retirer. Madame s'y opposa tant qu'elle put; les dégoûts que Monsieur lui donnoit renaissoient toutes les fois que l'occasion s'en présentoit. « Au nom de Dieu, « madame, lui disoit l'évêque de Valence, laissez- « moi sortir honnêtement par la grande porte, et « évitez-moi que Monsieur ne me fasse sortir par les « fenêtres. » Cette princesse se rendit à une infinité de raisons que M. de Valence lui dit; de sorte qu'ayant assez secrètement traité de sa charge avec l'abbé de Tressan, aumônier ordinaire, il pria Monsieur de lui permettre de se retirer, et fut pris au mot, Monsieur ayant durement ajouté que s'il n'avoit pas pris ce parti, il étoit résolu de l'y obliger.

Quelques jours après qu'il eut donné la démission de sa charge, et qu'il en eut touché l'argent, Monsieur lui envoya dire par Varangeville qu'il se souvenoit qu'il lui devoit quatorze mille livres du jeu, et qu'il les lui enverroit incessamment. « Monsieur, ré- « pliqua l'évêque de Valence, me fait trop d'honneur; « dites-lui que je les lui donne de tout mon cœur : « mais, puisqu'il veut payer ses dettes, que je le « supplie de se souvenir de dix mille écus que j'ai « été assez heureux pour lui prêter; car pour ce qui « est des quatorze mille livres du jeu, c'est une ba- « gatelle, dont je suis bien récompensé par l'honneur « que j'ai eu de jouer avec lui. » Varangeville ne diminua rien de la signification gasconne de ses paroles; et Monsieur ordonna à Boisfranc de lui porter le lendemain dix mille écus, avec l'intérêt du jour que le prêt avoit été fait.

Boisfranc se rendit sur les dix heures du lendemain matin chez l'évêque de Valence. Le hasard fit qu'alors qu'il y arriva plusieurs gens qui avoient affaire à cet évêque s'y trouvèrent. L'arrivée de Boisfranc leur fit croire qu'il étoit mieux de les laisser seuls : « Point du tout, messieurs, dit M. de Valence; « nous n'avons rien de particulier à dire M. de Bois- « franc et moi. » Boisfranc s'approcha de son oreille, et lui dit tout bas qu'il lui apportoit dix mille écus que Monsieur lui devoit. « A moi, répliqua l'évêque « d'un ton haut, à moi dix mille écus! Monsieur se « moque-t-il de moi? Il est trop régulier. » Boisfranc, qui ne pouvoit plus tenir le cas secret, lui répondit : « Oui, monsieur, j'ai ordre de vous rendre dix mille « écus que Monsieur vous doit, et que je vous ap- « porte. — En vérité, répliqua M. de Valence, je ne « comptois plus que cela me dût être payé; je suis « un pauvre prêtre, qui puis me passer de peu : mais « un grand prince comme Monsieur, obligé à une in- « finité de dépenses, s'avise-t-il de payer ses dettes? « J'avois même oublié celle-là. — J'ai même ordre, « reprit Boisfranc, de vous payer les intérêts. — Oh! « M. de Boisfranc, vous vous méprenez. Quand j'ai été « assez heureux de prêter dix mille écus à Monsieur, « je les lui ai prêtés en gentilhomme, et non comme « celui que vous placez souvent. Ainsi profitez ou « faites profiter Monsieur, ou tel autre qu'il vous « plaira, de ces intérêts; mais Monsieur sait que je « n'en ai jamais prétendu d'autre dans sa maison que « celui que j'ai rencontré dans l'honneur d'être son « domestique. » Boisfranc fit apporter les dix mille écus, que M. de Valence consentit de prendre, sans vouloir ni recevoir d'intérêts, ni souffrir que l'on comptât cet argent. Cette scène ne fut pas plus tôt passée, que Boisfranc lui présenta un billet de quatorze

mille livres. « Qu'est-ce que c'est que ce billet? lui dit
« M. de Valence. — C'est un billet, reprit Boisfranc,
« que Monsieur veut vous donner pour quatorze mille
« livres qu'il vous doit du jeu, qui, en attendant que
« celui qui doit la même somme à Monsieur vous les
« paie, vous servira de sûreté. » M. de Valence prit
ce billet; et tirant de sa poche des ciseaux, sépara le
nom de Monsieur du reste du billet. « Les syllabes
« respectables, dit-il, qui composent le nom de Mon-
« sieur sont sacrées; je vous prie de les vouloir re-
« prendre. Mais pour le reste du billet, il me per-
« mettra de le mettre en pièces. » Et remettant entre
les mains de Boisfranc le mot *Philippe*, il déchira
ce billet en mille pièces. Boisfranc rendit compte à
Monsieur de tout ce qui s'étoit passé; peut-être y
ajouta-t-il quelque chose. Je ne sais si d'autres gens
ne soufflèrent point à Monsieur que les discours et
les manières de M. de Valence l'offensoient. Enfin
Monsieur se mit en tête qu'il falloit qu'il sortît de
Paris, et que, pour abréger une infinité de contes
qui lui revenoient, il étoit de sa dignité qu'il s'ab-
sentât : de sorte que Monsieur lui fit dire, non comme
un ordre, mais comme une sorte d'insinuation qui
ressemble à un commandement quand il vient de
ceux qui sont infiniment au-dessus de nous, qu'il devoit songer à s'en aller à son diocèse. A cela, M. de
Valence répondit que puisqu'il avoit eu le malheur
de déplaire à Monsieur, il s'abstiendroit de se présenter devant lui; qu'il ne mettroit pas les pieds au
Palais-Royal, ni dans aucun lieu où sa vue pût blesser Monsieur : mais que, n'ayant plus l'honneur d'être
son domestique, il ne croyoit pas qu'il voulût lui

commander d'autorité une chose dans laquelle il ne lui manquoit point de respect quand il ne la faisoit pas. Le même homme (dont j'ai oublié le nom) qui rendit compte à Monsieur de la résolution dans laquelle cet évêque étoit de ne pas obéir fut chargé de lui dire en particulier que les fils et les frères de rois trouvoient des moyens de se faire obéir; et que Monsieur prendroit les voies les plus offensantes que son humeur et son dépit lui pourroient fournir, pour le faire repentir du peu de respect qui paroissoit dans son obstination. A cela M. de Valence répondit encore très-respectueusement que, n'étant ni sujet de Monsieur ni son domestique, il le supplioit de trouver bon qu'il s'exemptât d'une loi dure, à laquelle ses affaires et son caractère d'évêque ne pouvoient se soumettre; et comme celui qui lui parloit de la part de Monsieur le pressa, et lui fit entendre que Monsieur prendroit des voies violentes : « Dites à Mon-
« sieur, lui dit-il, que je suis prêtre et évêque, et
« qu'en rendant à Monsieur tout ce que le respect le
« plus profond peut exiger de moi, ne parlant jamais
« de lui et ne me trouvant jamais où il sera, il est trop
« juste pour me faire assassiner; et qu'à l'égard des
« autres violences, je porte à mon cou, par la croix
« que j'ai, une sauve-garde pour laquelle il aura tou-
« jours lui-même de la considération. » Madame, à qui madame de Saint-Chaumont rendoit compte de tout ce procédé, n'étoit pas trop fâchée de la mortification de Monsieur, qui de son côté ne vouloit pas rendre public le peu de succès qu'avoit eu le dessein de faire sortir de Paris M. de Valence. Enfin le même homme que Monsieur avoit chargé de le menacer le

vint retrouver de sa part; et, après une répétition à peu près des mêmes choses, il lui dit qu'il lui conseilloit, comme son ami, de se retirer dans son diocèse; et que s'il ne le faisoit pas de bonne grâce, et pour plaire à Monsieur, Monsieur étoit résolu de demander au Roi une lettre de cachet pour l'exiler. « Je n'ai « point d'emplâtre à ce malheur, répondit l'évêque « de Valence : j'obéirai quand cela sera, parce que je « ne pourrai faire mieux. Mais puisque Monsieur me « pousse à bout, je vous supplie de lui dire qu'il ob- « tiendra plutôt une lettre de cachet qu'un gouver- « nement. »

L'imprudence de ce discours, relatif à ce qui s'étoit passé du temps que Monsieur demanda le gouvernement de Languedoc, fit que Monsieur le redit au Roi, qui sut très-mauvais gré à M. de Valence de cette étrange imprudence, dans laquelle le secret du Roi, c'est-à-dire ce qu'il avoit uniquement dit à M. de Valence, se trouvoit révélé; de sorte que M. de Valence fut exilé, et partit pour son diocèse, laissant Madame, qui avoit une entière confiance en lui, très-fâchée de se voir privée de l'entretien d'un homme dans lequel elle avoit toujours trouvé des ressources de fidélité, de consolation, de service, et d'attachement à ses intérêts.

La paix qui s'étoit faite après la glorieuse campagne de Lille n'avoit été pour ainsi dire qu'un essai de ce que la grandeur du Roi lui promettoit. La Hollande n'avoit pas eu une conduite dont la France pût être contente : elle avoit obligé le Roi de faire la paix, et avoit personnellement offensé Sa Majesté dans ses relations, dans ses lardons, et dans ses gazettes. M. de

26.

Furstemberg, qui gouvernoit l'électeur et l'électorat de Cologne, répondoit que cet électorat et l'évêché de Liége demeureroient dans la situation que le Roi pouvoit désirer pour en tirer les secours nécessaires à la guerre qu'il délibéroit de porter en Hollande. Les forces d'Espagne étoient dans un anéantissement qui ne pouvoit tout au plus faire qu'une diversion très-médiocre : ce qui s'étoit passé à la campagne de Lille faisoit craindre aux Pays-Bas de revoir une guerre qui eût achevé de ruiner la Flandre; il s'agissoit de faire en sorte que l'Angleterre demeurât neutre, ou se déclarât pour la France. Charles II, roi d'Angleterre, n'étoit pas si absolument le maître de son parlement que, quelque inclination qu'il eût pour la France, et quelque amitié qu'il eût pour le Roi, il fût en pouvoir de promettre ni de faire ce qu'il eût voulu pour favoriser ses desseins. Il étoit pourtant absolument nécessaire de s'assurer de celui sans lequel les projets sur la Hollande n'eussent pu réussir. Le Roi crut que Madame pourroit lui garder le secret de cette importante affaire, et qu'elle le serviroit dans ce dessein auprès du Roi son frère, qui l'aimoit tendrement. M. de Louvois étoit trop nécessaire pour que l'on pût se passer de lui, de ses vues, de ses avis et de ses lumières; mais, avec toutes les qualités souhaitables dans un grand ministre, actif et vigilant, plein d'expédiens, et tel que tout le monde l'a vu depuis, il avoit dès ce temps-là le malheur de porter dans toutes ses actions un air de dureté et de décision dont Madame n'avoit pu s'accommoder. Cependant quel moyen y avoit-il de lui cacher une chose dans laquelle il étoit absolument nécessaire? Le Roi trouva tant d'éloignement dans l'esprit de Madame pour M. de Louvois, qu'il lui promit qu'il n'entreroit dans la conduite de cette affaire que lorsqu'il seroit absolument impossible de se passer de lui; et parce que le Roi et Madame ne pourroient pas tout seuls dresser les projets, faire les mémoires, les instructions nécessaires, et régler la mécanique et le détail de tout ce qu'il faut pour un aussi grand dessein que celui dont il étoit question, Madame proposa de se servir de M. de Turenne, afin d'en exclure M. de Louvois. Le Roi le voulut bien; mais la vérité est que le Roi fit confidence de tout à M. de Louvois, avec lequel Sa Majesté régloit toutes choses; et ensuite sur les mémoires, dont le Roi écrivoit la meilleure partie de sa main, Madame se trouvoit informée de tout ce qu'elle devoit faire auprès du Roi son frère.

On ne peut point dire la joie que Madame avoit de se trouver ainsi le premier mobile de la plus grande affaire de l'Europe, et l'on ne peut assez louer la retenue et la modestie de M. de Louvois, qui ne parut jamais instruit de tout ce qui se passoit. La première convention entre le Roi, Madame et M. de Turenne, ce fut que Monsieur ne sauroit rien de ce projet, et que lorsqu'on ne pourroit plus cacher le voyage de Madame, on le prétexteroit, quelques semaines avant son départ, de la prière que le roi d'Angleterre feroit à Madame de ne lui pas refuser la joie de l'embrasser quand la cour seroit prête d'arriver à Dunkerque ou à Calais.

Il y avoit déjà quelques années que M. de Valence vivoit dans son exil, et payoit chèrement l'imprudence qu'il avoit faite d'avoir parlé mal à propos. Madame avoit eu soin de l'informer avant son départ que le Roi lui avoit dit qu'il ne se seroit point mêlé des petites choses qui s'étoient passées à sa sortie de la maison de Monsieur, s'il s'étoit abstenu de raconter ce que Sa Majesté lui avoit dit à l'occasion du gouvernement de Languedoc ; et Madame entretenoit un commerce de lettres fort régulier avec lui, qui étoit la suite d'une véritable confiance. Elle eût été fort soulagée de pouvoir lui parler du dessein d'Angleterre ; il y avoit même dans ce temps-là quelque espoir que Charles II se feroit instruire de la religion catholique. La princesse se mit en tête qu'il n'étoit pas impossible que M. de Valence la suivît en Angleterre, ou qu'il s'y trouvât *incognito* dans le temps qu'elle y seroit, pour s'aider secrètement de lui, dont elle connoissoit la fidélité, l'industrie et les talens. Elle n'osoit parler de ce dessein au Roi ; mais elle dit à madame de Saint-Chaumont que, pour la plus importante affaire de sa vie, elle eût bien voulu voir M. de Valence, et causer seulement une heure avec lui. Madame de Saint-Chaumont l'en informa, et Madame lui manda précisément qu'elle vouloit lui parler. M. de Valence s'en excusa, sur l'impossibilité qu'il y avoit de désobéir au Roi, qui l'avoit exilé dans son diocèse, d'où il ne pourroit s'absenter sans que l'on s'en aperçût. Enfin, après bien des lettres, des répliques, et des courriers envoyés et repartis, on convint que M. de Valence prendroit la liberté d'écrire au Roi, pour le supplier de lui permettre de faire un voyage en Limosin pour les affaires de sa famille ; et que, dans l'intervalle qu'il faut pour aller de Valence en Limosin, il prendroit le temps de se rendre secrètement à Paris. Cette permission d'aller en Limosin fut accordée; et M. de Valence se préparoit sourdement à ce voyage, quand la reine d'Angleterre, mère de Madame, qui s'étoit retirée depuis long-temps à Colombe, mourut.

L'on ne peut pas assez dire la répugnance que M. de Valence avoit pour ce voyage, ni combien il représentoit à Madame et à madame de Saint-Chaumont, par ses lettres, le risque infini qu'il couroit en allant à Paris. Il reculoit tant qu'il pouvoit de partir, quand un courrier de la part de Madame lui apporta une lettre que j'ai vue, qui commençoit par ces mots : *Vous ne m'aimez donc plus, mon pauvre évêque, puisque vous me refusez une consolation dont je ne puis me passer ?* Et dans le reste de cette lettre Madame lui mandoit que l'on feroit à Saint-Denis le trentain de la Reine sa mère, c'est-à-dire un service solennel, à un tel jour qu'elle lui marquoit; que cette cérémonie, à laquelle elle assisteroit, seroit très-longue; que pendant le service elle feindroit de se trouver mal à l'église; qu'elle ordonneroit qu'on la portât chez un officier de sa bouche, lequel avoit une maison à Saint-Denis, dans laquelle, de concert avec cet officier, M. de Valence seroit caché dès le jour d'auparavant. Cette princesse finissoit sa lettre par les termes du monde les plus pressans pour obliger M. de Valence à ne la pas refuser, et ajouta que c'étoit pour prendre ses conseils, et les suivre dans la plus grande et la plus importante affaire de sa vie. Quel moyen y avoit-il de ne pas vouloir ce que la plus gracieuse et la plus respectable princesse du monde ordonnoit? M. de Valence manda qu'il suivroit le projet de Madame : il passa le Rhône à Valence, prit le chemin du Puy, et dit publiquement qu'il avoit eu permission du Roi d'aller en Limosin. Il étoit suivi de La Marck son neveu, qui depuis a été tué aide-de-camp de M. de Turenne; de Fonton son maître d'hôtel, qui depuis le fut de madame la Dauphine; de son valet de chambre et de son cocher, qui servit de palefrenier : de sorte qu'ils n'étoient que cinq. Cette cavalcade n'eut pas si tôt gagné les montagnes d'Auvergne, que M. de Valence ayant mis sa croix dans sa poche, et pris une perruque noire, tant soit peu plus longue que celle d'un abbé bien régulier, prit tout d'un coup sur la droite à grandes journées sur les mêmes chevaux, se rendit à Gien par des pays tout-à-fait détournés, avec dessein d'y laisser son cocher et ses chevaux, et, marchant la nuit en poste, de se rendre à Paris sans être vu de personne. Ce projet étoit possible, et le jour marqué pour le service de la reine d'Angleterre à Saint-Denis étoit celui sur lequel il falloit faire cadrer les circonstances de ce voyage. L'évêque de Valence s'étoit trouvé mal dès le Puy : les grandes journées qu'il étoit obligé de faire, l'inquiétude inséparable d'une telle entreprise, les mauvais pays, les mauvaises nuits, tout cela fit qu'il eut un gros accès de fièvre deux jours avant que d'arriver à Gien. Il lui continua le lendemain; et lorsqu'il arriva à Gien il en eut un si terrible, qu'il y fallut séjourner, et faire des remèdes qui ne firent qu'augmenter son mal. La Marck savoit quelque chose du sujet de son voyage. Gien est un trop grand passage pour y pouvoir rester long-temps dans une hôtellerie sans y être découvert. La Marck proposa à son oncle de gagner Paris à quelque prix que ce fût : « Vous y serez, lui disoit-il, plus caché, « et plus près des remèdes ; il n'y a ici ni bon mé- « decin, ni secours, ni commodités nécessaires. Il « faut faire un effort, et malgré la fièvre vous appro- « cher des médecins et de vos affaires. » Cette étrange maladie si mal à propos venue, la crainte d'être découvert, la nécessité de ne se fier à personne, la contrainte de se cacher ; tout cela et mille autres inquiétudes augmentoient le mal de l'évêque, qui consentit que son neveu prît à l'instant la poste pour retenir dans quelque faubourg de Paris une chambre à l'écart, où l'on pût avoir soin de lui : de sorte que le lendemain l'évêque de Valence fit de nécessité vertu, et, la mort entre les dents, arriva de Gien à Paris. Trois jours après, il fut conduit par les soins de La Marck, qui revint au devant de son oncle, chez un tireur d'or, au cinquième étage d'une maison dans une petite rue qui aboutit dans la rue Saint-Denis. La Marck donna avis de son arrivée et de son état à madame de Saint-Chaumont, qui en avertit Madame. Il y avoit deux jours qu'il étoit entre les mains d'un apothicaire de réputation du quartier Saint-Denis, qui fit venir un médecin de ses amis pour le voir, sans que l'on dît à l'un ni à l'autre que le malade fût évêque. Les remèdes qu'ils ordonnèrent apportèrent si peu de soulagement, que l'on appela le curé de la paroisse, qui le confessa. Cependant, comme sur les quatre heures du même jour il parut quelque adoucissement à l'extrémité de son mal, l'on remit au lendemain à lui donner le saint viatique.

Dans l'instant de ce premier soulagement, M. de Valence se fit jeter sur un petit lit de repos, sur lequel son valet de chambre couchoit ordinairement; et tandis que l'on raccommodoit un peu son lit, il se fit apporter le porte-feuille dans lequel étoient quelques papiers qu'il fit brûler devant lui, et remit les autres dans ce même porte-feuille, qu'il plaça entre les deux matelas de ce lit de repos, ayant recommandé à La Marck qu'en cas de mort il eût soin de les remettre à madame de Saint-Chaumont. La nuit suivante il fut si mal, que le curé qui l'avoit confessé la passa auprès de lui ; mais il se porta mieux le lendemain : de sorte que le curé s'en étant retourné pour se reposer, et La Marck et Fonton en étant allés faire autant, M. de Valence, resté seul avec son valet de chambre, ne fut pas peu surpris de voir entrer M. des Grais (1) avec cinq ou six archers. Des Grais étoit honnête homme, humain, qui ne faisoit que le mal dont ses ordres et son emploi ne pouvoient pas l'exempter. « Monsieur, lui dit-il, je vous arrête
« de la part du Roi. Vous êtes un coquin de faux-
« monnoyeur que nous cherchons depuis long-temps.
« Levez-vous, et ne vous faites point faire de vio-
« lence ; car si vous en faites, je vous ferai garrotter.
« — Moi, monsieur, répliqua M. de Valence, moi
« faux-monnoyeur ? Vous vous méprenez : prenez
« garde à ce que vous allez faire. — N'êtes-vous pas
« arrivé un tel jour céans, reprit M. des Grais ? n'avez-
« vous pas couché la veille dans un tel endroit ? n'é-
« tiez-vous pas vêtu d'une telle sorte, et n'aviez-vous
« pas tant de gens avec vous ? — Oui, monsieur, ré-

(1) *M. des Grais :* Célèbre exempt de police de ce temps-là.

« pondit M. de Valence ; mais je ne suis point faux-
« monnoyeur : et une marque de cela, c'est que j'ai
« dans ma cassette six mille pistoles. Je vais vous en
« remettre la clef; et s'il y en a de fausses, je me
« soumets à tout ce qu'il vous plaira. » Pendant ce
temps-là les archers s'étoient saisis de son valet de
chambre. La peine extrême peut faire dans l'esprit
d'un malade ce que l'émétique fait dans son corps :
l'évêque de Valence fit un effort pour se lever, et
remua le chevet de son lit, sous lequel il avoit mis sa
croix d'évêque. « Voici, dit-il à M. des Grais, ce qui
« va décider qui je suis ; mais faites-moi le plaisir de
« faire retirer ces messieurs, et je vous avouerai tout. »
En effet, M. de Valence lui dit qui il étoit; qu'étant
exilé, il avoit cru ne pas faire un crime de venir à
Paris pour des affaires qui ne regardoient ni le Roi
ni la justice; qu'il avoit eu le malheur de tomber
dans l'extrémité du mal qui l'accabloit; qu'il falloit
que l'on se fût mépris, si c'étoit un faux-monnoyeur.
qu'il cherchoit; et qu'il le prioit de lui sauver l'honneur et la vie : l'honneur, en ne faisant point éclater
ce qu'il lui confioit à titre de confession ; et la vie, en
lui laissant prendre ses remèdes en liberté. J'ai déjà
dit que M. des Grais étoit honnête homme et humain, et le caractère de la vérité se fait toujours
sentir.

Ce que M. de Valence disoit étoit trop vrai pour
qu'il en pût douter; mais son ordre portoit d'arrêter
un homme fait de telle et telle manière, venu à telle
heure, tel jour, et que cet ordre portoit être faux-
monnoyeur. Enfin comme des Grais essayoit d'ajuster
toutes ces circonstances avec ses ordres, l'apothicaire

arriva, qui portoit un lavement. M. de Valence ne le vit pas plus tôt, qu'avec une présence d'esprit surprenante : « Monsieur, dit-il en s'adressant à M. des « Grais, je vous ai dit qui j'étois; ce remède qui m'est « ordonné me sauvera peut-être la vie : ne me permet- « tez-vous pas de le prendre? » M. des Grais le lui permit, et fit relâcher son valet, que ses archers tenoient ; de sorte qu'à l'aide de son valet et de son apothicaire il se fit porter sur le petit lit de repos, et y reçut son lavement, ayant prié M. des Grais de tourner la tête, parce que, disoit-il, il n'est pas séant qu'un prêtre reçoive un remède devant le monde. M. des Grais se tenoit à la porte, le dos tourné, pour lui laisser la liberté de recevoir ce remède, qu'il ne garda qu'un moment; et dès qu'il vit que M. des Grais se rapprocha de son lit : « Je ne vous échapperai pas, « monsieur, lui cria-t-il ; au nom de Dieu, tournez le « dos, que je rende ce remède, que je ne puis plus « garder. » Il le rendit en effet, moitié sur le lit et moitié dans un bassin, que son valet lui présenta diligemment : et comme il se plaignoit, et qu'il vit que M. des Grais avoit effectivement le dos tourné pour éviter l'ordure de ce spectacle, il se tourmenta tant sur le lit, qu'il attrapa son porte-feuille, dont il jeta les papiers avec le reste de son lavement dans le bassin, qu'il ordonna tout bas à son valet d'aller vider dans le privé de la maison. M. de Valence m'a dit que jusque là il avoit cru qu'il ne reviendroit pas de sa maladie; mais que dès qu'il sut ses papiers en sûreté, il sentit que sa santé reviendroit. En effet, son valet passa ce bassin auprès de M. des Grais et au milieu de tous ses archers, dont chacun tournoit le dos et se bouchoit le nez, et revint aider à remettre son maître au lit, l'assurant tout bas qu'il s'étoit défait de ses papiers; après quoi il fallut recommencer à parlementer avec M. des Grais, qui ne pouvoit comprendre comment il avoit arrêté un évêque, en croyant arrêter un faux-monnoyeur. Le dénouement de tout ceci fut que M. de Valence écriroit au Roi; et que jusqu'à ce que M. des Grais eût réponse de M. de Louvois, auquel il adressa cette lettre en lui rendant compte de tout ce qui s'étoit passé, il demeureroit auprès de lui sans le tourmenter, et que ses archers se tiendroient dans cette maison. La Marck et Fonton revinrent, qui confirmèrent encore à M. des Grais que celui qu'il avoit cru faux-monnoyeur étoit l'évêque de Valence; et La Marck alla avertir madame de Saint-Chaumont de cet étrange accident, et que les papiers étoient sauvés.

Je ne sais si M. de Louvois en vouloit à M. de Valence, ni si ce fut Sa Majesté qui le voulut mortifier; mais, pour toute réponse, M. des Grais reçut un billet de M. de Louvois, dans lequel il lui mandoit que l'homme qui se disoit M. de Valence étoit un faux-monnoyeur, et qu'il eût sans réplique à le traiter de même, et à le conduire au Châtelet, sans qu'une autre fois il lui arrivât de suspendre d'exécuter sans raisonnement ce qui lui étoit commandé. M. des Grais connut alors que la cour vouloit bien être trompée; et M. de Valence eut beau parler, représenter, crier, et se défendre sur l'état auquel il étoit, il fallut se lever, s'habiller, et se laisser conduire au Châtelet, où il fut écroué comme faux-monnoyeur. Sa cassette fut saisie, il fut fouillé partout; et des Grais fit inventaire de tout ce qu'il trouva dans ses habits et dans ses cassettes.

Un évêque au Châtelet n'est pas une chose bien ordinaire ; mais quand on y est, les plus sages sont ceux qui rapprochent les moyens d'en sortir. M. de Valence écrivit à messieurs les agens du clergé, qui le vinrent trouver. Il les chargea d'une seconde lettre pour le Roi, auquel ces messieurs rendirent compte que M. de Valence étoit au Châtelet. « Au Châtelet, « dit le Roi ! Cela est impossible, car il est dans « son diocèse, ou en Limosin. » Messieurs les agens lui assurèrent qu'ils l'avoient vu, et lui rendirent sa lettre. Alors le Roi fit à messieurs les agens une espèce d'excuse de cette méprise, et leur ordonna d'assurer le clergé, à la première occasion, qu'il avoit été surpris de savoir qu'un évêque exilé fût venu à Paris sans ordre ; mais qu'il n'en avoit donné aucun pour arrêter celui-là, qu'on n'avoit point connu tel ; et que son intention n'avoit jamais été de nuire aux libertés dudit clergé. De sorte que le lendemain on expédia une seconde lettre de cachet pour changer le lieu de l'exil de M. de Valence ; et, pour réparer en quelque manière la honte de tout ce qui s'étoit passé, le Roi ordonna à La Fond, gentilhomme ordinaire, de conduire cet évêque à l'Ile-en-Jourdain : honneur qui jusqu'alors n'avoit été accordé à aucun évêque, de donner un gentilhomme ordinaire pour l'accompagner. La cassette et l'argent furent remis à M. de Valence, qui partit en litière, et dont la santé avoit commencé à se rétablir depuis l'industrieuse conservation de ses papiers. Monsieur fit un grand bruit de cet événement, et madame de Saint-Chaumont fut exilée.

Cependant tout ce qui se préparoit sourdement pour le voyage de Madame s'achevoit. Elle fut au désespoir de cet accident de M. de Valence, qu'elle ne vit point. Le Roi fit, suivant son projet, un voyage en Flandre avec toute la cour. M. de Lauzun commandoit l'escorte du Roi, composée de sa maison, de sa gendarmerie, et de ses mousquetaires. L'idée de la magnificence ne peut point aller plus loin que ce que l'on en vit dans ce voyage. Les troupes étoient superbement vêtues; la cour n'a jamais paru plus brillante : le Roi jetoit à pleines mains l'or qu'il répandoit abondamment dans toutes les villes de ses nouvelles conquêtes, et ajoutoit, à la qualité des choses qu'il donnoit, les charmes de la manière avec laquelle il parloit et agissoit. Le voyage finit par la visite des places de la mer, et Madame devoit s'embarquer au port le plus commode. Jamais secret n'a été mieux gardé que celui qui devoit conduire Madame en Angleterre.

Quelques semaines avant le départ de Madame, le secret en fut révélé à Monsieur, lequel en parla au Roi comme un homme instruit. Sa Majesté fit des reproches à Madame de n'avoir su garder le secret. Madame assuroit, avec des sermens et des circonstances dont on ne pouvoit pas douter, qu'elle n'en avoit jamais rien révélé. Le Roi est impénétrable, et savoit que qui que ce soit en France ne pouvoit être informé de ses desseins, hormis M. de Louvois, dont il n'avoit osé parler à Madame, et M. de Turenne. Quel moyen y avoit-il de soupçonner M. de Turenne? Ce-

pendant, si ce n'étoit ni le Roi ni Madame, il falloit que ce fût l'un des deux qui en eût parlé. Le Roi prit le seul bon parti qu'il y avoit pour approfondir cet embarras, et découvrit à Monsieur ce qu'il ne pouvoit plus cacher : il lui dit, sans approfondir son grand projet sur la Hollande, que depuis quelque temps il avoit jeté les yeux sur Madame pour l'engager de passer en Angleterre, et cimenter, sur les instructions qu'il lui préparoit, une union des couronnes entre le roi d'Angleterre et lui pour l'agrandissement du commerce; qu'il avoit expressément défendu à Madame d'en parler à qui que ce soit. Enfin le Roi tourna Monsieur, son frère, de tant de manières, qu'il découvrit que cet avis du voyage de Madame en Angleterre lui étoit venu par le chevalier de Lorraine. Mais par où le chevalier de Lorraine, qui n'étoit pas à la cour, en étoit-il informé? Le Roi envoya chercher M. de Turenne. « Parlez-moi comme à votre confesseur, lui
« dit le Roi : avez-vous dit à quelqu'un ce que je vous
« ai confié de mes desseins sur la Hollande, et sur le
« voyage de Madame en Angleterre ? » En vérité si le cœur de ce grand homme fut jamais combattu entre la vérité et la honte d'avouer sa foiblesse, ce fut dans cette occasion. Cependant la vérité l'emporta, et ce fut un des grands combats et des plus embarrassans où ce grand capitaine se soit jamais trouvé. « Com-
« ment, sire, répliqua M. de Turenne en bégayant,
« quelqu'un sait-il le secret de Votre Majesté? — Il
« n'est pas question de cela, reprit le Roi pressam-
« ment : en avez-vous dit quelque chose ? — Je n'ai
« point parlé de vos desseins sur la Hollande certai-
« nement, répondit M. de Turenne; mais je vais tout

« dire à Votre Majesté. J'avois peur que madame de
« Coaquin, qui vouloit faire le voyage de la cour,
« n'en fût pas; et pour qu'elle prît ses mesures de
« bonne heure, je lui en dis quelque chose, et que
« Madame passeroit en Angleterre pour aller voir le
« Roi son frère. Mais je n'ai dit que cela, et j'en de-
« mande pardon à Votre Majesté, à qui je l'avoue. »
Le Roi se prit à rire, et lui dit : « Monsieur, vous
« aimez donc madame de Coaquin?—Non pas, sire,
« tout-à-fait, reprit M. de Turenne; mais elle est
« fort de mes amies. — Oh bien! dit le Roi, ce qui
« est fait est fait : mais ne lui en dites pas davan-
« tage; car si vous l'aimez, je suis fâché de vous dire
« qu'elle aime le chevalier de Lorraine, auquel elle
« redit tout, et le chevalier de Lorraine en rend
« compte à mon frère. »

Quelques jours après, Madame passa en Angleterre. Le temps qu'elle y resta fut autant de jours de
triomphe. Cette charmante princesse enchantoit tous
ceux sur lesquels elle vouloit laisser tomber ses yeux.
Elle réussit auprès du Roi son frère à la meilleure
partie des choses dont le Roi l'avoit chargée, et repassa en France, où, peu de temps après son retour,
elle mourut à Saint-Cloud, si subitement qu'il courut mille bruits différens de sa mort, dont pas un
peut-être n'a de fondement que le malheur de l'humanité.

A l'égard de M. de Valence, il resta quatorze ans
exilé à l'Ile-en-Jourdain, et revint enfin dans son
diocèse, d'où, quelques années après son retour,
ayant eu l'honneur de saluer le Roi et de revoir
Monsieur, qui le reçurent tous deux avec mille té-

moignages de bonté, il fut transféré de l'évêché de Valence à l'archevêché d'Aix. C'est un homme d'une vivacité surprenante, d'une éloquence qui ne laisse pas la liberté de douter de ses paroles, bien que, à la quantité qu'il en dit, il ne soit pas possible qu'elles soient toutes vraies. Il est d'une conversation charmante, d'une inquiétude qui fait plaisir à ceux qui ne font que l'observer, et qui n'ont point affaire à lui. Je me souviens que, dans une conversation où je me trouvai en allant en Italie, entre le cardinal Le Camus et lui, le cardinal lui dit que le Pape lui avoit ordonné de mettre un peu de vin dans son eau, parce que l'eau pure lui gâtoit l'estomac. « Monseigneur, reprit « l'évêque de Valence, il devoit bien plutôt vous « ordonner de mettre de l'eau dans votre vin. » Et sur ce que, dans la même conférence qui se tint à Vienne, M. de Grenoble lui dit d'un ton apostolique, sur quelque chose qui regardoit la conduite de leurs diocèses, qu'il n'étoit pas venu là pour le gâter : « Ni « moi, monseigneur, reprit M. de Valence, pour « vous canoniser. » Un jour qu'il vint à Grenoble voir madame de La Baume, elle lui dit, en parlant d'elle-même, que quand une femme approche de la cinquantaine, elle ne doit plus songer qu'à sa santé. « Dites, madame, reprit M. de Valence, quand elle « s'en éloigne. » C'est un grand dommage que Montreuil(1), qu'il avoit auprès de lui, n'ait pas ramassé toutes les choses vives et singulières dont sa conversation ordinaire et toute sa vie ont été remplies. Pour moi, j'en ai dit tout ce que j'en ai pu apprendre

(1) *Montreuil :* Matthieu de Montreuil, auteur de quelques jolis madrigaux, étoit secrétaire de l'évêque de Valence.

par une longue et étroite familiarité. Je vais écrire à présent une suite d'aventures qui ne seront peut-être pas moins intéressantes : on y verra par quel enchaînement de circonstances bizarres le marquis d'Arquien, père de la reine de Pologne, n'a jamais pu parvenir à être duc.

LIVRE NEUVIÈME.

Dans tout le cours de la fortune de Jean Sobieski, même avant qu'il fût grand maréchal de Pologne, il avoit entretenu de grandes liaisons avec la France, et il avoit eu part aux propositions d'élection que ce royaume avoit faites en faveur de M. de Longueville.

Le Roi s'étoit engagé d'assister ce grand maréchal dans tous les moyens possibles pour le faire roi lui-même, et l'engager, supposé qu'il ne pût pas y parvenir, de donner ses suffrages et son parti à l'élection que la France protégeroit ; et que, supposé que la profession publique qu'il faisoit d'être à la tête du parti que la France soutenoit lui fît des affaires dans son pays qui l'obligeassent d'en sortir, n'ayant pu le faire roi lui-même, ou mettre la couronne sur la tête de celui que la France protégeroit ; supposé, dis-je, que par l'échouement de ces deux partis il fût obligé de sortir de Pologne après l'élection d'un autre, le roi de France lui avoit promis de lui donner non-seulement des établissemens considérables en France, mais s'étoit obligé de le faire duc s'il prenoit le parti de mener une vie tranquille, et de le faire maréchal de France s'il vouloit continuer en France le métier de la guerre, auquel il avoit si bien réussi dans les guerres de Pologne. De sorte qu'il étoit naturel qu'étant devenu roi, et la Reine sa femme souhaitant passionnément l'élévation de son père en France, Sa Majesté Polonaise tournât du côté du marquis d'Arquien son beau-père l'élévation dont il n'avoit plus besoin depuis qu'il étoit monté sur le trône.

Ce prince en écrivit au Roi, qui lui répondit gracieusement qu'il seroit très-aise de trouver l'occasion de lui marquer dans le père de la Reine la considération qu'il avoit toujours eue pour lui ; que très-volontiers il feroit le marquis d'Arquien duc ; mais que pour cela il falloit préalablement qu'il se mît en état de recevoir cette grâce par l'acquisition d'une terre qui pût soutenir le titre de duché, le marquis n'en ayant présentement aucune dans sa maison qui pût convenir à cette dignité. Le marquis de Béthune partit pour être ambassadeur auprès du Roi son beau-frère : il avoit eu connoissance de cette promesse, supposé que le grand maréchal eût été obligé de se retirer en France ; et, sans prendre connoissance des vues que le roi de Pologne avoit pour le marquis d'Arquien, il songeoit à rapprocher les moyens de tourner en sa faveur toutes les dispositions que l'on avoit eues de faire cette grâce, comme je viens de dire, au roi de Pologne.

M. de Seignelay étoit intime ami du marquis de Béthune : c'étoit à lui et à M. de Colbert son père qu'il avoit fait part de ce projet, et ils avoient promis d'en ménager les conjonctures. La réponse que le Roi avoit faite au roi de Pologne sur le marquis d'Arquien étoit inconnue au marquis de Béthune, et connue de M. de Colbert ; le Roi même eût eu plus d'inclination d'élever le dernier que le marquis d'Arquien, qui étoit domestique de Monsieur : de plus, cette terre pour donner un titre en faveur du dernier ne s'achetoit point. Je ne sais si, pour favoriser les intérêts du marquis de Béthune, M. de Colbert lui-même ne traversoit point cet objet ; et le Roi enfin, fixé à ne pas faire deux ducs, à la sollicitation du roi de Pologne, étoit résolu de faire celui des deux que Sa Majesté Polonaise lui demanderoit : et jusque là le roi de Pologne ignoroit totalement les desseins du marquis de Béthune son beau-frère, et songeoit véritablement à faire acheter une terre au père de la Reine.

Il arriva en ce temps-là à Varsovie un carme français, qui fit demander au Roi très-instamment la permission de lui parler en particulier. Après quelque difficulté pour obtenir son audience, qu'il eut enfin, ayant fait dire qu'il s'agissoit d'une affaire particulière dont il importoit infiniment à Sa Majesté Polonaise d'être informée, ce père carme remit au Roi une lettre dont le sens portoit que celui qui avoit l'honneur d'écrire à Sa Majesté n'ayant pas celui d'être connu d'elle, se trouvoit obligé, aux dépens de la réputation de sa mère, de faire souvenir Sa Majesté qu'étant en France, au sortir de l'académie il avoit eu commerce avec une belle femme qui, parce qu'elle étoit mariée, avoit fait paroître comme de son mari un fils qu'elle avoit eu l'honneur d'avoir de Sa Majesté ; que ce fils avoit eu des biens de son prétendu père la seule fortune d'acheter la charge de secrétaire des commandemens de la reine de France ; que puisque la fortune et le mérite du Roi avoient mis le père sur le trône, celui qui avoit l'honneur de se trouver et de s'avouer son fils avoit lieu d'espérer quelque élévation : qu'au surplus il avoit l'avantage d'être protégé et considéré de la Reine, à laquelle il avoit fait confidence non-seulement de ce qu'il étoit, mais de la prière qu'il faisoit à Sa Majesté Polonaise; et qu'en le reconnoissant pour son fils, la Reine seroit fort contente de contribuer de son côté à la prière qu'il lui faisoit de demander au Roi de le faire duc et pair.

Cette lettre étoit signée *Brisacier*, secrétaire des commandemens de la reine Marie-Thérèse, et portoit que le carme auroit l'honneur d'entretenir Sa Majesté de quelques circonstances auxquelles il supplioit le Roi d'avoir attention. Et tout de suite le carme lui remit deux lettres, l'une de la Reine, dans les termes du monde les plus forts pour obliger Sa Majesté Polonaise de demander au Roi son mari la grâce de faire Brisacier duc; et l'autre étoit une lettre de change de cent mille écus, payable à Dantzick, aux ordres du roi de Pologne. Tout cela étoit accompagné d'un très-beau portrait de la reine de France, dont le cadre étoit orné de quantité de diamans; et ce portrait, que le carme lui remit, étoit au moins de vingt ou vingt-cinq mille écus.

Le Roi, surpris d'une aventure si nouvelle, ne se souvint ni de madame Brisacier, ni d'avoir cru avoir un fils : mais comme, dans le temps de ses premiers voyages en France, il avoit eu commerce avec plusieurs femmes de moyenne vertu, il étoit possible que tout ce que contenoit la lettre signée *Brisacier* fût vrai. Le Roi commença de se saisir du portrait, envoya à Dantzick savoir si la lettre de change, dont il prit copie, étoit de l'argent comptant : et lorsqu'il eut appris qu'effectivement rien n'étoit meilleur que ladite lettre de change, ce prince fit réflexion qu'au bout du compte cent mille écus étoient toujours aussi bons à prendre que le portrait, qu'il avoit mis à part; que la lettre de la reine de France étoit une chose effective, qui ne lui laissoit quasi pas douter que Brisacier ne pût être son fils: et il remit au carme une lettre pour le Roi, qui contenoit partie de ce que portoit celle de Brisacier, et le supplioit d'avoir égard qu'ayant un fils en France qu'il vouloit reconnoître, il conjuroit Sa Majesté de l'honorer de ses grâces, et de vouloir bien, à sa prière, le faire duc. Moyennant cette lettre, que Sa Majesté Polonaise remit au carme, il eut l'industrie de tirer la lettre de change. Ce prince aimoit l'argent, et ne perdit pas de temps à envoyer à Dantzick prendre les cent mille écus qu'elle portoit.

La surprise du Roi ne fut pas médiocre quand il reçut la lettre du roi de Pologne. Brisacier n'étoit ni de figure, ni n'avoit jamais été regardé que comme un sujet très-médiocre, que l'on trouvoit même très-honoré de l'emploi de secrétaire des commandemens de la Reine, qu'il exerçoit. Le Roi, qui savoit les prétentions de Béthune, et celles que le roi de Pologne lui avoit témoignées pour son beau-père, ne laissoit pas de trouver assez singulier que de la même part on lui demandât trois grâces considérables de la même nature.

Sa Majesté tint le cas secret, vécut avec Brisacier comme de coutume, et écrivit au marquis de Béthune de découvrir si effectivement le roi de Pologne étoit persuadé que Brisacier fût son fils.

Le marquis prit le temps que le Roi étoit de bonne humeur à la chasse. « Oserai-je, sire, lui dit-il, de-

« mander à Votre Majesté ce que c'est qu'un nommé
« Brisacier, qui fait courre le bruit en France qu'il a
« l'honneur d'être votre fils ; et que Votre Majesté,
« prête à le reconnoître, a demandé au Roi mon maître
« de l'élever à la plus grande dignité de son royaume ?
« — Le diable m'emporte, dit le Roi, si je sais ce que
« c'est que M. ni madame Brisacier. Je n'étois pas
« chaste quand j'étois en France, y ayant de bonnes
« et de mauvaises fortunes. » Et tout de suite le Roi
lui conta ce que contenoit la lettre de Brisacier, les
éclaircissemens qu'il lui donnoit sur sa naissance, la
circonstance de la lettre de change de cent mille écus,
et celle du portrait enrichi de diamans ; et ajouta que
ce qui l'avoit le plus déterminé à croire que ledit Brisacier étoit véritablement son fils, c'étoit une lettre
de la reine de France qui le lui assuroit, et qu'elle le
protégeoit, et paroissoit avoir une extrême considération pour lui.

Le marquis de Béthune lui dit ce qu'il savoit des
talens et de la figure du sieur Brisacier, bien capable d'avoir fait une imposture qu'il étoit nécessaire
d'approfondir. Au retour de la chasse, le Roi lui
remit l'original de la lettre de la reine de France,
en lui disant : « Voyez, monsieur, si je puis moins
« faire pour un homme qui se dit mon fils, et qui
« m'est recommandé aussi fortement par une prin-
« cesse de la piété, de la vertu et du rang de la
« Reine ! »

Le marquis de Béthune envoya l'original de cette
lettre au Roi son maître, qui passa chez la Reine, et lui
dit : « Voyez, madame, ce que c'est que cette lettre. »
La Reine reconnut son seing, et dit : « C'est mon

« écriture ! » Et à mesure qu'elle la lisoit sa surprise augmentoit, et continua de dire qu'elle n'avoit jamais pensé à une telle impertinence; qu'elle ne savoit ce que c'étoit, et qu'il falloit que Brisacier fût devenu fou; qu'apparemment le fripon lui avoit fait signer cela en lui présentant des lettres de complimens, que l'on signe d'ordinaire sans les voir, parce que ce ne sont que des lettres d'usage dont le style est toujours le même, et qui ne signifient rien. « Oh bien! madame, « dit le Roi, prenez garde dorénavant à ce qu'on « vous fait signer. J'exige de vous que vous ne direz « rien du tout de cette aventure à ce fou de Brisa- « cier. » Peu de jours après le Roi le fit arrêter, et l'envoya à la Bastille; on prit tous ses papiers, et on l'interrogea.

Ce petit extravagant avoua qu'il avoit imaginé toute cette belle histoire. Il conta comme quoi il avoit engagé un carme de sa connoissance à porter la lettre, qu'il avoit fait signer à la Reine sans qu'elle sût ce que c'étoit; il n'oublia pas la circonstance du portrait envoyé, et de la lettre de change de cent mille écus. Le Roi envoya les interrogations et les dépositions du tout à Sa Majesté Polonaise, qui connut si bien la fausseté de l'engagement où on l'avoit voulu mettre, qu'il fit des excuses au Roi de sa crédulité.

Quand Brisacier eut fait quelque pénitence à la Bastille, on le mit en liberté comme un fou, avec ordre de sortir de France. Son premier soin fut de courir après sa lettre de change, que le roi de Pologne avoit touchée; il se rendit à Varsovie, pour essayer d'en rapporter quelque chose. Le Roi le reçut comme un fripon et comme un imposteur. Cependant ses créanciers firent tant de justes représentations à Sa Majesté Polonaise, qu'il promit d'en payer quelques-uns. Les princes ont toujours de la peine à rendre ce qu'ils ont touché. On donna cinq à six cents pistoles à ce malheureux, qui passa en Moscovie, où il mourut, dans le dessein d'aller aux Indes chercher la fortune qu'il n'avoit pu faire en Europe; et le Roi peu à peu, et dans tous les plus mauvais et les plus reculés effets qu'il put avoir de temps en temps, et dans l'espace de quatre ans, rendit aux créanciers la somme qu'il avoit touchée.

Le ridicule d'avoir demandé les plus grandes dignités du royaume pour un imposteur ralentit dans le Roi et dans la Reine l'empressement de demander la même grâce pour le père de la Reine, qui s'étoit rendu en Pologne. L'affaire de Strick (1), la dissipation des troupes qui devoient passer au service de Tékély, et les brouilleries qui obligèrent de rappeler le marquis de Béthune, lui firent absolument perdre les vues dont il avoit fait confidence à M. de Seignelay. Les cours de France et de Pologne ne vécurent plus dans les mêmes liaisons d'intérêt; et la Reine ne put avoir dans tous ces contre-temps la satisfaction qu'elle avoit désirée de voir son père duc. Quelque temps après, l'on décora sa personne du cordon bleu, et on lui procura de la part du royaume de Pologne

---

(1) *L'affaire de Strick:* Il est question de la levée de troupes que le marquis de Béthune faisoit dans la starostie de Strick, aux frais de la France, pour secourir les mécontens de Hongrie. L'abbé de Choisy a donné des détails fort curieux sur ce point d'histoire dans un Mémoire publié dans le recueil *A* en 1745; on le trouvera ici dans le onzième livre.

un chapeau de cardinal, avec lequel il est mort, dans une extrême vieillesse, à Rome, auprès de la Reine sa fille, qui s'y retira après la mort du Roi son mari, et après avoir perdu l'espérance de mettre aucun des princes ses fils sur le trône de Pologne.

LIVRE DIXIÈME.

Le petit voyage que je viens de faire à La Ferté-Vidame, où M. le cardinal de Bouillon a demeuré quelque temps en s'en retournant à Cluny, m'a fait venir la pensée d'écrire des Mémoires sur sa vie : elle est pleine d'événemens si grands et si singuliers, qu'ils méritent de passer à la postérité. Cinq conclaves, où il a fait voir sa capacité ; deux exils assez longs, qu'il a soutenus avec fermeté ; les évêchés de Liége et de Strasbourg, qu'il n'a manqués que par les intrigues de ses ennemis ; le cardinalat, la charge de grand aumônier de France, l'abbaye de Cluny, dont il a eu la principale obligation à son habileté dans les affaires du monde ; les disgrâces de la fortune et ses faveurs, me fourniront une belle matière, pourvu que je sois instruit de toutes les particularités ; et je me vante que personne sur la terre ne l'est mieux que moi. Je suis ami du cardinal depuis son enfance ; je l'ai suivi dans plusieurs de ses voyages ; j'ai été son conclaviste à l'exaltation du pape Innocent XI ; j'ai fait plusieurs campagnes du Roi dans son carrosse ; et dans tous les temps il a eu peu de choses cachées pour moi. Feu M. de Turenne étoit le meilleur ami de ma mère, jusque là qu'étant devenue vieille, elle lui disoit : « Comment se peut-il faire qu'ayant passé « notre vie ensemble, vous jeune, moi jolie, vous ne « m'ayez jamais dit pis que mon nom ? » Ainsi le cardinal et moi avons été accoutumés dès l'enfance à nous connoître, et, si je l'ose dire, à nous aimer. Il commença à faire parler de lui par une querelle qu'il eut à un collége avec l'abbé d'Harcourt, qu'il soutint vigoureusement. Le lendemain, ma mère me demanda si j'avois été lui offrir mon bréviaire : je lui dis que non, et que l'abbé d'Harcourt étoit de mes amis. « Comment, me dit-elle, le neveu de M. de Turenne! « Courez vite, ou sortez de chez moi. » C'étoit une maîtresse femme, qui faisoit ma fortune. J'y allai, et depuis ce jour-là j'ai toujours été attaché à lui; et jamais (ce qui est assez rare dans une amitié de plus de cinquante années) il n'y a eu le moindre froid entre nous. Je vais donc écrire des Mémoires que je commencerai dès sa plus tendre enfance, et je me garderai bien de lui en parler. Je m'instruirai à fond dans nos conversations des choses que je ne sais pas assez exactement : il aime assez à parler de ce qui le regarde quand il parle à un ami particulier, et cela est fort naturel; et d'ailleurs je me veux réserver le droit de le blâmer quand il sera blâmable. Tous les hommes font des fautes; mais la plupart n'aiment pas qu'on les avertisse, et surtout les grands seigneurs, qui sont accoutumés aux louanges. Je l'aime tendrement, mais j'aime encore mieux la vérité; et tout mon attachement ne me fera jamais rien dire à son avantage qui ne soit vrai : aussi je ne cacherai rien de ce qui peut le justifier sur les prétendus crimes qu'on lui a imputés; et, sans manquer au respect que je dois à ceux que Dieu a mis sur nos têtes, je dirai simplement les choses comme elles se sont passées. Je dirai de plus que je n'ai pas été élevé dans une bouteille : ma mère, quoique femme d'un homme de robe, avoit tous les jours toute la cour chez elle; nous logions dans une belle maison à la porte du Louvre : d'ailleurs j'étois le dernier de mes frères; et comme ma mère m'avoit eu dans un âge assez avancé, je la faisois paroître encore jeune, ce qui faisoit sans doute qu'elle m'aimoit plus que mes frères. Elle envoya l'aîné conseiller à Toulouse, où nous avions beaucoup de parens; le second, qu'on appeloit Baleroy, alloit à la guerre, où M. de Turenne, le héros du siècle, le faisoit valoir en toutes occasions; et moi, j'étois toujours avec elle. Tous les matins j'écrivois au chevet de son lit toutes les lettres qu'elle écrivoit aux plus grandes princesses de l'Europe, avec qui elle avoit commerce, et principalement à la princesse Marie, reine de Pologne, son amie particulière; et toutes ces lettres parloient d'affaires souvent très-importantes : de sorte que j'ai été initié de bonne heure aux intrigues de la cour. Tout cela m'étoit fort avantageux, et devoit me former l'esprit; mais, d'un autre côté, ma mère avoit tant de foiblesse pour moi, qu'elle étoit continuellement à m'ajuster. Elle m'avoit eu à quarante ans passés; et comme elle vouloit absolument encore être belle, un enfant de huit à neuf ans qu'elle menoit partout la faisoit paroître encore jeune. On m'habilloit en fille toutes les fois que le petit Monsieur (1) venoit au logis, et il y venoit au moins deux ou trois fois la semaine. J'avois les oreilles percées, des diamans, des mouches, et toutes les autres petites afféteries auxquelles on s'accoutume fort aisément, et dont on se défait fort difficilement. Monsieur, qui ai-

(1) *Le petit Monsieur :* Le duc d'Anjou; depuis duc d'Orléans.

moit aussi tout cela, me faisoit toujours cent amitiés. Dès qu'il arrivoit, suivi des nièces du cardinal Mazarin et de quelques filles de la Reine, on le mettoit à sa toilette, on le coiffoit. Il avoit un corps pour conserver sa taille (ce corps étoit en broderie): on lui ôtoit son justaucorps, pour lui mettre des manteaux de femmes et des jupes; et tout cela se faisoit, dit-on, par l'ordre du cardinal, qui vouloit le rendre efféminé, de peur qu'il ne fît de la peine au Roi, comme Gaston avoit fait à Louis XIII. Mais la nature a été la plus forte en lui : quand il a fallu se battre, il s'est montré du sang de France, et a gagné des batailles ; je l'ai vu pendant des campagnes entières quinze heures à cheval, en suivant les ordres du Roi, exposant toute sa beauté à un soleil qui ne l'épargnoit pas. Quand Monsieur étoit habillé et paré, on jouoit à la petite prime (c'étoit le jeu à la mode), et sur les sept heures on apportoit la collation ; mais il ne paroissoit point de valets : j'allois à la porte de la chambre querir les plats, et les mettois sur des guéridons autour de la table ; je donnois à boire, dont j'étois assez payé par quelques baisers au front, dont ces dames m'honoroient. Madame de Brancas y amenoit souvent sa fille, qui a été depuis la princesse d'Harcourt. Elle m'aidoit à faire ce petit ménage; mais quoiqu'elle fût fort belle, les filles de la Reine m'aimoient mieux qu'elle : sans doute que, malgré les cornettes et les jupes, elles sentoient en moi quelque chose de masculin. J'oubliois à dire que madame de Brancas et ma mère envoyoient leurs enfans à cul nu sur un petit degré dérobé, persuadées que cela les feroit gagner. J'ai cru devoir rapporter ici toutes ces bagatelles, afin de fonder la créance de ceux qui liront ces Mémoires, en leur apprenant que j'ai passé ma vie avec des gens qui ont pu m'instruire de tout.

J'ajouterai que dans la suite je me suis trouvé dans la familiarité de tous les ministres, à l'exception de M. de Louvois, qui me haïssoit fort, à cause qu'il me croyoit attaché au cardinal de Bouillon. Je n'ai pourtant pas eu grand commerce avec M. Colbert; je n'aimois pas à aller chez lui, il sembloit qu'il fût toujours fâché : mais je voyois souvent M. Le Tellier, encore plus souvent M. de Lyonne, à cause de ses enfans qui m'aimoient fort, et M. de Pomponne, qui avoit grande obligation à ma mère. Elle avoit un an durant montré au Roi de belles lettres qu'il lui écrivoit de Suède, et cela n'avoit pas peu contribué à le faire ministre. Il est vrai que ces belles lettres il étoit trois mois à les faire ; et quand il fut en place, on s'aperçut bientôt que c'étoit un bon homme, d'un génie assez court. Je voyois aussi M. de Croissy, qui avoit plus de capacité qu'on n'a cru dans le monde. Son air grossier, pour ne pas dire brutal, lui a fait tort : personne n'écrivoit mieux ; et toutes ses dépêches, qu'il dictoit lui-même sans le secours de ses commis, étoient admirables. Bergeret, son premier commis, se donnoit là-dessus une vanité ridicule : il alloit tous les jours écrire sous son maître les lettres qu'il lui dictoit, et n'étoit que simple scribe, quoiqu'il eût deux mille écus d'appointemens ; il n'y changeoit pas une parole : et cependant lorsqu'on parloit des belles dépêches de M. de Croissy, et qu'on le flattoit d'y avoir quelque part, il se donnoit un air modeste qui laissoit entendre ce qui n'étoit pas, sans pourtant qu'on pût l'accuser de s'en être vanté grossièrement. J'ai moi-même été trompé comme les autres, jusqu'au jour qu'à la honte de notre siècle, l'Académie française le préféra à M. Ménage. Alors il me consulta sur une harangue que M. d'Haucourt son ami lui avoit faite; et je connus son incapacité par les manières innocentes et niaises dont il reçut mes corrections, dont il n'entendoit pas la moitié. M. de Pontchartrain, devenu chancelier, étoit aussi, et plus que pas un, de mes amis. Nous avons étudié ensemble; et son père, président des comptes, signa parmi mes parens quand on me fit émanciper. Après tout ce verbiage, dont je me serois peut-être bien passé, je viens à mon dessein.

Emmanuel-Théodose de La Tour-d'Auvergne, cardinal de Bouillon, naquit dans le château de Turenne le 24 d'août 1643, quoique dans toute l'Italie il passe pour être né à Rome en 1644, dans le temps que le feu duc de Bouillon son père s'y rendit pour être généralissime des troupes du pape Urbain VIII. Sa femme Eléonore de Bergues, princesse dont la piété solide égaloit le courage, la beauté et la naissance, le suivit avec quelques-uns de ses enfans; et peut-être que le cardinal de Bouillon ne s'est pas opposé à cette créance commune, dans la pensée qu'étant cru né Romain, on l'en aimeroit mieux dans Rome en le croyant compatriote. Sa maison est regardée comme une des plus illustres de l'Europe. Justel et Baluze en ont fait la généalogie, et la font descendre des ducs d'Aquitaine, comtes d'Auvergne; et quoique Le Bouchet, fameux généalogiste, ait paru en plusieurs occasions peu favorable à messieurs de Bouillon, il ne laisse pas d'avouer qu'ils descendent en ligne directe de Géraud de La Tour, qui vivoit en 937, qu'il dit bien être de la maison d'Auvergne, mais non pas descendre d'Asfred, comte d'Auvergne et duc d'Aquitaine, dont Justel les a fait descendre le premier, mais de Bernard, vicomte d'Auvergne, qui vivoit vers l'an 900. Une si grande ancienneté, jointe à quinze alliances avec la maison royale, mettent la maison de Bouillon au-dessus de beaucoup d'autres qu'on s'efforce tant de faire valoir.

Quelque temps après la naissance d'Emmanuel-Théodose, on le destina à être chevalier de Malte, malgré la répugnance de la duchesse de Bouillon sa mère, qui trouvoit fort dangereux pour le salut un état de vie qui engage à des vœux religieux, dont l'observation est si difficile par le commerce du grand monde et par la vie militaire. Il porta le nom de chevalier jusqu'à ce qu'il embrassât l'état ecclésiastique. Au commencement de l'année 1644, le duc et la duchesse de Bouillon, sous prétexte d'un pèlerinage au Puy, partirent de Turenne, et passèrent en Italie ; ils remirent ce petit chevalier entre les mains de madame de Duras sa tante, que le duc aimoit plus tendrement que ses autres sœurs : ce qui a bien paru dans la suite, messieurs de Duras ayant plus profité de l'amitié et de la protection de M. de Turenne, qui pensoit sur leur sujet comme son frère, que tous ses autres neveux, fils de ses sœurs. Madame de Duras garda chez elle le petit chevalier de Bouillon jusqu'en 1647, que le duc de Bouillon étant revenu à la cour après la paix d'Italie, sollicita le dédommagement qu'on lui avoit promis pour la souveraineté de Sedan.

Les livres sont pleins du traité que M. de Cinq-

Mars, grand écuyer de France, fit avec le roi d'Espagne pour chasser le cardinal de Richelieu. J'ai été bercé de toutes les particularités de cette affaire; ma mère étoit de tous les secrets de la cour. La princesse Marie de Gonzague, qui a été depuis reine de Pologne, étoit son amie intime, et lui avoit promis de faire mon père garde des sceaux, après qu'elle auroit épousé M. le grand, qui devoit être connétable. Elle étoit confidente de leurs amours. Mon père, alors intendant de Languedoc, ne savoit rien de tout cela : il eut ordre du Roi d'aller chez M. le grand, qui avoit été arrêté, et de saisir tous ses papiers, même ceux qui étoient dans ses poches. Il le trouva dans sa chambre à Montpellier, se promenant à grands pas devant un grand feu où il avoit jeté beaucoup de papiers. « M. de Choisy, lui dit-il en le voyant, vous seriez « bien fâché de trouver tout ce que je viens de brû- « ler. » Enfin tout fut découvert.

M. le duc d'Orléans, oncle du Roi, avoit signé le traité d'Espagne ; et l'on prétendoit même, sur de grandes apparences, que le Roi, qui n'aimoit plus le cardinal de Richelieu, qui le craignoit, avoit tout approuvé. Ce prince, dont on a dit avec raison qu'il étoit grand dans les petites choses, et petit dans les grandes, avoit eu envie de temps en temps de se défaire de ce cardinal, et n'avoit jamais eu la force de le faire. M. le grand eut le cou coupé; M. de Thou l'eut aussi, quoiqu'il n'eût point signé ce traité, mais parce qu'en ayant eu connoissance, il n'en avoit rien dit; M. le duc d'Orléans en fut quitte pour aller à Blois; et M. de Bouillon, qui commandoit l'armée du Roi en Italie, fut arrêté, et conduit à Lyon au châ-

teau de Pierre-Encise. Il nioit fort d'être entré dans
le traité, et il ne se trouva point de preuves contre
lui : mais comme Fontrailles, agent de M. de Cinq-
Mars, l'avoit nommé parmi ceux qui n'aimoient pas
le cardinal de Richelieu, et que Monsieur lui avoit
fait promettre de lui donner retraite dans Sedan en
cas que le Roi vînt à mourir, on le menaça de lui
faire un mauvais parti s'il ne faisoit rendre au Roi la
ville de Sedan, dont on lui donneroit un dédommagement considérable. Le cardinal Mazarin, qui commençoit à entrer dans les affaires sous les ordres du
cardinal de Richelieu, ménagea l'accommodement.
Sedan fut livré, au grand regret d'Elisabeth de Nas-
sau, mère du duc de Bouillon, qui vouloit plutôt souffrir les dernières extrémités, et hasarder la vie de son
fils. Le duc de Bouillon fut mis en liberté, et relé-
gué à Turenne, où il demeura jusqu'à la mort du roi
Louis XIII. Il fut alors persuadé que le cardinal Mazarin, tout puissant sur l'esprit de la Reine régente,
lui feroit rendre justice sur le dédommagement qu'il
lui avoit promis de la part du cardinal de Richelieu.
Il revint à la cour avec de grandes espérances. Il y fut
assez mal reçu ; on le regarda comme un homme qu'on
ne craignoit plus depuis qu'il n'avoit plus Sedan, et sa
présence devint bientôt importune. Il s'en aperçut,
et s'en alla à Turenne, où il négocia pendant l'hiver
le généralat des troupes du Pape. Il passa en Italie ;
et y étant demeuré jusqu'en 1647, il ne fut point en
état de solliciter son dédommagement. Il vint alors à
la cour, et y fut traité d'abord assez bien, et ensuite
si mal, qu'il se vit obligé à suivre l'exemple de M. le
prince de Conti, qui s'étoit déclaré pour la ville de

Paris contre le Roi : le duc de Longueville se déclara aussi. On mena les enfans de M. le duc de Bouillon à l'hôtel-de-ville, pour y servir d'otages de la fidélité de leur père. Madame de Longueville, sœur des princes de Condé et de Conti, fut aussi conduite à l'hôtel-de-ville pour y servir d'otage, et elle y accoucha du comte de Saint-Paul, qui fut tenu sur les fonts de baptême par le prevôt des marchands et échevins de la ville de Paris, et par madame de Bouillon, qui le nommèrent Charles Paris. C'est lui qui fut tué au passage du Rhin en 1672, dans le temps qu'il alloit tâcher de se faire roi de Pologne.

Pendant que M. de Bouillon étoit déclaré l'un des généraux de la ville de Paris, M. de Turenne, qui commandoit l'armée du Roi en Allemagne, la faisoit confédérer contre la cour; mais peu après, par les intrigues de M. le prince, qui avoit conservé beaucoup de crédit sur ces troupes, qu'il avoit commandées long-temps, M. de Turenne s'en vit abandonné, et fut obligé de se retirer en Hollande.

La guerre de Paris ne dura pas long-temps : la ville se soumit au Roi; il y eut une amnistie générale, et le duc de Bouillon et le vicomte de Turenne y furent nommés expressément. Mais cette paix ne fut pas longue : le cardinal Mazarin, fatigué de la manière impérieuse dont il étoit traité par M. le prince, qui vouloit faire donner à ses créatures toutes les charges et tous les gouvernemens, persuada à la Reine mère et régente, qu'il gouvernoit absolument, de faire arrêter les princes; car M. le prince, le prince de Conti et le duc de Longueville étoient unis inséparablement par le sang et par l'intérêt. Il s'assura en secret, avant que de l'entreprendre, du parti des frondeurs; il gagna le coadjuteur de Paris, depuis cardinal de Retz, et le duc de Beaufort, et fit conduire les princes au château de Vincennes, dans le temps qu'ils s'y attendoient le moins. Ils avoient reçu plusieurs avis secrets dont ils s'étoient moqués, quoiqu'ils prissent la précaution de n'aller jamais tous trois ensemble au Louvre. M. de Longueville étoit alors à une petite maison à Chaillot, où il prenoit des eaux. Quand toutes les mesures furent prises, la Reine mère écrivit le soir à M. de Longueville que s'il vouloit la venir trouver le lendemain, elle lui donneroit contentement sur le gouvernement du Pont-de-l'Arche, qu'il demandoit depuis long-temps; qu'elle étoit incommodée, et ne tiendroit pas conseil ce jour-là. Il n'y manqua pas, et fut bien étonné quand il vit les deux princes déjà arrivés pour le conseil. Le cardinal Mazarin entra aussitôt, et leur dit que la Reine achevoit quelques dépêches. Un moment après entra le vieux Guitaut, capitaine de ses gardes, qui les arrêta de la part du Roi, et les pria de passer par un petit escalier dérobé. M. le prince, en voyant cet escalier fort obscur, et plein de gardes du corps la carabine haute, lui dit : « Guitaut, ceci a bien l'air des Etats « de Blois. — Non, non, monseigneur, lui répondit-« il; je ne m'en mêlerois pas. » Ils descendirent, et furent mis entre les mains du comte de Miossens, capitaine lieutenant des chevau-légers, qui en devint maréchal d'Albret. Il les mena à Vincennes; et dans le chemin le carrosse s'étant rompu, M. le prince, pendant qu'on le raccommodoit, dit tout bas à Miossens : « Voici une belle occasion pour un cadet de

« Gascogne. » Miossens ne fut point ébranlé, et mena ses prisonniers à Vincennes.

Dès que les princes eurent été arrêtés, le duc de Bouillon et M. de Turenne se déclarèrent hautement pour leur liberté. Le duc s'en alla à Montrond prendre madame la princesse, et la conduisit à Bordeaux, avec trois ou quatre mille hommes de la vicomté de Turenne; M. de Turenne, de son côté, s'en alla à Stenay. La Reine mère envoya aussitôt le sieur de Carnavalet, lieutenant des gardes du corps, arrêter la duchesse de Bouillon, qui logeoit dans la vieille rue du Temple, et qui étoit prête d'accoucher. Dès que ses suisses virent venir les gardes du corps, ils fermèrent la porte, et la vinrent avertir. Elle n'eut que le temps de dire à un valet de chambre de faire sauver ses enfans. Elle avoit alors quatre garçons; le petit chevalier de Bouillon, dont j'écris la vie, étoit le troisième. Ce valet fit mettre promptement les chevaux au carrosse pendant qu'on ouvroit les portes aux gardes du corps, qui se postèrent sur l'escalier; mais il passa hardiment au milieu d'eux avec les quatre enfans, en leur disant : « Allez-vous-en, messieurs ; « nos petits princes ont bien d'autres choses à faire « qu'à jouer, les voilà prisonniers; » faisant accroire aux gardes que c'étoient des enfans du quartier qui étoient venus pour jouer avec eux. Les gardes les laissèrent passer : il monta en carrosse avec eux, et les mena chez la maréchale de Guébriant, amie de la maison. Le marquis Du Bec, son frère, étoit le meilleur ami de M. de Bouillon. Ils n'y demeurèrent que quelques jours; et la maréchale, pour les mieux cacher, les fit habiller tous quatre en filles, et les mena dans une petite maison qu'elle loua auprès de Bellechasse, quartier où il n'y avoit alors que des jardins. Ils y demeurèrent près de deux mois, et y pensèrent être découverts par l'imprudence de ceux qui les servoient. Ils leur laissèrent faire dans le jardin un petit fort, que les uns attaquoient et que les autres défendoient avec grand bruit. Ces enfans n'étoient pas nés pour vivre en filles. Une jardinière du voisinage les vit par dessus la muraille, et dit à ses voisines : « Il y a là dedans de plaisantes petites filles qui font « les gendarmes. » Le marquis Du Bec, qui les venoit voir souvent, en fut averti, et résolut de les changer de lieu. Cependant la duchesse de Bouillon, qui étoit accouchée, et en bonne santé, songea à se sauver pour aller trouver son mari à Bordeaux. Mademoiselle de Bouillon sa belle-sœur, et sa fille aînée qui a été depuis duchesse d'Elbœuf, jouoient toute la journée avec Carnavalet. La duchesse les quittoit souvent pour aller écrire, disoit-elle, ou prier Dieu. Elle se cachoit les soirs dans quelque coin de la maison pour mettre en peine Carnavalet, qui la trouvoit toujours; et enfin elle l'y accoutuma si bien, que quand il ne la trouvoit pas d'abord, il ne s'en étonnoit pas. Un soir qu'elle avoit bien pris ses mesures, elle sortit par le soupirail de la cave avec sa fille aînée, pendant que Carnavalet jouoit au reversis. Un gentilhomme de M. de Bouillon l'attendoit dans la rue, et la conduisit chez un de ses amis, à qui il fit accroire que c'étoit une riche veuve qu'il venoit d'enlever. Elle passa le lendemain dans la maison d'un frère de Bartet, qui a été depuis secrétaire du cabinet, et qui est mort en 1707 à Neuville auprès de Lyon, chez le maréchal de Villeroy, âgé de plus de cent ans. Elle se préparoit à partir en poste, déguisée en homme, pour se rendre à Bordeaux, lorsque sa fille eut la petite vérole. Elle ne put pas se résoudre à la quitter en cet état-là; et cependant la cour, qui faisoit faire de grandes perquisitions, fut avertie du lieu de sa retraite. On vint l'arrêter pour la seconde fois, pour la mener à la Bastille, d'où elle ne sortit qu'à la paix. Carnavalet y fut mis aussi, pour le punir de sa négligence. On accusa Bartet d'avoir averti le cardinal Mazarin du lieu où étoit madame de Bouillon; et ce soupçon fut bien fortifié lorsqu'on le vit peu de temps après secrétaire du cabinet. Cependant le marquis Du Bec, qui s'étoit chargé de faire sauver les enfans de M. de Bouillon, les avoit fait partir tous quatre toujours habillés en filles, et voulut les conduire lui-même jusqu'au-delà de la Loire, où ils n'avoient plus rien à craindre. Il les mena heureusement jusqu'auprès de Blois, où le petit chevalier de Bouillon tomba malade si dangereusement, que le marquis Du Bec le confia à madame de Fléchine sa parente, qui avoit une assez belle maison près de Blois, la priant de le faire passer pour une de ses nièces. Cela n'étoit pas difficile, la beauté de son visage et la délicatesse de ses traits le pouvant fort aisément faire croire du beau sexe. Madame de Fléchine envoya chercher le sieur Bellay, fameux médecin de Blois qui est mort premier médecin de feu Mademoiselle, et fut obligée de lui dire le secret; il le garda même à M. le duc d'Orléans, qui étoit retiré à Blois, et ne lui déclara la vérité qu'après que la paix fut faite. Le petit chevalier de Bouillon étant guéri, demeura chez madame de Fléchine toujours habillé en fille, sans que personne se doutât de la vérité de son sexe; mais la Reine régente et le cardinal Mazarin ayant résolu d'aller assiéger Bordeaux, où madame la princesse s'étoit retirée sous la conduite du duc de Bouillon, et la cour étant venue à Blois, madame de Fléchine eut si grande peur qu'on ne trouvât chez elle un fils de M. de Bouillon, et qu'on ne le conduisît au siége pour le mettre à la bouche d'un canon, et obliger peut-être son père à rendre la ville, qu'elle prit une résolution qui paroîtroit fabuleuse, si l'on ne savoit pas qu'elle est véritable. Il y avoit dans le parc de sa maison, quoiqu'il ne fût pas fort grand, un petit bois très-épais où elle avoit remarqué un gros buisson fait en forme de voûte, où l'on ne pouvoit entrer qu'en se traînant à terre sous des ronces et des épines. Ce fut dans cette niche qu'elle fit entrer le petit chevalier de Bouillon, après lui avoir fait quitter ses habits de fille, et l'avoir habillé en garçon d'une étoffe fort simple, afin qu'on le remarquât moins. Elle fit entrer avec lui son valet de chambre nommé Desfargues, qui ne l'avoit point quitté; elle leur donna du pain, du vin et de l'eau, un pâté, un oreiller, et un parasol de toile cirée pour les garantir de la pluie. Desfargues en sortoit le soir pour aller faire la ronde dans le parc, et observer s'il ne venoit personne pour enlever son maître. La bonne dame craignoit son ombre, persuadée que la cour ne songeoit qu'à cette affaire-là. Elle soupçonna deux capucins d'être espions du cardinal Mazarin, parce que l'un d'eux avoit dans sa manche un mouchoir de toile fine avec des glands; ce qui étoit fort à la mode en ce temps-là, mais ne s'accordoit pas avec la simplicité religieuse. Un soir que le valet de chambre étoit sorti du buisson pour aller recevoir les petites provisions que madame de Fléchine lui apportoit elle-même, il fit un orage furieux, accompagné de pluie et de tonnerre : le petit chevalier, qui n'avoit que sept ans, et qui étoit seul dans son buisson, fut fort désolé; et voyant un ver luisant (animal qu'il ne connoissoit point), il crut que c'étoit le tonnerre, et cria à son valet de chambre, qu'il aimoit fort, et qui vouloit rentrer dans le buisson, de prendre garde à lui. Desfargues prit aussitôt à la main le ver luisant, et rassura le petit chevalier, qui lui dit qu'un pareil tonnerre ne le feroit plus trembler. Un autre jour, ils trouvèrent leur pâté tout plein de fourmis : ils ne laissèrent pas d'en manger, faute d'autre chose. Ils passèrent huit ou dix jours dans ce buisson, jusqu'à ce que la cour étant partie de Blois, madame de Fléchine les fit cacher dans une grange, et ensuite dans une petite tour qui étoit au bout de son parc, où ils étoient enfermés toute la journée, s'occupant à faire de petits paniers d'osier; elle leur donna aussi la *Vie des Saints*, et quelquefois la gazette, que le petit chevalier dévoroit, parce qu'il y apprenoit quelquefois des nouvelles de M. de Bouillon. Il fut un jour bien fâché d'y voir que la populace de Bordeaux s'étoit voulu révolter contre madame la princesse, et que les ducs de Bouillon et de La Rochefoucauld avoient eu bien de la peine à l'apaiser.

Ils s'étoient servis pour cela d'un fils de M. Bouillon qui n'avoit que douze ans; on l'appeloit alors le prince de Raucourt, et il s'est appelé depuis le chevalier de

Bouillon, parce que celui dont j'écris la vie, en embrassant l'état ecclésiastique, prit le nom de duc d'Albret. On mit un buffle au petit prince de Raucourt, une cuirasse, et un casque en tête; et, monté sur un petit bidet, il alla dans toutes les rues de Bordeaux haranguer le peuple. Son esprit passoit son âge : il est mort à l'âge de vingt-trois ans; et, selon les apparences, il eût égalé, s'il eût vécu, les plus grands hommes de sa maison.

Dans le temps que le duc de Bouillon s'en alla à Bordeaux, il écrivit à M. de Turenne que le cardinal Mazarin avoit manqué à toutes les paroles qu'il lui avoit données; que l'on ne le regardoit à la cour que comme un misérable solliciteur de procès; et que s'ils ne trouvoient l'un et l'autre le moyen de se faire rendre justice en se faisant craindre, ils pouvoient compter leur maison abattue et ruinée. C'est ce qui obligea M. de Turenne à se mettre à la tête de l'armée d'Espagne, et à la faire entrer en France. Il y avoit joint quelques régimens d'infanterie et de cavalerie, sur lesquels il avoit un pouvoir absolu. Il avoit hésité quelques momens à prendre le parti de M. le prince, dont il n'avoit point sujet d'être content; ce qu'il lui avoit signifié en parlant à sa personne huit jours avant qu'il fût arrêté : mais comme leur liaison étoit publique, et que le sujet de leur brouillerie étoit fort secret, il crut qu'il y alloit de son honneur de sacrifier en cette occasion son ressentiment particulier, et se déclara hautement pour lui. Il s'avança en Picardie, et perdit la bataille de Rethel contre le maréchal Du Plessis-Praslin. Le duc de Bouillon, de son côté, fut plus heureux à Bordeaux : il soutint quelque temps la guerre par son courage, et par une action bien hardie. Il apprit que les généraux de l'armée du Roi avoient fait pendre quelques officiers de ses troupes : il crut devoir user de représailles ; et dans le milieu de Bordeaux il fit pendre, sans autre forme de justice, un officier (1) des troupes du Roi, qui étoit prisonnier sur sa parole. Cela fit un bon effet, et l'on se fit quartier de part et d'autre.

Peu de temps après, les princes furent mis en liberté, et la paix fut faite. Le duc de Bouillon et le vicomte de Turenne y furent compris expressément. Le duc, après avoir rendu Bordeaux, salua le Roi, et se retira en Périgord, à son château de Lanquais.

Cependant madame de Bouillon sortit de la Bastille, et avec la permission de la Reine prit le chemin de Périgord, pour y aller trouver son mari. Elle étoit accompagnée de mademoiselle de Bouillon sa belle-sœur, et de sa fille aînée, qui a été depuis duchesse d'Elbœuf. Elle s'arrêta à Tours, et envoya un valet de chambre nommé François, en qui elle avoit grande confiance, à madame de Fléchine, pour lui rendre mille grâces, et la prier de lui remettre entre les mains le chevalier de Bouillon. Madame de Fléchine, qui ne connoissoit point l'écriture de madame de Bouillon, et encore moins le valet, lui répondit qu'elle ne savoit ce qu'on lui vouloit dire, et lui dit de se reposer et de manger. Elle alla cependant à la petite tour dire à ses deux prisonniers ce qui se passoit, et les fit monter au haut de la tour, afin qu'ils pussent voir dans le jardin le nommé François, et le

---

(1) *Un officier* : Le baron de Canole. (*Voyez* les Mémoires de Monglat, tome 5o, p. 240, de cette série.)

reconnoître. Cela fut bien exécuté : ils le reconnurent, descendirent, l'embrassèrent comme leur libérateur, et partirent avec lui pour aller à Tours sur des chevaux de paysan. M. le cardinal m'a conté toutes ces petites particularités, dont il se souvenoit avec plaisir au bout de près de cinquante-six ans. Il m'a fait la description de la ville de Tours et de l'abbaye de Marmoutier, quoiqu'il n'y ait pas été depuis; et il croyoit être encore sur un certain grand pont où il trouva madame de Bouillon, qui répandit bien des larmes en l'embrassant. Il ne reconnut point sa sœur, tant elle étoit changée de la petite vérole. Ils arrivèrent heureusement à Poitiers; et il se souvenoit que pendant le voyage madame de Bouillon, qui étoit bonne catholique, et mademoiselle de Bouillon, qui étoit bonne huguenote, avoient souvent des disputes assez aigres sur la religion, vivant en toute autre chose dans une parfaite intelligence. Elles avoient l'une et l'autre beaucoup d'esprit et de mérite. Le corps étoit bien différent : l'une étoit belle et bien faite, et l'autre étoit laide et bossue.

Après quelque temps, M. et madame de Bouillon revinrent à la cour, et furent fort bien reçus. Le cardinal Mazarin, pour leur marquer une parfaite réconciliation, les vint voir; et en faisant des caresses à leurs enfans, il dit au petit chevalier, qui n'avoit que sept ans et demi, et qui étoit beau comme un ange : « Et vous aussi, ne voulez-vous pas être de « mes amis ? — Non, reprit brusquement le petit « garçon, vous avez trompé mon papa; » ce qui déconcerta fort la compagnie, à ce qu'a dit depuis le vieux duc de Charost, qui étoit présent, et qui en fut bien aise. Charost n'aimoit pas le cardinal Mazarin ; il avoit été au cardinal de Richelieu, qu'il ne nommoit jamais sans l'appeler *mon bon maître.*

Après avoir conduit le duc d'Albret à l'âge de vingt-quatre ans, et l'avoir fait passer par tous les degrés d'esprit, de vertu, de science et de capacité, pour parvenir à l'estime générale, que personne ne lui refusoit, il est temps d'expliquer la manière dont il se fit cardinal; car on peut dire (et je m'en vais le prouver) que si la naissance et la considération de M. de Turenne commencèrent l'ouvrage, il ne fut achevé que par une prudence infinie, une pénétration sans bornes, et une fermeté à toute épreuve. M. de Péréfixe, archevêque de Paris, avoit lié une amitié très-étroite avec le duc d'Albret depuis qu'il avoit présidé à son acte de tentative en 1664, et qu'il avoit voulu être le grand-maître de ses études pendant sa licence. La fréquentation augmentoit chaque jour la tendresse; et le bon archevêque ne lui cachoit point que la chose du monde qu'il souhaitoit le plus étoit de le voir son coadjuteur, persuadé que l'Eglise de Paris seroit heureuse d'être conduite par un si digne pasteur. Le duc d'Albret, qui demeuroit dans le cloître Notre-Dame, cultivoit avec soin une amitié qui pouvoit si bien rendre, et alloit souvent les soirs à l'Archevêché, par la petite porte, y passer les après-soupers. M. de Péréfixe étoit le meilleur homme du monde, violent, aisé à mettre en colère, mais qui revenoit un moment après : il avoit aussi bien de l'amitié pour moi, et me fit l'honneur de présider à mon acte de tentative, que je dédiai au Roi. Il me souvient que la veille il me vint voir au

Luxembourg, et me fit ses trois argumens; après quoi il me dit : « M. l'abbé, vous savez que l'abbé « Le Tellier, qui est en licence, fait tout ce qu'il « peut pour démonter tous les répondans; ses doc- « teurs lui font de bons argumens, et son plaisir est « d'obliger le président à prendre la parole. Je vous « veux faire le plaisir de ne point ouvrir la bouche : « défendez-vous comme vous pourrez. » Il le fit comme il me l'avoit dit. L'abbé Le Tellier eut beau crier et demander justice au président, je criois aussi haut que lui; et soit que j'eusse raison ou non, les vieux docteurs frappèrent sur les écoutes, et lui imposèrent silence. Le duc d'Albret étant si bien avec M. de Péréfixe, apprenoit avec peine que quelquefois M. de Turenne blâmoit la conduite de l'archevêque à l'égard des filles de Port-Royal. M. de Turenne étoit encore huguenot; et les huguenots qui nient aussi bien que les jansénistes le mérite des bonnes œuvres favorisent en tout les jansénistes, à cause de la conformité de leurs sentimens sur la grâce. Le duc d'Albret supplia M. de Turenne d'avoir un peu plus d'attention pour un archevêque qui lui témoignoit tant d'amitié, et qui avoit tant de considération pour sa maison, dont il avoit fait tant d'éloges dans des discours publics; ce qu'il lui promit de faire, et ce qu'il fit effectivement.

Les choses en étoient là, et paroissoient vouloir demeurer quelque temps au même état, lorsque l'abbé Le Tellier obtint du Roi la coadjutorerie de Langres. Cet évêché, l'une des six pairies ecclésiastiques de France, étoit possédé par l'abbé de La Rivière, qui, en qualité de favori de M. Gaston, oncle du Roi, avoit

fait une si grande figure pendant la régence; mais l'abbé Le Tellier avoit de bien plus grands desseins, il songeoit à l'archevêché de Reims. Un nommé Saint-Laurent, commis de Mainnevillette, receveur général du clergé, alla à Reims, avec un feuillant qui avoit un grand pouvoir sur le cardinal Antoine, pour tâcher d'obtenir la coadjutorerie. Ils lui persuadèrent que si l'abbé Le Tellier étoit son coadjuteur, il mettroit bientôt son chapitre à la raison par le crédit du ministre, et l'obligèrent à demander cette grâce, que le Roi lui accorda. Le duc d'Albret en fut averti, et l'alla dire à M. de Turenne, qui prit feu, résolu d'en aller sur-le-champ avertir le Roi, et rompre par là la négociation; mais le duc d'Albret s'y opposa. « Si l'abbé Le
« Tellier, lui dit-il, est coadjuteur de Reims, il faut
« demander pour moi la coadjutorerie de Paris; et,
« en cas de refus, la nomination au cardinalat. Le
« Roi sera si honteux d'avoir fait l'abbé Le Tellier
« coadjuteur de Reims, qu'il n'osera vous refuser. »
Le Roi étoit bien disposé en faveur du duc d'Albret : ma mère, que Sa Majesté honoroit de quelque confiance, lui avoit dit plusieurs fois que le duc d'Albret avoit tout le mérite du monde, et qu'il étoit du bois dont on fait les cardinaux. Elle m'a conté qu'étant un jour dans la chambre du Roi, en attendant l'audience particulière qu'il lui donnoit deux ou trois fois la semaine dans son cabinet, le duc d'Albret y étoit entré, et l'avoit entretenue pendant une demi-heure. Elle s'étoit fait donner ces audiences, en disant au Roi avec hardiesse, pour ne pas dire effronterie : « Sire, si vous voulez devenir honnête homme, il faut
« que vous m'entreteniez souvent. » Le Roi la fit ap-

peler, et eut la bonté de lui dire qu'il étoit fâché de l'avoir fait tant attendre. « Sire, lui dit-elle, je ne « me suis point ennuyée; j'étois avec ce petit duc « d'Albret, qui a plus d'esprit que moi : ce sont de « ces gens-là, quand ils ont la naissance et le mérite, « que Votre Majesté doit élever aux premiers postes. « Vous devriez lui donner votre nomination au car- « dinalat; que pouvez-vous mieux faire? » Elle prit là-dessus occasion de passer en revue tous ceux qui pouvoient alors prétendre au cardinalat, et leur donna à chacun un petit coup de pate, sans en excepter l'évêque de Laon son bon ami (*depuis cardinal d'Estrées*), mais qui ne l'étoit pas tant que le duc d'Albret. « Mais, reprit le Roi, il est bien jeune. — « Il est vrai, mais il est bien sage; et d'ailleurs quand « vous le nommeriez aujourd'hui, il ne seroit peut- « être pas cardinal dans dix ans. » Ce discours, jeté à l'aventure, germa dans la suite; et le cardinal de Bouillon m'a dit plusieurs fois qu'elle avoit la pre- mière rompu la glace sur son cardinalat. Aussi, dès qu'il eut la nomination, il vint tout courant lui en dire la nouvelle; et sur sa table il m'écrivit un billet charmant pour me le faire savoir. J'étois allé en Bour- gogne, à mon abbaye de Saint-Seine; et lorsque je reçus son billet je dînois à Dijon avec M. Bouchu, in- tendant de la province. J'eus bientôt pris mon parti, et demandé à l'intendant s'il vouloit mander quelque chose à Paris; et qu'au sortir de table j'allois prendre la poste. Je le fis, je volai; j'embrassai le nouveau car- dinal, et deux jours après je retournai à Saint-Seine faire mes affaires. Mais pour revenir au duc d'Albret, M. de Turenne approuva son raisonnement, et lui dit:

« Effectivement vous avez plus d'esprit que moi : il
« n'y a qu'à laisser faire la coadjutorerie de Reims, et
« en profiter par contre-coup en obtenant celle de
« Paris, ou la nomination au cardinalat. » En effet,
quatre jours après l'abbé Le Tellier fut déclaré coadjuteur de Reims ; et Saint-Laurent, pour sa récompense,
fut receveur général du clergé. Le duc d'Albret alla
aussitôt trouver l'archevêque de Paris, et lui dit : « Je
« ne viens point ici, monsieur, vous presser sur une
« chose que vous m'avez témoigné tant de fois sou-
« haiter avec passion ; c'est seulement pour vous dire
« que la conjoncture est favorable : le Roi vient de
« faire l'abbé Le Tellier coadjuteur de Reims ; il ne
« vous refusera pas si vous me demandez présente-
« ment pour votre coadjuteur, et que M. de Turenne
« joigne ses prières aux vôtres. Mais, monsieur, ne
« me répondez point présentement ; j'aurai l'honneur
« de vous voir demain matin. » L'archevêque l'em-
brassa avant que de lui répondre, et lui dit qu'il falloit voir avec M. de Turenne comment il s'y faudroit
prendre pour faire réussir une chose qu'il souhaitoit
passionnément. Le lendemain, M. de Turenne, que
le duc d'Albret avoit fait avertir, vint dîner chez lui,
et y trouva M. Boucherat, conseiller d'Etat, mort depuis chancelier de France. Il avoit été tuteur de messieurs de Bouillon conjointement avec M. le premier
président de Lamoignon et le président de Mesmes ;
il étoit ami particulier de M. de Turenne. Le duc
d'Albret l'avoit prié d'y venir pour fortifier en cette occasion la foiblesse naturelle de M. de Turenne, que sa
modestie et son désintéressement empêchoient souvent de parler au Roi en faveur de sa maison. Aussitôt

après dîner, M. de Turenne alla voir l'archevêque; et l'ayant trouvé dans les mêmes sentimens, il partit sur-le-champ pour Saint-Germain, et dès le soir il demanda au Roi la coadjutorerie de Paris pour son neveu, assurant le Roi que l'archevêque devoit lui faire la même prière, et lui avouant qu'il avoit eu quelques vues sur l'archevêché de Reims. Le Roi, qui se souvenoit encore de la guerre de Paris, où le coadjuteur cardinal de Retz lui avoit fait tant de peine, lui refusa tout net la coadjutorerie : « Le duc « d'Albret, lui dit-il, est trop jeune pour le charger « du soin de tant d'ames. » Mais il le refusa avec les termes du monde les plus obligeans, l'assurant qu'il lui accorderoit toute autre chose. Alors M. de Turenne, suivant qu'il en étoit convenu avec le duc d'Albret, lui demanda pour lui la nomination au cardinalat; ce que Sa Majesté lui accorda avec plaisir, lui recommandant seulement de ne le dire à personne du monde qu'à son neveu. Cette nomination paroissoit alors fort éloignée, le pape Clément IX, qui n'étoit pape que depuis un an, n'ayant pas encore songé de faire la promotion de ses créatures, qui devoit précéder celle des couronnes. M. de Turenne envoya dès la nuit un courrier au duc d'Albret, et lui manda ce qui s'étoit passé, conseillant à M. de Paris de différer son voyage de Saint-Germain de quelques jours. M. le duc d'Albret envoya sur-le-champ l'abbé Le Sauvage son précepteur, mort depuis évêque de Lavaur, dire à l'archevêque que le Roi avoit refusé la coadjutorerie, et que M. de Turenne lui conseilloit de ne pas aller si tôt à Saint-Germain. Il lui dit en même temps que, malgré le respect que le duc d'Albret avoit pour les ordres de M. de Turenne, il lui conseilloit d'y aller dès le grand matin, afin d'être à la première entrée (privilége qu'il avoit conservé comme ayant été précepteur de Sa Majesté), et de pouvoir lui dire qu'il venoit lui rendre compte de la proposition que M. de Turenne lui avoit faite la veille, proposition qu'il avoit acceptée de tout son cœur, persuadé qu'il n'y avoit point dans l'Eglise un meilleur sujet que le duc d'Albret. C'étoit la manière dont l'archevêque s'expliquoit ordinairement. L'abbé Le Sauvage ne lui dit pas un mot de la nomination au cardinalat, soit qu'il la sût ou qu'il ne la sût pas; ce que je n'ai jamais su moi-même. L'archevêque parut fort affligé : dès la pointe du jour il alla au lever du Roi, qui ne tâta point de ses raisons, et lui dit assez durement qu'il ne devoit pas consentir à sa coadjutorerie sans lui en parler, lui reprochant par là qu'il l'avoit exposé à refuser quelque chose à M. de Turenne; et peut-être dans son cœur pensa-t-il qu'il l'avoit forcé à lui accorder la nomination au cardinalat. M. Le Tellier ne put pas cacher ce secret au coadjuteur de Reims, qui quelques jours après, en retournant à Paris tête à tête avec le duc d'Albret, lui dit malicieusement, en descendant la montagne de Chantecoq : « Voilà des tours (c'étoit les tours de Notre-Dame) « qui vous siéroient bien, et que je vous souhaite de « tout mon cœur. — Je ne vole pas si haut, » lui répondit le duc d'Albret, qui affecta un air contrit et humilié, quoique intérieurement il se sentît bien dédommagé par la nomination au cardinalat. Et dans la suite des années l'archevêque de Reims ayant avoué au cardinal de Bouillon qu'il lui avoit parlé des tours de Notre-Dame pour lui faire dépit, parce que son père lui venoit de confier que le Roi les avoit refusées à M. de Turenne, le cardinal lui dit : « Je n'étois « pas si abattu que vous le croyiez : le Roi m'avoit ac- « cordé sa nomination au cardinalat. Nous nous mo- « quions alors l'un de l'autre, et nous avions tous « deux raison. »

Il est bon de remarquer ici que Madame (c'étoit alors la princesse d'Angleterre), à la première nouvelle de la coadjutorerie de Reims, dit au Roi qu'un coup de cette importance marquoit assez que ses ministres le gouvernoient. Ce discours, qu'elle fit au Roi avant que M. de Turenne lui parlât de la coadjutorerie de Paris, disposa peut-être l'esprit du Roi, qui vit bien que Madame avoit raison, à faire quelque chose en faveur du duc d'Albret, et à lui accorder au moins la nomination au cardinalat, puisque la politique lui défendoit absolument de consentir qu'un homme si jeune, et de sa naissance, fût coadjuteur de Paris. Les Tellier crurent que M. de Turenne, pour se faciliter la coadjutorerie de Paris, avoit poussé Madame, qui étoit fort son amie, à tenir ce discours au Roi ; mais cela n'étoit pas vrai. M. de Turenne alloit rondement, et son mérite lui faisoit croire qu'il n'avoit pas besoin d'autre sollicitation. On a su que c'étoit le marquis de Bellefond qui avoit prié Madame de parler ainsi, afin que le Roi lui fît des grâces sans consulter ses ministres, qu'il affectoit de mépriser, pour faire croire au Roi qu'il ne s'attachoit qu'à sa personne. En effet, peu après le Roi le fit maréchal de France avec Créqui et Humières, pour montrer au public que les ministres ne le gouvernoient pas. Ils

furent très-mortifiés de voir le Roi s'adonner à faire des coups d'autorité sans leur en dire une seule parole; mais surtout ils furent fâchés de la nomination du duc d'Albret au cardinalat, quand ils l'apprirent cinq mois après. Le Tellier et Louvois n'étoient pas des amis de M. de Turenne depuis que la Sorbonne avoit fait une si grande différence entre le duc d'Albret et l'abbé Le Tellier, accordant à l'un toutes sortes de distinctions, et refusant à l'autre les choses les plus communes, tant l'un étoit aimé et estimé, et l'autre haï et peu estimé. Le Tellier se souvint aussi d'un bon mot qui échappa à M. de Turenne pendant le procès de M. Fouquet. Quelqu'un blâmoit devant lui l'emportement de Colbert contre Fouquet, et louoit la modération de M. Le Tellier. « Effectivement, dit
« M. de Turenne, je crois que M. Colbert a plus d'en-
« vie qu'il soit pendu, et que M. Le Tellier a plus de
« peur qu'il ne le soit pas. » Et de plus M. de Turenne avoit sollicité pour M. Fouquet deux amis intimes qu'il avoit parmi ses juges, savoir, M. d'Ormesson, rapporteur, et M. de Catinat, conseiller de la grand'chambre, qui opinèrent tous deux en sa faveur. Le sieur Lyonne fut assez aise de la nomination du duc d'Albret: il avoit fait avec lui une amitié particulière, et n'aspiroit point à gouverner le Roi, content de faire sa charge avec honneur, de tirer de la cour de gros appointemens qu'il employoit souvent en des dépenses inutiles, et de s'abandonner sans mesure à toutes sortes de plaisirs. Cinq mois après, le Roi déclara publiquement qu'il avoit donné au duc d'Albret sa nomination au cardinalat. Lyonne lui en expédia le brevet, et la lettre du Roi, dont voici la copie :

« Très-saint Père, entre tous les sujets de notre
« royaume, de profession ecclésiastique, qui nous
« ont semblé être plus dignes par leur grande qua-
« lité que nous leur procurassions l'honneur d'entrer
« dans le sacré collège des cardinaux, nous avons
« plus particulièrement considéré notre très-cher et
« bien amé cousin Emmanuel-Théodose de La Tour-
« d'Auvergne, duc d'Albret, lequel dans sa plus ten-
« dre jeunesse, fuyant dès-lors toutes les autres oc-
« cupations agréables à cet âge-là que sa naissance
« de prince ne pouvoit que trop lui inspirer, a si bien
« marché depuis par sa propre inclination et de son
« seul mouvement dans le chemin le plus pénible
« comme le plus glorieux, qu'il a continuellement
« donné des preuves d'une piété solide et exemplaire,
« et s'est d'ailleurs si laborieusement et avec tant de
« succès appliqué aux études de toutes les sciences
« les plus élevées, qu'après les acclamations publi-
« ques données en plusieurs actes célèbres à la pro-
« fondeur de son érudition et de sa doctrine, il a
« mérité à vingt-quatre ans le doctorat de la Faculté
« de Paris, avec des éloges qui ont été au-delà de
« toute expression. Ces considérations, sans mélange
« d'aucune autre, nous ont fait juger, très-saint Père,
« que l'avancement de notredit cousin dans les di-
« gnités de l'Eglise les plus hautes, sous la suprême,
« seroit en plusieurs rencontres d'un très-grand avan-
« tage au bien de la religion : c'est pourquoi nous re-
« quérons et supplions très-instamment Votre Sainteté
« de vouloir, à notre nomination et présentation, ho-
« norer de la dignité de cardinal notredit cousin le
« duc d'Albret, dans la première promotion qu'elle

« fera, selon l'usage, pour gratifier les couronnes.
« Les grandes et recommandables qualités qui se ren-
« contrent en la personne de notredit cousin, jointes
« à l'ardente inclination que nous voyons en lui de
« les employer pour les intérêts de l'Eglise, nous
« donnent une pleine assurance que Votre Sainteté
« aura une entière satisfaction de ce choix que nous
« faisons, et que nous nous promettons qu'elle vou-
« dra bien consommer le plus promptement qu'elle
« pourra par un nouvel effet de sa bonté paternelle,
« dont nous nous tiendrons très-sensiblement obligé
« à Votre Béatitude, laquelle cependant nous prions
« Dieu, très-saint Père, de vouloir conserver longues
« années au bon régime de notre mère sainte Eglise.

« Ecrit à Paris le 18 novembre 1668. Votre dévot
« fils. *Signé,* le roi de France et de Navarre, Louis;
« et plus bas, *de Lyonne.* »

On peut juger, par le style de cette lettre, que M. de Lyonne étoit ami du duc d'Albret, qui avoit présidé l'année d'auparavant à l'acte de tentative de l'abbé de Lyonne; ce qui avoit fait une grande liaison entre eux, M. de Lyonne l'ayant préféré à tous les évêques et archevêques de France, qui se fussent fait honneur de présider à l'acte de son fils. Mais il faut avouer que si l'abbé Le Tellier, en obtenant la coadjutorerie de Reims, avoit en quelque sorte sans y penser procuré la nomination au cardinalat, il fut encore la principale cause qui la rendit publique. Ce coadjuteur fut sacré en Sorbonne par le cardinal Antoine, en présence de la Reine et de toute la cour, qui oublia ce jour-là que le Roi étoit à Saint-Germain, où

il n'y eut personne de toute la journée. Le duc d'Albret, par malice, se trouva au sacre dans la foule des docteurs, afin qu'on fît la comparaison de lui et de l'abbé Le Tellier. Les nouvelles manuscrites ne manquèrent pas de marquer la différence de mérite de l'un et de l'autre; la douceur, la modestie et la capacité de l'un, opposées à l'orgueil et à la pétulance de l'autre. L'abbé Le Tellier étoit entouré de trois ou quatre docteurs qui lui souffloient continuellement de la science. Il avoit assez bonne mémoire, et n'appliquoit pas mal ce qu'on lui avoit recordé : mais quand, plein de lui-même, gros d'argent, bouffi d'orgueil, et ne croyant plus avoir besoin de conseil, il s'est trouvé à la tête du clergé, il a vu les étoiles en plein midi, il a perdu terre, et a été obligé de remettre le gouvernail à une tête qui, quoique très-médiocre, s'est trouvée meilleure que la sienne. Son sacre fut donc d'un grand éclat. Quelque bonne ame prit soin de faire tomber les nouvelles manuscrites entre les mains de M. de Turenne, sur lequel elles firent leur effet. Il courut à Saint-Germain, et supplia le Roi de déclarer publiquement la nomination de son neveu au cardinalat. Sa Majesté lui dit qu'elle le feroit avec plaisir; mais qu'il songeât qu'il ne s'étoit converti que depuis huit ou dix jours, et que les huguenots ne manqueroient jamais de dire que c'étoit la récompense de sa conversion. « Je suis trop bien connu, sire,
« reprit M. de Turenne, pour craindre de pareils
« discours; et mon neveu sans moi pouvoit fort bien
« espérer cette grâce de Votre Majesté. Je me suis
« converti dans un temps non suspect. — Il est vrai,
« lui dit le Roi, que si vous l'aviez voulu faire en 1660,

« vous pouviez espérer autre chose qu'un chapeau
« rouge. » Ce fut le matin, avant que les ministres
fussent assemblés pour le conseil, que le Roi fit appeler M. de Lyonne dans son cabinet, pour lui ordonner d'expédier la lettre au Pape pour la nomination du duc d'Albret au cardinalat. Lyonne, au sortir
du cabinet, vit M. Le Tellier; et sachant bien qu'il
alloit le mettre au désespoir, lui dit tout bas : « De-
« vinez qui a la nomination du Roi au cardinalat. »
Le Tellier lui ayant nommé cinq ou six personnes
l'une après l'autre : « Non, lui dit Lyonne, c'est le
« duc d'Albret. » Il pâlit, et Lyonne pensa lui offrir
son flacon d'eau de la reine de Hongrie.

Je crois que voici le lieu de parler de la conversion
de M. de Turenne. Elle a fait tant de bruit dans le
monde; les catholiques en ont été si aises, et les protestans si fâchés, qu'il faut apprendre aux uns et aux
autres la vérité d'un fait dont on a parlé si diversement. Jurieu et quelques autres ministres ont osé
dire qu'il avoit changé de religion par politique; mais
en le disant ils se sont exposés à la risée de tout le
monde, qui a su qu'à la paix des Pyrénées le cardinal
Mazarin, ne sachant quelle récompense procurer à
M. de Turenne pour les grands services qu'il avoit
rendus à l'Etat, lui offrit l'épée de connétable pourvu
qu'il se fît catholique. L'accommodement de M. le
prince n'étoit pas encore fait, et le cardinal n'eût
peut-être pas été fâché de le mortifier encore : mais
M. de Turenne en fait de religion ne se conduisoit
pas par des vues humaines; et, se voyant attaqué
d'une manière si forte, il se roidit contre la grâce qui
vouloit l'éclairer, et demeura encore plusieurs années

dans l'incertitude. Il avoit toute sa vie aimé à parler de religion, dans l'espérance de trouver la véritable en la cherchant. Il me souvient à ce propos d'avoir ouï dire au cardinal de Bouillon qu'un jour M. de Turenne s'étant trouvé dans son cabinet avec M. de Belinghen et Van-Beuning, ambassadeur de Hollande, après avoir beaucoup parlé de religion, Van-Beuning avoua que s'il étoit bien persuadé qu'il n'y eût qu'une religion de bonne, il choisiroit la catholique; mais qu'il croyoit qu'on pouvoit aller au Ciel par différens chemins. « Si je croyois comme vous, lui dit M. de Tu-
« renne, je serois bientôt catholique. Ne faut-il pas tou-
« jours aller au plus sûr? » Il sentoit assez souvent qu'il manquoit quelque chose à la doctrine qu'on lui avoit enseignée dans son enfance. Ses premiers préjugés contre la religion catholique s'étoient évanouis par la conversation de quelques évêques de ses amis : M. de Choiseul, évêque de Tournay, et M. Vialart, évêque de Châlons, l'avoient embarrassé; l'abbé Bossuet, depuis évêque de Condom, et enfin de Meaux, l'avoit peut-être ébranlé par quelques uns de ses sermons, ou dans une conversation qu'il eut avec lui chez madame de Longueville devant sa conversion; le duc d'Albret son neveu, nouveau docteur, et frais sur ces matières, lui en avoit parlé cent fois. Enfin le moment arriva; et, sans le dire à personne, sans sonner la trompette, sans ostentation; et seulement pour le salut de son ame, il fit son abjuration dans la chapelle particulière de l'Archevêché, entre les mains de M. de Péréfixe, dans un temps où toutes les raisons mondaines sembloient s'y opposer. Il vit fort bien qu'il se confondoit par là dans la foule des courtisans qu'on

méprise, parce que l'on ne les craint pas; au lieu que, demeurant huguenot, il se voyoit à la tête d'un parti autrefois si puissant, et qui feroit les derniers efforts pour se soutenir jusqu'à la fin. Ainsi sa conversion fut sincère; et la meilleure preuve qu'il en donna fut le zèle qui le dévoroit pour le salut de ses frères errans. Il dit à l'évêque de Condom, avec lequel il fit depuis une amitié très-intime, que la plupart des huguenots ne se convertissoient pas, faute d'entendre la véritable doctrine de l'Eglise catholique; et lui donna peut-être les premières vues qui ont produit le livre admirable de l'*Exposition de la Foi*, en lui exposant les articles qui lui avoient fait le plus de peine, et qui ne lui en faisoient plus de la manière dont l'évêque de Condom les expliquoit.

Je n'oublierai pas que M. de Turenne ayant pris sa dernière résolution de se convertir, dit un matin au duc d'Albret : « Vous allez être bien aise et bien fâ-
« ché; je vais me faire catholique : et je vous en ai
« fait le secret, de peur qu'on ne dise que vous m'a-
« vez converti. Je voudrois, si cela se pouvoit, que
« personne ne le sût; et je veux trouver un simple
« prêtre qui reçoive mon abjuration. » Le duc d'Albret l'assura que la joie étouffoit en lui tout autre sentiment; mais qu'il le supplioit de se souvenir que M. l'archevêque de Paris étoit son pasteur, et qu'il devroit aller recevoir ses instructions, quand même il ne seroit pas autant de leurs amis qu'il l'étoit. Il y alla, et fit son abjuration entre ses mains le lendemain, en présence de Perthuis, capitaine de ses gardes, de Desroziers son maître d'hôtel, et de Duhault son premier valet de chambre, tous trois catholiques, qui

fondoient en larmes en voyant leur maître rentrer dans le bon chemin. M. Boucherat et M. l'abbé Le Sauvage y furent aussi présens : je ne sais pas pourquoi le duc d'Albret ne s'y trouva pas.

M. de Turenne n'étoit pas alors en faveur. La campagne de 1667 avoit été trop brillante pour lui : les ministres s'étoient réunis contre un si grand crédit naissant; et l'année suivante le Roi lui avoit caché son entreprise sur la Franche-Comté, et s'étoit servi de M. le prince. Son crédit recommença en 1670, lorsque le Roi ayant pris la résolution secrète de faire la guerre aux Hollandais, envoya Madame en Angleterre signer le traité avec le Roi son frère. Il n'y eut dans le secret que cette princesse et M. de Turenne. Mais il faut avouer qu'en cette occasion ce grand homme fit une faute impardonnable : il dit à sa maîtresse le secret de son maître.

Il avoit la foiblesse d'aimer madame de Coaquin : elle étoit jeune; il avoit près de soixante ans. On veut réparer l'âge par un grand amour, qu'on croit marquer par une grande confiance. Il lui disoit tout. Elle avoit de son côté une passion bien plus vive : le chevalier de Lorraine à vingt-six ans devoit l'emporter sur un vieux guerrier. Le chevalier sut par elle le traité d'Angleterre, et le dit à Monsieur, dont il étoit favori; et peut-être lui apprit-il en même temps les bruits ridicules qui couroient sur le comte de Guiche. Quoi qu'il en soit, Madame mourut peu de temps après, d'une manière si subite qu'on ne la voulut pas croire naturelle. Le Roi reprocha à M. de Turenne son indiscrétion, et l'excusa en apprenant ce qui l'avoit causée. Mais pour revenir à la nomination du duc d'Albret au cardinalat, à peine fut-il nommé, qu'il alla trouver M. l'archevêque de Paris pour lui en dire la première nouvelle. Il lui avoit assez d'obligations pour cela : mais il fit plus, et lui offrit de lui céder une dignité qu'il méritoit, disoit-il, beaucoup mieux que lui. L'archevêque, qui connoissoit le cœur du duc d'Albret, ne traita point ce discours de compliment; et l'embrassant avec tendresse : « S'il y avoit, « lui dit-il, un chapeau de cardinal par terre, et qu'il « dépendît de moi de le mettre sur votre tête ou sur « la mienne, je ne balancerois pas un moment à le « mettre sur la vôtre; et je m'en vais de ce pas re- « mercier le Roi, au nom de l'Eglise de France, du « bon choix qu'il vient de faire. » Il le fit comme il l'avoit dit.

Cependant le duc d'Albret songea aux moyens de faire avancer sa promotion, malgré tous les obstacles qui sembloient s'y opposer. Il envoya un courrier au cardinal Rospigliosi, neveu du Pape, pour lui en donner part. Il avoit fait une grande amitié avec lui à son passage de Bruxelles à Paris, en allant à Rome après l'exaltation de son oncle. Le père Rapin, jésuite, ami de l'un et de l'autre, étoit alors à Rome, et ne contribuoit pas peu à former entre eux une liaison plus intime. Il n'y avoit aucune apparence que le Pape n'ayant point encore fait la promotion de ses créatures, en voulût faire une particulière uniquement pour le duc d'Albret, qui n'avoit droit qu'à celle des couronnes; et cette promotion paroissoit fort éloignée : ainsi tout étoit à craindre d'un si long retardement. Le prince de Conti et l'abbé de La Rivière avoient eu long-temps la nomination de France sans aucun effet : l'exemple étoit fâcheux et récent. Le duc d'Albret, jeune, plein de feu, et d'une imagination féconde, ne désespéra pas de réussir. La conversion de M. de Turenne, que le Pape avoit regardée comme un triomphe pour l'Eglise, étoit une conjoncture favorable; le siége de Candie en étoit une autre bien plus importante. Cette ville, assiégée par les Turcs depuis douze ou quinze ans, étoit fort pressée par le grand visir Coprogli; et le Pape ne songeoit qu'à y envoyer du secours. M. de Turenne en cette occasion pouvoit le servir auprès du Roi, qui pouvoit seul y envoyer une armée capable de faire lever le siége. D'ailleurs le duc d'Albret étoit déjà fort connu de Sa Sainteté; il lui avoit écrit sur son exaltation au souverain pontificat; il lui avoit dédié le recueil de ses thèses de théologie : ce qui lui avoit valu, sans que le Roi s'en mêlât, le *gratis* de ses abbayes de Tournus et de Saint-Ouen. Il lui avoit écrit en d'autres occasions par M. le duc de Chaulnes, ambassadeur à Rome. Il résolut, pour avancer cette affaire, d'envoyer à Rome l'abbé Bigorre, qui y avoit déjà été secrétaire de l'ambassade sous le duc de Chaulnes, et qui étoit fort connu et aimé de M. de Lyonne. M. de Turenne en parla au Roi, qui fit écrire au Pape et au cardinal Rospigliosi qu'ils lui feroient un plaisir sensible d'avancer la promotion du duc d'Albret, Sa Majesté leur promettant de ne point demander d'autre chapeau à la promotion des couronnes. Le Roi eut même la bonté de le dire de sa propre bouche à l'abbé Bigorre lorsqu'il prit congé de Sa Majesté, afin qu'il en pût rendre compte au Pape. M. de Lyonne écrivit en conformité, quoiqu'il crût faire en cela des pas fort inutiles. M. de Turenne se fit prier pour en parler au Roi : il n'aimoit pas à faire le suppliant, et souvent manquoit les affaires parce qu'il ne vouloit pas se donner la peine d'y travailler. Il écrivit néanmoins au Pape pour informer Sa Sainteté, comme vicaire de Jésus-Christ en terre, de la grâce que Dieu venoit de lui faire en le faisant rentrer dans son église. Dès que l'abbé Bigorre fut arrivé à Rome, il eut audience du Pape, et lui fit sa proposition. Sa Sainteté l'assura qu'avec une véritable joie elle comprendroit le duc d'Albret dans la promotion des couronnes, et lui fit bien des complimens pour M. de Turenne. Elle répondit à la lettre du Roi dans les mêmes termes, et s'expliqua encore plus nettement avec l'abbé de Bourlemont, auditeur de rote, qui faisoit les affaires de France en l'absence de l'ambassadeur. Le Roi, sur ces nouvelles, dit à M. de Turenne : « Il n'y a rien à espérer pour votre neveu ; « mais il est bien jeune, et peut attendre. » Cette indifférence que le Roi témoigna là-dessus donna occasion au duc de Créqui, qui avoit été ambassadeur à Rome, et qui y avoit conservé quelque commerce, et au coadjuteur de Reims (ils n'aimoient pas M. de Turenne), d'écrire à leurs amis, afin sans doute que cela parvînt jusqu'aux oreilles du Pape, que le Roi ne se soucioit guère de cette affaire. L'abbé Bigorre en ayant eu connoissance, le manda au duc d'Albret, qui trouva moyen d'en tirer avantage. M. de Turenne et M. de Lyonne le dirent au Roi, qui renouvela ses instances avec plus de vivacité, ajoutant qu'il savoit les mauvais offices que des courtisans envieux avoient voulu rendre au duc d'Albret. Mais il arriva quelque temps après un incident qui pensa tout gâter. Le prince d'Aversberg, l'un des principaux ministres de l'Empereur, avoit obtenu sa nomination secrète au cardinalat; et pour y réussir il avoit fait dire au Roi qu'il seroit dans ses intérêts s'il y vouloit consentir. Le Roi y avoit consenti; mais le prince d'Aversberg, averti des instances que le Roi faisoit auprès du Pape pour le duc d'Albret, s'en plaignit; et le Roi le dit à M. de Turenne, qui, ne balançant jamais entre ses intérêts et ceux de l'Etat, étoit prêt de tout sacrifier au Roi, lorsqu'on apprit que le prince d'Aversberg étoit disgracié, et que l'Empereur avoit donné la place dans son conseil au prince de Lobkowitz, et la nomination au cardinalat au prince de Bade, moine bénédictin, coadjuteur des abbayes de Fuldes et de Kampen.

Il arriva dans le même temps un autre incident qui jeta quelque froideur entre le duc d'Albret et l'évêque de Laon. Ils ne s'étoient jamais fort aimés, se regardant comme rivaux. La naissance et le mérite du duc d'Albret parioient (1) à l'âge et à l'expérience de l'évêque de Laon. Messieurs d'Estrées étoient parens de la reine de Portugal, et par leurs intrigues ils avoient rompu le mariage du prince don Pèdre avec mademoiselle de Bouillon. L'évêque de Laon avoit obtenu la nomination de Portugal, et le Roi venoit de lui permettre d'envoyer à Rome le sieur Foucher pour solliciter son chapeau. Le duc d'Albret en fut averti, et courut chez M. de Lyonne pour savoir si cela étoit vrai. M. de Lyonne lui dit qu'oui; mais que cela ne lui feroit aucun tort, puisque le Roi, en

(1) *Parioient*: de *pariare*, égaler.

écrivant en faveur de l'évêque de Laon, renouvelleroit ses instances pour l'avancement de sa promotion. Le duc d'Albret ne fut point touché des raisons de M. de Lyonne, d'autant plus que l'on parloit déjà du mariage de mademoiselle de Lyonne avec le marquis de Cœuvres, neveu de l'évêque de Laon. Tout ce qu'il put obtenir de lui fut que si le Roi, à la prière de M. de Turenne, en reparloit au conseil, il seroit d'avis de ne point envoyer Foucher, jusqu'à ce que le duc d'Albret fût cardinal. La chose arriva ainsi. M. de Turenne en parla au Roi, et le Roi à son conseil; et Sa Majesté fit dire à l'évêque de Laon de ne point envoyer Foucher à Rome. Il l'envoya seulement à Turin, où il demeura deux ou trois mois, jusqu'à la promotion du cardinal de Bouillon.

Cependant les Vénitiens, appuyés de la recommandation du Pape, demandoient au Roi des troupes et des vaisseaux pour tâcher de faire lever le siége de Candie : Morosini, leur ambassadeur, pressoit fort. Le duc d'Albret lui fit dire qu'à sa prière M. de Turenne y emploieroit tout son crédit; et l'ambassadeur s'en aperçut si bien, que sur son rapport la République, par reconnoissance, ordonna à son ambassadeur à Rome de presser le Pape pour la promotion du duc d'Albret. M. de Turenne avoit eu là-dessus plusieurs conférences avec Morosini, qui seul, de tous les ambassadeurs et ministres étrangers, eut la permission de suivre le Roi à son voyage en Flandre. Il fit le voyage avec M. de Lauzun, qui étoit une espèce de favori. Le maréchal de Navailles, qui devoit conduire les troupes du Roi à Candie, disoit aussi tous les jours à l'ambassadeur que la République en avoit l'obligation à M. de Turenne : ce qui étoit d'autant plus beau à lui qu'il avoit une liaison très-intime avec M. Le Tellier, qui n'étoit pas des amis de M. de Turenne. Navailles étoit honnête homme, et rendoit honneur à la vérité. Les choses paroissoient assez bien disposées, lorsque le cardinal Rospigliosi, par ordre du Pape, écrivit à M. de Lyonne que si le Roi vouloit donner sa nomination à M. de Turenne lui-même, il le feroit cardinal le lendemain de l'arrivée du courrier, persuadé que les plus grands ennemis de France ne pourroient pas y trouver à redire. M. de Lyonne lut à M. de Turenne la lettre du cardinal Rospigliosi, et lui cita l'exemple récent de M. le cardinal de Vendôme. « Ah! monsieur, lui dit « M. de Turenne, que ferois-je d'une calotte et « d'une grande queue? cet équipage m'embarrasse-« roit fort. Je vous prie de remercier bien le Pape « pour moi, et de le prier de faire mon neveu car-« dinal. » M. de Lyonne en rendit compte au Roi, qui lui dit : « J'eusse été bien surpris si M. de Tu-« renne avoit taupé à la proposition. » M. de Turenne ne laissa pas de vouloir s'en divertir un moment, en disant au duc d'Albret : « Vous avez un concurrent « pour le cardinalat bien dangereux : le Roi n'a qu'à « lui donner sa nomination, le Pape offre de le faire « cardinal à l'arrivée du courrier. Ne craignez rien, « ajouta-t-il ; ce concurrent, c'est moi. »

C'étoit le temps des incidens, tous capables de retarder la promotion du duc d'Albret. M. de Bonzi, ambassadeur du Roi en Pologne, s'étoit trouvé à l'élection du roi Michel Wiesnowieski ; et lui ayant persuadé qu'il y avoit beaucoup contribué, quoique ce prince eût été mis sur le trône par la faction d'Autriche, il avoit tiré de lui parole de sa nomination au cardinalat, pourvu que le Pape promît d'y avoir égard à la promotion des couronnes, et ne fît pas comme Alexandre VII, qui avoit méprisé la nomination du roi Casimir. Bonzi, sans perdre de temps, avoit dépêché un courrier au Roi pour le supplier d'écrire au Pape pour tirer cette parole de Sa Sainteté, qu'il croyoit assez bien disposée en sa faveur. Ils étoient de même pays, tous deux sujets du grand duc. Le duc de Chaulnes, ambassadeur du Roi à Rome, avoit obtenu du Pape cette parole verbale dans le temps qu'on croyoit que les Polonais éliroient pour leur roi ou le prince de Condé, ou le duc de Neubourg; et l'un et l'autre avoient promis leur nomination à M. de Bonzi. M. de Lyonne, son ami particulier, avoit déjà fait la lettre du Roi au Pape, et étoit prêt à l'envoyer, lorsqu'un remords le prit en faveur du duc d'Albret, jugeant bien que cette nouvelle prière du Roi seroit peut-être un prétexte au Pape de différer encore sa promotion, qu'il promettoit de faire incessamment. Il envoya éveiller le duc d'Albret à six heures du matin, et le prier de venir chez lui. Il avoit loué une petite maison à Saint-Germain pour mieux solliciter son affaire.

Dès qu'il fut entré dans le cabinet de M. de Lyonne, ce ministre lui fit promettre un secret inviolable, même à l'égard de M. de Turenne. Il lui expliqua ensuite l'affaire de Bonzi, lui avouant qu'il n'avoit pas songé qu'en servant son bon ami il nuiroit peut-être à son meilleur ami; que le remède étoit difficile, parce que la chose avoit été arrêtée au conseil, et que

messieurs Le Tellier et Colbert l'avoient appuyée de tout leur cœur, dans la pensée peut-être d'éloigner sa promotion; qu'il falloit qu'il allât éveiller M. de Turenne, et lui dire qu'à l'insu de M. de Lyonne il avoit appris par un commis l'envoi de ce courrier, et qu'il falloit l'empêcher de partir, en représentant au Roi les inconvéniens. M. de Turenne, qui sentit l'importance de la chose, s'habilla promptement, pendant que le duc d'Albret dressoit le mémoire au Roi. Il monta en haut, et demanda à Sa Majesté un moment d'audience dans son cabinet. Il lui expliqua toute l'affaire, et lui donna son petit mémoire, que le Roi fit lire au conseil. M. de Lyonne fut d'avis d'attendre au moins l'arrivée du premier courrier de Rome avant que de faire partir celui-ci : mais les deux autres ministres insistèrent à le faire partir sur-le-champ, en ajoutant seulement aux lettres du Roi que Sa Majesté, en faisant cette prière au Pape, renouveloit ses instances pour avancer la promotion du duc d'Albret. A la sortie du conseil, M. de Lyonne vint dire à M. de Turenne et au duc d'Albret, qui étoit avec lui, ce qui s'étoit passé dans le conseil, et tâcha de leur persuader que les additions ordonnées aux lettres du Roi remédieroient au mal. Il persuada aisément M. de Turenne, qui crut qu'il y alloit du service du Roi, de s'assurer au plus tôt de deux chapeaux, au hasard d'avoir celui de son neveu un peu plus tard. Le duc d'Albret, dont l'esprit étoit d'une vivacité surprenante, fertile en expédiens, lui dit : « Permettez-
« moi, monsieur, de vous dire que, pour assurer le
« chapeau de M. de Bonzi, il y a une voie bien plus
« courte. C'est, au lieu d'envoyer le courrier à Rome,

« de le renvoyer en Pologne assurer le roi Michel
« que le Pape ayant promis au duc de Chaulnes de
« faire cardinal l'ambassadeur de France en Pologne
« s'il avoit la nomination du nouveau roi, il peut en
« sûreté donner la sienne à M. de Bonzi, le Roi se
« faisant fort de lui faire avoir son effet. » M. de Turenne et M. de Lyonne approuvèrent extrêmement la pensée du duc d'Albret. « Mais comment faire ?
« dit M. de Lyonne. Le roi Michel n'a pas encore
« donné part au Roi de son élection : le Roi ne peut
« pas le prévenir, et lui écrire le premier.—Hé bien !
« reprit M. le duc d'Albret, le Roi n'a qu'à écrire
« tout ce que je viens de dire à M. de Bonzi, et lui
« ordonner de remettre sa lettre en original entre les
« mains du roi Michel, pour sûreté de la parole de
« Sa Majesté. » M. de Lyonne ayant approuvé encore ce nouvel expédient, et donné mille louanges au duc d'Albret de la fertilité de son imagination, conseilla à M. de Turenne de l'aller proposer au Roi, lui permettant de dire à Sa Majesté que M. de Lyonne l'approuvoit en tout, persuadé que c'étoit le meilleur moyen d'assurer le chapeau de Bonzi, sans reculer la promotion du duc d'Albret. M. de Turenne proposa la chose au Roi, qui étoit pressé d'aller à la chasse, et qui lui dit : « Votre neveu a raison, et
« j'approuve l'expédient, puisque Lyonne en est d'a« vis, lui qui appuyoit le plus l'envoi du courrier à
« Rome. Dites-lui qu'il n'a qu'à le dépêcher en Po« logne. » Cela fut fait le même jour, et tout réussit. Le roi Michel, content de la parole du Roi, donna sa nomination à Bonzi ; et trois semaines après, au mois d'août 1669, le Pape déclara le duc d'Albret

cardinal le lendemain de la mort de don Thomaso Rospigliosi son neveu, qu'il feignit d'ignorer, afin de pouvoir tenir le consistoire, et faire la promotion. Le Pape n'avertit que quatre personnes de la résolution qu'il avoit prise de faire le duc d'Albret cardinal, savoir, le cardinal Giacomo Rospigliosi, son neveu; le cardinal Ottoboni, dataire, qui fut depuis Alexandre VIII; le cardinal Azolini, secrétaire d'Etat; et le cardinal Chigi, neveu de son bienfaiteur le pape Alexandre VIII. Il avoit tant de reconnoissance des plaisirs que l'on lui avoit faits, qu'il avoit résolu de faire l'abbé de Lyonne cardinal aussitôt qu'il auroit pris le bonnet de docteur. Il croyoit devoir la papauté à M. de Lyonne, qui lui avoit ménagé secrètement l'amitié de la France, quoiqu'il eût été nonce en Espagne; et le cardinal de Retz nous a appris que, dans le conclave où Clément IX fut élu, la France souhaitoit en premier lieu le cardinal Farnèse, et en second lieu le cardinal Rospigliosi; au lieu que l'Espagne souhaitoit Rospigliosi avant tout autre : ce qui fit réussir son affaire, la faction de France ayant aisément donné les mains à son élection. Il est bon de remarquer que, dans le consistoire où le Pape déclara le duc d'Albret cardinal de Bouillon, il déclara en même temps qu'il se réservoit un autre chapeau *in petto* pour celui en général que la Reine régente d'Espagne, mère du roi Charles II, lui nommeroit. Or elle en nomma deux, savoir, Porto-Carrero, doyen de Tolède, par une nomination publique souscrite par la junte au conseil d'Espagne; et le père Nitard, jésuite, son confesseur, par une lettre particulière fort pressante. Le Pape fut assez embarrassé;

et lorsqu'il se vit prêt à mourir il se détermina, par le conseil de ses ministres, en faveur de Porto-Carrero, qui étoit appuyé de tous les ministres d'Espagne. C'est ce qui l'obligea de dire à l'abbé Bigorre, qui le remercioit pour le cardinal de Bouillon : « Je lui ai « donné deux chapeaux, puisque, pour pouvoir lui en « donner un, il m'a fallu en donner un autre à un in- « connu, à la nomination de la reine d'Espagne. »

Ce fut en 1671 que le Roi donna au cardinal de Bouillon la charge de grand aumônier de France, vacante par la mort du cardinal Antoine Barberin. Le public s'imagina que c'étoit à la considération de M. de Turenne, et il se trompa lourdement, comme la suite de cette affaire le fera voir dans ses plus petites circonstances, que je n'ai pas ignorées. On croit communément (et c'est le sentiment de l'apologiste du cardinal de Bouillon) qu'il doit toute sa fortune à M. de Turenne; mais on a déjà vu, par le récit que j'ai fait de la manière dont il a été fait cardinal, la bonne part qu'il y a eue lui-même par son habileté et par sa vigilance. Il se doit encore bien davantage la charge de grand aumônier, puisque M. de Turenne, bien loin de le servir, lui fut un obstacle pour l'obtenir.

Je dirai, à propos de cette apologie tant vantée du cardinal de Bouillon, que si en la lisant j'ai admiré comme les autres la manière d'écrire de l'auteur, j'y ai remarqué beaucoup de faits ou faux ou altérés, où j'ai reconnu d'abord qu'elle n'avoit point été faite par son ordre, puisque jamais il n'y eût laissé mettre qu'il doit toute son élévation à M. de Turenne; que sa vie est une suite continuelle de bienfaits que le Roi a daigné répandre sur sa personne; et y eût peut-être fait couler un mot des évêchés de Liége et de Strasbourg, que Sa Majesté a jugé à propos de lui ôter : ce qui pourroit faire compenser les injures avec les bienfaits. Mais c'est ce que nous examinerons dans son lieu.

La santé du cardinal Antoine étoit depuis quelque temps fort altérée : cela faisoit penser à sa dépouille. M. Le Tellier avoit déjà eu pour son fils la coadjutorerie de l'archevêché de Reims; il lui avoit aussi fait offrir six cent mille livres pour avoir sa démission de la charge de grand aumônier : mais l'évêque d'Orléans, depuis cardinal de Coaslin, premier aumônier du Roi depuis trente ans, avoit tiré parole de Sa Majesté que personne n'auroit à son préjudice l'agrément de traiter de cette charge avec le cardinal Antoine, soit par démission, soit par coadjutorerie. Les choses étoient dans cet état-là lorsque le cardinal de Bouillon partit de Paris au mois de décembre 1669 pour aller à Rome avec le duc de Chaulnes, ambassadeur de France, assister au conclave qui se tenoit pour élire un pape après la mort de Clément IX. Il apprit en chemin que le cardinal Antoine étoit fort malade, et prit dès-lors sa résolution de faire tous ses efforts, au cas qu'il le trouvât encore en vie, pour obtenir de lui la démission de sa charge de grand aumônier. Il en vint à bout : la santé du cardinal Antoine se raffermit un peu; et son amitié pour le cardinal de Bouillon fut si grande, qu'il lui donna parole de lui envoyer sa démission dès que le Roi l'auroit agréée. Mais pendant que le cardinal de Bouillon négocioit cette affaire à Rome, l'évêque d'Orléans fit dire à M. de Turenne par Perthuis, capitaine de ses gardes, et l'ami particulier de l'évêque, que s'il songeoit à faire tomber à M. le cardinal de Bouillon la charge de grand aumônier, il n'y songeroit plus, ne voulant pas se trouver en son chemin. M. de Turenne, qui ne savoit rien des vues de son neveu, et qui dans le vrai n'avoit eu aucune idée pour cette charge, répondit à Perthuis qu'il n'y pensoit point, et qu'il souhaitoit de tout son cœur que M. d'Orléans pût l'obtenir. Il l'en assura lui-même dès le lendemain; et tous les Coaslin, ravis de n'avoir point un compétiteur si dangereux, l'en remercièrent, et s'en vantèrent hautement. Le cardinal fut aussitôt averti à Rome d'un engagement pris si légèrement, et capable de renverser son projet. Il n'en écrivit rien à M. de Turenne, et lui manda seulement qu'il ne pouvoit suivre son conseil, qui étoit de demeurer encore quelque temps à Rome; qu'il avoit déjà pris congé du Pape et du sacré collége; que son équipage étoit parti pour retourner en France, et qu'il alloit à Munich voir madame la duchesse de Bavière; qu'il y attendroit des nouvelles de M. de Turenne; et que s'il le vouloit absolument, il retourneroit à Rome, quelque dépense qu'il fût obligé d'y faire à cause de son âge et de sa naissance. M. de Turenne lui manda à Munich qu'il n'avoit qu'à revenir en France; ce qu'il fit aussitôt. Il lui rendit compte en arrivant de ce qu'il avoit négocié avec le cardinal Antoine, sans faire semblant de savoir les engagemens que M. de Turenne avoit pris avec l'évêque d'Orléans. Alors ce grand homme vit bien qu'il s'étoit engagé un peu vite, et dit à son neveu qu'il pouvoit aller son chemin; mais que pour lui, après la sottise qu'il avoit faite (ce sont les termes dont il se servit en lui avouant tout), il ne pouvoit en honneur solliciter pour lui ; mais qu'il lui conseilloit de conter au Roi comme la chose s'étoit passée, et de dire à Sa Majesté que c'étoit la raison qui l'empêchoit de lui en parler. Dès que le cardinal de Bouillon fut arrivé, il demanda au Roi une audience particulière dans son cabinet, et lui déclara que M. le cardinal Antoine lui avoit promis de lui envoyer la démission de sa charge, si Sa Majesté l'avoit agréable, la suppliant seulement de lui accorder une place de prélat commandeur de l'ordre du Saint-Esprit, parce qu'il ne lui convenoit pas de porter le Saint-Esprit par brevet, comme ayant eu la charge de grand aumônier. Le Roi lui parut écouter la proposition avec plaisir ; mais, sans donner de parole positive, il lui dit qu'il seroit bien aise que cela se pût faire dans la suite, et qu'il lui donneroit la charge dans le moment, s'il n'avoit pas promis à l'évêque d'Orléans, son premier aumônier, de ne point agréer que personne à son préjudice traitât avec M. le cardinal Antoine, soit par survivance, soit par démission ; et qu'il pouvoit le mander au cardinal Antoine. Il le fit aussitôt ; et le cardinal Antoine lui répondit qu'il ne changeroit point de sentiment à son égard, et seroit toujours prêt à lui envoyer sa démission lorsque le Roi l'auroit agréable.

Les choses en étoient là, lorsqu'un incident pensa tout renverser. M. de Péréfixe, archevêque de Paris, mourut au commencement de l'année 1671. Il étoit proviseur de la maison de Sorbonne. Aussitôt tous les docteurs se dirent publiquement les uns aux autres qu'il falloit élire deux jours après le cardinal de Bouillon, qui étoit de leur maison et société, et dont la naissance et le mérite personnel leur feroit honneur. Il en fut bientôt averti, et l'écrivit au père Ferrier, confesseur du Roi, le priant de dire à Sa Majesté qu'il auroit été lui-même au Louvre lui en faire part, s'il n'avoit pas eu peur qu'on ne crût qu'il alloit demander l'archevêché de Paris; et que ce qui l'arrêtoit encore davantage, c'étoit qu'il venoit d'apprendre que M. de Péréfixe, à son insu, avoit en mourant ordonné à l'abbé de La Motte, son meilleur ami, de dire à Sa Majesté qu'il ne connoissoit personne en France, par rapport au service de l'Eglise et du Roi, plus propre que le cardinal de Bouillon à remplir dignement le poste d'archevêque de Paris.

Le père Ferrier, plus ami de M. de Chanvallon, alors archevêque de Rouen, que du cardinal de Bouillon, ne se pressa pas de parler de lui au Roi, Sa Majesté lui ayant dit d'abord, à ce que dit le révérend père, qu'elle donnoit l'archevêché de Paris à M. de Chanvallon; et que, pour le bien de son service, elle souhaitoit qu'il fût aussi proviseur de Sorbonne. Et le père Ferrier en ayant donné avis au cardinal, ce jeune homme, vif, et piqué qu'on lui enlevât ainsi la provisorerie de Sorbonne malgré tous les docteurs, s'en alla au Louvre fort échauffé, et représenta au Roi dans son cabinet, avec une vivacité surprenante, et même avec des larmes aux yeux qui lui échappèrent, que c'étoit le déshonorer que de le croire moins attaché au service de Sa Majesté que M. de Chanvallon; et qu'enfin c'étoit le traiter comme le cardinal de Retz, qui n'avoit pas été proviseur de Sorbonne parce qu'il avoit fait la guerre au Roi, et qu'il étoit alors dans les pays étrangers. Le Roi lui répondit as-

sez froidement : « Je verrai, et vous ferai savoir de-
« main ma volonté. » Le cardinal de Bouillon, qui
songeoit en même temps à plus d'une chose, s'imaginant que la vacance de l'archevêché de Rouen pourroit dégager le Roi des engagemens qu'il avoit pris avec M. l'évêque d'Orléans pour la grande aumônerie, proposa à Sa Majesté de lui donner l'archevêché de Rouen ; à quoi Sa Majesté, sans doute piquée de la hardiesse, pour ne pas dire de l'indiscrétion, du jeune cardinal, ne répondit rien. Elle eut pourtant la bonté d'ordonner à M. Roze, secrétaire du cabinet, d'aller trouver l'archevêque de Paris, pour lui dire de ne parler à personne de la provisorerie de Sorbonne : mais Roze, intime ami de l'archevêque, rapporta sur-le-champ qu'il en avoit déjà reçu les complimens de tous les docteurs, et qu'ainsi l'affaire étoit consommée, soit que cela fût vrai, soit que cela eût aidé à la précipiter. J'oubliois de dire que le Roi, en parlant de la provisorerie de Sorbonne, ayant dit au cardinal que les docteurs, suivant les apparences, lui préféroient un archevêque de Paris, dont ils avoient besoin tous les jours, il répondit fièrement que si le Roi vouloit bien ne point s'en mêler, il étoit assuré d'avoir dix voix contre une.

Le lendemain, le cardinal s'étant trouvé au prie-dieu du Roi avec l'archevêque de Paris, cet archevêque croyant adoucir les choses, lui dit tout bas qu'il souhaitoit passionnément que le Roi donnât l'archevêché de Rouen à une personne qui, par sa naissance et par son mérite, pût réparer les fautes qu'il y avoit faites ; mais le cardinal, piqué de ce qui s'étoit passé, lui répondit : « Je crois, monsieur, qu'il y a là des gens qui

« seroient bien aises d'être archevêque de Rouen; mais
« pour moi, je n'en fais pas l'objet de mes désirs. »

Le même jour, le père Ferrier vint dire au cardinal de Bouillon que le Roi, pour le bien de son service, persistoit à vouloir que la provisorérie de Sorbonne fût unie à l'archevêché de Paris ; que cela ne le regardoit point personnellement; qu'il n'y avoit en cela aucune préférence d'estime et de confiance; et que, pour lui en donner une preuve, Sa Majesté le nommeroit, s'il vouloit, à l'archevêché de Rouen. Le cardinal répondit au père Ferrier qu'il étoit prêt d'obéir au Roi en toutes choses; mais que dans la conjoncture présente il accepteroit l'archevêché de Rouen comme si c'étoit l'évêché de Grasse : réponse qui ne plut point au père Ferrier, qui alla trouver M. de Turenne pour le prier de modérer, s'il pouvoit, la vivacité du cardinal. Il fit cependant réflexion de lui-même sur ce qu'il venoit de faire, et s'en alla au Louvre, où il dit au Roi qu'il avoit cru jusque là qu'il y alloit de son honneur d'être proviseur de Sorbonne; mais qu'il en venoit faire le sacrifice à Sa Majesté; et que même, si elle le vouloit, il iroit en Sorbonne parmi les docteurs donner sa voix à M. l'archevêque de Paris. Le Roi lui répondit qu'il ne lui en demandoit pas tant, et qu'il le remercioit de cette offre. Le cardinal, au sortir de son audience, alla rendre compte à M. de Turenne de tout ce qui s'étoit passé. M. de Turenne le gronda fort, et craignit avec raison qu'une si grande hauteur ne lui fît tort dans l'esprit du Roi, et ne nuisît à la grande aumônerie, sur laquelle il n'avoit que de bonnes paroles : il lui dit même que l'abbé Le Camus, depuis peu mort cardinal, étoit sorti de sa retraite auprès des chartreux, où il n'étoit pas toujours en oraison, pour le venir avertir que le Roi n'étoit pas content du cardinal; et qu'il le savoit de bonne part. Le cardinal, sur cet avis, s'en alla le lendemain au lever du Roi, et lui dit tout bas, lorsqu'il se mit à genoux pour prier Dieu, qu'il étoit pénétré de douleur, dans la crainte où il étoit de lui avoir déplu; et qu'il lui demandoit un moment d'audience dans son cabinet. Le Roi lui répondit, avec un visage assez sérieux : « Monsieur, cela n'est « pas nécessaire. » Et sur ce que le cardinal insista, le Roi lui promit avec un visage riant de le faire appeler; ce qu'il fit un moment après. Dès qu'ils furent seuls, le cardinal dit au Roi qu'il venoit lui demander pardon de lui avoir parlé d'une manière qu'on disoit lui avoir déplu. « Il est vrai, dit le Roi, que je n'ai pas « été content de votre vivacité sur la provisorerie de « Sorbonne, que j'ai regardée comme bonne à mon « service. — Sire, reprit le cardinal, j'ai encore eu « grand tort en osant proposer à Votre Majesté de « donner l'archevêché de Rouen à M. l'évêque d'Or- « léans, comme si elle ne savoit pas bien les moyens « de contenter tout le monde. » Le Roi lui répondit qu'en cela il n'avoit fait aucune faute, puisqu'il étoit résolu de lui donner la charge de grand aumônier au plus tard à la mort du cardinal Antoine. Le cardinal pensa se jeter à ses genoux; mais comme Monsieur alloit entrer dans le cabinet, il lui dit seulement : « Sire, Votre Majesté en vingt-quatre heures m'a vu « en deux états bien différens de douleur et de joie, « tous deux causés par mon attachement à sa per- « sonne, et par l'envie de lui plaire. »

Au sortir de chez le Roi, le cardinal alla dire ce qui venoit de se passer à M. de Turenne, qui le lendemain dit au Roi : « Sire, je vis hier au soir un homme « bien pénétré de la bonté qu'a eue Votre Majesté « de lui pardonner toutes ses fautes, et d'y ajouter en- « core des grâces. — Il avoit eu tort, lui dit le Roi; « mais il a bien réparé tout cela, et nous sommes fort « contens l'un de l'autre. » Depuis ce temps-là le cardinal se tint assuré de la charge de grand aumônier, d'autant plus que le cardinal Antoine, qui languissoit toujours, lui fit écrire que M. l'évêque d'Orléans lui offroit quatre cent vingt mille livres de sa coadjutorerie; mais que, pour l'amour de lui, il ne vouloit écouter aucune proposition. Le cardinal porta sa lettre au Roi, et lui avoua qu'il craignoit toujours que le cardinal Antoine, prêt à mourir, entouré de parens et de valets ardens à l'argent, ne se laissât enfin aller aux sollicitations de M. d'Orléans, qui pourroit bien un beau matin apporter à Sa Majesté la démission de sa charge en sa faveur, et qu'alors elle seroit bien empêchée. Le Roi lui dit qu'il avoit raison, et sur-le-champ ordonna à Chamarante, l'un de ses premiers valets de chambre, de dire à M. d'Orléans qu'inutilement il traiteroit avec le cardinal Antoine, puisque la charge de grand aumônier ne seroit exercée à l'avenir que par un cardinal.

Ce pas fait, le cardinal de Bouillon crut son affaire faite, et attendit en patience que Dieu disposât de M. le cardinal Antoine. Il mourut au mois d'août de la même année. Le Roi en reçut la nouvelle à Fontainebleau; et sitôt que M. de Turenne l'eut apprise, il envoya un courrier au cardinal, qui étoit à Saint-

Martin, lui conseillant de venir sur-le-champ à Fontainebleau, à moins qu'il n'eût changé d'avis en pensant que peut-être ce grand empressement déplairoit au Roi, après la parole positive que Sa Majesté lui avoit donnée de le faire grand aumônier à la mort du cardinal Antoine. En effet, M. de Turenne, après y avoir réfléchi, trouva qu'il avoit raison, et lui manda de retourner à Saint-Martin, au lieu de venir à Fontainebleau. Le Roi lui avoit dit à l'oreille : « Le car-
« dinal Antoine est mort, et je me souviens bien de
« ce que j'ai promis à votre neveu. » Là-dessus M. de Turenne dit au Roi qu'il avoit mandé au cardinal de venir incessamment à Fontainebleau, et qu'il n'avoit pas jugé à propos de le faire. « Il a bien fait, dit le
« Roi; sa présence n'avanceroit pas ses affaires, et en
« cette occasion il a mieux pensé que vous. »

Cependant le cardinal, croyant avoir besoin de tout, envoya faire des complimens à M. l'archevêque de Paris, avec qui il étoit en quelque froideur depuis ce qui s'étoit passé au collége de Navarre à un acte de l'abbé Amelot; et ses complimens furent si bien reçus, qu'à peine fut-il arrivé de Saint-Martin au cloître de Notre-Dame, où il demeuroit encore, que l'archevêque le vint voir, lui apprit la mort du cardinal Antoine, et lui souhaita la charge de grand aumônier. Le cardinal lui avoua confidemment que cette nouvelle l'embarrassoit, et qu'il ne savoit s'il devoit aller à Fontainebleau. Le lendemain, ayant reçu la réponse de M. de Turenne, il alla voir l'archevêque, et lui dit qu'après y avoir bien pensé il n'iroit point à Fontainebleau, et s'en retourneroit à Saint-Martin; ce qu'il fit. Le Roi avoit dit à M. de

Turenne : « Mandez au cardinal de Bouillon de venir
« à Versailles le jour que j'y arriverai, et je lui don-
« nerai la charge tant souhaitée. » En effet, elle étoit
demandée par le cardinal d'Est, par le cardinal Rospigliosi, par l'évêque de Laon, qui attendoit à tout
moment le chapeau en vertu de la nomination de
Portugal ; par l'évêque d'Orléans, par l'archevêque
de Reims, et par l'archevêque de Tours, depuis cardinal de Bonzi. Le cardinal de Bouillon ne manqua
pas au lever du Roi ; mais Sa Majesté ne lui parla que
de la nouvelle qui venoit d'arriver que l'évêque de
Laon étoit cardinal, sans faire aucune mention de la
grande aumônerie. Quelques mois se passèrent sans
qu'on en parlât. Enfin un matin que le hasard avoit
fait que le cardinal, au défaut des aumôniers de
quartier, avoit fait la prière du Roi, Sa Majesté lui
dit de le suivre dans son cabinet, où elle lui dit
qu'elle lui donnoit la charge de grand aumônier ; et
qu'elle ne l'avoit pas fait plus tôt, afin de régler certaines choses sur cette charge, comme d'en distraire
les maladreries, etc.... « Mais, lui dit le Roi en riant,
« je vous laisse les Quinze-Vingts. » Le cardinal, en
sortant du cabinet du Roi, affecta un visage sérieux,
pour tromper M. Le Tellier qui l'examinoit, et pour
avoir le plaisir d'en porter la première nouvelle à
M. de Turenne.

Ce fut alors que M. l'évêque d'Orléans et tous les
Coaslin se déchaînèrent contre M. de Turenne,
qu'ils accusèrent d'avoir manqué à sa parole ; ce qui
n'étoit pas vrai, sa bonne foi et sa droiture l'ayant
empêché de faire là-dessus aucune sollicitation au-

près du Roi, et s'étant contenté de savoir toute la suite de cette affaire.

J'ai déjà dit que le Roi, à la sollicitation du Pape et à la prière de M. de Turenne, avoit envoyé au secours de la ville de Candie six mille hommes de ses meilleures troupes, sous la conduite du duc de Navailles. Plus de la moitié y étoient demeurés, et le duc de Beaufort y avoit été tué. Le Pape ne se rebutoit point, et sollicitoit un nouveau secours; et, pour l'obtenir plus facilement, il résolut enfin de consoler le Roi, et de témoigner à M. de Turenne la joie qu'il avoit de sa conversion, en faisant le duc d'Albret cardinal : ce qu'il fit au mois d'août 1669, au grand déplaisir de M. Le Tellier, et encore plus de M. de Louvois. Ce ministre, si habile dans les détails, où sa prévoyance n'oublioit rien, avoit toujours été mal avec M. de Turenne, qui ne lui faisoit aucune part de ses entreprises : il prenoit des villes et gagnoit des batailles, et ne l'apprenoit que par la gazette. Le Roi étoit quasi dans le même cas, et dit un jour, à un officier qui s'en retournoit à l'armée d'Allemagne, ces célèbres paroles si dignes d'un bon roi : « Dites à M. de « Turenne que je voudrois bien savoir quelquefois « ce qu'il veut faire. »

Le cardinal de Bouillon ne songea guère dans la suite à regagner les bonnes grâces de M. de Louvois : il soutint vivement les intérêts du comte de Marsan, jeune prince de la maison de Lorraine, qui galantisoit la vieille duchesse d'Aumont, que l'on croyoit riche à millions, et qu'il ne trouva pas digne de son attachement. Après la mort de M. de Turenne, il obtint pour le comte d'Auvergne son frère la charge de colonel général de la cavalerie, que ce ministre, pour lui faire dépit, vouloit faire supprimer, comme celle de colonel général d'infanterie l'avoit été après la mort de M. d'Epernon : mais M. de Louvois se vengea bien. L'évêché de Liége étoit vacant, et disputé entre le cardinal de Bouillon, le prince Guillaume de Furstemberg, et le prince de Neubourg. Le cardinal avoit sept voix, le prince de Neubourg neuf, et le prince Guillaume quatorze : mais le prince Guillaume, pour le bien de la France, étoit prêt à céder ses voix au cardinal, lorsque N....., envoyé extraordinaire du Roi à Liége, déclara aux chanoines, par l'ordre de M. de Louvois, que le Roi ne consentiroit jamais à l'élection du cardinal, et qu'il aimoit mieux que ce fût un étranger. A ces nouvelles, le Pape s'attribua, comme il ne manque jamais de faire en pareille occasion, toute l'autorité de l'élection ; et ne voulant point le prince Guillaume, qui étoit désagréable à l'Empereur, il donna un bref d'éligibilité au prince de Neubourg, qui fut reconnu unanimement.

M. le cardinal de Bouillon, après avoir pris congé du Roi pour aller au conclave où fut élu Odescalchi, dit Innocent XI, me demanda en badinant si je voulois venir à Rome être son conclaviste : je lui dis que cela me feroit grand plaisir. « Je m'en vais partir dans
« deux heures, me dit-il ; mais vous me rattraperez
« bien. Allez en demander la permission au Roi, et
« les instructions du ministre, et vous mettez dans la
« diligence de Lyon : j'y serai encore dans six jours. »
Cela fut fait fort brusquement ; et, en arrivant à deux lieues de Lyon, je trouvai un carrosse de M. de Vil-

leroy, archevêque de Lyon, qui m'attendoit; et j'arrivai que le cardinal étoit encore à table. Je lui rendis compte après dîner de ce que j'avois fait à Saint-Germain. Il me demanda si je savois l'italien : je lui dis que non. « Et comment ferez-vous? me
« dit-il; la plupart des cardinaux n'entendent point
« le français. — Oh! monseigneur, lui répondis-je,
« cela ne m'embarrasse pas ; nous ne serons à Rome
« que dans quinze jours, et je m'en vais jurer de ne
« parler qu'italien, bien ou mal. Je le saurai quand nous
« arriverons à Rome. » Il se mit à rire, et dit : « Vous
« ferez comme vous pourrez. » Et je le fis fort bien; je mettois partout des *vostra signoria* : le latin et le français apprennent bientôt un italien de cuisine, qui suffit pour se faire entendre. Mais quand nous fûmes entrés au conclave, je me trouvai fort déconcerté. J'avois compté savoir toutes les négociations les plus secrètes, et le cardinal de Bouillon ne me disoit rien. Le cardinal de Retz étoit son ancien, et avoit seul droit de parler. Heureusement le cardinal de Retz eut la goutte, et je lui allois tenir compagnie dans sa chambre : il me demanda comment je m'accommodois du conclave. « Fort mal, monseigneur,
« lui répondis-je : je ne sais rien; les valets du con-
« clave en savent plus que moi. » Ce bon cardinal avoit envie de me faire plaisir. Outre l'ancienne amitié des Caumartin mes parens, mon frère étoit intendant de Lorraine et de Commercy, et lui rendoit tous les services qu'il pouvoit. « Je veux, me dit-il, vous
« prendre pour mon conclaviste : le cardinal de
« Bouillon en sera bien aise, et par ce moyen vous
« saurez tout, et serez le conclaviste général des car-

« dinaux français. » Le lendemain, je fus installé dans le conseil des Français ; je fis toutes leurs dépêches. Ils étoient quatre : Retz, Bouillon, d'Estrées et Bonzi. Le cardinal Maldachini étoit reçu parmi eux quand il y vouloit venir; mais alors ils changeoient de discours, sans jamais lui dire le secret. Les cardinaux de Retz et de Bouillon avoient toujours quasi les mêmes avis ; les deux autres étoient d'avis contraires : d'Estrées vouloit être chef de parti, et Bonzi n'aspiroit qu'à la fin du conclave pour s'en retourner à Montpellier. La faction d'Espagne et celle de l'Empereur étoient les plus fortes ; elles vouloient Odescalchi. Les cardinaux français se séparèrent, et résolurent d'écrire au Roi leurs sentimens. Je fis leurs dépêches l'un après l'autre. Retz et Bouillon lui proposoient Grimaldi, qui avoit quatre-vingts ans, et qui auroit pour lui la faction des Chigi et tous les vieillards, dans l'espérance de revenir à la passe. D'autre côté, les cardinaux d'Estrées et Bonzi lui disoient des biens infinis d'Odescalchi ; qu'il avoit cinquante mille écus de rente ; qu'il soulageroit la chambre apostolique ; qu'il étoit homme de bien. Le Roi en cette occasion fit voir sa piété, et manda que, préférablement à tout, il souhaitoit le bien de l'Eglise, et qu'ils concourussent à l'élection d'Odescalchi. Il fut élu le même jour, et proclamé le lendemain. M. le cardinal de Bouillon m'envoya à neuf heures du soir (heure indue) demander à Odescalchi une audience secrète : il y alla, et fut une demi-heure avec lui sans lui faire aucune proposition. Il n'étoit pas homme à en recevoir. Quand le cardinal fut sorti, je me jetai aux pieds d'Odescalchi, en disant : *O! baciato il primo gli piedi di Vostra*

Santita. Il me répondit : *Non è encora.* Mais il me parut qu'il n'étoit pas indifférent à cette nouvelle. Il a toujours depuis ce temps-là suivi sa pointe, sans oublier que la France lui avoit fait perdre six années de pontificat, en lui donnant l'exclusion à la dernière vacance. Il faut aussi un peu avouer que l'assemblée de 1682 l'avoit poussé à bout. On a bien voulu dire qu'il avoit envoyé de l'argent au prince d'Orange, mais je n'en crois rien : la passion ne mène point si loin les plus gens de bien. Le cardinal de Bouillon demeura encore six semaines à Rome après le conclave, faisant une dépense effroyable. Il avoit vingt-quatre pages et soixante valets de pied le soir autour de sa chaise avec des flambeaux de cire blanche, et vingt-huit carrosses de ses livrées, dont il en envoyoit deux à chaque Français de condition qui arrivoit à Rome. Il dépensa cent mille écus en trois mois. Le cardinal de Retz fit bien une autre dépense quand il se sauva du château de Nantes. Il craignoit d'être enlevé par le cardinal Mazarin : il prit pour valets de pied trois cents soldats bien armés sous la mandille. Je me garderai bien de vouloir défendre M. le cardinal de Bouillon sur sa dernière escapade; il n'y a ni rime ni raison. Il écrit au Roi comme à son égal; et, dans le temps qu'il étoit près de rentrer en grâce, il va se jeter parmi les ennemis, qui le reçurent en triomphe. Le prince Eugène lui fit des honneurs extraordinaires, mais cela ne dura guère; car s'étant aperçu qu'il ne lui étoit bon à rien, il le laissa en Flandre, sans lui marquer aucune considération. Il s'en aperçut bientôt, et alla à Rome. Il s'y étoit fort signalé dans son dernier voyage : cinq ou six vieux cardinaux l'avoient laissé passer devant eux; il étoit devenu doyen, avoit ouvert la porte sainte pendant la vacance du Saint-Siége, et eut grande part à l'élection de Clément xi. Ce pape ne lui en témoigna pas grande reconnoissance, et fit peu de pas pour le raccommoder avec le Roi, qui lui permit seulement de revenir en France en exil, et de jouir de ses bénéfices.

Cet exil dura dix ans assez doucement. Le cardinal alloit et venoit à La Claire près de Lyon, à une maison auprès d'Orléans, et à une auprès de Rouen. J'allois de temps en temps passer deux mois avec lui: il passoit ordinairement par Paris. Et enfin, quand il eut pris sa dernière et funeste résolution, il me manda de le venir trouver à Ormesson, me fit beaucoup d'amitiés, ne voulut voir que moi de tous ses amis de Paris, et me dit que le Roi lui avoit permis d'aller visiter ses abbayes de Flandre. Je lui offris de le suivre à ce petit voyage: il me dit qu'il vouloit aller seul, et que dans six semaines je le vinsse trouver à Rouen. Il savoit bien qu'il n'y seroit pas; et jugeant bien que je n'approuverois pas un dessein si mal concerté, il ne voulut pas m'y embarquer malgré moi. J'ai déjà dit qu'il n'eut pas grande satisfaction en Flandre. Le Pape le reçut à Rome assez froidement, et lui accorda seulement sûreté de sa personne. Il n'avoit rien à craindre du Roi, qui ne songeoit pas à le faire arrêter: il en eût été embarrassé, et ne ressembloit pas à Louis xi, qui tint le cardinal de La Balue treize ans en prison.

LIVRE ONZIÈME.

Mémoire ou histoire secrète des motifs qui ont donné lieu au grand-visir Kara-Mustapha d'entreprendre le siége de Vienne l'an 1683.

Le marquis de Béthune (1) avoit tous les talens d'un courtisan aimable : il étoit vif, éloquent, laborieux ; il écrivoit avec une facilité merveilleuse ; il étoit bien fait ; il avoit du courage et de l'ambition ; il étoit capable des vues les plus élevées ; et, par le mariage qu'il avoit fait avec mademoiselle d'Arquien, il se trouvoit beau-frère de Jean Sobieski, devenu roi de Pologne.

Ce Jean Sobieski avoit été envoyé jeune pour faire ses exercices en France ; et, dans les différens degrés par lesquels il s'éleva à la dignité de grand maréchal de Pologne, il conserva une inclination et un attachement pour la France que le Roi entretenoit par quelques bienfaits : de sorte qu'en Pologne il étoit regardé comme à la tête de la faction française que le Roi étoit bien aise de maintenir dans ce royaume. La Reine sa femme (2), qu'il aimoit, l'entretenoit dans le goût naturel d'avoir plus de penchant pour la cour de sa nation que pour les autres cours d'Allemagne, avec lesquelles ce prince auroit pu

(1) *De Béthune* : François de Béthune, comte de Selles, dit *le marquis de Béthune.* — (2) *Sa femme* : Marie-Casimire de La Grange d'Arquien, reine de Pologne.

prendre quelque engagement; de sorte que lorsqu'il fut élevé à la couronne élective de Pologne, le Roi ne demanda pas mieux que de lui donner le cordon de son ordre, que ce nouveau roi lui témoigna souhaiter; et comme, par les statuts que fit Henri III, il faut que ce soit un chevalier qui fasse la cérémonie de donner le collier, le Roi fit une promotion particulière du marquis de Béthune, afin qu'en lui donnant l'ordre il eût l'honneur de le porter, et de le donner au Roi son beau-frère, auprès duquel il fut envoyé en qualité d'ambassadeur extraordinaire. Le voyage qu'il y fit avec sa femme, sœur de la Reine, étoit dans le commencement des troubles que Tékély fomentoit avec les mécontens de Hongrie; et le marquis de Béthune, attentif à ce qui pouvoit faire son élévation et contribuer au service du Roi son maître, reçut une instruction particulière d'engager son beaufrère à soutenir autant qu'il pourroit les desseins et la faction de Tékély.

Quoique l'autorité des rois de Pologne soit grande, elle ne laisse pas d'être bornée par les lois du royaume, et le Roi n'y peut faire la guerre sans le consentement de la République, ni lever des troupes que de concert avec ce qui compose le corps de l'Etat; de sorte que toute l'inclination que le roi de Pologne avoit de faire plaisir au Roi, et de contribuer à la fortune et aux avantages de son beau-frère le marquis de Béthune, aboutit à fermer les yeux sur la levée de quelques troupes que le marquis de Béthune faisoit à ses dépens; et ledit marquis ayant pris des liaisons secrètes avec le Tékély, devoit lui conduire et commander lui-même un corps de dix mille hommes, avec lequel il s'étoit engagé de joindre les mécontens de Hongrie.

Le roi de France fournissoit la dépense et l'entretien de cette levée : c'étoit un coup mortel pour l'Empereur que la jonction d'un corps aussi considérable. Quelques officiers français passèrent en Pologne. Cette levée se faisoit sans bruit, et avec succès; ce n'étoit ni le Roi ni la République qui augmentoient ces troupes. L'assemblée, qui étoit déjà de sept à huit mille hommes bien payés, se faisoit dans la starostie de Strick : cette starostie étoit au roi de Pologne pendant qu'il n'étoit que grand maréchal, et il en avoit conservé la possession depuis qu'il étoit roi.

Ce que l'on appelle en Pologne starostie est une espèce de commanderie séculière qui forme le gouvernement d'un canton, dont le roi donne le commandement et les revenus; et c'étoit dans le lieu de Strick et ses dépendances que s'assembloient les troupes : ce que, par complaisance pour le Roi et le marquis de Béthune, Sa Majesté Polonaise faisoit semblant d'ignorer.

La Reine avoit une extrême passion que son père le marquis d'Arquien la pût voir dans la splendeur du trône où sa bonne fortune l'avoit conduite. Le marquis d'Arquien avoit la charge de capitaine des cent-suisses de la garde de Monsieur, frère unique du Roi; il avoit vécu dans un dérangement de ses affaires qui les avoit infiniment délabrées. Sortir de France sans payer ses dettes étoit une chose quasi impossible, et honteuse. Ses créanciers le persécutoient; il n'y avoit de moyen que celui de vendre sa charge secrètement, pour que, disposant de tout le produit de la vente, il pût en payer les créanciers les plus pressés, et garder quelque chose pour faire son équipage et son voyage. Un profit considérable que le chevalier de Liscouet fit au jeu donna occasion à la proposition qu'il lui fit d'acheter la moitié de sa charge, dont le prix fut fait à vingt mille écus; et Monsieur, qui ne demandoit pas mieux que d'augmenter le nombre des gens de condition qui vouloient bien s'attacher à lui, donna l'agrément au chevalier de Liscouet pour la moitié de cette charge, dont quelques années après le marquis de Foix acheta l'autre pour autres vingt mille écus.

La marquise de Béthune étoit naturellement très-intéressée : elle eut avis de la vente de la charge de son père, et cette nouvelle réveilla en elle les prétentions d'une dot mal payée qui lui avoit été promise en la mariant. Cette femme ne laissoit pas d'avoir, par son esprit difficile, jaloux et impérieux, une sorte d'autorité sur l'esprit du marquis de Béthune son mari. L'un et l'autre écrivirent secrètement à l'évêque de Verdun, frère du marquis, de représenter à Monsieur que c'étoit leur ôter leur bien que de permettre au vieux d'Arquien de toucher l'argent de sa charge; qu'il le dissiperoit, ne paieroit aucune dette de la maison, et feroit perdre à la marquise de Béthune la dot qui lui étoit promise par son mariage. Monsieur défendit à Liscouet de payer les vingt mille écus dont il vouloit voir l'emploi. Le bon homme marquis d'Arquien eut beau se plaindre : l'évêque de Verdun avoit si bien instruit et prévenu Monsieur, que ce prince témoigna qu'il aimoit mieux faire plaisir au marquis et à la marquise de Béthune qu'à son ancien domestique, qui passoit pour être grand dissipateur.

Le bon homme marquis d'Arquien, au désespoir, rendit compte à la Reine sa fille du nouvel inconvénient qui l'empêchoit de partir. Le roi et la reine de Pologne envoyèrent un matin chercher le marquis de Béthune, et lui firent des reproches de sa conduite. « La peste m'étouffe, dit le marquis de Béthune, si
« j'ai jamais entendu parler de cette affaire ! Vous,
« verrez, dit-il, que c'est ma diable de femme qui
« aura fait à mon insu cette tracasserie. Vos Majes-
« tés n'ignorent pas combien tous les jours elle me
« tourmente par ses fureurs de jalousie (1); et celle-ci
« est une rage d'intérêt que je désavoue, et à laquelle
« je n'ai nulle part. »

Cette plainte de la mauvaise humeur de sa femme étoit venue dans le temps d'un éclat effroyable qu'elle venoit de faire; car ayant su quelques jours auparavant, par des espions qui lui rendoient compte de toutes les actions de son mari, qu'il étoit entré le soir chez une femme dont elle étoit jalouse, elle vint la nuit dans le logis où elle savoit qu'il étoit, monta dans la chambre, où le marquis de Béthune, averti de l'arrivée de sa femme, ne sut faire autre chose que de se cacher précipitamment sous le lit. Cette furieuse entra comme une lionne, en disant à cette dame, qui

---

(1) Madame de Sévigné a peint d'un seul trait madame de Béthune : « Cette pauvre créature, dit-elle, a toujours été livrée aux plus vives pas-
« sions : elle adoroit son mari, elle en étoit jalouse. Les Furies l'avoient
« suivie jusqu'en Pologne. » (Lettre à madame de Guitaut, du 29 octobre 1692 ; Paris, Klostermann, 1814, p. 112.)

étoit de grande naissance : « Rends-moi mon mari, « tu me l'as débauché. » Et, faisant un bruit épouvantable, elle chercha son mari dans le lit et de tous les côtés. Ne le trouvant point, elle alla malheureusement s'aviser de regarder sous le lit : cette jalouse femme trouvant un pot de chambre plein d'urine, le prit, et le lui jeta au visage. Le pauvre marquis, honteux, fit mille reproches sanglans à sa femme; sa femme lui en fit mille autres, et à la dame de la maison. Ce vacarme, comme je viens de le dire, avoit précédé de quelques jours les plaintes du Roi et de la Reine sur le procédé qui regardoit les vingt mille écus; de sorte que le marquis de Béthune n'eut pas de peine à persuader qu'il n'avoit aucune part à la conduite de sa femme, et il fut conclu qu'il remettroit à la Reine une lettre par laquelle il consentoit de tout son cœur que son beau-père touchât l'argent de la vente de la charge; et le Roi et la Reine se chargèrent de déterminer madame de Béthune à la même chose. Cela ne fut pas difficile : le marquis et la marquise de Béthune écrivirent tout ce que le Roi et la Reine désirèrent. Cette princesse, dans la passion qu'elle avoit de voir son père, lui dépêcha un courrier qui porta non-seulement les susdites lettres, mais elle écrivit elle-même à Monsieur, lui reprocha son injustice, le peu d'égards qu'il avoit pour elle et pour son père, ajoutant que s'il ne vouloit pas lui rendre justice, elle ne pourroit pas s'empêcher de s'en plaindre au Roi; qu'elle espéroit qu'il la lui feroit rendre.

Le bon homme marquis d'Arquien rendit à Monsieur la lettre de la Reine sa fille, et deux jours après lui remit les lettres du marquis et de la marquise de

Béthune, qui levoient toutes les difficultés des vingt mille écus qu'il devoit toucher du chevalier de Liscouet.

Monsieur étoit le meilleur prince du monde, mais en même temps le plus foible, le plus facile, et le moins capable de garder un secret; il eût même forcé son tempérament s'il eût perdu l'occasion de faire une tracasserie. « Ne voyez-vous pas, dit-il, bon homme, « en parlant au marquis d'Arquien, que l'on se moque « de vous? » Et il lui fit confidence non-seulement que le marquis et la marquise de Béthune avoient fait précéder le courrier de la Reine par un exprès, pour le prier de ne rien faire de ce que contenoient les lettres que le roi et la reine de Pologne avoient exigées d'eux, mais de plus Monsieur lui montra l'original de la lettre du marquis et de la marquise : et sur ce que le bon homme d'Arquien pressa Monsieur de lui en remettre l'original, Monsieur lui permit d'en prendre copie; après quoi Monsieur s'étendit sur les plaintes qu'il fit de la Reine, qui lui écrivoit, disoit-il, d'une plaisante manière; que la fortune qu'elle avoit d'être reine ne devoit pas l'empêcher de connoître ce qu'elle étoit; qu'il trouvoit fort étrange qu'elle se méconnût au point de le menacer; qu'il étoit le maître dans sa maison, et qu'indépendamment du plaisir qu'il étoit bien aise de faire à M. et à madame de Béthune, il étoit encore plus aise de trouver une occasion de chagriner la reine de Pologne; et qu'il alloit réitérer les ordres qu'il avoit donnés au chevalier de Liscouet de ne remettre l'argent de sa charge qu'aux créanciers du marquis, ou à la marquise de Béthune.

L'étonnement du marquis d'Arquien fut grand; mais celui du roi et de la reine de Pologne, quand ils surent par le retour de leur courrier ce qui s'étoit passé entre le marquis d'Arquien et Monsieur, et qu'ils eurent la copie de la lettre de M. et de madame de Béthune, ne peut s'exprimer. La Reine principalement entra dans une fureur qu'il faut être femme et offensée pour ressentir. « A quoi tout cela sert-il, « madame, dit le Roi? Il n'y a qu'un parti à pren- « dre : c'est d'envoyer d'ici les vingt mille écus à « votre père, le faire venir; et, sans vous fâcher ni « vous inquiéter davantage, je ferai couper le cou à « M. l'ambassadeur de France mon beau-frère, si cela « peut vous contenter; car aussi bien la noirceur de « son procédé le mérite. » Quand les premiers mouvemens de colère furent passés, voici le parti que la Reine prit : elle envoya chercher le grand et le petit général de Pologne, et leur dit qu'elle étoit surprise d'apprendre que, contre les lois et les priviléges de la République, ils levassent des troupes; qu'elle étoit informée qu'il y avoit sept à huit mille hommes dans la starostie de Strick; que cette levée ne pouvoit être faite qu'avec quelque dessein de leur part contraire au repos du royaume, et que cette conduite cachoit quelque mauvaise intention. Le grand et le petit général ne manquèrent pas d'avouer que tout ce qui s'étoit fait avoit été par un ordre tacite que le Roi leur avoit donné de favoriser cette levée, dont ils devoient feindre de n'avoir aucune connoissance. « Allez donc, messieurs, leur dit la Reine, voir le « Roi : vous lui pourrez rendre compte du reproche « que je vous ai fait; et je ne doute pas que Sa Ma-

« jesté ne vous donne des ordres convenables au re-
« pos de la République, et à la dignité de son règne. »

Le grand et le petit général virent en effet le Roi, et reçurent ordre de lui d'aller eux-mêmes à Strick licencier les troupes, vendre les chevaux, congédier tous les Français que le marquis de Béthune avoit fait venir, et leur enjoignit qu'il ne fût plus question de cette levée, qu'il leur ordonnoit de dissiper. Cependant la dépense que le marquis de Béthune avoit faite se montoit déjà à plus de huit cent mille francs. La France se trouva offensée de ce licenciement des troupes, qui renversoit les projets de Tékély; car, outre la perte de l'argent, c'étoit encore renoncer à faire cette grande diversion que l'on espéroit en Allemagne. Le roi de Pologne de son côté se plaignit fortement du procédé du marquis et de la marquise de Béthune : l'un et l'autre furent rappelés ; la femme fut exilée dans une de ses terres de Touraine, nommée Selles; le marquis eut permission de venir compter ses raisons à la cour, rejetant tout son malheur sur la mauvaise humeur et la conduite de sa femme.

Le Tékély ne fut pas si tôt averti de ce manquement de parole, et du renvoi des troupes qui le devoient joindre, que, dénué d'espoir et de secours, ne se trouvant plus en état de se défendre en Hongrie, il résolut de se rendre à Constantinople, exhortant ceux de son parti à le soutenir pendant son absence, qui ne seroit pas longue, et les assurant qu'il alloit déterminer lui-même le Grand-Seigneur aux grands secours avec lesquels il viendroit bientôt les retrouver.

Il avoit quelque accès auprès de la sultane, mère de Mahomet IV, qui régnoit. Elle étoit russienne :

le Grand-Seigneur son fils avoit beaucoup de considération pour elle. Le Tékély entretint Mahomet, lui fit voir les facilités d'assiéger la capitale d'Allemagne ; il eut de grandes conférences avec le grand visir Kara-Mustapha-Pacha, qu'il détermina au traité qu'il fit avec lui, et au siége de Vienne : de sorte que, par l'enchaînement des circonstances, la mauvaise humeur, l'intérêt et les caprices d'une femme rompirent le cou à la fortune de son mari, à celle de sa maison, à l'heureuse disposition que la fortune de sa sœur, reine de Pologne, donnoit à son élévation ; et, par gradation des mêmes circonstances, firent perdre au Roi la favorable conjoncture de faire faire en Allemagne une puissante diversion des forces de l'Empereur, et donnèrent occasion à Mahomet IV et à son grand visir de mettre la chrétienté et l'Allemagne dans les plus grands périls où elle ait jamais été : tant il est vrai que les plus grands événemens ont presque toujours pour principe des bagatelles, des puérilités, et des tracasseries de femmes.

Mémoire sur ce qui donna lieu en 1683 à Jean Sobieski, roi de Pologne, de secourir Vienne assiégée par les Turcs, et dont l'Empereur et toute sa famille avoient été obligés de sortir; avec quelques circonstances de l'entrevue de Sa Majesté Impériale et de Sa Majesté Polonaise.

Jean Sobieski avoit, comme chacun sait, pendant qu'il étoit grand maréchal de Pologne, épousé une Française, fille du marquis d'Arquien, qui depuis fut cardinal ; et il étoit naturel que cette Française devenue reine, et ayant un extrême crédit sur l'esprit du Roi son mari, souhaitât en France l'élévation de son père. La cour ne se trouva pas disposée à lui accorder, dans le temps qu'elle le demanda, la grâce de le faire duc.

Le roi de Pologne avoit fait une ligue avec l'Empereur, et cette ligue portoit que si la Pologne étoit attaquée par les Turcs, l'Empereur en personne, avec toutes ses forces, iroit secourir la Pologne; comme aussi le roi de Pologne iroit en personne secourir l'Empereur, si l'Empereur étoit attaqué.

Le grand visir Kara-Mustapha-Pacha, homme ambitieux, s'étoit uni avec le Tékély, chef des mécontens de Hongrie; il avoit promis audit Tékély ce royaume : de sorte qu'avec la plus formidable armée des Turcs qui eût jamais paru en Europe, il entra en Hongrie.

Le roi de Pologne, suivant ses engagemens, dépêcha un envoyé à l'Empereur pour lui dire qu'il étoit prêt d'assembler toutes ses forces, qu'il lui offroit dans un si pressant danger. L'Empereur ne crut peut-être pas le péril si éminent, et n'étoit pas bien aise d'attirer dans son pays un roi et des forces aussi considérables que celles de Pologne; Sa Majesté Impériale reçut froidement des offres si obligeantes. Le roi Jean, bien averti, s'en trouva blessé, et dépêcha en France un courrier pour avertir le Roi que si l'on vouloit faire son beau-père duc, non-seulement il ne secourroit pas l'Empereur ni Vienne, qui étoit sur le point d'être assiégée, mais qu'il offroit au Roi d'unir ses forces aux siennes pour faire en Allemagne toute la diversion qui conviendroit au dessein que pourroit avoir Sa Majesté, qui, de son côté, avoit offert à l'Empereur de faire passer des troupes en Allemagne pour le secourir, et qui en avoit été refusé désobligeamment.

Cependant le grand visir tout-à-coup se porta sur Vienne, et obligea M. de Lorraine de jeter habilement son infanterie dans l'île de Schultz. L'Empereur fut obligé de sortir avec précipitation de Vienne; et certainement la dignité de l'Empereur et de l'Empire cédèrent à la frayeur qui obligea ce prince d'abandonner sa capitale, d'une manière qui ressembla fort à une fuite honteuse. Ce fut alors que l'ambassadeur de l'Empereur auprès de Sa Majesté Polonaise, et le nonce Palavicini, firent d'instantes prières au roi Jean de sauver l'Empire et la chrétienté. Le roi de Pologne ne leur donna que de foibles espérances. Le siége de Vienne étoit formé et pressé, sans aucune apparence de secours.

Un jour que le roi de Pologne alloit à la messe, le nonce du Pape et l'ambassadeur de l'Empereur se jetèrent à ses pieds, criant à haute voix : « Au nom de « Dieu, sire, sauvez la chrétienté et l'Empire! » A la voix de ces deux ministres se joignirent celles de leur suite et du peuple. Le roi Jean répondit : « Al- « lons à la messe prier Dieu, et nous verrons ce « que l'on pourra faire. » Il attendoit le retour du courrier qu'il avoit dépêché en France, dont il eut pour toute réponse des remercîmens de ses offres, et une négative de la grâce qu'il avoit demandée pour le père de la Reine. Ce refus le piqua au point que, sans balancer, ce prince envoya dire à l'ambassadeur de l'Empereur qu'il secourroit Vienne, et que pour cela il partiroit le lendemain. L'ambassadeur lui répondit que comme c'étoit la meilleure nouvelle qu'il pouvoit donner à son maître, il demandoit permission à Sa Majesté de l'aller porter lui-même, et partit en poste pour aller trouver l'Empereur, qui s'étoit retiré à Lintz.

Sa Majesté Polonaise dépêcha des courriers à tous les palatinats, et à ceux qui commandoient ses troupes réglées, pour marcher au rendez-vous qu'il leur donna; et il monta lui-même à cheval le lendemain pour s'y rendre. Quinze mille Polonais de la plus belle cavalerie, et l'élite de la noblesse du royaume, se trouvèrent au rendez-vous : le Roi fit lui-même le choix de quinze mille chevaux, et renvoya le reste. Il ne perdit pas un moment pour se mettre en marche, et envoya un courrier à Tékély, qui étoit resté avec trente mille mécontens ou Turcs dans le royaume de Hongrie. Il lui manda qu'il lui donnoit sa parole de ne le point inquiéter dans ses desseins, ni même dans la possession des conquêtes qu'il feroit ; mais qu'il exigeoit qu'il ne vînt point aussi le troubler dans ses projets. Le Tékély le lui promit; ce qui étoit absolument nécessaire. L'arrangement de ses vivres et l'ordre de sa marche ne fut pas si tôt fait, que dans peu de jours et sans obstacle ce prince arriva sur les hauteurs de Closterberg.

M. le duc de Lorraine, général des troupes de l'Empereur, le vint trouver pour lui apprendre ce qu'il savoit de la situation du camp des ennemis et du siége. Il le remercia au nom de l'Empereur, et lui dit que non-seulement sa présence et son secours étoient nécessaires, mais que lui seul pouvoit terminer une infinité de divisions et de difficultés entre

M. l'électeur de Bavière, qui n'avoit que seize ans, et qui étoit venu joindre ses troupes à celles de l'électeur de Saxe, qui de son côté, comme plus vieux, prétendoit le commandement; que chaque prince particulier de l'Empire, qui avoit amené pareillement ses troupes, avoit des prétentions d'indépendance; et qu'en un mot la présence de Sa Majesté leveroit tous les obstacles que la différence de sentimens et d'intérêts, si contraire à la cause commune, faisoit naître.

Quelques-uns des principaux de ces messieurs vinrent les mêmes jours, sur les mêmes hauteurs de Closterberg, faire la révérence au roi Jean, qui s'avança avec eux jusqu'au lieu d'où l'on voyoit le camp du grand visir, l'armée turque, et les ouvrages de la tranchée. Le Roi, après avoir un peu regardé avec sa lunette, dit : « Cet homme-là est mal campé; je le « connois, c'est un ignorant présomptueux. Nous « n'aurons pas d'honneur à cette affaire, par la faci- « lité qu'il y aura d'y réussir; ces coquins-là ne m'at- « tendront point. » Et se tournant vers le duc de Lorraine : « Monsieur, lui dit-il, prenez la peine de faire « commander seulement deux petites pièces de ca- « non, et qu'elles se trouvent demain à la pointe du « jour dans le même lieu où nous sommes, et je vous « réponds que vous verrez un beau remue-ménage. » En effet, à la pointe du jour du lendemain, un peu après le lever du soleil, le Roi ayant fait avancer les deux pièces de canon que M. de Lorraine avoit fait monter, en fit tirer une sur la grande tente du quartier du grand visir; et ayant pris sa lunette, il dit : « Je le vois qui sort de sa tente. » Et ayant ordonné que l'on tirât un second coup dans le même lieu : « Je

« le vois, dit-il, qui rentre; » et ayant ordonné que l'on tirât sans cesse : « Je le vois, continua-t-il, qui « monte à cheval, et beaucoup de désordre dans son « quartier; il n'y a pas un moment de temps à perdre « pour descendre. »

Alors, donnant ordre que l'on tirât toujours deux pièces, il fit passer devant lui la compagnie des gardes de son fils Jacques, deux des siennes, se mit à la tête du reste, et commanda que l'on allât droit aux tentes du grand visir, et que l'on chargeât les troupes qui pouvoient faire quelque résistance; ajoutant qu'il prétendoit se mettre en bataille à mesure que ses troupes descendroient dans la plaine qui étoit entre le pied de la montagne et le quartier du grand visir.

La résistance des premières gardes des Turcs fut médiocre; le quartier du grand visir, avec ses tentes, son bagage et ce qu'il n'avoit pas eu le temps d'emporter, fut abandonné; on trouva dans la tente du grand visir un Polonais les mains liées, en état de recevoir la mort; et l'on sut bientôt que c'étoit le chevalier de Trosky, envoyé de Sa Majesté Polonaise à la Porte, que le grand visir avoit mené avec lui pour lui servir, disoit-il, d'otage de la conduite de son maître, l'ayant souvent assuré qu'il lui feroit trancher la tête si les Polonais se mettoient en campagne : et quand le Roi avec sa lunette l'avoit vu rentrer dans ses tentes, c'étoit pour donner l'ordre que l'on exécutât cet envoyé. Il l'alloit être lorsque le canon, qui tiroit toujours sur le quartier du grand visir, l'obligea de l'abandonner avec précipitation; et ceux qui avoient ordre d'exécuter le chevalier Trosky voyant leur maître parti, ne songèrent eux-mêmes qu'à se sauver, et ne remplirent pas l'ordre qu'ils avoient de lui couper la tête. L'on sut aussi qu'en montant à cheval le grand visir avoit lui-même coupé la tête de son autruche favorite, qui ne le quittoit jamais, et qui couchoit dans sa chambre, parce que ne la pouvant emmener, il ne voulut pas qu'elle tombât entre les mains de ses ennemis (1).

Ceux qui du haut de la montagne défiloient donnèrent avis au Roi que l'on voyoit l'armée turque qui se retiroit en diligence, mais en assez bon ordre. Le Roi s'avança sur les tranchées et travaux des ennemis, où il ne trouva rien que beaucoup de canon abandonné, tout le camp des ennemis presque tendu pareillement abandonné, et presque tous les bagages de l'armée à sa discrétion. Le premier soin de Sa Majesté fut de donner des ordres très-sévères que personne ne pillât ; et ayant seulement fait avancer quelques gardes dans le camp abandonné des ennemis, et leur arrière-garde avec de grandes précautions, pour empêcher le pillage et pour observer la marche des Turcs, ce prince alla droit à la porte de la ville, où M. de Staremberg le vint trouver avec une multitude de peuple étonnante, au milieu desquels et des acclamations de *vive Jean, notre libérateur!* il marcha ou plutôt fut porté, avec des cris de joie et de louanges, à la grande église Saint-Etienne, où il voulut mettre pied à terre pour remercier Dieu d'une si grande et glorieuse journée, si avantageuse à la chrétienté.

Le Roi s'avança de la même sorte, porté par tous

(1) Sobieski parle de cette circonstance dans la lettre qu'il écrivit à la reine Marie-Casimire le 13 septembre 1683. (*Voyez* les Lettres de Sobieski, publiées par M. de Salvandy; pag. 63; Paris, Michaud, 1826.)

ceux qui vouloient en approcher au pied du grand autel, où il se prosterna, et demeura assez long-temps dans cette posture de respect et d'humilité; après quoi se relevant, et les acclamations du peuple, le bruit et les fanfares des trompettes faisant dans l'église une sorte de dévotion militaire, quasi plus édifiante par son désordre que par l'arrangement d'un *Te Deum* que l'on voulut chanter, ce prince vit tant de larmes de joie aux yeux de tous ceux qui le regardoient et qu'il regardoit, qu'il ne put s'empêcher lui-même de fondre en larmes; et il a avoué depuis qu'il avoit si bien ressenti pour lors l'humanité, que depuis ce moment-là et pendant ceux qui le suivirent, c'est-à-dire non-seulement tant qu'il fut dans l'église, mais encore quand il fut remonté à cheval, et qu'il traversa les rues au milieu des acclamations de triomphe, long-temps même après être sorti de la ville, il n'avoit rien vu ni connu, tant l'excessive joie de tant de gens délivrés s'étoit mêlée avec la sienne particulière, et l'avoit mis hors d'état de ressentir aucune autre chose, sinon qu'il étoit dans un désordre de plaisir et de joie qu'il n'avoit jamais éprouvé (1).

Il se retira dans les tentes du grand visir, qu'il trouva toutes tendues. Il chargea M. le duc de Lorraine de prendre quelque soin de l'ordre du campement de l'armée, et de savoir au vrai la marche que

(1) On voit cependant, dans la lettre de Sobieski qui vient d'être citée, que la joie qu'il éprouvoit ne l'empêcha pas de faire des observations qui lui durent être pénibles. Les officiers de l'Empereur ne paroissoient occupés que du soin de diminuer et d'éteindre l'enthousiasme que la présence de son libérateur avoit produit sur le peuple de Vienne. (Lettres de Sobieski, pag. 65.)

tenoient les Turcs, et la façon dont ils faisoient leur retraite. Il dépêcha dans le moment un courrier à la Reine sa femme, qu'il avoit laissée à Cracovie, et lui manda en peu de paroles le succès de son voyage, la levée du siége, et qu'il pouvoit l'assurer qu'elle ne lui reprocheroit pas ce que les femmes des Tartares ont coutume de reprocher à leurs maris, quand ils reviennent à la maison les mains vides après une expédition heureuse. Effectivement on a plutôt reproché à ce roi d'avoir eu un peu trop d'attention à mettre et à faire mettre à part pour lui tout ce qui se rencontra de riche, de curieux et d'utile dans les tentes du grand visir, qu'il trouva toutes pleines, et même d'avoir fait ramasser avec avidité ce qu'il sut que quelques particuliers avoient pris, malgré la défense qu'il avoit faite de piller.

L'armée turque étoit si considérable, que l'on sut seulement qu'elle se retiroit en bon ordre du côté de Barcan, où étoit son pont sur le Danube, qui la séparoit de la ville de Gran; et comme il falloit quelque arrangement pour suivre avec ordre une armée si supérieure, on convint que de deux ou trois jours on ne se mettroit point en marche, tant pour donner le loisir d'arriver aux troupes qui venoient de plusieurs endroits, que pour raser les tranchées et les ouvrages des Turcs; quelques jours même de séjour étoient nécessaires pour l'arrangement des vivres. Le lendemain donc de cette grande journée de la levée du siége, le Roi se reposa; mais le jour d'après, sans en rien dire, ce prince, qui souhaitoit une action qui ne fût glorieuse que pour lui et pour sa nation, donna l'ordre que le lendemain matin ses quinze mille chevaux se trouvassent prêts. Il tint son dessein si secret, que messieurs de Lorraine et de Bavière, l'électeur de Saxe, ni aucun prince d'Allemagne, n'en eurent pas la moindre notion; et quand au matin M. de Lorraine voulut aller visiter le quartier des Polonais, qui étoit séparé du sien, il n'eut connoissance du Roi ni de l'armée des Polonais que par la piste de leur marche, qui alloit sur celle du chemin que les Turcs avoient pris pour se retirer. Sa Majesté Polonaise avoit cru, pour ainsi dire, escamoter la gloire d'une action non-seulement à M. de Lorraine, mais à l'armée de l'Empereur, et à tous les princes qui la composoient (1).

Son ambition n'eut pas le fruit qu'il en espéroit : ce prince trouva l'armée turque non-seulement en état de le recevoir, mais l'ayant attaquée avec plus de courage de sa part et de mépris pour eux qu'il ne convenoit au petit nombre des Polonais qu'il conduisoit, et le grand visir ayant, suivant l'usage de bataille des Turcs, élargi ses files en croissant dans la plaine de Barcan, le roi de Pologne, loin de pouvoir remporter aucun avantage sur les ennemis, fut presque enveloppé avec ses troupes, qui, comme je l'ai dit, ne composoient que quinze mille chevaux.

(1) L'abbé de Choisy paroît avoir écrit ce morceau d'après des Mémoires faits par des Autrichiens. Il faut aussi le lire avec quelque défiance. Voici ce qu'écrivoit le roi de Pologne, à l'occasion du butin fait sur les Turcs : « Les Allemands n'ont presque rien eu; car, excepté ceux « qui se trouvoient avec moi, aucun d'eux n'est entré ce jour-là dans le « camp turc : aussi n'ont-ils ni prisonniers, ni étendards, ni aucun gage « de victoire. Aucun de leurs cavaliers n'a tiré pendant la bataille. Mais « que cela ne se répande pas; je les ai loués et prônés tous tant qu'ils « sont. Quant aux nôtres, il y a des prodiges de valeur à rapporter, et « qui passent même toute croyance. » (Lettres de Sobieski, p. 124.)

Sa retraite fut précipitée; il fut obligé lui-même de marcher en se retirant bien plus vite qu'il n'eût voulu, et peu s'en fallut qu'il n'y perdît la liberté ou la vie. Cette action téméraire et malheureuse lui coûta plus de trois mille Polonais.

Il trouva dans le désordre de sa retraite, en approchant du camp d'où il étoit parti, M. de Lorraine et tous les princes d'Allemagne, qui venoient au petit pas par le même chemin savoir des nouvelles de ce qui s'étoit passé. Le roi Jean étoit le premier homme du monde pour avouer lui-même ses fautes. « Messieurs, dit le Roi en parlant à M. de Lorraine, et « à la plupart des généraux et princes qui l'accom- « pagnoient, j'ai été bien puni de mon imprudence; « j'ai été bien battu. J'avoue que j'ai voulu vous dé- « rober une action dont je désirois que moi et ma « nation eussions seuls la gloire; en un mot, je me « suis attiré et j'ai bien mérité le malheur qui vient « de m'arriver. » Ce prince remarqua assez que sa disgrâce n'avoit pas trop déplu à ceux à qui il la contoit. Plus on le plaignoit et l'excusoit, plus on l'aigrissoit. Enfin ayant rejoint les tentes du grand vizir, où étoit son quartier : « Que l'on me donne, « dit-il, mon lit ordinaire, et que l'on renouvelle « seulement ma paille. » Jamais ce prince ne se servoit à la guerre d'autre lit que de tapis de Turquie, que l'on mettoit à terre avec beaucoup de paille, sur laquelle il couchoit.

M. de Lorraine entra dans sa tente dans le temps qu'il se faisoit désarmer, et qu'on lui préparoit sa paille. « Sire, lui dit M. de Lorraine, Votre Majesté « veut-elle commander quelque chose? — Eh, mor-

« bleu, monsieur, lui dit le Roi, venez-vous encore
« ici m'insulter? ne suis-je pas assez puni, sans que
« les yeux d'autrui soient encore témoins de ma dis-
« grâce par les questions qu'ils me peuvent faire? Il
« est question d'avoir sa revanche : ne voulez-vous
« pas que nous la prenions dès demain? » M. de Lorraine lui répondit modestement qu'il ne croyoit pas
que l'on pût encore marcher le lendemain : « Et quand
« donc, lui répliqua le Roi? — Il est aujourd'hui jeu-
« di, lui répliqua M. de Lorraine, et je ne crois pas
« que Votre Majesté puisse être en état de marcher
« avant samedi. — Samedi soit, dit le Roi; donnez
« vos ordres, et qu'on me laisse dormir jusques à
« samedi matin. Je ne veux voir personne ; j'ai be-
« soin de repos, et je ne trouverai de consolation que
« dans la défaite des ennemis, que Dieu nous prépare. »

Effectivement le Roi ne vit aucune personne de l'armée impériale jusqu'au samedi à la pointe du jour, que l'armée se mit en marche. Sa Majesté Polonaise étoit à la tête de l'aile droite, composée de sa cavalerie polonaise, et de quelque cavalerie de quelques uns des princes d'Allemagne. L'électeur de Bavière commandoit le centre, et M. de Lorraine commandoit la gauche, composée des troupes impériales; l'électeur de Saxe et les autres princes de l'Empire commandoient différens postes de la première et de la seconde ligne. L'armée marcha sur différentes colonnes, et se mit en bataille à la vue de l'armée turque ; et, sans s'amuser à faire le détail de ce combat, les Turcs furent battus [1]. Le grand visir voulut sau-

---

[1] On voit, dans les Lettres de Sobieski, que cette victoire fut plus grande que celle de Vienne. (Lettres de Sobieski, pag. 135.)

ver une partie de l'armée, en la faisant passer sur son pont entre la petite ville de Barcan et la ville de Gran, qui est de l'autre côté du Danube. Le pont rompit, par le désordre de ceux qui vouloient passer avec trop de précipitation : une infinité de Turcs se noyèrent, et tout ce qui resta en deçà du pont fut tué, ou pris prisonnier. Le roi Jean donna dans cette action des marques de valeur et de grand capitaine; l'électeur de Bavière, tout jeune qu'il étoit, s'y distingua fort; et le duc de Lorraine eut grande part au succès de cette action par son courage et sa conduite. Presque tout le bagage des Turcs fut pris : le Roi demanda pour sa part de la victoire les sabres et les chevaux, abandonnant les esclaves et le reste du butin à ceux à qui M. de Lorraine le destineroit.

Pendant toutes ces actions l'Empereur, tranquille, revenoit de Lintz : il rentra dans sa capitale; et, comme s'il eût eu part à la peine que l'on avoit prise pour son service, il trouva son cœur si susceptible de jalousie de la gloire d'autrui, qu'à peine vouloit-il voir le roi de Pologne son libérateur. M. le duc de Lorraine souhaitoit que Sa Majesté Impériale allât au devant de Sa Majesté Polonaise, l'embrassât, et le remerciât. L'Empereur fit des difficultés, sur ce qu'il n'y avoit pas d'exemples dans le cérémonial qu'aucun roi électif se fût trouvé avec l'Empereur. Le duc de Lorraine faisoit tout de son mieux pour surmonter ces difficultés dont il étoit honteux, et vouloit au moins qu'après un service aussi considérable le roi de Pologne se séparât content de l'Empereur. Cela ne fut pas possible, et l'on convint enfin que l'Empereur monteroit à cheval, et que l'entrevue se feroit au camp, en sorte qu'en s'abordant chacun eût la droite (1).

Le roi de Pologne étoit armé, le bonnet à la polonaise, avec une belle aigrette, une grosse perle pendant du côté de l'aigrette, monté sur un des plus beaux chevaux du monde, dont le harnois étoit magnifique. Ce prince, avec l'air d'un conquérant, aborda l'Empereur, qui, vêtu très-pauvrement et monté de même, à peine ôta son chapeau, n'eut jamais le courage de remercier le roi de Pologne, ni de lui tenir aucun discours flatteur, ni qui témoignât la plus foible reconnoissance; et le peu que lui dit l'Empereur roula sur les services que les Polonais avoient toujours reçus de l'amitié et de la protection des empereurs.

Enfin cette entrevue, qui se fit de la plus mauvaise grâce du monde, finit par ces paroles, que le roi de Pologne dit en se séparant de l'Empereur : « Mon « frère, je suis bien aise de vous avoir rendu ce ser- « vice. » Et tournant la bride de son cheval pour s'en aller, comme il aperçut le prince Jacques, son fils aîné, qui n'avoit point fait la révérence à l'Empereur, il retourna, son bonnet sur la tête, et présenta le prince Jacques, qui mit pied à terre et salua l'Empereur, qui eut bien de la peine à porter la main à son chapeau sans l'ôter, lui fit un petit signe de tête, et ne lui dit pas un mot, quoique le roi de Pologne en le présentant lui dît que c'étoit un jeune prince qu'il élevoit pour le service de la chrétienté.

(1) Il faut voir le détail de cette entrevue dans les Lettres de Sobieski, page 70. L'Empereur ne se départit pas un instant de sa morgue autrichienne : dans le conseil qui se tint sur la question de savoir comme un empereur devoit recevoir un roi électif, le duc de Lorraine fit cette belle réponse : « A bras ouverts, s'il a sauvé l'Empire. »

Cette occasion de présenter son fils fit naître celle de présenter en même temps quelques palatins des plus considérables. Un d'entre eux ayant mis pied à terre et baisé la botte de l'Empereur, le roi de Pologne s'avança, et, lui donnant un petit coup de son fouet sur la fesse, lui dit : « M. le palatin, ne faites point « de bassesse. » Et quittant ainsi l'Empereur, marcha à son quartier, d'où le lendemain il reprit le chemin de son royaume, ne trouvant partout où il passoit, et où il eût dû recevoir des honnêtetés de la part de Sa Majesté Impériale, qu'ingratitude, manquement de vivres, qu'il se fit donner par force; et ordre dans tous les lieux de son passage de se faire payer de tout ce qu'on lui fourniroit. Il sut même que les blessés polonais qu'il avoit fait mettre à Vienne pour être soignés en avoient été chassés sans secours.

C'est ainsi que le plus grand et le plus important service du monde fut payé; et, excepté de M. de Lorraine et de l'électeur de Bavière, le roi de Pologne n'eut lieu d'être content d'aucune personne de la cour de l'Empereur. Ce prince, de retour dans son royaume, donna avis de son mécontentement en France, et l'on n'y profita pas de ses bonnes dispositions. Cent fois il a dit aux ambassadeurs de France, et à tous ceux qui en pouvoient rendre compte au Roi : « Je me montre tel que je suis. Ne sait-on pas « que j'aime l'argent? Si l'on m'en eût un peu donné, « j'aurois mis la couronne impériale sur la tête du roi « Très-Chrétien. » La fatalité ne l'a pas voulu, mais les conjonctures y pouvoient être disposées.

LIVRE DOUZIÈME.

MADAME DE GUERCHEVILLE (1).

Antoinette de Pons, marquise de Guercheville, étoit une des plus belles femmes de son temps (2); mais la beauté la rendit moins recommandable que la vertu. Elle échappa à la plus sensible des tentations, aux soins empressés d'un roi, le plus galant des rois. Henri-le-Grand sentit pour elle tout ce que l'estime et l'amitié peuvent inspirer de plus tendre.

(1) Manuscrits de Choisy, tome 1, f° 165, r°. M. de La Porte a fait usage de ce fragment des Mémoires de Choisy dans l'article *Guercheville*, tome 19, page 18, de la Biographie universelle de Michaud. — (2) La marquise de Guercheville est désignée sous le nom de *Scilinde* dans les *Amours du grand Alcandre*, dont voici le passage :

« Se promenant près des frontières de la Neustrie (*Normandie*), il
« passa par la maison d'une dame veuve, et qui tenoit grand rang: Elle
« étoit encore jeune, et parut si belle aux yeux de ce grand roi, qu'il
« oublia aisément celle (*Corisande*) à qui il avoit fait tant de protes-
« tations contraires. Aussi véritablement celle-ci avoit des appas qui ne
« se rencontroient pas en la première : mais Scilinde (c'est le nom de la
« dernière) avoit été nourrie dans la cour la plus belle et la plus polie
« de ce temps-là : c'étoit celle de Périandre (*Henri* III), le prince du
« monde qui savoit mieux faire le roi, et qui savoit mieux régler les
« hommes ; et toutes les choses qui appartiennent à la royauté. Ce nou-
« veau conquérant, qui servoit à toute heure de conquête à l'amour, se
« donna entièrement à Scilinde, et oublia de telle sorte Corisande, qu'il
« ne lui étoit resté que la seule mémoire de son nom....... Son affection
« le porta si avant, qu'il parla du mariage de Scilinde, voyant qu'elle
« ne le vouloit point écouter autrement. » (*Voy.* l'Histoire des amours du grand Alcandre, dans le Recueil de diverses pièces servant à l'histoire de Henri III; Cologne, Pierre Du Marteau, 1663, pag. 224.)

Ses hommages n'étoient pas méprisables : il étoit monté par sa valeur sur un trône qui lui appartenoit par sa naissance, et que la fortune lui disputa si long-temps. Il eut de profonds respects pour madame de Guercheville; il voulut lui faire des présens : elle n'écouta rien, n'accepta rien; et, pour lui ôter toute espérance, elle évita de le voir, et se priva des plaisirs de la cour pour se conserver tout entière à son honneur. « Il ne faut pas, disoit-elle, qu'une femme
« soit assez téméraire pour attendre son ennemi; elle
« succombera en présence : qu'elle évite le combat,
« si elle veut être la plus forte. Il est de certaines
« victoires qu'on ne remporte qu'en fuyant. » Elle se confina dans ses maisons de campagne, et ne parla jamais au Roi que malgré elle, et toujours avec une fierté respectueuse qui le faisoit rentrer en lui-même. « Je ne suis peut-être pas d'assez bonne maison, lui
« disoit-elle un jour, pour être votre femme; et j'ai
« le cœur trop noble pour être votre maîtresse (1).

Henri ne se rebutoit point : accoutumé à vaincre en toutes sortes de combats, la résistance de madame de Guercheville l'irritoit, et ne le guérissoit pas. Il prit des villes, il gagna des batailles; il acquit une nouvelle gloire; il s'en crut plus aimable : il recommença ses assiduités, et trouva les mêmes respects et la même indifférence. Elle avoit épousé en secondes noces M. de Liancourt, et n'avoit point voulu quitter le nom de son premier mari, par un scrupule peut-être trop affecté : la duchesse de Beaufort avoit

(1) Cette belle réponse a été aussi attribuée à Catherine de Rohan, duchesse de Deux-Ponts. (*Voyez* le Dictionnaire de Bayle, au mot *Catherine de Parthenay.*)

porté quelque temps le nom de Liancourt, et ne l'avoit pas honoré par sa conduite. M. de Liancourt avoit une terre à dix lieues de Paris, nommée La Roche-Guyon (1). Madame de Guercheville y demeuroit toute l'année, sous prétexte qu'aimant la dépense, elle y pouvoit vivre plus magnifiquement qu'à Paris ou à Saint-Germain. En vain le Roi lui avoit fait dire par ses amies qu'elle étoit faite pour la cour : ces discours flatteurs, loin de l'ébranler, l'affermissoient dans sa résolution. Enfin ce prince s'avisa un jour, pour dernière ressource, de faire une partie de chasse du côté de La Roche-Guyon ; et, sur la fin de la journée, s'étant séparé de la plupart de ses courtisans, il envoya un gentilhomme à La Roche-Guyon demander le couvert pour une nuit. Madame de Guercheville, sans s'embarrasser, répondit au gentilhomme que le Roi lui feroit beaucoup d'honneur, et qu'elle le recevroit de son mieux. En effet, elle donna ordre à un magnifique souper ; on éclaira toutes les fenêtres du château avec des torches (c'étoit la mode en ce temps-là); elle se para de ses plus beaux habits, se couvrit de perles (c'étoit aussi la mode); et lorsque le Roi arriva à l'entrée de la nuit, elle alla le recevoir à la porte de sa maison, accompagnée de toutes ses femmes, et de quelques gentilshommes du voisinage. Des pages portoient les torches devant elle. Le Roi, transporté de joie, la trouva plus belle que jamais : les ombres de la nuit, la lumière des flambeaux, les diamans, la surprise d'un accueil si favorable et si peu accoutumé, tout contri-

(1) *La Roche-Guyon* : Près de Mantes. Cette terre appartient aujourd'hui à M. le duc abbé de Rohan.

buoit à renouveler ses anciennes blessures. « Que
« vois-je, madame, lui dit ce monarque tremblant?
« est-ce bien vous, et suis-je ce roi méprisé? »
Madame de Guercheville l'interrompit, en le priant
de monter dans son appartement pour se reposer. Il
lui donna la main. Elle le conduisit jusqu'à la porte
de sa chambre, lui fit une grande révérence, et se retira. Le Roi ne s'en étonna pas ; il crut qu'elle vouloit aller donner ordre à la fête qu'elle lui préparoit.
Mais il fut bien surpris quand on lui vint dire qu'elle
étoit descendue dans sa cour, et qu'elle avoit crié
tout haut : *Qu'on attelle mon coche!* comme pour
aller coucher hors de chez elle. Il descendit aussitôt, et tout éperdu lui dit : « Quoi! madame, je
« vous chasserai de votre maison? — Sire, lui ré-
« pondit-elle d'un ton ferme, un roi doit être le
« maître partout où il est ; et pour moi, je suis bien
« aise d'avoir quelque pouvoir dans les lieux où je
« me trouve. » Et, sans vouloir l'écouter davantage,
elle monta dans son coche, et alla coucher à deux
lieues de là chez une de ses amies. Le Roi tenta la
même aventure une seconde fois, et madame de
Guercheville y répondit de la même manière, toujours honnête, polie, respectueuse, mais toujours
sage. Une pareille conduite désarma le Roi ; et, ne
voulant pas laisser sans récompense une vertu si rare
et si bien éprouvée, il l'envoya chercher lorsqu'il se
maria, et la mit auprès de la reine Marie de Médicis,
en lui disant : « Madame, je vous donne pour dame
« d'honneur une véritable femme d'honneur. » Ainsi
ce prince, qui connoissoit le mérite, lui fit justice :
il jugea contre lui-même. L'estime et l'amitié prirent

la place d'une passion toujours condamnable quand elle n'est pas réglée par la vertu (1).

MADEMOISELLE DE MONTPENSIER (2).

La grande Mademoiselle, dans sa jeunesse, avoit pensé épouser l'Empereur, le roi d'Angleterre et M. de Savoie. Son humeur impérieuse lui avoit fait rompre tous ces mariages. Enfin, en 1660, elle eût envie d'épouser le prince Charles de Lorraine : elle lui donnoit tous les soirs des soupers et des violons ; on dansoit une partie de la nuit. Mais, par malheur pour elle, mademoiselle d'Orléans sa sœur étoit de toutes ces fêtes, belle comme le jour à seize ans ; Mademoiselle paroissoit sa grand'mère. Le prince Charles en devint amoureux. La vieille s'en aperçut bientôt ; et rompit toutes les fêtes. Mademoiselle d'Orléans épousa le grand duc, et le prince Charles sortit de France. Mademoiselle songea alors à épouser Monsieur, qui reçut la proposition avec tant de mépris, qu'enragée contre les grands princes, il lui vint à l'esprit de faire la fortune d'un seigneur français qui la servît bien, et qui fût soumis à toutes ses volontés. L'amour qui étoit entré dans son cœur ne la laissoit pas en repos. M. de Lauzun, capitaine des gardes, étoit

(1) L'abbé de Choisy paroît être le premier écrivain qui ait fait connoître cette anecdote : il étoit à la source des traditions sur le règne de Henri IV, dont sa mère avoit pu voir la fin. Il a seulement erré sur un point. Madame de Guercheville n'étoit pas remariée à M. de Liancourt quand Henri IV lui rendit visite à La Roche-Guyon : elle ne contracta ce second mariage qu'au mois de février 1594. — (2) Manuscrits de Choisy, tome I, f° 238, r°.

alors en faveur : il étoit petit, malpropre, de mauvaise mine; mais son esprit, sa vivacité, ses airs gascons, et certaines qualités occultes, le faisoient aimer des dames. Mademoiselle jeta les yeux sur lui. Sa naissance étoit bonne, et l'amitié du Roi lui donnoit un grand relief. Jamais homme n'avoit si bien su se plier à toutes les inclinations et fantaisies des gens à qui il vouloit plaire. Son aventure avec madame de Monaco avoit fait beaucoup de bruit[1]; et d'ailleurs, comme il étoit attaché particulièrement à madame de Montespan, alors la maîtresse régnante, Mademoiselle pouvoit espérer par là que le Roi ne s'opposeroit pas à son dessein. Elle commença par faire une confidence à M. de Lauzun. « Je suis résolue, lui dit-elle, d'épouser un « seigneur français : ma sœur vient d'épouser un « prince lorrain à qui les grands seigneurs de France « ne le cèdent point. Qu'en pensez-vous, monsieur? « —Ah! mademoiselle, s'écria Lauzun, Votre Altesse « Royale voudroit-elle s'abaisser jusque là? » Elle lui en parla deux ou trois fois; et lui s'apercevant, au regard tendre de la princesse, qu'elle pensoit à lui, l'en dissuadoit toujours; ce qui augmentoit sa passion. Enfin, n'y pouvant plus tenir, elle lui dit que le jeudi suivant elle lui apprendroit le nom de celui qu'elle aimoit; et effectivement le jeudi au soir elle lui montra un petit billet. « Son nom est là dedans, lui dit-elle; « mais je n'ai pas la force de vous le donner : je suis « trop honteuse. Il est demain vendredi, c'est un jour

---

[1] *Beaucoup de bruit* : Lauzun, amant jaloux de madame de Monaco, ayant découvert son intrigue avec le Roi, lui avoit joué les tours les plus perfides. (*Voyez* l'article *Lauzun* dans les Mémoires du duc de Saint-Simon, tome 10, pag. 96, de l'édition de 1791.)

« malheureux ; mais je vous le donnerai samedi. »
Elle tint sa parole, et lui donna un papier où il n'y
avoit d'écrit que ce mot : *Lauzun*. Il pensa se jeter
à ses pieds, et la remercia avec une passion qui étoit
moins dans son cœur que dans son esprit. Le lendemain elle en parla au Roi, qui lui dit : « Ma cousine,
« quelque amitié que j'aie pour Lauzun, je ne saurois
« approuver un tel mariage ; mais vous avez quarante
« ans, je ne m'oppose à rien. » La permission donnée, quatre seigneurs de la cour (M. de Créqui et
M. de Montausier en étoient) allèrent faire en forme
la demande de Mademoiselle. Jamais affaire n'a fait
tant de bruit. Monsieur et M. le duc s'emportèrent
extrêmement, et en parlèrent au Roi, qui leur répondit froidement qu'il n'approuvoit point, mais aussi
qu'il n'empêchoit point. M. le prince, plus modéré,
mérita que le Roi le fît cacher derrière une tapisserie, pour être témoin de la conversation qu'il vouloit
avoir encore avec Mademoiselle. Sa Majesté lui parla
avec amitié, lui représentant le tort qu'elle faisoit à
la maison royale. Ce furent paroles perdues : elle per-
sista, et retourna au Luxembourg préparer tout pour
le mariage. M. de Lauzun, de son côté, avoit offert
au Roi un sacrifice entier. Enfin l'affaire eût été bientôt consommée, si la vanité ne s'y étoit point mêlée,
Lauzun voulant être marié, comme s'il eût été un
souverain, dans la chapelle des Tuileries. Le Roi eut
quelque peine à s'y résoudre ; mais enfin il y consen-
tit(1). Le jour fut pris pour la cérémonie après minuit.

(1) *Il y consentit* : Mademoiselle ne parle pas de cette circonstance.
Le mariage devoit avoir lieu à Charenton. Elle avoit d'abord désiré de se
marier dans la chapelle de la Reine ; mais elle y avoit ensuite renoncé,

J'étois à six heures du soir dans la chambre de Mademoiselle, qui nous dit de la suivre dans une chambre voisine destinée pour M. de Lauzun. Elle étoit meublée magnifiquement. « Ne trouvez-vous pas, nous « dit-elle, qu'un cadet de Gascogne sera assez bien « logé ? » Elle venoit de lui faire une donation entre-vifs du duché de Montpensier et du comté d'Eu : les mariés devoient en porter le nom. Elle vouloit aussi lui donner la principauté de Dombes; mais Guilloire, son intendant, avoit reculé tant qu'il avoit pu. Il étoit huit heures sonnées, lorsqu'un ordinaire de chez le Roi vint dire à Mademoiselle que Sa Majesté la demandoit. La vieille princesse de Carignan avoit l'après-dînée rendu une visite à madame de Montespan, et lui avoit fait entendre qu'elle seroit perdue si ce mariage s'achevoit; qu'on la croyoit amie de M. de Lauzun (comme cela étoit vrai); que Monsieur et toute la maison royale ne le lui pardonneroient jamais; que son temps passeroit, et qu'alors elle se verroit exposée à de grands malheurs. Persuadée par la manière simple et affectueuse de la vieille Carignan (les menaces de Monsieur et la fureur de M. le duc n'avoient fait que blanchir), elle alla trouver le Roi, et le pressa si tendrement de rompre ce mariage pour l'amour d'elle, qu'il envoya aussitôt chez Mademoiselle. « Ma cousine, lui dit-il, j'ai eu tort de con-« sentir à un mariage si honteux pour vous et pour

sur les observations de M. de Guitry. (*Voyez* ses Mémoires, tome 43 de cette série, pages 265 et 274.) Cependant Choisy est ici d'accord avec madame de Caylus, qui dit dans ses Souvenirs que Lauzun fut cause de la rupture par l'excès de sa vanité. « M. de Lauzun, dit-elle, peu con-« tent d'épouser Mademoiselle, voulut que le mariage se fît de couronne « à couronne. »

« moi ; mais puisqu'il n'est pas fait, je vous défends
« d'y penser jamais. » Elle se jeta à genoux, cria,
pleura, et s'en retourna au Luxembourg à demi désespérée. Nous étions dans sa chambre à neuf heures du
soir, attendant qu'elle revînt du Louvre. Deux de ses
valets de pied entrèrent dans sa chambre, en disant
tout haut : « Sortez vite par le degré. » Tout le monde
sortit en foule ; mais je demeurai des derniers, et vis la
princesse venir du bout de la salle des gardes comme
une furie, échevelée, et menaçant des bras le ciel et
la terre : elle avoit cassé par le chemin les glaces de
son carrosse. Cependant le Roi envoya querir M. de
Lauzun, et lui dit : « Je vous ferai si grand, que vous
« n'aurez pas sujet de regretter la fortune que je vous
« ôte. Je vous fais, en attendant, duc et pair, et ma-
« réchal de France. — Sire, interrompit Lauzun, vous
« avez fait tant de ducs, qu'on n'est plus honoré de
« l'être ; et pour le bâton de maréchal de France,
« Votre Majesté pourra me le donner quand je l'aurai
« mérité par mes services. » La réponse étoit fière :
mais quand madame de Montespan voulut lui parler
et s'excuser, il la traita comme la dernière des créatures, ne lui épargnant pas les noms les plus odieux.
Elle en souffrit long-temps, avec une patience admirable.

Le Roi alla faire un voyage en Flandre ; messieurs
de Lauzun et de Guitry lui demandèrent la permission
d'aller faire un tour en Hollande : c'étoit huit jours seulement avant que M. de Lauzun entrât en quartier. Les
courtisans raisonnèrent beaucoup sur ce voyage, et
crurent que c'étoit un exil honnête ; et qu'enfin le Roi
n'avoit pu souffrir davantage l'insolence avec laquelle

Lauzun traitoit sa maîtresse. Mais ils furent bien étonnés quand ils virent arriver M. de Lauzun, qui prit le bâton le premier jour de son quartier, au sortir de la messe du Roi. Dans le même moment, Guitry prit son temps pour faire attacher cinq ou six petits tableaux des meilleurs maîtres dans le cabinet de madame de Montespan; et quand elle fut revenue de la messe, il lui dit que M. de Lauzun les avoit achetés pour elle à Amsterdam. Elle n'osa les refuser, et toute la cour, qui les vit, crut qu'ils étoient raccommodés; mais cela n'étoit pas, et Lauzun recommença ses mauvais discours avec plus d'insolence que jamais. Le Roi, poussé à bout, lui laissa achever son quartier, le fit arrêter, et conduire à Pignerol.

On sait qu'après bien des années madame de Montespan le fit revenir, à la prière de Mademoiselle, qui fit une donation entre-vifs à M. le duc du Maine du comté d'Eu et de la principauté de Dombes. Quelques gens ont écrit que M. de Lauzun n'avoit été renfermé que parce qu'il avoit épousé Mademoiselle en secret, malgré les défenses du Roi; mais il n'y a pas d'apparence. Elle lui donna à son retour le duché de Saint-Fargeau, et pour vingt mille écus de rentes en fonds de terre.

LOUIS XIV ET Mlle DE LA VALLIÈRE [1].

Le Roi, dans le commencement de ses amours avec mademoiselle de La Vallière, crut que pour lui plaire il falloit faire des vers : c'étoit alors une des princi-

---

[1] Manuscrits de Choisy, tome 1, f° 243, v°.

pales parties de la galanterie. Il fit quelques chansons assez jolies, entre autres celle de madame de Brégis : *Vous avez, belle Brégis,* etc. Il voulut aller jusqu'à l'élégie; et le matin à son lever il en donna une de sa façon à lire au maréchal de Gramont. Le vieux maréchal, le plus flatteur des courtisans, n'imagina jamais que le Roi en pût être l'auteur; et la trouvant fort mauvaise, il s'écria : « Qui « diable a pu faire ces vers-là? — C'est moi, dit le « Roi en s'approchant de son oreille; mais je n'en « ferai plus (1) : » et depuis il s'adonna à la prose. Mademoiselle de La Vallière lui répondoit exactement; elle n'avoit autre chose à faire qu'à penser à son amant. Il n'en étoit pas de même du Roi; il vouloit gouverner un grand État. Un jour, dans le temps qu'il alloit tenir conseil, il reçut une lettre de mademoiselle de La Vallière. Il vouloit faire réponse, mais il vouloit encore plus fortement donner des lois à l'Europe. Il envoya chercher le marquis de Dangeau, dont il connoissoit l'esprit, et lui dit de faire la réponse pendant le conseil. Elle fut faite promptement, et envoyée à la demoiselle. Le Roi trouva cela fort commode : Dangeau lui faisoit tant de lettres qu'il vouloit, et toutes les plus polies du monde. La pauvre La Vallière, surchargée de travail, eut aussi recours à Dangeau, qui passoit tous les soirs en quart avec elle, le Roi et mademoiselle d'Artigny, qui a été depuis la comtesse Du Roure (2). Dangeau en eût fait encore

---

(1) La même anecdote est racontée par madame de Sévigné dans sa lettre à M. de Pomponne, du 1er décembre 1664. — (2) Claude-Marie Du Gast d'Artigny, mariée en 1666 à Louis-Pierre-Scipion de Grimoard, comte Du Roure.

quatre fois autant. Il faisoit ainsi les lettres et les réponses; et cela dura un an, jusqu'à ce que La Vallière, dans une effusion de cœur, avoua au Roi, qui à son gré la louoit trop sur son esprit, qu'elle en devoit la meilleure partie à leur confident mutuel, dont ils admirèrent la discrétion. Le Roi, de son côté, lui avoua qu'il s'étoit servi de la même invention. Ce petit commerce cessa : le mystère en faisoit l'agrément.

SUR LE TESTAMENT DE CHARLES II,
ROI D'ESPAGNE [1].

Charles II, roi d'Espagne, prévoyant qu'à sa mort l'Europe seroit en guerre pour sa succession, fit consulter toutes les universités d'Espagne, de Flandre et d'Italie, sous des noms supposés, pour savoir si la renonciation de sa sœur Marie-Thérèse, reine de France, pouvoit faire tort à ses descendans; et comme on lui répondit que la renonciation étoit nulle, il résolut de faire un testament par lequel il feroit un des cadets de monseigneur le Dauphin son héritier, et par là rendroit justice, et empêcheroit en même temps la réunion des monarchies de France et d'Espagne. Il exila le père Froiland Dias, dominicain, et l'envoya à Valence, avec ordre de passer à Rome pour en parler au Pape, sans rien faire soupçonner. Il avoit envoyé le duc d'Uceda, ambassadeur extraordinaire, avec des instructions secrètes à ce sujet. Le père Froiland arriva à Rome, et aussitôt le duc d'Uceda demanda hautement qu'il fût renvoyé au lieu de son exil : mais

[1] Manuscrits de l'abbé de Choisy, tome 1, f° 220, r°.

il avoit déjà eu plusieurs conférences avec le Pape. Sa Sainteté nomma pour examiner cette grande affaire le cardinal Spada, qui avoit les inclinations françaises; le cardinal Spinola, qui les avoit autrichiennes; et le cardinal Albano, qui a été depuis Clément XI, et qui paroissoit neutre. Ils choisirent sept avocats consistoriaux; et examinant l'affaire, sous le décret du saint-office, pendant plusieurs mois, ils conclurent enfin que le roi d'Espagne devoit en conscience faire le testament projeté. Je sais ces particularités du maréchal de Tessé (1) et de l'abbé de Polignac. Le Pape voulut aussi avoir l'avis du grand duc, qui, sur le prétexte de l'année sainte, vint à Rome, et fut de l'avis des jurisconsultes. Alors Sa Sainteté écrivit au roi d'Espagne qu'il étoit obligé en conscience à rendre justice par son testament à ses héritiers légitimes. On sait assez la suite de cette affaire.

(1) *Du maréchal de Tessé* : Cette anecdote est rapportée avec moins d'étendue dans les Mémoires de Tessé, t. 1, p. 178; Paris, 1806.

FIN DES MÉMOIRES DE L'ABBÉ DE CHOISY.

TABLE DES MATIÈRES

CONTENUES

DANS LE SOIXANTE-TROISIÈME VOLUME.

MÉMOIRES D'OMER TALON.

Quatrième partie. — Pièces justificatives.   Page 1

MÉMOIRES DE L'ABBÉ DE CHOISY.

Notice sur l'abbé de Choisy et sur ses Mémoires.	123
Mémoires de l'abbé de Choisy. — Livre premier.	147
Livre second.	189
Livre troisième.	234
Livre quatrième.	266
Livre cinquième.	278
Livre sixième.	298
Livre septième.	342
Livre huitième.	369
Livre neuvième.	420
Livre dixième.	429
Livre onzième.	491
Livre douzième.	515

FIN DU TOME SOIXANTE-TROISIÈME.

Paris, imprimerie de A. BELIN, rue des Mathurins S.-J., n°. 14.

www.ingramcontent.com/pod-product-compliance
Lightning Source LLC
Chambersburg PA
CBHW051406230426
43669CB00011B/1785